U0057715

家庭生活教育

理論與實務的整合

Family Life Education

Integrating Theory and Practice

David J. Bredehoft、Michael J. Walcheski　主編

林淑玲、張燕滿、潘維琴　譯

Family Life Education:

Integrating Theory and Practice

Second Edition

Edited by

David J. Bredehoft Ph.D., CFLE

Michael J. Walcheski Ph.D., CFLE

目次

第二部分　整合家庭生活教育內容領域與實務

第三部分　家庭生活教育之教學與實務資源

主編簡介

David Bredehoft 博士

美國明尼蘇達州聖保羅市協同大學（Concordia University）社會與行為科學系教授兼系主任。在這之前，他曾受聘於堪薩斯州威奇塔市的路德教派社會服務單位，擔任婚姻與家族治療師以及家庭生活教育人員。他於 1983 年在明尼蘇達大學（University of Minnesota）取得家庭社會科學博士學位，1988 年取得明尼蘇達州的心理師資格，1998 年取得家庭生活教育人員資格。教學之餘，Bredehoft 博士也在期刊、雜誌和報紙上發表了超過一百篇以上與家庭和心理學領域有關的文章。他同時也是美國全國家庭關係委員會（National Council on Family Relations, NCFR）出版的第二版《生命全程家庭生活教育架構》（*Life Span Family Life Education Framework*）的編者。最近正在進行一系列和兒童過度放任有關的研究，這些研究的結果可以在 overindulgence.info 這個網站找到。他同時也是《給孩子多少才夠？》（*How much is enough? Everything you need to know to steer clear of overindulgence and raise likeable, responsible, and respectful children*）（Marlowe & Company, 2004）這本探討過度放任的書之共同作者。Bredehoft 博士在 1992 到 1993 年擔任明尼蘇達州家庭關係委員會的主席，並在 2003 年被 NCFR 認證為合格家庭生活教育人員（CFLE）。

Michael Walcheski 博士

美國明尼蘇達州聖保羅市協同大學教育學院心理與家庭研究學系教授兼助理院長。在這之前，他曾受聘於密西根州卡拉馬祝的錫安路德教會擔任家庭生活教育人員和基督徒教育主任。他於 1998 年在西密西根大學（Western Michigan University）取得諮商員教育與督導哲學博士學位。Walcheski 博士是美國婚姻與家族治療協會（American Association of Marriage and Family Therapists）的臨床會員，也是美國全國家庭關係委員會（NCFR）授證的合格家庭生活教育人員、明尼蘇達州合格婚姻與家族治療師和認證的督導。教學之餘，Walcheski 博士活躍於家族治療和家庭生活教育領域，在全國性和地區性的研討會上發表過多篇文章，致力於婚姻與家族治療以及家庭生活教育實務工作。Walcheski 博士指導過 NCFR 認證的第一版家庭生活教育遠距教學方案，他同時也是《邁向完整：複雜系統介紹》（*Stepping Into Wholes: An Introduction to Complex Systems*）一書的共同作者，並於 2008 年被 NCFR 認證為合格家庭生活教育人員。

譯者簡介

林淑玲

學歷：國立政治大學教育學系學士、碩士、博士

　　　　國立彰化師範大學婚姻與家族治療研究所碩士

　　　　國立彰化師範大學輔導與諮商學系博士班肄業

經歷：國立嘉義大學家庭教育研究所教授兼所長

　　　　社會工作師高考及格、諮商心理師高考及格

　　　　譯著有《家庭教育學》、《心理衛生》、《發展心理學》、《效能父母手冊》等書

張燕滿

學歷：國立花蓮師範學院學士

　　　　國立嘉義大學家庭教育研究所碩士

　　　　國立嘉義大學教育學系課程與教學組（家庭教育領域）博士

經歷：嘉義縣圓崇國小教師

　　　　教育部家庭教育專業人員資格認證

　　　　已發表〈親子互動基模對孩子行為的影響〉、〈以家庭生態學的觀點探討夫妻的婚姻問題〉、〈面對先生失業所造成的婚姻衝突時介入的因應策略〉等家庭教育相關論文 15 篇

潘維琴

學歷：國立嘉義大學家庭教育研究所碩士

　　　　國立中正大學社會福利學系學士

經歷：教育部家庭教育專業人員資格認證

　　　　社會工作師高考及格

致 謝

David J. Bredehoft

　　謹以此書獻給我的第一位家庭生活教育教師——我的父母 John Bredehoft 和 Elsie Bredehoft；以及 Richard Hey 博士，他引領我學習家庭生活教育；Jean Illsley Clarke，她指引我方法；以及我的妻子 Adena 所付出的無比耐心。

Michael Walcheski

　　謹以此書獻給 Emily LaBudde 女士和 Leslie Erickson 先生，他們提供了經過時間考驗的家庭生活教育課程；Karen Blaisure 博士教導我有關家庭的複雜性；還有我的妻子 Elizabeth Walcheski，她啟發我看見家庭生活教育在此時此地的當下對於家庭是多麼的重要。

導論

Michael J. Walcheski、David J. Bredehoft 著．林淑玲 譯

　　過去四十年，家庭專業人員（Arcus, Schvaneveldt, & Moss, 1993）致力於找出一個通用的定義以釐清家庭生活教育（family life education, FLE）的工作。作為定義和論爭的對象，家庭生活教育工作持續逐步開展，以增進家庭與個人的福祉。現代的定義出現於 1962 年（Powell & Cassidy, 2007）。廣義的家庭生活教育定義被批評為過於模糊，而狹義的定義聚焦於較特定的定義又被批評為過於嚴苛和侷限（Thomas & Arcus, 1992; Arcus, Schvaneveldt, & Moss, 1993; Powell & Cassidy, 2007）。

　　Arcus、Schvaneveldt 和 Moss（1993）在文獻回顧中，從實務和綱領性質檢視什麼是家庭生活教育，以及家庭生活教育該是如何，他們得到下列原則：

- 家庭生活教育和個人及家庭的整個生命歷程有關。
- 家庭生活教育應該以個人和家庭的需求為基礎。
- 家庭生活教育是跨領域的研究和多元專業的實務。
- 可在不同場域提供家庭生活教育方案。
- 家庭生活教育應採取教育觀點而非治療取向。
- 家庭生活教育應呈現並尊重不同的家庭價值。
- 合格的教育人員是成功達成家庭生活教育目標的關鍵（pp. 15-20）。

　　目前，美國全國家庭關係委員會（NCFR）「認為家庭生活教育工作已經成為有薪給的職業，這包括提供個人和家庭十項家庭生活教育內容領域有關的**預防和教育**」（NCFR, n.d., ¶2）。

　　第一版（NCFR, 1993）和第二版（Bredehoft & Cassidy, 1995）的《家庭生活教育課程綱要》（*Family Life Education Curriculum Guidelines*），反映了家庭生活教育及其實務演變的相似性和變異。在第一版申請合格家庭生活教育人

員認證的材料裡，包含七項各自獨立的議題，以明確說明主要的領域，分別是：人類發展與性、人際關係、家人互動、家庭資源管理、親職教育、倫理，以及家庭與社會；每一個議題又再進一步針對其類目和關鍵概念界定其內涵。關鍵概念的目的在強調跨三個不同年齡世代的主題：兒童期、青少年期，以及成人期。這整個架構用以運作的知識主要是在鼓勵家庭生活教育人員去「規劃方案以適應其學習者的發展階段，反映社區規範，以及展現良好的家庭生活教育方案規劃」（NCFR, 1993, p. 1）。除了這項架構的內容之外，大學校院課程綱要（NCFR, 1984）提供了大學校院開課規劃的方向，以及家庭生活教育人員認證的指引。大學校院課程綱要包含十項內容領域以提供「研究與理論的知識」（NCFR, 1993, p. 1）。第一版同時也包含了人類成長與性、人際關係，以及有加註參考書目和資源的家庭生活教育課程綱要。

　　《家庭生活教育課程綱要》第二版仍遵循第一版的腳步，目的在於「支持家庭生活教育人員」（Bredehoft & Cassidy, 1995）。第二版在家庭生活教育媒材上反映出一種規格化的形式，引用《家庭關係》（*Family Relations*）期刊其中一篇文章的主題，擴充了《生命全程家庭生活教育架構》（*Framework for Life Span Family Life Education*）的定義和主要概念，以及一套由 NCFR 委員會認可的家庭及家庭政策的正式信條。其次，第二版中也條列出當代親職教育方案，確認家庭生活教育課程的偏誤和排外性，並發展家庭生活教育人員倫理方針。第二版的《家庭生活教育課程綱要》是第一次納入與家庭生活教育有關的主題、書籍、媒體資源和課程材料。

　　本書《家庭生活教育：理論與實務的整合》的出版目的，在於提出包括家庭生活教育人員訓練，以及家庭生活教育人員實務需要等議題。書中概述了整合家庭理論及家庭生活教育實務的取向。跟著第一版的步伐，本書（原文書第二版）的出版目的有二：第一，作為培養家庭生活教育人員的教材；第二，作為家庭生活教育人員實務工作的資源。我們嘗試使用「家庭生活教育」這個詞作為所有文獻的專業識別用語，但是並沒有輕視其他家庭專業者的意思。我們有信心，這本書對所有家庭專業人士都是有幫助的。

　　過去，NCFR 在形塑和界定家庭生活教育及家庭生活教育人員的專業化過程中扮演著重要的角色，NCFR 曾致力於宣導家庭生活教育的內涵、家庭生活教育認證次領域的釐清，並透過研究而對家庭生活教育人員的專業化作出貢獻。NCFR 委員會認可合格的家庭生活教育人員、大學課程綱要、家庭生活教育人員認證標準和指標，以及家庭生活教育內容領域，至今已經二十五年了。NCFR 在 1997 年（Bredehoft）修訂並擴充了《生命全程家庭生活教育架構》，而在 2000 年 NCFR 著手修訂並擴充《家庭生活教育課程綱要》（第二版）。最近則在準備家庭生活教育合格人員考試，根據家庭生活教育合格人員職務分析調查的結果，考試委員會釐清了許多內容領域的標題（例如將「社會中的家庭」改為「社會脈絡中的家庭與個人」）。

　　《家庭生活教育：理論與實務的整合》是一本寫給實務工作者、強調整合理論與實務的資源手冊。我們針對實務工作者的需要，與發表在《家庭關係》期刊的修訂宗旨中所提供類似的指導語如出一轍，在主編對作者的指示中提到：

　　　　我們分享家庭應用研究的觀點以及編輯宗旨的關鍵在於，「文章應該
　　　　要為實務工作者的需要而設想及撰寫」，所有的文稿必須包括確認和
　　　　完整討論對從事家庭工作的專業人員的一系列含意，若缺乏明確的意
　　　　涵我們將不予刊登（Pasley, 2001, p. 1）。

　　貫穿這本書的主要概念有三：了解理論與實務的整合是有效家庭生活教育的必要動力；以家庭生活教育準專業人員及家庭生活教育實務工作者為潛在的讀者；反映家庭生活教育在生命全程該進行的工作內容。

　　編印《家庭生活教育課程綱要》（第二版）（Bredehoft & Cassidy, 1995），最初的目的在於更新並擴充其內容和使用範圍。例如，我們納入了最近一版的《生命全程家庭生活教育架構》（Bredehoft, 1997, 2001）。根據最新的研究和實務發現來修訂《家庭生活教育課程綱要》（第二版），其對家

庭生活教育的專業化有所貢獻，拓展了「聚焦於各階段家庭生活教育、方案發展和實施作決策時所依循的假設與信念」技術技巧的發展（Arcus & Thomas, 1993, p. 28）。培訓家庭生活教育人員的歷程包括確認當今的思維、取向、工具和材料並與家庭學者專家合作，共同進行家庭生活教育實務以及（或）家庭生活教育人員的培養訓練。

　　身為主編的我們，將本書的架構分為三個部分：第一個部分集結了各章所呈現的家庭生活教育現行主題。這幾章從 David Bredehoft 所寫的「生命全程家庭生活教育架構：再審視與修訂」這章開始，討論家庭生活教育教學和實務重要的核心概念。第一部分的第 2 章，Dawn Cassidy 回顧了專業的現況，包括合格家庭生活教育人員（CFLE）檢定考試。此外，這一章也討論現今對這個領域的看法，並提出對家庭生活教育未來的挑戰議題。第 3 章由 Jean Illsley Clarke 撰稿，她是一位擁有三十年工作經驗的家庭生活教育人員，透過她對過去經驗的回顧，分享她身為家庭生活教育人員的所學，並提供未來的走向。Deborah Gentry 在第 4 章提供如何教導理財素養的模式。Hawkins、Carroll、Doherty 和 Willoughby 在第 5 章提出一個婚姻教育的綜合性架構。婚姻教育將面對何種挑戰是 Jeffry Larson 在第 6 章探討的問題和焦點，他並就婚姻教育的創新提供更新的文章。在這幾章之後，我們蒐集了一些有關如何平衡工作與家庭的論文，這些文章是由下列家庭工作生活專家所撰寫：Shelly MacDermid、Phyllis Moen，以及 Michael Lane Morris。這部分的最後兩章是由 Jody Johnston Pawel 和 Nancy Gonzalez 撰文，探討家庭生活教育方案行銷，以及家庭生活教育人員該如何宣傳自己的實務概念與技巧。

　　第二部分包括了十項「家庭生活內容領域」（Family Life Content Areas），以探索家庭生活教育架構和家庭生活教育實務課程綱要的整合議題。作者被要求遵循共同的模式來撰稿，但是每位作者的獨特性仍為各個單元帶來各有特色的結果。就編者的立場而言，我們試著採取一貫而不干擾每位作者獨特貢獻的立場。許多內容領域會和其他的領域有所重疊並整合在一起，但卻不會有相互排除的類別。如同第一版的課程綱要所述，這份架構包含了

獨立的主題。在這一部分，每一項內容領域都包括：

● 特定的課程綱要定義和目的。

● 特定生命全程架構的概念和領域目標。

● 課程綱要主題和生命全程架構的概念之簡介。

● 課程綱要（例如「家庭的內在動力」）與生命全程架構概念（兒童期、青少年期、成年期、老年期）的整合與討論，以探討家庭生活教育實務。作者被要求提供實例以凸顯兩者如何整合。

● 提供和支持家庭生活教育人員工作的主要資源、理論和實務。這些資源包括：書籍、研究論文、網頁、影片與媒體資源，以及課程媒材。

● 給新進專業人員的建議提醒。

● 家庭生活教育人員的未來議題和挑戰。

● 提升家庭生活教育人員能力的未來方案需求。

● 參考文獻。

　　第三部分是和教學與實務有關的資源文章，用以支持前兩部分的內容。第三部分包括：家庭生活教育人員與文化能力之發展；兒童與其家庭之最佳利益：方案發展與評鑑之融合；親職與家庭生活教育人員倫理思考與實務；家庭科學人員倫理守則與方針的發展與教學；親職、家庭教育與家族治療的界限等內容。

　　本書延續了有關家庭工作書寫的豐富歷史。對家庭生活教育人員而言，有必要去質疑並討論定義的轉變、回顧方案推展的過去，並提供新的取向、對跨生命全程個人和家庭工作與效能的評鑑，並且評估訓練方案的適合性。Margaret Arcus（個人通訊，2002 年 11 月 23 日）認為這些是「長久的問題」，必定會讓家庭生活教育保持敏銳和活躍；我們也是這麼認為。

　　就一門專業而言，家庭生活教育人員會持續面對前人的離去，新拓荒者的到來，以及家庭工作領域的持續改變。我們保持對這些長久的問題的警覺是極為重要的。

參考文獻

Arcus, M. E., Schvaneveldt, J. D., & Moss, J. J. (Eds.). (1993). *Handbook of family life education: The practice of family life education* Vol. 1. Newbury Park, CA: Sage Publications, Inc.

Arcus, M. E., & Thomas, J. (1993). The nature and practice of family life education. In M. E. Arcus, J. D. Schvaneveldt & J. J. Moss (Eds.), *Handbook of family life education: Foundations of family life education* (Vol. 2. pp. 1-32). Newbury Park, CA: Sage Publications, Inc.

Bredehoft, D. J. (Ed.). (1997). *The framework for life span family life education* (2nd ed.) [Poster]. Minneapolis: National Council on Family Relations.

Bredehoft, D., & Cassidy, D. (Eds.) (1995). *Family life education curriculum guidelines* (2nd ed.). Minneapolis: National Council on Family Relations.

Hawkins, A. J., Carroll, J. S., Doherty, W. J., & Willoughby, B. (2004). A comprehensive framework for marriage education. *Family Relations, 53*, 547-558.

National Council on Family Relations. (1993). *Family life education curriculum guidelines* (1st ed.). Minneapolis: Author.

National Council on Family Relations. CFLE Certification (n.d.). *Family life education work experience*. Retrieved January 8, 2008, from http://www.ncfr.org/index.asp

Pasley, K. (2001). Editorial. *Family Relations, 50*, 1-2.

Powell, L. H., & Cassidy, D. (2007). *Family life education: An introduction* (2nd ed.). Long Grove, IL: Waveland Press Inc.

Thomas, J., & Arcus, M. (1992). Family life education: An analysis of the concept. *Family Relations, 41*, 3-8.

關於作者

Michael J. Walcheski，博士，合格家庭生活教育人員，明尼蘇達州聖保羅市協同大學教育學院心理與家庭研究學系的教授兼系主任。他是《家庭生活教育：理論與實務的整合》這本書的共同編者。E-mail: Walcheski@csp.edu。

David J. Bredehoft，博士，合格家庭生活教育人員，明尼蘇達州聖保羅市協同大學社會與行為科學系的教授兼系主任。他是《生命全程家庭生活教育架構》（第二版）的編者，《家庭生活教育：理論與實務的整合》共同編者，同時也是《給孩子多少才夠？》（中文版由咖啡田文化出版）一書的共同作者。E-mail: bredehoft@csp.edu。

譯　序

　　個人從民國 72 年在教育部訓育委員會任職，負責全國家庭教育業務，到民國 85 年籌備全國第一所家庭教育研究所至今，有時候仍然會不禁問自己：家庭教育，是什麼？

　　社會變遷對於家庭生活的影響已經是人盡皆知的事實，但是從現有的各種社會與家庭問題來看，社會各界、家庭與個人似乎尚未能有效的因應與調整。例如，民眾對於如何不讓「法入家門」（例如因為違反《家庭暴力防治法》、《兒童及少年性剝削防制條例》、《兒童及少年福利與權益保障法》而被動的接受相關單位介入家庭生活）所知仍然有限，當面對家庭關係困境時，往往以經驗法則回應環境的挑戰。

　　為了因應社會發展變化所帶來對家庭的衝擊，我國訂了全世界唯一的《家庭教育法》，目的在於協助民眾經營家庭生活，有效滿足家人身心需求。但是《家庭教育法》公告施行至今，各縣市主動參與家庭教育的民眾大多數仍侷限在少數中產階級。要有效落實與推展家庭教育，除了各縣市家庭教育中心的活動規畫推展之外，勢必需要透過學校教育改變「未來父母」對於家庭生活經營的價值與信念；也需要提供正在修習家庭教育專業的準專業人員更周延的參考教材。

　　多年來，國內研究與推展家庭教育的理論或實務工作者，大多參考美國全國家庭關係委員會（National Council on Family Relations, NCFR）對於家庭生活架構的觀點，加上本土家庭生活議題以調整應用，也有相當多的專家學者撰述專書以傳遞家庭教育論述，但是尚欠缺完整介紹 NCFR 觀點的專書出現。基於家庭教育專業人才養成，以及實務工作者的需要，個人與維琴、燕滿共同翻譯了第二版的 *Family Life Education: Integrating Theory and Practice* 一書，希望能夠提供第一線實務工作者或者準家庭教育專業人員學習及應用的參考。

　　由於文化及社會生活的差異，翻譯過程中，我們常常碰到無法直譯內文的情形，但是為協助讀者理解，我們仍盡力尊重原文直接翻譯；另外，原文中附有相當多的網路網址，但是因為網路世界變動快速，有些網址都已經更改或移除，因此也建請有需要的讀者自行搜尋。

　　翻譯是一段挑戰性很高的學習歷程，不只是要了解原作者的意圖，還要清楚原作者的文化背景、價值信念等等。本書的翻譯耗時費日，至今能夠完成，要感謝心理出版社林敬堯總編輯的支持，以及編輯林汝穎小姐的協助才能讓本書出版，讓我們得以和更多有心於落實家庭教育的專業人員分享這本專書。

社團法人中華民國家庭教育專業人員協會　理事長

林淑玲　謹誌

2016 年 8 月

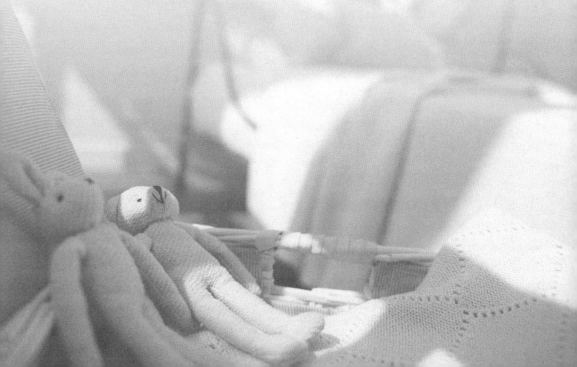

第一部分

Part One

家庭生活教育
的當今議題

Chapter 1

生命全程家庭生活教育架構：再審視與修訂

David J. Bredehoft 著．林淑玲 譯

家庭生活教育運動始於二十世紀初期，以作為強化家庭生活的一種手段。這個運動創立的目的，在於回應那些向個人及家庭施加壓力的各種社會狀況（Arcus, 1992; Darling, 1987）。這項運動最初是從家政開始，但很快地擴展超出家政的範疇，而對家庭的學術研究興趣大增。現在，家庭生活教育運動包含了相當廣的學科領域，例如健康科學、社會學、心理學、諮商、生物學、人類學、藥學、法律、宗教、社會工作、歷史、經濟、大眾傳播等等（Darling, 1987; Somerville, 1971）。現在的家庭生活教育課程的內容和焦點也相當多元，例如，家庭生活教育不只是包括婚前教育、婚姻充實、親職教育、性教育、財務管理、時間管理、憤怒管理、壓力紓解、溝通，以及衝突解決工作坊。這項運動範圍擴展了，因此需要一個概念架構以包含並整合其多元的知識和概念基礎。基於此需求，《生命全程家庭生活教育架構》因而產生，它並不是課程而是一種方案發展、執行和評估的指引。

第一版的《生命全程家庭生活教育架構》是由美國全國家庭關係委員會（NCFR）在 1987 年出版，並且被學者和實務工作者廣泛的用以發展和評鑑家庭生活教育方案（Arcus, 1995; Thomas & Arcus, 1992）。這項架構也曾被諮商

人員作為提供社區家庭生活教育，或轉介個案去參與具有教育心理價值的家庭生活教育課程的有效工具。此外，這項架構也為健康照顧、宗教、諮商，和社區教育等有志於預防工作的專業領域，提供了一個概念性的基礎。《生命全程家庭生活教育架構》的第一版（NCFR, 1987）源自家庭生活教育人員認證標準和指標委員會的工作（NCFR, 1984）。根據 Arcus（1987）的說法，這項架構的目的，在釐清並明訂家庭生活教育的內容，並進一步擴大家庭生活教育的定義。在發展的初期，學者（Arcus, 1987, 1995; Thomas & Arcus, 1992）就已經認為這第一版架構不會是最後一版。因此，當和家庭生活有關的科學知識、理論和經驗增加了，那麼《生命全程家庭生活教育架構》也有必要再加以審視和修訂。為了設定這項架構第二版的修訂基礎，以下會先定義家庭生活教育，再說明第一版的簡史。

家庭生活教育的定義

NCFR（2000）將家庭生活教育定義為：「預防和教育的活動，其中包括和個人及家庭福祉有關的方案發展、執行、評鑑、教學、訓練和研究。」但是，1960 年代這個定義剛開始出現的時候，家庭生活教育的定義在少有共識的情況下進行修訂的歷程（Bredehoft & Cassidy, 1995; Powell & Cassidy, 2001），而且問題也不少（有關家庭生活教育定義和相關問題更深入的討論，請參考 Arcus, Schvaneveldt, & Moss, 1993a, 1993b）。家庭生活教育的本質，以及衍生的定義（Arcus et al., 1993b），剛開始的時候相當模糊不清，對於同樣都是在學校場域推展家庭生活教育的不同家庭生活教育人員而言，家庭生活教育對他們卻有不同的意義（Avery, 1962; Avery & Lee, 1964; Lee, 1963）；就教學活動來說，它的意思是「投入以提升成人日常生活技能的效能，也就是和他人的關係、因應生活事件，以及了解個人潛能」（Tennant, 1989, p. 127）。雖然家庭生活教育的定義並不一致，但是大多數的家庭生活教育人員認同一套操作原則（Arcus et al., 1993b），並用以引導他們在廣泛的場

域中（例如學校、教會、社區和諮商場域），對多元類型的人口進行許多議題的推展工作。Arcus 等人（1993b）定義並描述這七項原則：(1)家庭生活教育和個人及家庭的整個生命歷程有關；(2)家庭生活教育應該以個人和家庭的需求為基礎；(3)家庭生活教育是跨領域的研究和多元專業的實務；(4)可在不同場域提供家庭生活教育方案；(5)家庭生活教育應採取教育觀點而非治療取向；(6)家庭生活教育應呈現並尊重不同的家庭價值；(7)合格的教育人員是成功達成家庭生活教育目標的關鍵。這些原則取自第一版（NCFR, 1987）及第二版（Bredehoft, 1997）的《生命全程家庭生活教育架構》。

🌱 第一版的簡史

第一版《生命全程家庭生活教育架構》（NCFR, 1987）的基本結構，是以這個領域的哲學、原則與議題，以及家庭生活教育學者專家和實務工作者共同的智慧結晶為基礎〔這部分請參見 Arcus 等人（1993b）書中有關第一版歷史和發展的深入討論〕。這一版的內容得力於許多學者和實務工作者的貢獻，包括引註中提到的 Kerckhoff（1964）、全國家庭生活教育委員會（National Commission on Family Life Education, 1968）、美國全國家庭關係委員會（NCFR, 1970）、Somerville（1971），以及 Davidson（1989）。

第一版回應了 Fisher 和 Kerckhoff（1981）的呼籲，在釐清家庭生活教育時，應該更深一層的澄清和界定其基本概念、假設和論點。Fisher 和 Kerckhoff 認為，如果學者使用下列四種做法，將有助於促進家庭生活教育：(1)組織這個領域現有的知識；(2)建構方案發展、實施和評估的方法；(3)改善家庭生活教育人員的訓練；(4)促進家庭生活教育理論模式的發展與測試。第一版的架構以促進這個領域現有知識的組織，以及支持方案發展、實施和評估方法的建構，強調了其中的兩種策略（Arcus, 1987）。

最後要注意，建構和發展第一版的架構時，運用到下列三項指導原則（Arcus, 1987）：(1)這一版採取的是廣義的家庭生活教育概念；(2)這項架構

包括所有的學習面向：知識、態度和技能；(3)這項架構涵蓋家庭所有年齡成員和其學習家庭生活教育的需求。這些原則在修訂這項架構的過程中有很大的影響力。

修訂之必要

修訂這項架構的原因很多。首先，服務於家庭生活教育領域的合格家庭生活教育人員定期回饋和評估結果顯示，這套架構到了該修訂的時候了（D. Cassidy，NCFR 認證主任，個人通訊，1996 年 9 月 28 日）。其次，相關文獻的檢視結果顯示，家庭生活教育領域的學者認為，第一版並沒有把文化轉型和人口結構改變的議題適度的納入。這個回饋並不是說整個架構有瑕疵，而是認為應該要就以下四個面向進行修訂：(1)架構應該擴充增加「老年期」這個年齡組；(2)概念領域應該要和學院及大學課程綱要（NCFR, 1984）的九大類目更為一致；(3)架構應該包括系統／生態系統的觀點；(4)架構應該提供一個更多元的觀點來看其內容和概念（Thomas, 1995; Walker, 1998）。

修訂的過程

在修訂一開始的時候，就設定《生命全程家庭生活教育架構》第二版（Bredehoft, 1997）的概念會盡可能保留原版的架構（NCFR, 1987）。這個設定是基於合格家庭生活教育人員（CFLE）建議對架構進行微調，而不是徹底改編。修訂歷程包括四個步驟：(1)進行焦點團體以確認「老年期」年齡組所包含的概念；(2)編者找出一個概念方法，把系統的和多元文化的視野納入模式；(3)由家庭生活教育專家組成一個工作小組，負責檢視、修改和修正焦點團體和編者的工作；(4)編者綜合工作小組的意見，不斷的循環檢視。

檢視的第一個目標，在於確認增列的年齡組的核心概念，在整個架構中定名為「老年期」（later adulthood）。參與者受邀從三個焦點團體選擇一個參與，以討論出屬於這個新年齡組的概念和主題。參與者由大學學者和各實務領域的家庭老年學工作者所組成，邀請的名單則是取自明尼蘇達老年學協會

的郵件名單。在焦點團體進行前，寄送給每位參與者一份相關文獻回顧的資料，以確保參與者都熟悉第一版的架構和有關老年期家庭生活教育文獻。這項資料包括「生命全程：家庭生活教育」海報（NCFR, 1987）、〈生命全程家庭生活教育架構〉文獻（Arcus, 1987），以及〈生命晚期的家庭生活教育〉（Brubaker & Roberto, 1993）。

　　每一個焦點團體進行時間大約是二到三小時。參與者圍桌而坐，現場有一份全開海報大小的第一版架構及其概念的海報。海報下方為老年期這個年齡組留了一行空白欄位。一位催化員鼓勵團體討論出和老年期有關的概念及主題。討論聚焦在架構的概念領域（社會中的家庭、家庭的內部動力、人類成長與發展、人類的性、人際關係、家庭資源管理、父母教育和輔導、家庭法律與公共政策，以及倫理）。另有一位負責記錄團體所提到的概念。三個焦點團體資料蒐集完畢後立即進行核對工作。

　　檢視的下一個步驟，是由 1996 年 NCFR 年會的家庭生活教育專家組成工作小組，其任務包括檢視、修改和修正焦點團體的資料，而後再由編者運用工作小組的意見和建議，來撰寫第二版的架構草稿。這份草稿經過工作小組和所有NCFR各委員會主席的檢視和回應之後，編者再據以完成最後草稿版本以付印。

❧ 第二版的增修

　　專業的家庭生活教育人員最初認為修訂架構是有必要的：「……（那）可能要把額外的概念加到架構中，而且當新的知識提出的時候就該修訂。」（Arcus, 1987, p. 8）由於新資訊的出現，在第二版的《生命全程家庭生活教育架構》中，可以看到很多明顯的改變（Bredehoft, 1997）。

　　首先，根據 Erikson（1950）對成年期的觀點，將「老年期」這個年齡組納入架構中，並把生命全程的類組由三組擴充為四組。此外，這四個類組由原先以個人（例如兒童、青少年、成人）的描述，改變成以生命階段（兒童

期、青少年期、成年期、老年期）作標題。新增的第四個生命階段是回應眾多學者，包括 Brubaker 和 Roberto（1993）、Arcus（1992），以及 Schvaneveldt 和 Young（1992）的主張：「高齡者會透過家庭生活教育人員的努力而得益。包括有關退休、寡居、代間關係，以及照顧的增加，可以為生命晚期量身訂作更好的家庭生活教育方案。」（Brubaker & Roberto, 1993, p. 220）此外，Arcus 舉出由於個人平均餘命的提高，造成人口結構重大改變，這是家庭生活教育人員要加以考量的。美國成長最快的世代是 70 歲以上的人口群。因此，Schvaneveldt 和 Young（1992）提出警告：「除了提高家庭額外的壓力，大量的人口邁入老年，也會對社會造成某些影響。」（p. 385）

其次，和第一版架構中的七個概念領域比起來，1997 年版有九個領域。第一版的架構（Arcus, 1987）是由美國全國家庭關係委員會（NCFR, 1984）所準備，其中包括七個概念領域：(1)人類發展與性；(2)人際關係；(3)家庭互動；(4)家庭資源管理；(5)和親職有關的教育；(6)倫理；(7)家庭與社會。溝通、作決定和問題解決的歷程並沒有被單獨列出為一概念領域，而是融入每一個概念領域中。而第二版（Bredehoft, 1997）則分為九個領域。這九個領域在順序和標號上，其主要概念都較為接近 NCFR 為進行家庭生活教育人員認證所設定的標準和指標而發展出來的《學院及大學課程綱要》（NCFR, 1984）。這九個領域依序分別是：(1)社會中的家庭；(2)家庭的內部動力；(3)人類成長與發展；(4)人類的性；(5)人際關係；(6)家庭資源管理；(7)親職教育與輔導；(8)家庭法律與公共政策；(9)倫理。第二版處理溝通、作決定和問題解決的態度和第一版一樣，採取融入在所有概念領域中的方式。

第三，第一版的架構在個人發展部分著墨較多，但缺乏系統觀點。它強調個人生命全程的發展（「兒童」、「青少年」和「成人」），但忽略了一個對家庭學術很重要的概念：家庭系統中的個人功能，以及家庭系統，是在一個更大的生態系統中運作的（Bubolz, Eicher, & Sontag, 1979; Darling, 1987; Paolucci, Hall, & Axinn, 1977）。根據系統理論，家庭成員之間的關係是相互的，這表示當某個家庭成員影響到其他家庭成員時，改變就發生了，而家庭

是一個整體（Kerr, 1981; Kerr & Bowen, 1988; Satir, 1988）。家庭系統同時也是更大的生態系統的一部分（Bubolz et al., 1979; Darling, 1987; Paolucci et al., 1977）。「這個取向（生態系統取向）可以提供多元學門領域研究一個架構，許多理論和取向都可以含括在內」（Darling, 1987, p. 819）。因此，第二版將系統和生態系統的概念整合到架構中。透過圖表象徵性的將整個架構的各層面含括在「家庭和生態系統的交互互動——在家庭系統的環境脈絡」之內。

　　第四，為了回應越來越多傾聽多元聲音的要求，此架構在家庭生活教育的歷程中加入了一個多元的視框（Allen & Baber, 1992; Berry, 1992; Bubolz & McKenry, 1993; MacDermid, Jurich, Myers-Walls, & Pelo, 1992; Mirfin-Veitch, Brey, & Watson, 1997）。透過圖示方式，象徵性地將「多元文化—性別平等—特殊需求的覺察」貫穿納入整個架構。在今日不斷改變的社會中，家庭生活專業被期望能展現所需的某種知識和技能，以了解、證明和提供教育服務給民眾，讓他們從日漸複雜的多元社群和背景中得到經驗和世界觀（Dilworth-Anderson, Burton, & Turner, 1993; Hildreth & Sugawara, 1993; Smith & Ingoldsby, 1992; Thompson, 1995）。除了多元文化，家庭生活教育人員也可以透過採取女性主義和特殊需求的觀點來強化民眾的家庭生活。這兩種觀點都重視多元、平等，以及每個人在主流社會的完全參與（Allen & Baber, 1992; Berry, 1992）。這些不同的觀點已經影響，也將持續形塑我們檢視、規劃和推展生活教育的方式。

　　第五，架構中所有各類的概念都已經被檢視、更新和重新編排過。和第一版一樣，溝通、作決定和問題解決三項歷程被納入各概念領域裡面而未獨立呈現，希望是家庭生活教育整體方案中的一部分。

✿ 架構的使用

▎方案發展與評估

　　就和第一版一樣，第二版架構的運用方式也很多，而且對於專職的家庭生活教育人員（如親職教育人員）或部分使用者（如提供婚姻充實工作坊的諮商人員）都有幫助。這項架構可以是方案發展和評估的重要工具，幫助方案發展人員為特定年齡層決定合適的課程內容。例如，當某位親職教育人員負責發展和教導家有青少年的父母時，他可以在這項架構中找到指引，並掌握其工作的重點：父母—青少年溝通、滿足不同發展階段兒童的需求、回應青少年的個別差異、親職的回饋與職責、了解婚姻與父母角色，並提供單親、繼親、收養家庭父母，以及照顧身心障礙子女的父母，如何管教青少年的技巧（自給自足、安全、作決定、家庭衝突和衝突解決、各種不同的親職情境）。這項架構中的概念對諮商實務工作者也一樣有效，幫助他們確認與選擇提供社區式婚姻充實研習的課程（例如有效溝通、關係選擇和選項的評價、負責的性關係——選擇、結果、共同作決定）。

　　這項架構也有助於評估家庭生活教育課程的範圍和深度。系統性地使用這項架構，能確認課程中少了並且必須再加強哪些區塊或部分。例如一個社會服務機構可能使用這項架構去分析他們所提供的教育工作坊課程，在確認闕漏的區塊後，可能決定提供下列任何一項概念領域的教育機會給機構服務的兒童、青少年、成人和年長者：(1)社會中的家庭；(2)家庭的內部動力；(3)人類成長與發展；(4)人類的性；(5)人際關係；(6)家庭資源管理；(7)親職教育與輔導；(8)家庭法律與公共政策；或者(9)倫理。

▎作為訓練和促進家庭生活教育的一項資源

　　這個架構對從事家庭生活教育的人而言，是很棒的一項訓練資源。它可

用以培訓各領域的家庭生活教育人員，也是一種引導和評估繼續教育的工具。

同時，這也是向其他對家庭有興趣，但並不是家庭生活教育專業的其他專業人員（例如醫生、律師、社工員、從事政治事務的人、學校委員會和縣市委員等等），解釋、行銷和證明家庭生活教育的有用資源。這項架構能幫助這些專業人員了解不同發展階段家庭的需求及其複雜性。因此，各種機構都可以運用這項架構來讓他們的特定服務對象獲益（兒童照顧中心、青年團體、宗教機構、高齡者健康照護和支持照顧中心等等）。此外，工商業界也可以把這項架構當作評估工作場所的家庭友善政策以及程度的工具。

以家庭生活教育為預防方法

諮商師和心理健康專業人員對於預防領域感興趣已經有一段時間（Felner, Jason, Moritsugu, & Farber, 1983）。《諮商與發展期刊》（*Journal of Counseling and Development*）也曾以預防議題為專題（Myers, Emmerling, & Leafgren, 1992）。而家庭生活教育是主要的預防工具之一，可知諮商師會理解如何使用家庭生活教育。

Gibson 和 Mitchell（1995）討論過一項引自公共衛生領域、廣為各界接受的預防模式。這個模式包括三個預防的層級：初級、次級和三級。初級預防致力於目前尚未受到疾病侵襲的目標團體，幫助他們以健康的方式維持功能；次級預防對已經出現早期徵兆的對象進行鑑定和介入；而三級預防是以降低失調後遺症的影響為目標來協助個人康復（Felner et al., 1983）。諮商師可以透過轉介個案參與類似婚前、婚姻充實、教養、時間管理、憤怒管理、紓壓、溝通和衝突解決工作坊等家庭生活教育活動，來提高他們在初級和次級預防的努力。

❦ 結語

　　第二版的《生命全程家庭生活教育架構》靠許多傑出人士的努力才建立，並持續了一段漫長而豐富的家庭生活教育歷史。透過增加老年期這個階段，擴大生命全程家庭生活教育方案主要的內容，家庭生活教育的定義也隨之擴大。這項架構亦反映了各概念領域目前的概念發展和實務知識，並關注到相關的知識、態度和技巧；也將系統及生態系統的觀點與文化多元、女性主義、特殊需求覺察的視框，一併融入各概念領域中。

　　這項架構是方案發展、推展和評估的指引，它假設實務工作者會選擇最適合的概念組織和方法類型，以配合其特定服務使用者的需求。這項架構應該提供給家庭生活實務工作人員、學者和諮商師，作為在面對二十一世紀挑戰時的實務工作指引。*

參考文獻

Allen, K. R., & Baber, K. M. (1992). Starting a revolution in family life education: A feminist vision. *Family Relations, 41*, 378-384.

Alvy, K. T. (1988). Parenting programs for black parents. In L. A. Bond & B. M. Wagner (Eds.), *Families in transition* (pp. 135-169). Newburry Park, CA: Sage.

Arcus, M. E. (1987). A framework for life span family life education. *Family Relations, 36*, 5-10.

Arcus, M. E. (1992). Family life education: Toward the 21st century. *Family Relations, 41*, 390-393.

Arcus, M. E., Schvaneveldt, J. D., & Moss, J. J. (1993a). The nature of family life education. In M. E. Arcus, J. D. Schvaneveldt, & J. J. Moss (Eds.), *Handbook of family life education: Vol. 1. Foundations of family life education* (pp. 14-20). Newbury Park, CA: Sage.

Arcus, M. E., Schvaneveldt, J. D., & Moss, J. J. (Eds.). (1993b). *Handbook of family life education: Vol. 2. The practice of family life education*. Newbury Park, CA: Sage Publications, Inc.

Arcus, M. E. (1995). Advances in family life education: Past, present, and future. *Family Relations, 44*, 336-344.

Avery, C. E. (1962). Inside family life education. *The Family Life Coordinator, 11*(2), 27-39.

Avery, C. E., & Lee, M. R. (1964). Family life education: Its philosophy and purpose. *The Family Life Coordinator, 13*(2), 27-37.

Barozzi, R. L., & Engel, J. W. (1985). A survey of attitudes about family life education. *Social Casework, 66*, 106-110.

---

*註：在美國全國家庭關係委員會網頁（www.ncfr.org）有海報格式和投影片格式的《生命全程家庭生活教育架構》。

Berry, J. O. (1992). Preparing college students to work with children and families with special needs. *Family Relations, 41*, 44-48.

Bredehoft, D. J., & Cassidy, D. C. (Eds.). (1995). *Family life education curriculum guidelines* (2nd ed.). Minneapolis, MN: National Council on Family Relations.

Bredehoft, D. J. (Ed.). (1997a). *Life span family life education* (2nd ed.) [Poster]. Minneapolis, MN: National Council on Family Relations.

Brubaker, T. H., & Roberto, K. A. (1993). Family life education for the later years. *Family Relations, 42*, 212-221.

Bubolz, M. M., Eicher, J. B., & Sontag, M. S. (1979). The human ecosystem: A model. *Journal of Home Economics, 71*, 28-30.

Bubolz, M. M., & McKenry, P. C. (1993). Gender issues in family life education: A feminist perspective. In M. E. Arcus, J. D. Schvaneveldt, & J. J. Moss (Eds.), *Handbook of family life education: Vol. 1. Foundations of family life education* (pp. 131-157). Newbury Park, CA: Sage Publications, Inc.

Czaplewski, M. J., & Jorgensen, S. R. (1993). The professionalization of family life education. In M. E. Arcus, J. D. Schvaneveldt, & J. J. Moss (Eds.), *Handbook of family life education: Vol. 1. Foundations of family life education* (pp. 51-73). Newbury Park, CA: Sage Publications, Inc.

Cromwell, B. E., & Thomas, V. L. (1976). Developing resources for family potential: A family action model. *The Family Coordinator, 25*, 13-20.

Darling, C. A. (1987). Family life education. In M. B. Sussman & S. K. Steinmetz (Eds.), *Handbook of marriage and the family* (pp.815-833). New York: Plenum.

Davidson, J. K., Sr. (1989). The certification of family life educators: A quest for professionalism. *Family Science Review, 2*, 125-136.

Dilworth-Anderson, P., Burton, L. M., & Turner, W. L. (1993). The importance of values in the study of culturally diverse families. *Family Relations, 42*, 238-242.

Erikson, E. (1950). *Childhood and society*. New York, Norton.

Famighetti, R. (Ed.). (1997). *The world almanac and book of facts: 1998*. Mahwah, NJ: K-III Reference Corporation.

Family life education programs: Principles, plans, procedures, A framework for family life education. (1968). *The Family Coordinator, 17*, 211-215.

Felner, R. D., Jason, L. A., Moritsugu, J. N. & Farber, S. S. (Eds.). (1983). *Preventive psychology: Theory, research, and practice*. New York: Pergamon.

Gibson, R. L., & Mitchell, M. H. (1995). *Introduction to counseling and guidance* (4th ed.). Englewood Cliffs, NJ: Prentice-Hall, Inc.

Herold, E. S., Kopf, K. E., & deCarlo, M. (1974). Family life education: Student perspectives. *Canadian Journal of Public Health, 65*, 365-368.

Hildreth, G. J., & Sugawara, A. I. (1993). Ethnicity and diversity in family life education. In M. E. Arcus, J. D. Schvaneveldt, & J. J. Moss (Eds.), *Handbook of family life education: Vol. 1. Foundations of family life education* (pp. 162-186). Newbury Park, CA: Sage.

Hughes, R., Jr. (1994). A framework for developing family life education programs. *Family Relations, 43*, 74-80.

Hughes, R., Jr., & Perry-Jenkins, M. P. (1996). Social class issues in family life education. *Family Relations, 45*, 175-182.

Kerckhoff, R. K. (1964). Family life education in America. In H. T. Christensen (Ed.), *Handbook of marriage and the family*. Chicago: Rand McNally and Company.

Kerr, M. E. (1981). Family systems theory and therapy. In A. S. Gurman & D. P. Kniskern (Eds.), *Handbook of family therapy* (pp. 226-264). New York: Brunner/Mazel.

Kerr, M. E., & Bowen, M. (1988). *Family evaluation*. New York: W. W. Norton & Company.

Lee, M. R. (1963). How do experts define "family life education?" *The Family Life Coordinator, 12*(3-4), 105-106.

MacDermid, S. M., Jurich, J., Myers-Walls, J. A., & Pelo, A. (1992). Feminist teaching: Effective education. *Family Relations, 41*, 31-38.

Manchester, J. (1993). *Baby boomers in retirement: An early perspective*. Washington, D.C.: Congress of the United States, Congressional Budget Office.

Mirfin-Veitch, B., Brey, A., & Watson, M. (1997). "We're just that sort of family" intergenerational relationships in families including children with disabilities. *Family Relations, 46*, 305-311.

Morgaine, C. A. (1992). Alternative paradigms for helping families change themselves. *Family Relations, 41*, 12-17.

National Council on Family Relations. (1970). Position paper on family life education. *The Family Coordinator, 19*, 186.

National Council on Family Relations. (1984). *Standards and criteria for the certification of family life educators, college/university curriculum guidelines, and content guidelines for family life education: A framework for planning programs over the life span.* Minneapolis: Author.

National Council on Family Relations. (1987). *Life span: Family life education* [Poster]. Minneapolis: Author.

National Council on Family Relations. (1998). *Standards and criteria for the certified family life educator program.* Minneapolis: Author.

National Council on Family Relations. (2000). *NCFR homepage.* [Online]. Available: http://www.ncfr.org.

Paolucci, B., Hall, O. A., & Axinn, N. (1977). *Family decision making: An ecosystem approach.* New York: John Wiley & Sons, Inc.

Satir, V. (1988). *The new peoplemaking.* Mountain View, CA: Science and Behavior Books, Inc.

Simon Market Research Bureau. (1992). *The new American family: Significant and diversified life styles.* New York: Author.

Schvaneveldt, J. D., & Young, M. H. (1992). Strengthening families: New horizons in family life education. *Family Relations, 41*, 385-389.

Smith, S., & Ingoldsby, B. (1992). Multicultural family studies: Educating students for diversity. *Family Relations, 41*, 25-30.

Somerville, R. M. (1967). The relationship between family life education and sex education. *Journal of Marriage and the family, 29*, 374-389.

Somerville, R. M. (1971). Family life and sex education in the turbulent sixties. *Journal of Marriage and the Family, 33*, 11-35.

Stern, E. E. (1969). Family life education: Some rationales and contents. *The Family Coordinator, 18*, 39-43.

Tennant, J. (1989). Family life education: Identity, objectives, and future directions. *McGill Journal of Education, 24*, 127-142.

Thomas, J. (1995). Toward inclusive curriculum: Identifying bias and exclusivity in family life education curriculum material. In D. J. Bredehoft & D. C. Cassidy (Eds.), *Family life education curriculum guidelines* (2nd ed.) (p. 15). Minneapolis, MN: National Council on Family Relations.

Thomas, J., & Arcus, M. (1992). Family life education: An analysis of the concept. *Family Relations, 41*, 3-8.

Thompson, L. (1995). Teaching about ethnic minority families using a pedagogy of care. *Family Relations, 44*, 129-135.

Walker, A., J., Martin, S. S. K., & Thompson, L. (1988). Feminist programs for families. *Family Relations, 37*, 17-22.

關於作者

David J. Bredehoft，博士，合格家庭生活教育人員（CFLE），明尼蘇達州聖保羅市協同大學社會與行為科學系的教授兼系主任。他是《生命全程家庭生活教育架構》（第二版）的編者，《家庭生活教育：理論與實務的整合》的共同編者，同時也是《給孩子多少才夠？》一書的共同作者。E-mail: bredehoft@csp.edu。

【本文原刊登於 *The Family Journal, 9*(2), 134-139，經授權同意轉載。】

Chapter *2*

家庭生活教育的挑戰：
專業的界定與提升

Dawn Cassidy 著‧林淑玲 譯

家庭生活教育是一個成長與發展中的領域。2003年本章初撰寫的時候，家庭生活教育這門專業的發展，就像是個不到十歲，頂多是青少年這個年紀的孩子。五年過去，家庭生活教育已經成熟變為青年了。因為不斷增加的認知和價值，有些重要的進步出現。到目前為止，雖然家庭生活教育專業的潛能還未能完全一窺全貌，但是已經開始有進展了。

在二十世紀的後半葉，這個領域有相當大的進展，包括家庭生活教育學位的授予、進階的實務工作，以及家庭生活教育人員的培育（Arcus, 1995）。透過家庭生活教育的前輩，以及當今工作者的努力，這門專業努力成為和婚姻與家族治療、諮商、社會工作及教學一樣被認可、了解與接受的專業領域。

家庭生活教育的焦點在於個人潛能的發展，以及透過教育來預防問題的產生（National Commission on Family Life Education, 1968）。家庭生活教育人員提供增進個人和家庭生活的技巧和知識。家庭生活教育的範疇包括：了解家庭如何運作；家庭和社會的相互關係；人類生命全程的成長與發展；人類性議題的生理和心理層面；人際關係、金錢和時間管理、目標設定和決定技

巧對日常生活的影響；親職教育的重要性和價值；政策和立法對家庭的影響；專業作為的倫理考量；敏感、個人化議題教學及課程發展的認識與知識（NCFR, 2008）。

家庭生活教育採取預防取向來促進家庭幸福。過去，提供給家庭的服務主要是以一種「介入」的模式來進行——當問題出現的時候才處理家庭的需求。等到病態出現才要處理，會讓社會付出更大的代價——而且對個別家庭的危害更高。家庭生活教育試圖提供成功家庭生活所需要的技巧和知識，進而讓社會更幸福。如同 Deborah Cashen 這位擔任父母親職夥伴的合格家庭生活教育人員所說：「當家庭知道的越多，能做到的就越多。」

家庭生活教育在許多不同的場合實施，包括健康照護、社區教育、義務教育、信仰社群、社會服務單位、軍隊，以及越來越多的商業機構，但是卻很少被稱為家庭生活教育，或者由被稱為「家庭生活教育人員」的人來提供。或許家庭生活教育人員所面臨的最大挑戰，是對於自己到底是誰的覺察和理解、自己在做些什麼，以及自己該提供些什麼。

該怎麼做，家庭生活教育才能被廣泛地了解和重視、親職教育才能經常辦理、所有訂婚的伴侶才會參與婚姻教育課程、週末舉辦的婚姻和關係促進課程成為常態？想想看，如果所有的高中畢業生都上過溝通技巧和衝突解決的課；或者，如果更多的人具備有效管理時間和財務的技巧與能力時，個人和這個社會可以避免多少的問題出現？本章將探討家庭生活教育真正成為一門專業所需的時程，以及未來的努力方向。

現況

在家庭生活史中有很多公開的資料（Arcus, 1993; Powell & Cassidy, 2007）。本章的重點將聚焦在家庭生活教育專業的現況及未來展望，包括和專業發展及學術方案發展有關的議題。

美國全國家庭關係委員會（NCFR）在家庭生活教育的進展扮演重要的角

色。NCFR 是一個非營利、無黨派、由專業成員組成的組織，提供平台讓家庭研究人員、教育人員和實務工作者，分享家庭和家庭關係發展與宣傳知識。NCFR 建立了一套專業標準並用以促進家庭幸福。NCFR 成立於 1938 年，發行了下列期刊：《婚姻與家庭期刊》（*Journal of Marriage and Family*）、《家庭關係：應用家庭研究的綜合期刊》（*Family Relations: Interdisciplinary Journal of Applied Family Studies*），並且在 2009 年發行《家庭理論與回顧期刊》（*Journal of Family Theory & Review*）。NCFR 每年為來自全球的家庭專業人士舉辦一場研討會，並負責發給合格家庭生活教育人員（Certified Family Life Educator, CFLE）的認證。從 1960 年代開始，美國全國家庭關係委員會也很積極的參與促進家庭生活教育。

🌿 定義

▌家庭生活教育

　　NCFR 將家庭生活教育定義如下：

> 家庭生活教育的基本目的，在幫助個人及家庭學習有關人類生命全程成長、發展，以及在家庭環境中的行為。學習經驗聚焦在個人現在和未來作為家庭一份子的角色潛能發展。核心概念是關係，透過人格發展，個人自己選擇、作決定，並發展自尊。（National Commission on Family Life Education, 1968, p. 211）

　　雖然 NCFR 的定義常被引用，但並不表示這就是最終的定義。例如，Kerckhoff 在 1964 年發現家庭生活教育的定義和職業領域的分類不一致，可能會阻礙這個領域的發展（Arcus, 1993）。後續有很多的定義出現（請參閱 Arcus, 1993, pp. 5-6），但是並沒有哪一個是被廣泛接受的家庭生活教育定義。

▍專業的定義

　　首先，讓我們想想這個問題：家庭生活教育是一門專業嗎？我們如何得知？East（1980）認為一個領域或職業要被視為專業，需符合下列八種指標：

1. 活動變成一項全職職業。
2. 已建立訓練的學校和課程。
3. 受過訓練的人員成立專業協會。
4. 已發展出一套名稱、認可標準、核心知識架構，以及實務工作能力。
5. 團體內部衝突和與外部相似專業間的衝突，引導出一個獨特的角色定義。
6. 接受服務的大眾表達出對從事這種職業專業某些程度的接納。
7. 認證和發給執照是符合社會對特定服務合法性的表徵，而且這些措施是自我規範的。
8. 發展一套倫理守則以降低不符倫理的情事發生，並保障公眾的權益。

　　本章的範圍沒有辦法對上述每一項指標做完整的討論。但是，表1提供了East的指標以及家庭生活教育在每一指標的現況狀態。雖然不是所有的指標都已經達成，但很明顯的已經有相當大的進步了。

❦ 家庭生活教育的標準與指標

▍課程綱要的建立

　　家庭生活教育要被視為是一門專業，最大的障礙或許來自於這個領域的多元學科的本質。過去，從事家庭生活教育實務工作的人來自各種學門領域（Arcus, 1995），即使到今天，在很多情況中也仍是如此。直到最近，才有少數的人受過家庭生活教育的特殊訓練。但是，擁有兒童或人類發展、家庭關係、教育、心理學、社會工作、社會學等等學位的家庭生活教育專業人員，

表 1　家庭生活教育：界定專業

East 的指標 （East, 1980）	已有的進展	成長的空間	指標 1=沒有進展 5=指標已完全符合
1. 活動變成一項全職職業	雖然很少被稱為家庭生活教育，但是許多專業工作是全職從事家庭生活教育，這些職業包括父母教育、性教育、婚姻充實等等。	家庭生活教育常常只是家庭生活教育人員職責的一部分，或者家庭生活教育這份職業只是一份兼職的工作。	4
2. 已建立訓練的學校和課程	從 1960 年代就已開始提供家庭相關的學位。NCFR 在 1996 年開始承認符合 CFLE 指定指標的學位學程。截至 2008 年，已有 101 個 NCFR 認可的學程。	少數學程稱為「家庭生活教育」，但是大多稱為兒童與家庭研究、人類發展和家庭研究、人類服務、家庭研究等等。	4
3. 受過訓練的人員成立專業協會	許多家庭相關的協會在 1900 年代早期就已經存在。NCFR 最早是在 1985 年成立自己的家庭生活教育協會並建立 CFLE 學程。	其他家庭相關的協會和組織相當多，可能形成各自不同的認同。	4
4. 已發展出一套名稱、認可標準、核心知識架構，以及實務工作能力	NCFR 在 1984 年發展了辦理「大學與學院課程綱要」及「家庭生活教育人員認證標準與指標」。2007 年，NCFR 進行了實務分析並開辦了 CFLE 檢定考試。CFLE 實務分析調查的結果，確認家庭生活教育十項內容領域能有效涵蓋家庭生活教育所需知識基礎。		5
5. 團體內部衝突和與外部相似專業間的衝突，引導出一個獨特的角色定義	許多組織和證書的內涵都存在著某種程度的重疊。「大學與學院課程綱要」以及「家庭生活教育人員認證標準與指標」的發展，界定了家庭生活教育的內容範圍。	從業人員和大眾仍然不清楚家庭生活教育是什麼，也不知道家庭生活教育人員和社工員、治療師、諮商師等等有什麼不同。	3

表 1　家庭生活教育：界定專業（續）

East 的指標 （East, 1980）	已有的進展	成長的空間	指標 1=沒有進展 5=指標已完 全符合
6. 接受服務的大眾表達出對從事這種職業專業某些程度的接納	全國有越來越多的親職教育和婚姻教育方案，這表示大眾對於家庭議題有關的教育活動接受度提高。	家庭生活教育方案，包括親職教育、性教育、婚姻與關係教育、財務素養方案等等的參與仍未成常態。	4
7. 認證和發給執照是符合社會對特定服務合法性的表徵，而且這些措施是自我規範的	CFLE 的認證是為了規範從事家庭生活教育人員的資格。CFLE 人員需要參與繼續教育以保有其認證的資格。CFLE 的證書後來被認可，是從事親職調解工作的有效證書。		5
8. 發展一套倫理守則以降低不符倫理的情事發生，並保障公眾的權益	NCFR 的家庭科學部在 1995 年建構了《倫理守則與指引》。1997 年在明尼蘇達家庭關係委員會議中完成了《親職與家庭教育人員的倫理思考和實務》，這份文件在 1997 年也被NCFR 用於CFLE 方案。2008 年NCFR 開始發展一套為了 CFLE 證書用的正式倫理守則。		5

反映他們有預防教育的需求，並試圖透過在職訓練、工作坊、研討會等等來強化他們有關家庭生活教育的知識（Czaplewski & Jorgenson, 1993）。

　　由於現在從事實務工作的專業多元，因此有必要發展一套綜合性及統合性的知識架構。1984 年，美國全國家庭關係委員會所發展的《大學與學院課程綱要》（*University and College Curriculum Guidelines*）（NCFR, 1984），已

經作為規劃學術課程和發展及執行家庭生活教育課程的指引（Bredehoft, 1997, 2001）。1998 年，韋伯州立大學的教師修正了 NCFR 所訂定的《大學與學院課程綱要》，訂立了實務工作所需要的知識、技巧和能力指標。NCFR 後來又將這些納入家庭生活教育人員的能力指標中，稱之為「家庭生活教育人員倫理思考和實務」（NCFR, 1999）。

▌家庭生活教育人員認證的建立

1984 年，NCFR 同時發布了家庭生活教育人員認證標準和指標。這些標準和指標不著重在課程內容，而是注重於有效實務工作所需要的知識基礎，以及完成 CFLE 認證申請程序所需要的指引和指導。家庭生活教育人員認證證書的發展，有助於界定家庭生活教育的實務以及所需要的技巧。第一屆合格家庭生活教育人員（CFLE）是在 1985 年被認可的，目前全球大約有 1,425 位合格家庭生活教育人員在執行實務工作。

CFLE 的認證包括兩種層次：臨時的和正式的。**臨時證書**是發給已經完成家庭生活教育領域所規定的十項內容知識科目，但是還沒有累積足夠的家庭生活教育工作經驗時數以取得正式證書的資格。**正式證書**是發給已經完成內容知識，和從事足夠家庭生活教育工作經驗的 CFLE 申請者。這裡提到認證所需要的工作經驗時數，會因領域的相關程度和學位的等級而有不同。

當時訂定 CFLE 所需要的指標，是預計要和《大學與學院課程綱要》相對應的（NCFR, 1984/2007），一樣包括十項家庭生活的內涵領域。這些領域包含：

1. 社會脈絡中的家庭和個人（以前的名稱是：社會中的家庭）。
2. 家庭的內部動力。
3. 人類生命全程的成長與發展。
4. 人類的性。
5. 人際關係。
6. 家庭資源管理。

7. 親職教育與輔導。

8. 家庭法律與公共政策。

9. 專業倫理和實務（以前的名稱是：倫理）。

10. 家庭生活教育方法論。

　　上述這些課程領域的範疇相當廣，反映了家庭生活教育多元領域的本質。如果不經過刻意的努力，沒有受過家庭生活教育特定訓練的個人，是很難以了解這十項家庭生活教育領域內容的。

　　還有很多和家庭相關的其他證書可供申請。專業人員可以透過美國家庭和消費者科學會申請合格家庭與消費者科學人員（Certified Family and Consumer Sciences, CFCS），或人類發展與家庭研究（Human Development and Family Studies, HDFS）的證書。那些針對家有兒童健康議題的家庭工作人員可能會透過兒童生活委員會（Child Life Council）去申請兒童生活專家的證書，也可以向美國員工協助專業人員協會（Employee Assistance Professionals Association, EAPA）申請員工協助人員的證書，向合格諮商師全國理事會申請諮商師證書，向美國性教育協會申請成為性教育人員、性諮商師和性治療師，向美國婚姻與家族治療協會申請成為家族治療師，以及透過全國社工師協會申請成為社工師。這些專業都包含了家庭生活教育的某些不同層面。

　　2007 年以前，CFLE 的證書是透過書面審查程序來進行，申請時需要提交上述十項家庭生活教育內涵領域的背景文件，包括學術準備、專業發展和工作經驗等。

　　2007 年，美國全國家庭關係委員會將原有的 CFLE 書面審查程序，改變以標準化測驗來取代。這個以標準化測驗來取代的決定，反映了家庭生活教育另一個專業層次的進展。測驗程序通常是在提供專業證書上比較有效率，而且成本效益比較高的方法。這套測驗的發展和實施，提供了一種有效度、信度，和客觀且公正的評量程序，嚴守 CFLE 證書所需要的指標，以提高取得CFLE 的人被官方和政府組織任命任職的可能性。

　　回頭看本章先前提到 East 所界定的專業指標（參見表 1），合格家庭生活

教育人員認證的建立，可視為是這個領域專業化的第一步，因為它有助於確認所需要的知識核心及實務上的標準（指標 4），以及鞏固美國全國家庭關係委員會在這些領域中關鍵專業協會的角色（指標 3）。

家庭領域相關學位漸增的就業機會

　　由於家庭相關學位的學程數量增加，因此過去十年，接受家庭相關領域正式訓練變得更容易了。Touliatos 和 Lindholm（1991）確認，美國及加拿大提供家庭相關領域特定研究所學位學程的學院及大學共有 104 所。雖然這份名單並不是所有學程的完整名單，但是已經包括大部分了。在 2002 年，《婚姻與家庭研究相關研究所和大學部：美國及加拿大學士、碩士及博士學程指引》（Hans, 2005），列出 235 個家庭學程（其中有 121 個大學學程，190 個碩士學程，和 71 個博士學程）。儘管這些學程並不都是針對家庭生活教育，但確實反映了更統合性和更聚焦的家庭專業人員預備教育取向。很多這類學程所著重的是被家庭生活教育視為核心概念和議題的課程內容；這類學程也曾經被美國全國家庭關係委員會認可，經由 NCFR 學術學程複審委員會審查後，納入家庭生活教育人員認證證書所需修習的科目。

　　NCFR 在 1996 年公布了學術學程複審，以確認申請 NCFR 認證的大學和學院所提供的學位學程，已經將所需要的家庭生活教育的十項內涵領域科目納入。在 2008 年 2 月，美國全國家庭關係委員會認可了 83 所學校提供的 101 個大學和研究所學程。獲 NCFR 認可學程的增加，也造成了申請 CFLE 接受家庭領域特定訓練的人數增加。從這些學程畢業的學生，可以經由簡化的申請程序取得臨時證書。從 1996 年第一所取得認證的學校開始，有將近 900 位申請人經由這種簡化的程序取得臨時證書。臨時證書持有人具備家庭領域的一定學術基礎，以提高他們從事家庭生活教育的工作機會；並且在取得一定的工作經驗後，取得從臨時證書升級到正式證書的資格。越來越多的專業人員取得家庭生活教育人員正式證書，有助於提高這項專業的能見度。

家庭生活教育實務分析調查

　　2007 年，美國全國家庭關係委員會決定要發展一套標準化測驗以取代原先的書面審查程序，來發給家庭生活教育人員合格證書。首先，NCFR 委託 Schroeder 測量科技公司（SMT）進行一項實務分析研究。這個研究的目的，在發展一種適合用來評估家庭生活教育實務所需基本技巧和知識的工具。我們將這項調查的結果整理摘要如下，以提供讀者更深入了解目前從事家庭生活教育人員的經驗、工作環境和人口特性等訊息。此外，這項研究結果也肯定了家庭生活領域和次領域的有效性。

　　這個研究試圖描述家庭生活教育的工作，並決定入門工作是否需要有一組核心能力。當 NCFR 在 1984 年提出 CFLE 標準和指標時，就已經確認了實務工作所需要的內容領域，這項標準和指標原先是基於一個較為理論的取向。NCFR 在第一次發展 CFLE 學程的時候，並沒有進行任何的實證調查。根據專業標準，實務工作分析應該找出讓專業人員安全、有效率工作，以保護民眾的那些能力。同時，實務工作分析也應該了解那些元素的重要性，以及使用或表現的頻率（SMT, 2007）。

　　原先由韋伯州立大學的教師所發展的《家庭生活教育人員的能力》（*Competencies for Family Life Educators*），後來被用來作為 CFLE 實務工作分析的基礎。學科專家（Subject Matter Experts, SME）委員會參與這項研究、組織，並檢視實務工作所需技巧與知識綜合清單中的能力，使用評分表來測量某一技巧在實務工作中的表現頻率和重要程度。

　　學科專家根據這份綜合性清單編製調查工具，以分析 CFLE 入門實務工作所需要的技巧和知識元素。問卷也包括人口變項資料的題項，以便蒐集填答者的個人資料。這個調查是由現職的 CFLE 成員以及還沒有取得資格的家庭生活教育人員填答。

　　調查從美國 47 個州以及加拿大、瑞士、牙買加、日本及土耳其等地，取

得共 522 份 CFLE 成員的回覆。這份以電子郵件方式傳送的調查共取得 47.2% CFLE 成員的回覆。

　　NCFR 要求針對未取得資格的家庭生活教育領域的實務工作人員，進行相同的調查，透過社群網絡和自動化的分散式郵件系統（Listservs）進行取樣。結果取得 369 份資料，填答者的人口資訊和評分結果都被 NCFR 納入，以便進行合格與未合格樣本的比較。

▌資格層級

　　522 位現職的 CFLE 人員當中，79%取得正式證書（修畢學分和有經驗），而 21%取得臨時證書（修畢學分但未符合取得正式證書所需要的最低工作經驗）。

▌工作經驗年資

　　填答者被問到：「你取得家庭生活教育人員資格幾年了？」在 522 名填答者中，有 4 名未回答。22%有兩年以下的年資，17%有三到五年的經驗，約33%有六到十年的經驗，大約 28%是工作超過十年的家庭生活教育人員。平均數是 9.16 年，而中位數是 7 年。

▌組織結構

　　填答者被問到其所屬組織的結構。522 名填答者中，12 名未填答。在所列出的三種選項中，將近 53%的人屬於非營利組織，30%屬於政府組織，17%屬於營利組織。

▌主要經費資源

　　填答者被要求回答其所屬組織的主要營運資源。522 名填答者中，10 名未填答。最多人（約 32%）回答來自州的經費，12%回答來自聯邦的經費，約21%表示其經費來自服務付費，約 16%表示來自「其他」項經費，大多數表示

經費來自各種管道。

▌基本宗旨

填答者被要求回答其所屬機構的基本宗旨。522 名填答者中，12 名未填答。約 65% 的人表示為教育，約 14% 的人表示機構以介入為基本宗旨，而有 11%表示宗旨為預防，約 10%則選擇「其他」。

▌主要實務工作場域

填答者被要求描述其主要工作場域。522 名填答者中，4 名未填答。約 34% 填答教育（後期中等教育）為其主要實務工作場域，11% 以教育（例如 從出生到中學）為場域。以社區為主要服務場所的實務工作者大約占所有樣 本的 20%。其他的工作場域包括信仰為主的組織（8.5%）、政府／軍事 （5.4%）、健康照護和家庭福利（4.25%）、私人場所（9.65%）及其他 （6.56%）。

▌主要實務工作範疇

填答者被要求從43個選項中，回答其主要實務工作範疇為何。522名填答 者中，4 名未填答。約 19%表示學院／大學為其主要實務工作範疇，約 12%為 親職教育，約 9%表示諮商與治療為其主要工作範疇。

▌教育程度

填答者被要求回答其最高學歷。522 名填答者中，6 名未填答。約 37%取 得博士學位，42%為碩士學位，21%為學士學位。

▌主修

接續教育程度的問題選項之後，填答者被要求回答最高學歷的主修專業 學門。522 名填答者中，大多數（57.47%）表示自己的最高學歷是主修人類發

展與家庭研究，約 16%主修婚姻與家庭治療／社會工作，14%主修教育。

▌年齡

　　填答者被要求回答其年齡。522 名填答者中，2 名未填答。約 11%年齡在 30 歲以下，約 15%年齡介於 30 到 39 歲之間，約 20%年齡介於 40 到 49 歲之間，約 40%年齡介於 50 到 59 歲之間，約 2.5%表示他們已經超過 70 歲。平均數為 48.08 歲，中位數為 51 歲。

▌性別

　　522 名填答者中，4 名未填答。約 82%為女性，18%為男性。

▌種族背景

　　填答者被要求回答其種族背景。522 名填答者中，12 名未填答。大多數（87.25%）為高加索人種，約7%為非裔美國人，約2%表示自己為西班牙裔。

▌服務對象的年齡

　　填答者被要求回答其提供服務對象的年齡區間。522 名填答者中，66%填答者的服務對象為青少年，58%填答者服務成人，33%填答者服務嬰兒／兒童，15%填答者服務對象為新生兒。約 8%樣本照顧的對象為超過 85 歲的高齡者。

▌研究發現及決策指標

　　所蒐集的人口資料，有助於了解從事家庭生活教育工作者的圖像，但是這份實務工作分析調查的主要目的，是在於確認受訪者在實務工作的元素，包括表現頻率，及其重要性的看法。

　　參與調查的填答者被要求填答一份細項表，包括家庭生活教育人員可能會表現的 77 個項目，選項包括：**沒有做、不重要、有一點重要、重要、相當**

重要，以及**非常重要**。這 77 項工作包括：「評估人口特性（例如階級、種族、族群、世代、性別）對當代社會的影響」、「評鑑家庭動力以因應其危機」、「從生命全程角度去確認發展階段、轉換、任務及挑戰」、「了解人類性議題的生物層面」、「了解關係的發展階段」、「應用目標設定策略並評鑑其成果」、「推廣各種親職模式、原則和策略」、「確認會對家庭造成影響的現行法律、公共政策，以及社會倡導議題」、「確認與應用適當的策略去處理相互衝突的價值」，以及「運用技術以促進訊息在學習者環境中的應用」。

實務工作分析的摘要

2007 年所進行的初階 CFLE 實務工作分析，蒐集了有關 CFLE 元素表現頻率及重要性的資料，經過 SME 委員會檢視統計分析 77 項元素，並建立頻率和重要性評定的統計指標。在這 77 項指標中，有 4 項因為未達到 SME 委員會所設定的指標而被剔除。這 4 項中的 2 項經過修改，SME 委員會決定納入；另外 2 項經改寫後，其中 1 項因為填答者建議而被納入。

SME 委員會發展了幾個納入或剔除元素的指標。大部分較重要的項目如下：

決定指標——未表現的百分比

SME 委員會的第一個決定指標，是根據填答者表示他們並沒有表現這項元素的百分比。為了保證納入指標的品質，至少要有 94%的填答者表示他們有表現這項元素；沒有任何元素因為這項標準而被剔除。

決定指標——重要性評定平均值

第二個決定建立在重要性評定的平均值，必須至少為 3.65（也就是至少要比中間值高出 0.65 個評分點）才會被納入最後的內容表裡面。有三項元素因為這個指標而被剔除：

● 使用各種理論觀點分析個人及家庭資源的管理。

● 推廣消費者權益、責任，和選擇的行動／倡導。

● 了解性功能失調的生物和心理層面。

　　這三項元素沒有被納入家庭生活教育實務的範疇，並且也未納入最後的 CFLE 測驗內容草案當中（p. 261）。

　　被納入 NCFR CFLE 最後內容的元素，都符合 SME 委員會的學科專家所定的重要性和表現頻率統計指標。

　　這份實務工作分析調查的結果，被用來作為家庭生活教育人員認證考試的基礎，以確保考試能準確代表有效能的實務工作所需要的知識、技巧和能力。未合格家庭生活教育人員所填答的調查結果，證實和完成 CFLE 認證人員所填答的相當一致，這也進一步強化了這份內容元素的效度與信度。

當前的挑戰

未被認可為一種學門

　　如上所述，家庭生活教育內涵及其有效實務工作所需指標共識的建立，已經有實質的進步。但是，各界對於符合這些指標所需要的學位卻沒有一致的看法。很少學位學程被稱為「家庭生活教育」；相對的，大部分的學位學程都是使用與家庭相關的名稱，包括：家庭科學；家庭研究；個人與家庭研究；家庭與消費者科學；家庭與兒童發展；人類生態學；家庭、青年與社區科學；家庭與兒童科學；兒童、青少年與家庭研究；家庭關係等等。多年來，所有的家庭研究領域都有對於這個議題的認同掙扎，而且，並沒有共識。例如，《婚姻與家庭研究相關研究所和大學部：美國及加拿大學士、碩士及博士學程指引》（Hans, 2005）列出的 235 個學程中，其中列出所提供的學系及學位名稱超過 100 種。這些根據實務工作指標所建立、提供的學系與

（或）學位的知識核心體以及進階專業，對於有助於促進家庭生活教育成為一門專業，而不只是廣泛的家庭研究領域中的一種，明確的認定對家庭生活教育有好處。

▌家庭生活教育實施的多元場域

在你的社區中，每天都可能有許多的家庭生活教育正在進行。家庭生活教育人員可能在提供健康照護的地方工作——在醫院、社區教育、信仰社群、高中和初級中學、學院和大學、社會服務機構、法人組織、政府機關、矯正機構、退休社群，以及軍隊等地舉辦工作坊和課程（參見本章末附錄A，以了解受過家庭領域訓練的人可能受雇的場域）。

家庭生活教育的多元學門，以及發生在多元場域的本質，可以被視為是優勢，也是其弱點。其正面意義是——訓練廣泛的家庭學位多了很多的機會；負面則是——多元的場域也造成找工作時難以聚焦著力。你有向醫院或透過社區教育學程投遞申請過嗎？你所尋找或在網路搜尋時的職業分類名稱為何？美國勞工部2008到2009年公布在www.bls.gov/oco的職業概覽手冊中，並沒有一種職業稱為家庭生活教育（Bureau of Labor Statistics, 2008-2009）。事實上，在職業名稱中有「家庭」這個詞的只有：家庭及一般執業者、家庭服務社工員，以及家族治療師。家庭服務社工員這項職業只和社會工作有關，和家庭相關職位沒有任何關係。如同那些參與過家庭生活教育的人所知，社會工作領域已經在許多州及聯邦與家庭有關的職業分類中，清楚的標示其工作範疇及社會工作訓練（而且有多種社會工作執照）。而這些聚焦在介入和個案管理的工作職稱，也包括了許多受過良好訓練、擁有透過預防取向來幫助這些家庭的家庭專業人員。為非社會工作家庭專業人員創設一項新執照是不可行的。一般而言，大多數的立法者不會有興趣去為和大眾健康或福利危機沒有明顯關係的任何領域創造一張新的執照。

一位NCFR的行銷顧問曾經講過一個故事，是有關合格會計師（Certified Public Accountant, CPA）授證的事，這可能是全美國最廣為人知的檢定。一位

美國合格會計師協會的代表問：「合格會計師授證花了多久時間才廣為一般人知曉？」他的回答是：大約 100 年。

▌成長的策略

理想上，家庭生活教育要成為一門廣為人知的專業，應該不需要 100 年。有很多策略可以用來提高家庭教育和預防努力的可見度及價值，包括推廣和支持實務工作指標、教育雇主們和一般民眾、將家庭生活教育融入介入領域、在立法時把家庭生活教育人員納入家庭有關服務提供者名單、提高以預防為主的方案經費並提高對這類方案評鑑重要性的關注，以及 CFLE 人員專業領域或範疇的發展。

▌推廣和支持實務工作標準

由於取得認證的家庭生活學程並不能完全代表家庭生活教育領域，確實應該更努力提高覺察並重視家庭生活教育這門專業。既然近期內家庭生活教育人員執照化並不可行，那就需要做其他的努力。家庭專業人員可以透過認同建立實務工作標準的必要性來支持家庭生活教育。這可能包括去申請合格證書，以及（或）認可與獎勵擁有 CFLE 證書的人。認同自己是家庭生活教育人員的人數增加，並且透過在自己的名字、個人履歷、簡介以及職業頭銜後面加註 CFLE 頭銜來積極推廣對這項專業的識別，也有助於提升家庭生活教育被認為是一門專業。同樣的，增加合格的家庭生活教育人員也是提升家庭生活教育為一門專業的識別和價值的一項重要策略。在一位被指派者的名字後面加註 CFLE，會讓人覺得家庭生活教育的實務工作是有標準和規範的。同樣的，合格家庭與消費者科學人員（CFCS）以及人類發展與家庭研究（CFCS-HDFS）證書，對於提高專業覺察並將家庭議題帶到預防和教育取向也是有幫助的。

▌教育雇主和一般民眾

　　家庭生活教育人員會發現他們常常需要教育大眾何謂家庭生活教育、它有何價值？他們可能需要有創意地去發現可就業的職場，並要願意且能夠向可能雇用他的雇主推銷自己。雇主通常並不了解和家庭有關的學位或者證書代表什麼。事實上他們需要被教育以知道這些證書代表一種對家庭、生命全程的觀點，以及發展和呈現教育工作坊所需要的技巧和能力有著踏實的了解。大多數接受家庭方面特定訓練的家庭生活教育人員會從系統的觀點來工作，也就是個人系統、伴侶系統、家庭系統，以及社會服務、事業和政府系統。取得家庭學位學程的畢業生在工作的時候，要把自己看成是在任何組織的任何系統層級中工作的家庭生活教育人員（C. Campbell，個人通訊，2002年5月9日）。他們需要被鼓勵以更寬廣的角度去看自己所受的訓練和技巧，也要鼓勵雇主同樣如是去做。當雇主體驗到雇用具備這種技巧和知識的員工之效益時，未來將更可能會雇用相似背景的求職者。

▌將家庭生活教育融入介入場域

　　在介入或諮商場域工作的家庭生活教育人員，或許可以找機會在相同的場域裡提供家庭生活教育。例如，一個主要為苦於財務議題的家庭提供服務的機構，可能會想要提供金錢管理的工作坊給社區居民；針對處在危機中的父母進行家庭訪視的人可能也會提供「家庭趣味之夜」（family fun nights）的做法，讓所有的家庭成員聚在一起分享訊息和親情。通常需要社工員或諮商師協助的家庭並不少，所以，由原機構將預防性課程融入原有的服務之內，當事人因此而流失的危機不高。

▌將家庭生活教育人員納入合法的提供者

　　發展中的婚姻教育領域讓家庭生活教育人員有機會被合法認可。許多州已經通過或考慮立法授權，或提供誘因給民眾參與婚姻教育或親職教育課

程。這類立法通常包含列出提供這些服務的建議名單，可惜的是，立法者偏好的名單中，合格的人有限。這些服務提供者通常是擁有證書的人，例如領有由州或聯邦認可或發給合格執照的人。名單確實精簡，但卻也因此無法提供最有資格提供服務的最佳名單。

　　親職協商這個領域已經有很重要的進展。親職協商工作是在法院系統裡與辦理離婚手續的父母一起工作。他們和父母一起工作以降低離婚對孩子的影響。除了教育父母有關離婚的影響，他們也和父母一起建立程序和策略，以提高讓未來的關係保持正向的可能性。近來有些州委託提供親職教育方案給辦理離婚手續中的父母，通常是以有執照的社工員、治療師和神職人員為合格的服務提供者。這些擁有社工員、治療師或神職的服務提供者，可能非常有資格去提供處理親職議題的教育性團體課程，但未必保證在親職議題上擁有有效的知識，或者有能力去發展和執行教育性工作坊。受過家庭生活教育訓練的這些人至少比較專業，而且大多數比社工員、治療師或牧師這些擁有執照的人更有資格帶領親職教育工作坊。經過家庭生活教育人員的努力，德州的合格家庭生活教育人員，已經被納入可以合法提供親職協商服務的名單中。這是家庭生活教育很重要的進展，因為這是對應用預防和教育取向的專業人員的認可。

　　對推廣家庭生活教育有興趣的人，可以監督相關立法，並找機會教育那些起草法案的人，讓他們將家庭生活教育人員納入服務提供者的認可或建議名單。透過立法將家庭生活教育人員納入服務提供者認可名單中，將會打開全國相關條款的大門。

▌增加資助預防性方案——評鑑

　　預防成效不容易被證明。資助機構通常會要求方案成果的完整文件以支持其經費。「家庭生活教育的可能效益，需要與預設的方案目標有更清楚的連結（例如降低青少年的性活動或懷孕率，更有效的親職行為，或更強、更能實現個人抱負的人際關係），經由培育個人和家庭的方式，來呈現這種教

育對社會的效益」（Czaplewski & Jorgensen, 1993）。如果家庭生活教育可以證明和降低離婚、物質濫用、青少年懷孕、兒童虐待、暴力、破產，以及許多其他個人和社會的問題有清楚且直接的關聯，那麼資助預防性和教育性方案就不再會是個問題〔有關方案評鑑的討論，請參閱 Treichel（2009）本書第23 章〕。

▍開創一個合適的職務

前面提過，家庭生活教育出現在很多場域。其多元學科的本質意味著，家庭生活教育人員可能發現他們自己要和那些受過社會工作、心理、兒童發展、性行為或治療等訓練的人去競爭工作機會。提高家庭生活教育曝光率的方式之一，是去建構或找到家庭生活教育人員為唯一合格服務提供者的場域。健康照護提供者提供的親職與壓力管理工作坊日漸增加；社區教育開課目錄會列出許多和家庭生活有關的課程；青少年方案、教會及信仰社群也是家庭生活教育常見的實施場所。

工作／生活領域對家庭生活教育人員而言也有龐大的潛在機會。公司和企業開始了解工作及家庭生活之間的相互關聯性。他們認知到員工的個人生活會對他們的工作狀況有決定性的影響，尤其是當個人的生活受到物質濫用、家庭暴力或者嚴重的財務困難影響的時候。但是，不嚴重的或常態性的家庭壓力疑難雜症，例如夫妻關係、親職、長者照護等等，可能也會影響工作狀況。投資提供員工職場的「與你的青少年子女溝通」或「時間管理」工作坊，能夠提高產能或降低員工缺席率。家庭生活教育人員是唯一有資格提供這類工作坊的人員。

❧ 結語

很少有人會懷疑提供個人及家庭成員生活所需的知識和技巧，以獲得滿意且積極豐富生活的價值。但只是接受卻沒有對這類努力的論證，並不足以

保證家庭生活教育領域的進展。家庭生活教育的倡議將會面對的挑戰，在於如何把對於預防性活動的鬆散支持轉變成為可見、可感受到，而且真正的了解接受與推廣。我們需要人們發自內心認可親職教育、婚姻充實，以及生活技能，並主動定期參與這類活動。我們需要相關領域的專家了解並重視家庭生活教育人員所擁有的知識和技巧，並且認可家庭生活教育可以在各種場域和情境辦理。家庭生活教育並不是要和其他領域，如社會工作、治療、諮商或牧師的職務競爭；相反的，這應該被視為是一種互補和某種共同合作、集合資源和有用的服務，以幫助家庭盡可能的有效運作。

　　就像所有有價值的目標一樣，只靠少數人的努力，要把家庭生活教育提升到一個被認可並且重視專業的狀態，可能沒有辦法一蹴而及。這需要很多人由下而上、草根式的努力，包括個人、機構、組織、企業、學校和政府。或許有一天，我們不再聽到：「你的意思是……參加親職課程？每個人都知道如何養小孩」這樣的回應，而是會聽到：「你會參與哪種親職教育課程？」如果每個人都能盡其所能，有一天家庭生活教育將會是家喻戶曉的名詞，也是我們所有人願意參與的一種活動。

參考文獻

Arcus, M. E., Schvaneveldt, J D., & Moss, J. J. (Eds.). (1993). *Handbook of family life education* (Vol. 1). Newbury Park, CA: Sage.

Arcus, M. E. (1995). Advances in family life education: Past, present and future. *Family Relations, 44*, 336-344.

Bredehoft, D. J. (Ed.). (1997). *The framework for life span family life education* (2nd ed.) [Poster]. Minneapolis, MN: National Council on Family Relations.

Bredehoft, D. J. (2001). The framework for life span family life education revised and revisited. *The Family Journal, 9*(2), 134-139.

Bureau of Labor Statistics. (2008-2009). *Occupational outlook handbook*. Retrieved January 26, 2008 from http://www.bls.gov/oco

Czaplewski, M. J., & Jorgensen, S. R. (1993). The professionalization of family life education. In M. E. Arcus, J. D. Schvaneveldt & J. J. Moss (Eds.), Handbook of family life education: Vol. 1, (pp. 51-75). Newbury Park, CA: Sage.

East, M. (1980). *Home economics: Past, present and future*. Boston: Allyn & Bacon.

Eiklenborg, L. L., Bayley, B., Cassidy, D., Davis, J. C., Hamon, R., Florence-Houk, A., et al. (2004). *Family science: Professional development and career opportunities*. Minneapolis: National Council on Family Relations.

Hans, J. D., (2005). *Graduate and undergraduate study in marriage and family: A guide to bachelor's, master's and doctoral programs in the United States and Canada*. Columbia, MO: Family Scholar Publications.

National Commission on Family Life Education. (1968). Family life education programs: Principles, plans, procedures: A framework for family life educators. *The Family Coordinator, 17*, 211-214.

National Council on Family Relations. (1984). *Standards and criteria for the certification of family life educators, college/ university curriculum guidelines, and an overview of content in family life education: A framework for planning life span programs.* Minneapolis, MN: Author.

National Council on Family Relations. (1999). *Tools for ethical thinking and practice in family life education.* Minneapolis, MN: Author.

National Council on Family Relations. (2008). *Certified family life educator program* [Brochure]. Minneapolis, MN: Author.

Powell, L. H., & Cassidy, D. (2007). *Family life education: Working with families across the life span.* Long Grove, IL: Waveland Press.

Schroeder Measurement Technologies. (2007). *National council on family relations certified family life educator (CFLE) practice analysis report.* Dunedin, FL.

Touliatos, J., & Lindholm, B.W. (1991). Graduate study in marriage and the family. *Family Science Review, 4,* 165-176.

Treichel, C. (2009). In the best interests of children and their families: Merging program development and program evaluation. In D. J. Bredehoft & M. J. Walcheski (Eds.), *Family life education: Integrating theory and practice* (2nd ed.) (pp. 221-231). Minneapolis, MN: National Council on Family Relations.

相關網站

American Association of Family and Consumer Sciences: www.aafcs.org

American Association of Marriage and Family Therapy: www.aamft.org

American Association of Sex Educators, Counselors and Therapists: www.aasect.org

Child Life Council: www.childlife.org

Coalition for Marriage, Family and Couples Education (CMFCE) www.smartmarriages.com

Employee Assistance Professionals Association: www.eap-association.com

National Association of Social Workers: www.naswdc.org

National Board for Certified Counselors: www.nbcc.org

National Council on Family Relations www.ncfr.org

關於作者

Dawn Cassidy，教育碩士，合格家庭生活教育人員，美國全國家庭關係委員會的教育主席，負責合格家庭生活教育人員（CFLE）方案及家庭生活教育學系的認證業務。她和 Lane Powell 博士（CFLE）合著《家庭生活教育：跨生命全程的家庭工作》（第二版）（*Family Life Education: Working with Families Across the Life Span*, 2nd ed.）。E-mail: Dawncassidy@ncfr.org。

家庭生活教育的職涯機會——就業職場[1]

四健發展（4-H Development）	健康照護
收養與領養照顧	健康促進組織
成人教育中心	收容所
兒童保護服務	醫院
公民團體	國際代辦機構
學院和大學	鑰匙兒方案
社區行動方案	心理機構
社區教育／推廣活動	軍人家庭支持
社區健康中心	鄰里青少年合作
消費者信用與保護	到家護理
矯正機構	親職中心
刑事犯罪司法	和平部隊
危機中心	計畫生育
危機或熱線服務	托兒所／日托中心
日間照護中心	「從頭開始計畫」（Head Start Project）
身心障礙服務	休閒方案
離婚調解	宗教組織
家庭暴力預防	研究
藥物／酒精康復治療中心	學校宿舍
幼兒家庭教育	學校——公立和私立
經濟機會	聽障／視障學校
員工協助方案	高齡民眾方案
推廣	社會保險
信仰團體	社會福利單位
家庭生活	兄弟會／姊妹會
家庭及個人治療	學生服務
父職方案	職業指導
殯葬服務	婦女中心
女童軍／男童軍／童軍／營火會	YMCA/YWCA
中途之家	青年組織

[1] 有關職涯及家庭生活教育進一步的討論，請參閱 Eiklenborg, Bayley, Cassidy, Davis, Hamon, Florence-Houk 等人（2004）合著的 *Family Science: Professional Development and Career Opportunities*. Minneapolis：National Council on Family Relations.

Chapter **3**

後視鏡：希望三十年前我就知道的事

Jean Illsley Clarke 著・林淑玲 譯

「**身**為一位資深的親職教育人員，你會寫下你現在知道但卻希望在一開始的時候就知道的事嗎？」嗯……真是個有趣的挑戰。我希望自己在三十年前就知道什麼？而且我希望我現在能知道什麼？

「是的，我會寫。」首先該想的是哪一個——內容或歷程？我會盡我所能，我不能停留在針對內容或歷程的狀態。新的內容或新的歷程所造成的改變和挑戰，經常被我內在改變的思想所推翻。好吧！就從教育人員開始吧。由於大多數的人都認同人類在關係當中的學習最好，也由於有些人主張他們從與家庭生活教育課程的授課教師的關係中學到的，比他們所學習的學科要多，就讓我們從人開始吧。內容與歷程，也就是親職教育的「什麼」及「如何」的議題，將稍後再談。

🌱 這位教育人員是誰？

1948 年，我還是明尼蘇達州立大學修 Juliet Myron 老師成人教育這門課的迷惘學生，當時我想要成為一位成人教育人員。1950 年，我開始在夜間教成

人縫紉班。我應該是有把這份工作做得不錯；我的班級常常座無虛席。但是，在我的工作中，我有一門重要的課要學。以我白天擔任高中教師的經驗，我不明白為什麼我班上的這些婦女，對於我認為每個人都會樂於學習的精細縫紉技巧看來並不感興趣。當時我沒有想到親職教育，我忙於試著去了解這些為要縫她們家裡需要的衣服而來的婦女。

我日間工作的職責之一，是到高中學生的家庭進行拜訪，富裕學生的家是住在曼哈頓萊辛頓大道上的精緻別墅，而窮困的家庭則住在河邊的沼地。

當時我就知道兒童會在不同的環境成長，但是直到有一天，我找不到房子的門牌號碼，發現前門是平躺在草地上的，有部分還隱沒在未割的雜草中，當時我是在激動的情緒下「找到它」的。更深層來看，我當時以為每個人的成長都和我一樣。住在一個沒有前門的房子裡的小女孩，並沒有因此給了我什麼線索——至少不是我可以解讀的那種線索。我當時知道我還有很多關於其他人和關於我自己需要學習的地方。我現在也還在這麼做。

▊獨特代表唯一

我希望我當時對其他人能有多一點的了解。但是，我更想要的是，我希望能了解我自己。

我希望我沒有假設別人都是像我那樣思考的。我可以看情況或有系統彈性地思考（Tobias, 1994），但是別人未必可以。年輕的時候，我的思考快得像陣風，而且很沒有耐性去等別人懂我的意思。年歲加上兩次的意外，讓我的腦部有些微的損傷，一切都改變了！現在在班上，我享受別人的思考落在我後面，而且我給那些想得比較慢的人更多的時間和空間（而且他們往往比那些快的人有更好的答案）。

我希望我知道自己有多獨特，那麼我就可以早點知道**每個人**都是獨特的。現在我知道每一個人（包括我自己）都有個故事；而且每個故事，如果你真的知道之後，會發現都是很迷人的。每一個人都是在旅程當中，而每段旅程的故事都是獨一無二的。我們教育人員或許有些什麼可以提供，有時候

會讓故事增色，但是人們有權力透過他們自己的故事去成長。我們可能提供資訊或幫助，可能邀請或輕輕的推他們一把，但是每個人的故事都是他自己的故事。即使我們可能有需要介入特定的行為，例如傷害自己、他人或財物，我們仍需要以深深的尊重來看待個人和他們的旅程。

我希望我了解有多少事情在形塑這些故事。每個**個人**獨特的自我，他的性、健康、外貌、氣質、出生序，以及所有的商數：情緒商數（emotional quotient, EQ）、靈性商數（spiritual quotient, SQ）、智力商數（intelligence quotient, IQ）（最近的文獻指出只有48%的智力商數是天生的；Devlin, Daniels, & Roeder, 1997）、氣質商數（temperament quotient, TQ）、發展商數（developmental quotient, DQ）、經驗商數（experiential quotient, XQ）等等。

我希望我了解**家庭**的狀況、價值觀、對性別角色的詮釋、親職的分擔、在大家庭裡安適或不安適的地方、對種族淵源的看法、宗教或靈性經驗、對暴力的反應或使用，或者過度放任的頻率，是如何形塑個人的故事。

我以前並不看重個人、家庭和**社區**角色的重要性——從個人緊密的同儕團體到大範圍的社區。社區被期待更多的是什麼？社區能容忍或不能容忍的偏差行為，收入、階級、種族，或族群結構嚴格死板的程度如何？把乞丐引到街上的原因是什麼？世世代代貧窮？境遇性的貧窮？憂鬱？一種創傷？慢性病？缺乏技能？無望感？一種成癮？失業？在社區中的經濟地位下降？（Payne, 2005）有時候，成人要為自己的不幸負責，但是對兒童而言，無家可歸就只是因為運氣不好！我當時並不知道要去想這些可能性；而且我當然不了解無處不在的文化角色。

▌沒有意識到的文化符碼

我希望我早一點學到我自己何以是個道地的美國人，我是如何透過我的美國人視野來詮釋及回應每件事。這樣我就會深深地尊重每個人的文化，對於他感受到的認同或者他的求生地圖是如何的重要。

> 我們可以把文化視為是一套代代相傳的生存裝備……文化符碼是我
> 們應用於任何事情、沒有意識到的工具──一輛車、一種食物、一
> 段關係，甚至是一個國家──透過我們被撫養成長的文化而來……
> 對所有不同印記的不同編碼，當放在一起的時候，創造出一套參照架
> 構，讓生活在這些文化裡的人們不知不覺當中使用了它。這些參照架
> 構以很不一樣的方式引導不同的文化。（Rapaille, 2006, pp. 5, 11）

　　Rapaille（2006）發明了一套方法來發現某種特定文化，以及和特定文化深層關聯的人們對某些特定議題的編碼。例如，他說法國人對食物的編碼是 ENJOYMENT（享樂）。食物的準備、呈現及食用，是以一種會產生樂趣的方式來進行的。在用餐之後，法國人會說：「真是美味。」另一方面，美國人將食物視為 ENERGY（能量）。在用餐後，我們通常會說：「我飽了。」吃對我們來說就是種活動。「喔！不！」我在想：「我喜歡味道好的食物。」然後，我意識到當我的右手拉開窗簾的時候，我的左手正拿著我的早餐吐司。我在趕時間──我有很多事情要做，但是跳過早餐並不是個選項。如果我不吃早餐我會沒精神。好吧！Rapaille，我確實把食物當成能量（ENERGY），至少有一部分的時候是這樣。我並不是都同意他的編碼。當從這種「法國人變成美國人」的方式觀察各種文化團體時，我希望他也曾經談過某個墨西哥人、英國人和日本人。（我希望我曾經總是知道如何對所有的研究抱持懷疑的態度，包括對我自己的，如同我現在這樣。）

　　但是，我相信一套文化符碼的求生配備深植在我們之內，我們只知道它們存在。而且，因為驅使我們求生的驅力來自於腦幹，我們可以聽從我們的編碼而不需要自動經由大腦皮質運思。我們可以照符碼行事，不會意識到來自其他文化的人可能是以不同的符碼行事。

▍移民

　　除了美國原住民以外，我們都是這裡的移民。雖然我的祖先在很多代以

前就到這裡，當我造訪英格蘭和蘇格蘭的時候，我感覺很舒服，而這是我在其他國家無法感受到的。我想我有某些老舊的符碼在我的身體深處。有關文化符碼的觀點幫助我對每位新移民有更多的尊重。2008 年估計約有 12%住在美國的人是在別的國家出生的。即使他們是自願來的，當從生長的文化置入腦幹的訊息跟著他們一起來的時候，我們該如何幫助他們適應新文化？他們和新文化的關聯如何？這位**外國人**看起來不一樣也想得不一樣嗎？一位**隱性的移民**看起來像「美國人」但卻有不同的思考嗎？一位**被收養的移民**他看起來不一樣但卻和主流美國人有同樣的思考嗎？一位**典型移民**的樣子和思考都和主流文化一樣嗎？即使我們的親職教育人員沒有因膚色不同而表現出歧視，我們的有色人種移民也必須去面對它。當這些移民「過關了」但卻又必須應付源自文化差異所造成的誤解時，我們該如何幫助他們？

▍第一代兒童

　　如果現有人口的 12%是在國外出生的，那麼現在有多少兒童是第一代移民？我的先生和女婿〔或者依照蘇格蘭的傳統說法，我的「好兒子」（good-son）〕都是第一代的移民。如果我當初結婚時就知道，我最後都能夠認同（Boss, 1999）這些第一代移民的經驗，我對我的丈夫會有更清楚的了解，而且我可能會更覺察到、也更敏感於那些和我一起工作的第一代移民的需求。我現在正在探索。到目前為止，我的受訪者包括：

● 把身為第一代移民視為一種機會和一種令人興奮的挑戰的人。

● 發現文化融合是令人困惑的人。

● 從未感受到何謂「正常」，即使已身為成人者。

● 父母告訴他有關原先國家的故事，他對原有文化和新文化的連結感到自在的人。

● 他們的父母迷失了，或者父母從未說過他們的故事，他渴望能填補他們的認同空洞的人。

　　我想我需要學習了解更多有關我們第一代兒童和成人，我需要學習了解更多有關來自兩種不同文化的第一代兒童的父母。

▌第三文化兒童

　　此外，如果我曾經了解文化符碼，我就可以更了解第三文化兒童的特殊挑戰和能力（Pollock & Van Reken, 2001），這些兒童的父母從其他國家遷徙而來，因此他們是在不同於家鄉的另一種文化中成長——使節的孩子、軍人的孩子、醫生的孩子、外國商人的孩子等等。他們的父母與家鄉文化的連繫穩固，可能不會注意到他們的孩子體驗到文化混合的訊息。Pollock 和 Van Reken（2001）告訴我們，這些孩子更像是第三文化的孩子，更不像他們家鄉文化或者客居地文化的人，即便是和某個在沙烏地阿拉伯生活的美國人，而她的朋友是來自英國在印度長大的人相比。我遇過很多第三文化的孩子，他們現在已經長大成人，當我問他們這些情況是不是真的，他們回答：「喔，是。」然後繼續列出其他在課本裡沒有提到的特性：坐立不安、難以靜下來、高度的順應性、缺少真正的文化平衡、寬廣的工作觀、不知該對誰忠誠（Pollock & Van Reken, 2001）。這些人對問題解決好像有很棒的創意取向，我相信他們在自己的文化中有很重要的角色要扮演。

▌基督教的觀點

　　我希望我曾了解自己是個什麼樣的基督徒。我曾經研究過其他的宗教，但是直到我去穆斯林和佛教徒的國家旅行，並沉浸在儒家學說的環境中，我才開始了解基督教精神是如何深植在我內心。我並不是在說：「你相信耶穌基督嗎？」我是在談隨著時間過去，我看到了居住在不同世界人們的所見，但不是從他們的角度來看這個世界。他們對那些讓我震驚的事物習以為常。當我在那兒覺得焦慮，他們卻很鎮定；他們很興奮或者快樂，但我不明白何以要如此。我曾是用一個基督徒的視框來看，就像是一副眼鏡——其中一眼掛了一副基督徒的視框在眼睛上，而另一眼則用美國人的視框來看其他人。

我沒有辦法將這二者分開。我知道別人也是透過他們的文化和宗教視框來看我。我了解我的外國朋友當中，有些人發現美國人（不用懷疑，當然包括我）是自大傲慢與粗魯的。現在，不只是心想：「我剛才做了什麼？」我會問我自己，他們是透過什麼視框來看因而讓他們感受到什麼？我提醒自己他們沒有辦法完全了解我們，但是他們的視框對他們而言就是真實的，至少在他們學到其他不一樣的看法之前。

　　當然，我希望我曾經更能覺察我自己班級中的多元性；尤其是我過去沒有看到的類型。我喜歡看著我的十人團體，假裝他們代表所有的美國人，並猜想誰是哪一種人。誰的政治或宗教主張是極左或極右？哪三個人有閱讀困難？哪三個人是被收養、曾被收養，或者被收養又被放棄的孩子？哪一個人是移民？可能不是那位有色人種的人（請參閱 Clarke & Bredehoft, 2009, pp. 199-206 中與此有關的更多討論）。

　　我希望我過去能了解到每個人都是獨特的個體，並且是被文化雕塑而成的。我慶幸自己已經學到這些了。

我希望我以前就知道的某些新內容

▎大腦

　　我沒有辦法趕上大腦研究的萌發速度。每個星期我都學習新的事物，真希望自己早就知道這些。例如，我們能夠以大腦皮質進行邏輯思考並在杏仁核儲存情緒，但是生存的驅力來自腦幹，當受到壓力時，腦幹就會主宰我們。當腦幹說：「求生！」我們就行動，即使後來我們希望自己當時能停下來先想想其他的選項。想想這個概念和創傷後壓力的幻覺重現之間的關係，就像一個剛從伊拉克回國的老兵，看到了紅燈時會踩油門而不是踩煞車。因為驚慌！不過多數時候好的腦幹會讓我們繼續活下去。

　　現在對有關大腦皮質衝動控制和邏輯思考的位置有了新發現。在 20 世紀

中葉之後我們才開始了解這些。傳統的智慧認為青少年的成熟程度有足夠的分辨能力，因此我們應該放手讓他們自己做決定。根據 Small（個人通訊，2004）以及他在威斯康辛大學的研究團隊發現，我們現在知道青少年需要被監督。他們仍需要與父母的強烈連結（Miller, 1997），有關青少年大腦重組的研究，也讓我們對青少年的敏感心情有更多的了解（Walsh, 2004）。父母們，你們並沒有做任何可怕的事情來造成這種不可預測的行為。去讀 David Walsh（2004）的書《為什麼青少年都衝動？》（*Why Do They Act That Way?* 中文版由張老師文化出版）可以讓你們更放心。

過去認為 IQ 是出生就已經固定了。現在我們知道，大腦在出生的時候只發展了 17%（Walsh, 2004）。這基本的設定包括**連結**（connection）的需求和**增強能力**（competent）的需求。這對於親職教育來說是很有力的訊息。我現在的工作是和過度放任的相關研究發現有關（Bredehoft, 2006; Bredehoft & Armao, in press; Bredehoft & Leach, 2006; Bredehoft, Mennicke, Potter, & Clarke, 1998; Clarke, Dawson, & Bredehoft, 2004; Walcheski, Bredehoft, & Leach, 2007）。有關大腦研究的新訊息，提高了我在有關放縱子女的影響的教學急迫性。想想上述有關與父母的連結需求，並想想縱容兒童花錢的事。就像長大成人的人告訴我的：「他們給我東西，但是我想要的是他們。」

同樣的，想想過度照顧的問題，為孩子做他們該自己做的事，會造成**習得的無助感**（Clarke, Dawson, & Bredehoft, 2004）。習得無助感在實驗室裡不是直接被教導而來的，而是因為不讓孩子們學習他們發展階段中的關鍵任務，因而引發了習得無助感。因為成為有能力的人的需求，是每個孩子與生俱來的一部分，造成的習得無助感讓他們與其天性背道而馳。同樣的事情也發生在鬆散的結構、模糊的界線、沒有規範或者沒有經常強化某些規範、不需要做家事、沒有標準。其結果就是**習得的不負責任**（Clarke, Dawson, & Bredehoft, 2004）。這也違反了成為有能力的人的需求。它讓一個孩子去抗拒大腦基本上預定好的表現。

想想，83%的大腦表現和出生的時候並沒有關聯，而是和出生後遺傳基因

對環境反應的組合有關。非常多的基礎學習在生命初期就已完成（Walsh, 2004），但是大腦持續產生新的細胞，而我們的學習能力也一直持續到老年（Cohen, 2005）。想想，這一些有關大腦研究的例子，會如何影響我們幫助父母了解他們的孩子和他們自己。

▋性與性別歧視

長久以來，我們都知道女孩的語言能力表現比男孩要早。我家裡的故事是我姊姊在不會走以前就先會說話。我知道我弟弟不必煩惱提早說話，或許，和兩個姊姊在一起，他沒有必要。一般而言，男孩學習閱讀的時間要比女孩晚。問題是，這些差異是因為男孩和女孩的大腦不同？還是因為文化所造成？

現在，Burman、Booth 和 Bitan（2008）告訴我們相關研究發現都同意，當男孩和女孩在學習語言任務時，他們所使用的腦區並不一樣。核磁共振的影像顯示女孩的大腦語言區有比較高的活化，而男孩閱讀的時候使用視覺區、聽的時候使用聽覺區。女孩使用抽象思考區，但是男孩似乎只從看和聽到字詞來創造意義（Burman, Booth, & Bitan, 2008）。這表示我們在低年級的時候就要把男孩和女孩分開教導嗎？如果我的親職教育班某個成員，正為了她的兒子比利沒有辦法和姊姊一樣早就開始閱讀而煩惱不已，我該如何向她說明？我試著保留一些有助益的文章在身邊可供運用。我發現 Helen Neville（2007）的書《這是個階段性的時期嗎？》（*Is This A Phase?*）是一本父母容易上手的書，關於氣質和兒童的發展 Neville 都有談到。

如果 Burman、Booth 和 Bitan（2008）對於學習閱讀時連結大腦功能的差異說法是對的，觀察到女性通常表達比男性更多的內容和抽象表徵，那麼我們就可以提供一些建議幫助父母如何和兒女溝通。如果女兒不懂得她爸爸的指示，父親可能就不可以那麼精簡，而要給更多的周邊訊息才行；如果兒子不能遵守媽媽的指示，可能是因為她以一種過度詳細的方式和他說話，媽媽要試著以更少的字彙來對兒子講話。

　　男性腦和女性腦是不一樣的，因此每一種性別對另一方來說都是一種天賜禮物。但是性別歧視又是另一回事。請區分！這和權力有關，卻無關於大腦結構或者不同的能力。我越來越覺得性別歧視是隱晦不易知覺且具有破壞性的。同樣的，所有帶有「……歧視」的都一樣，如種族歧視、年齡歧視等等。這些都和權力、階級，以及一種錯誤的自尊感有關（Clarke, 1978），而和某一群人的大腦比另一群人更優秀無關。

家庭系統

　　當我開始從事親職教育的時候，我對於家庭系統的了解純粹是學理上的。這花了我很長的時間去了解孩子已經被餵飽、洗過澡、唸過床邊故事書，而且幫他蓋好了被子卻還要一杯開水，可能不是因為口渴要喝水，而是還有其他的需求——愛、認可、秩序，你清楚其中的意思嗎？「孩子當然不知道我們正在辦離婚手續。」哈！這同樣的也花了我很長一段時間去了解，家庭系統如何戲劇性地受到周邊環境的影響，例如，當代媒體和行銷工作如何強力的形塑家庭系統（Dungan, 2003; Lamb & Brown, 2006; Linn, 2004; Schor, 2004; Thomas, 2007; Walsh, 2004）。

　　在班級裡，孩子的行為似乎通常是表徵的問題，但是兒童的問題實際上是和他們的家庭系統吻合一致的，而孩子也以他們有限的技巧和有限的理解去發揮他們最好的功能。如果這個家庭深受毒品、憂鬱或者悲傷之苦，對於行為管理的簡單建議是幫不了這個家庭或孩子的問題，這種做法只是把問題從這裡搬到那裡而已。從過度放任的研究（Bredehoft, 2006; Walcheski, Bredehoft, & Leach, 2007），我們學到父母善意期望孩子能快樂，如何變成某些父母對孩子投降，沒有提供穩固的、有結構的教養環境。現在當我聽到某人說：「那個孩子逃家了！」我馬上會在腦海裡想到或大聲說出：「那個孩子的爸媽搞到讓那個孩子逃家了。」（Clarke, Dawson, & Bredehoft, 2004）在我那個十人團體的班上，有多少父母是因為他們的孩子做出過分的行為而來，但他們的孩子卻得盡最大的努力去面對父母缺乏教養結構的問題呢？

　　我希望自己以前就對不同世代間差異的深度有更多了解。在現代這個強大的文化潮流之中（Land & Jarman, 1992），當我看到我的孫女在做一些我不懂的事情，它讓我可靜下心來承認我是真的不懂，而且他們和我可以在這樣的相異文化中共處。我經常因為他們對於電腦、電玩遊戲、網路、MySpace 和 YouTube 網站、聊天室、露骨的性行為、暴力、無處不在的毒品、數位相機、手機、簡訊、手機震動（手機鈴聲轉成老師聽不到的震動）漫不經心的態度而止步，所有這些事情當我在他們這個年紀時都不存在。所以我傳了電子郵件，提醒他們蓋薑餅屋的時候到了，然後他們就說他們召集了多少朋友一起來。他們喜歡這種儀式活動。

　　我喜歡創意、改變和自動自發！什麼都好，但是我希望當我的孩子還年輕的時候，我能夠更欣賞可以增強家庭系統、把個人和家庭圈在一起，並讓心情愉快的儀式活動的角色。當我的孫女說：「奶奶，我們總是……」的時候，我會專心傾聽。我希望我曾經花更多時間，去鼓勵家人發展和維持家庭的儀式活動。我希望沒有定期參加信仰團體的孩子，能夠從其他方式參與足夠的儀式活動。我希望我能夠更了解在我的親職教育班維持固定儀式活動的重要性，例如經常檢視那些基本規則以提醒人們這裡是一個安全的環境（Clarke, 1984），然後把當天上課科目所提供的這些基本規則，和班級或工作坊之外的世界連結起來，並經常使用發展性的肯認去滋養這些成人的心靈，提醒他們孩子所需要的增強。

🌿 關於內容

▌我希望我更知道關於……

　　如果我早一點並更多一點了解以下這些事，我可能會是一個對別人更有幫助的親職教育人員：

- 人格類型（Myers & Myers, 1995）。
- 氣質類型（Neville, 2007）。
- 情緒和社會智能（Goleman, 2006）。
- 人際關係（Gottman, 2002）。
- 過度放任（Clarke, Dawson, & Bredehoft, 2004）。
- 無條件的愛——這表示樂於成為父母，代表給孩子最高的關心、提供他們成長的機會，也代表能夠忍受他們所帶來的不舒服。愛與建立自尊並非要保持孩子的愉悅，或是變成擁有快樂的童年，就經常問他們：「你今天快樂嗎？」或者是「學校今天怎麼樣？」學校並沒有怎麼樣，但是這個問題暗示孩子一天的生活品質是由其他的人來決定的。「你學了什麼，你今天怎麼幫助某個人？」是表達比較高的關心的問法。
- 敏感的議題——我如何回應他們、讓他們敏感的是什麼，以及我脆弱的領域是什麼（Clarke, 2005）。
- 知道我所知道和我不知道的能力，並能肯定說出：「我不知道這個。你希望我們（這整個班級）給你一點意見讓你可以在某些地方找到協助嗎？」
- 事實是我只能邀請。
- 了解親職教育人員不能夠主宰其他人這個事實。如果我盡最大努力但卻沒有幫助，我只能為他們感到難過並希望我以前能了解更多。我可以學到更多而不必一輩子帶著罪惡感。
- 家庭是一個單位，但是家庭中每位成員的經驗卻不一樣（Saunders & Saunders, 2005）。我了解自己的家庭經驗（它有多堅韌和多美好）以及我自己的婚姻經驗（它有多堅韌和多美好），但是我並不真的知道其他人的家庭、關係，或者親職行為。我只能是一個對他們有幫助的旁觀者和啦啦隊長。就像一句古老的祝頌詞說的：「不在你之上，不在你之下，而在你身旁。」
- 從某個角度來看，事情都是適合的。我的工作就是找出如何讓它適合。

▌我慶幸我已經知道……

我很高興我已經知道並繼續學習關於：

- 人類發展。
- 人類行為。
- 先天（nature，本性）與後天（nurture，環境），或者我現在選擇稱之為 Nurature（Nobel Conference, 2002）。
- 憂傷與苦惱。
- 悲傷的歷程。
- 色彩、喜悅、希望和歡笑。（有聽到什麼新的笑話嗎？）
- 人際溝通分析，我認為個人有其內在心理系統並且存在於關係系統中的主要心理學理論根據。

▌歷程，挑戰

要迎頭趕上研究和快速變遷的文化、世界，是一種挑戰。但是調整我自己的歷程、我讓內容有用的方法，對我而言又是另一種大挑戰。在我成為親職教育人員之前，我有來自下列的基礎學習經驗，包括 Juliet Myron 的堅實成人教育方法、來自進一步的研究，以及來自我父親這位一流的老師和成人團體催化員，在他自己的角色則是一位優秀的耕耘者；年少的時候，我花了無數個夜晚看著他、向他學習。許多呈現在《誰，是我在帶一個團體？》（*Who, Me Lead a Group?*; Clarke, 1984）這本書中的方法都是源自於他。他並沒有受過正式的團體帶領教育，而我則沒有正式受過親職教育的教育，但是每一次我帶領團體的時候，他都在我的腦海裡。

我並沒有很早就成為母親，我是後來才接觸親職教育。教養孩子是我的一種挑戰，我總是和他們玩追逐遊戲。當時坊間只有一些書以及一些課程，但是似乎並不適合我們。在我的第五十個生日，我參與一個人際溝通分析（Transactional Analysis, TA）的 工 作 坊（Berne, 1961; James & Jongeward,

1971），觀念聽起來很有用！但是他們都是用治療師使用的語言──大多數是如何幫助在童年期就犯錯的人們。我想要以一個父母的身分來聽到這些，在我的孩子還小的時候就能夠做對。當時我決定要把人際溝通分析轉譯為父母教養用的語言，寫成能幫助我自己也能幫助其他人的書，這本書就是《自尊：一件家事》（*Self-Esteem: A Family Affair*; Clarke, 1978）。就是一本書──我當時只是這麼想，但是後來其他的書又接連跳了出來（好吧，它們並沒有真的翻跟斗。每一本都花了很多時間，但回頭看這些事，感覺上好像這些書是翻著跟斗出來的）。後來出版的書是《給孩子多少才夠？》（Clarke, Dawson, & Bredehoft, 2004），以及搭配「發展性親職高速路」（Developmental Parenting Highway）使用的《給孩子多少才夠？帶領人手冊》（*How Much Is Enough: Leader's Guide*; Clarke, 2008）。喔！那條高速路！我終於找到了！我發現了一個只用一個頁面就可以了解兒童發展、氣質、健康、當代家庭狀況、實證和教養技巧的方法。一頁喔！看看所有的孩子！他們是多麼興奮地創造新的歷程！我持續的研究 TA，它是可通到國際層次證書的路徑。雖然人際溝通分析所使用的理論和語言已經廣泛融入美國的情境，TA 在本地仍被視為是一種嚴肅的理論研究。但是在世界的許多地方，它是生氣蓬勃與成長中的，因此我和我的同事持續在許多國家和多元的文化中學習。

　　一些我覺得很有用的新方法，呈現在本書第 21 章〈家庭生活教育方法論〉這一章中（Clarke & Bredehoft, 2009）。當我成為一位親職教育人員之後，大多數這些歷程修補了我過去所學或琢磨過的東西。許多現有的學位、認證、課程及工作坊當時並不存在，起初，我確實知道如何進行一場演講，如何進行展示、教導程序、設計課程和講義，以及創造模擬情境。但是當我更了解我自己和其他人之後，我需要開發新的教學方法，並調整我的方法讓其他有待發現的人們也適用。或許沒有任何一個單一的資訊，像 Dunbar（1996）所蒐集有關團體大小方面的研究一樣（參閱 Clarke & Bredehoft, 2009，書中的討論）如此增進了我的教學。當我專注於此的時候，所有旁邊的說話聲都不見了，而團體通常都能照目標進行。

　　有一件事是不會改變的，那就是——準備。每一個課程、每一節課、每一個工作坊都應該要事先準備。思考與預備！鳥類振翅以做飛行準備，憑著經驗以準備騎車上路前行。準備，以一顆開放的心和開放的方式，包括憑直覺、彈性、創意、安心和負責任。

▌一朝為父母，終身為父母

　　我現在的年紀已經到了教養成年子女的時期了。是的，一朝為父母，終身為父母。我從我自己的生活和朋友那裡學到，親職教養是會改變但永不停息。

　　有時候我新的覺察不是來自於統計數據，而是來自於與其他人的接觸或其他人的故事。例如，在我的朋友當中，有四位失去他們正值青少年期或者成年早期的孩子。我問他們（尤其是在祭日的時候）：「你過得好嗎？」然後我開始傾聽，我為他們心傷。有時候我會和他們一起紀念。最近，我在一個遙遠的城市和一位不常見的老朋友一起喝茶。我問道：「關於凱蒂的事你還好嗎？」（我已得到允許可以講這個故事。）我的朋友微笑著注視著她的茶杯。她看向遠方然後她的目光變得嚴肅。「我每天都想起她。我想要告訴她些什麼，或者想和她討論一些事。」然後她又笑了：「我一直都想要一個茶壺，但始終沒有時間去買。幾個星期之前，我注意到凱蒂的藍色和黃色茶壺就放在我蒐集她的紀念物的書架中間。我想到：『我可以用凱蒂的茶壺呀！』所以我就拿來用了。每個早上我都可以和凱蒂一起來杯茶。有時候我會難過個五分鐘，但這樣做讓我一天會覺得好一點。凱蒂的茶鼓勵了我，我喜歡這樣。你知道，已經事隔五年了。」

　　我問：「如果某個人在凱蒂剛過世的時候就建議你用她的茶壺，你當時會怎麼做？」她生氣地說：「摔了它！打碎它！當時它可能就是躺在地上的碎片！」

　　茱兒知道當晚我就要搭飛機回家，但是我輕聲地問：「我明天早上可以和你以及凱蒂一起喝杯茶嗎？」我朋友的臉上很快閃過一抹笑容並回答：

「凱蒂應該會喜歡。」

　　然後我和我朋友聊到我的孫女，最近辭掉她那高薪的平面藝術工作去當消防員，我是多麼高興、震驚又驕傲。如果凱蒂在世的話，現在的年齡應該和我孫女葛瑞莎一樣大。茱兒能與我一同感到驚訝及歡樂；而我對茱兒的悲傷與成長也同感欣慰。

　　有時候我們會從報紙的故事學到些什麼。我對於早期的生活歲月了解很多，但是對於死亡的了解卻不多。感謝佛瑞德的父母。佛瑞德現在是一年級，馬上要升上二年級。佛瑞德罹患了腦癌末期。因為他很在乎頭髮，當他知道將要接受的化療會讓他掉頭髮的時候，他覺得很煩惱。他最要好的朋友宣稱他會去理光頭，到時候他和佛瑞德兩人都會是光頭。他的學校用了這個點子並且發布訊息把星期六訂為佛瑞德日。佛瑞德的爸爸是第一個排隊去理光頭的人。整個體育館裡人聲鼎沸，那些沒有剃光頭的人也剪了頭髮或者把他們的頭髮染成怪誕的顏色。真是驚人！如你所知——整個社區在支持一個家庭。但是，我們會記得多久呢？從現在起五年後，佛瑞德的家庭會有個相同的藍色和黃色的茶壺嗎？

　　從現在起兩年，如果在我帶領的工作坊裡，我說到八歲的孩子，而某個母親淚眼矇矓或者某個父親雙臂交叉抱在胸前，眼睛注視著自己的鞋子，我會怎麼做？當我剛開始成為教育人員時，我可能會問問這位母親怎麼了，或者極力邀請這位父親參與。現在，我想，如果我是警醒且健康的，我可以分辨無聊和想要參與之間的差異。我會試著去看懂一些徵兆和訊號：他們想要說話的時機；在他們離開這裡時是有收穫的；或是需要一個受尊重的擁抱。通常這背後隱含的問題是：我們的合約是什麼？這不是一個治療團體，因此我怎麼可能不經過探詢就認為這會對他們有用呢？教育人員提供的是什麼？我作為一名老師和作為一個朋友的角色有什麼不同？我的技巧是什麼？我如何以尊重對待他人？為什麼我沒有早一點覺察失去孩子的父母並沒有因此而停止做父母的角色？我們的軍人正在失去的是什麼——孩子、配偶、父母，他們失去的是他們的眼界，還是認知能力、四肢，抑或是關注焦點，或者是

人生？

　　我經常加入十人團體。我發現一個我應該知道的統計數據——目前有12%的美國人是在其他國家出生的。喔！是的，這很重要。我們這些親職教育人員已經針對這個議題在工作。但是，每150個現在出生的兒童中，就有一個有某種程度的自閉？你確定？是的，明尼蘇達大學的研究人員是這麼說的（Reiff，個人通訊，2007）。這對我的意義為何？我聽到一個父母的故事，我們完全不了解這個四歲的男孩正在和他的父親說話，看著他好像想要和他溝通，突然又轉身離開，走到牆邊，然後對著牆說了二十分鐘的話，這是怎麼了。我不知道該怎麼幫助這個男孩。但我知道的是他六歲的姊姊想要學習閱讀，知道課間休息時間到了，而戶外遊戲場的霸凌將要出現。當她的父母忙於應付、哀傷並努力平衡自閉症這個將要變成家中常客所帶來的問題時，她的需求滿足會被降低嗎？如果他們也是我「發展性親職高速路」（Clarke, 2008）的學員，這有助於他們也將焦點放在六歲的孩子身上嗎？所以，我盡我所能，當我進行教學時，我記得要把「四歲的孩子會做……」替換成「許多四歲的孩子會做……」。

　　在我十人的團體中，有多少人正為某些事而悲傷著呢？

🌿 未來

▌我所害怕的是……

- 應得的權利！兒童和成人覺得自己該有任何權利但卻未得到。
- OK！成人以加上「OK？」的方式來給孩子指示：「該上車了，OK？」
- 性別歧視和種族歧視的惡意。
- 貪婪。
- 過度放任兒童！這帶給孩子的訊息是：「你沒有能力。」這會留下個人成年後在技能上的一個大洞並造成很大的不滿。有關過度放任的調查研究

（Bredehoft, 2006; Bredehoft, Mennicke, Potter, & Clarke, 1998）中，那些在兒童期曾被縱容的成人怨恨這件事。他們說這是父母為了自己的需要而這麼做，而不是為了他們才這麼做，不是為了孩子好。

我不害怕的是……

● 我不怕災難橙色警戒，我飛到各處。
● 我不怕科技的快速成長。我對人類大腦和人類的良善有足夠的信心，我相信我們會駕馭它並為我們的健康和福祉而工作。
● 最重要的，我不害怕「家庭的崩潰瓦解」。我們的世界正受到衝擊，不論喜歡與否，這意味我們身處一個偉大的文化潮流中（Land & Jarman, 1992）。這個大潮流感覺沒有秩序，而且對某些人來說是嚇人的。但是，每個時期的文化都會經歷一段時間的改變，家庭曾經被視為是在崩潰瓦解中，但是它會度過變遷並能適應得更好，以保有人類在下一個世代的生存。我相信我們在這些改變之中，在這時期的父母難為，但是我相信我們會先是一團亂、搖晃起舞、抱怨，最後創造一種方法來度過。我們的親職教育人員已經在盡力協助這些發生的事。

對未來的期望

　　我希望高品質的親職教育能夠變成常態。我希望所有的父母會期望這樣的課程是可取得，而且在家庭生活的所有階段都是有用的。親職是我們最重要的職責，它是滋養父母最關鍵的資源。當然這樣的事業值得我們好好深思並為廣泛的教育推廣努力。

　　「所以，在透過我們的後視鏡回顧之後，讓我們聚焦在該前進的議題吧！讓我們帶著已知並繼續成長！」

參考文獻

Berne, E. (1961). *Transactional analysis: A systematic individual and social psychiatry*. New York: Grove Press.

Boss, P. (1999). *Ambiguous loss: Learning to live with unresolved grief*. Cambridge, MA: Harvard University Press.

Bredehoft, D. J., Mennicke, S., Potter, A. M., & Clarke, J. I. (1998). Perceptions attributed by adults to parental overindulgence during childhood. *Journal of Family and Consumer Sciences Education, 16*(2), 3-17.

Bredehoft, D. J., & Leach, M. K. (2006). *Influence of childhood overindulgence on young adult dispositions – Executive summary: Study 2*. Retrieved from http://www.overindulgence.info/AboutOurResearch.htm

Bredehoft, D. J. (2006). *Becoming a parent after growing up overindulged: Executive summary - Study 3*. Retrieved from http://www.overindulgence.info/AboutOurResearch.htm

Bredehoft, D. J., & Armao, C. K. (2008). What teachers can do when overindulged children come to school. *Lutheran Education. 142*(1), 25-35.

Burman, D. D., Booth, J. R., & Bitan, T. (March, 2008). Sex differences in neural processing of language among children. *Neuropsychologia*. Available online at http://dx.doi.org/10.1016/j.neuropsychologia.2007.12.021.

Clarke, J. I. (2008). *How much is enough? leader's guide*. Seattle, WA: Parenting Press, Inc.

Clarke, J. I. (2005, January). Dealing with sensitive subjects. In *Family information services professional resource materials* (pp. 1-4). Minneapolis, MN: Family Information Services.

Clarke, J. I. (1984). *Who, me lead a group?* Seattle, WA: Parenting Press, Inc.

Clarke, J. I. (1978). *Self-Esteem: A family affair*. Center City, MN: Hazelden.

Clarke, J. I., & Bredehoft, D. J. (2009). Family life education methodology. In D. J. Bredehoft & M. J. Walcheski (Eds.), *Family life education: Integrating theory and practice* (2ⁿᵈ ed.) (pp. 199-206). Minneapolis, MN: National Council on Family Relations.

Clarke, J. I., Dawson, C., & Bredehoft, D. J. (2004). *How much is enough? Everything you need to know to steer clear of overindulgence and raise likable, responsible, respectful children*. New York: Marlow and Company.

Cohen, G. (2005). *The mature mind: The positive power of the aging brain*. New York: Basic Books.

Devlin, B., Daniels, M., & Roeder, K. (1997). The heritability of IQ. *Nature, 388*, 468-471.

Dunbar, R. (1996). *Grooming, gossip and the evolution of language*. London: Faber and Faber.

Dungan, N. (2003). *Prodigal sons & material girls: How not to be your child's ATM*. Hoboken, NJ: John Wiley & Sons, Inc.

Goleman, D. (2006). *Social intelligence: The new science of human relationships*. New York: Bantam Books.

Gottman, J. (2002). *The relationship cure: A 5 step guide to strengthening your marriage, family, and friendships*. New York: Three Rivers Press.

James, M., & Jongeward, D. (1971). *Born to win: Transactional Analysis with Gestalt experiments*. Reading, MA: Addison-Wesley Publishing Company.

Lamb, S., & Brown, L. M. (2006). *Packaging girlhood: Rescuing our daughters from marketers' schemes*. New York: St. Martin's Griffin.

Land, G., & Jarman, B. (1992). *Breakpoint and beyond: Mastering the future today*. New York: HarperBusiness.

Linn, S. (2004). *Consuming kids: The hostile takeover of childhood*. New York: The New Press.

Miller. J. B. (1997). *The healing connection: How women form relationships in therapy and in life*. Boston, MA: Beacon Press.

Myers, I. B., & Myers, P. B. (1995). *Gifts differing: Understanding personality type*. Palo Alto, CA: Davies-Black Publishing.

Neville, H. (2007). *Is this a phase? Child development & parent strategies, birth to 6 years*. Seattle, WA: Parenting Press, Inc.

Nobel Conference. (2002). *The nature of nurture*. Gustavus Adolphus College.

Payne, R. K. (2005). *A framework for understanding poverty* (4ᵗʰ ed.). Highlands, TX: Aha! Process.

Pollock, D. C., & Van Reken, R. E. (2001). *Third culture kids: The experience of growing up among worlds*. Yarmouth, ME: Intercultural Press, Inc.

Rapaille, C. (2006). *The culture code: An ingenious way to understand why people around the world live and buy as they do*. New York: Broadway Books.

Saunders, K. , & Saunders, B. (2005). *The grace of ordinary days: An invitation to celebrate life's journey*. Maple Plain, MN: Center for Living Art, Inc.

Schor, J. B. (2004). *Born to buy: The commercialized child and the new consumer culture*. New York: Scribner.

Thomas, S. G. (2007). *Buy, buy, baby: How consumer culture manipulates parents and harms young minds*. New York: Houghton Mifflin Company.

Tobias, C. (1994). *The way they learn*. Colorado Springs, CO: Focus on the Family Publishers.

Walcheski, M. J., Bredehoft, D. J., & Leach, M. K. (2007). *Overindulgence, parenting styles, and parent sense of competence: Executive summary: Study 4*. Retrieved from http://www.overindulgence.info/AboutOurResearch.htm

Walsh, D. (2004). *Why do they act that way? A survival guide to the adolescent brain for you and your teen*. New York: Free Press.

關於作者

Jean Illsley Clarke，博士，合格家庭生活教育人員，也是親職教育人員、教師培訓師；《自尊：一件家事》一書的作者，合著有：《再次成長：教養我們自己、教養我們的孩子》（*Growing Up Again: Parenting Ourselves, Parenting Our Children*）、《給孩子多少才夠？》、《給孩子多少才夠？帶領人手冊》。E-mail: Jiconsults@aol.com。

Chapter *4*

教導理財素養

Deborah B. Gentry 著・林淑玲 譯

美國全國家庭關係委員會（NCFR）出版的《生命全程家庭生活教育架構》（Bredehoft, 1997），把貫穿生命全程的家庭資源管理，列入家庭生活教育人員基礎知識領域之一；這項專業也是申請 NCFR 合格家庭生活教育人員證書所需要的知識。在個人和家庭的管理，從不良到非常好的連續線之間，人類、經濟，以及環境資源管理，都是經濟或財務資源管理的範疇，這也是本章的重點。太多的年輕人、青少年、年輕成人或者高齡成人的財務素養不足，這種情況的結果，可能會造成他們自己及其家人財務上的不安全。家庭生活教育人員的重要角色是去補救這種情況。

財務素養與安全保障的定義

Vitt、Reichbach、Kent 和 Siegenthaler（2005）將財務素養（financial literacy）定義為一種「閱讀、分析、管理和溝通有關個人財務狀況的能力，這會影響物質上的幸福感。這包括辨識財務選擇、討論金錢和財務議題而沒有任何不愉快（或怨恨）、計畫未來，以及勝任地回應會影響每日財物決定的生

活事件，包括在一般經濟中的事件」（p. 7）。**財務安全保障**是保持日復一日的財務責任，以滿足未來需求的能力（eXtension, 2008）。**安全保障**（security）這個詞通常被當成是「平安」（safety）這個詞的同義詞，財務素養的最終目標在於保障個人的財務福祉以防止危險和失落。但是，財務素養和財物安全保障之間的關係並非必然的。特定的信念、行為和選擇，能讓有財務素養的人為他們自己及其家人獲得財務安全保障。

財務素養不足：問題的本質與觀點

和財務素養不足有關的問題有兩類：疏忽的問題，或者授權的問題。疏忽的問題發生在當個人沒有去做他們該做的事情時（Nichols, 2000）。在管理財務資源的情況中，沒有存錢或者不儲蓄，疏於確認資產有沒有保障，或者沒有尋求可信的財務資訊和建議，都是所謂疏忽的行為，並因而導致負面的結果。授權問題的發生，是由於個人做了什麼他們不該做的事（Nichols, 2000）。在財務資源管理的情況中：過度消費、強迫購買、過度使用信用額度，和冒險性的借貸都是所謂授權的行為，並因而帶來個人及其家人負面的結果。在分析疏忽和授權問題的教與學內容時，可以合理地建議：缺少知識、缺少技能，以及（或）產生不良後果的態度，是這些問題的核心，並因而付出極高的代價。

財務素養不足的「價格標籤」

存得少或完全不存

美國的個人存款率在過去二十年一直在下降，從 2005 年起，存款率幾近於 0 或低於 0（Bureau of Economic Analysis, 2008）。這表示美國人在繳了稅等等之後，把所有賺的錢都花光了。Taylor、Fund 和 Clark（2007）認為這種情況

在年輕人和窮人身上更值得憂心。42%的 18 到 49 歲的人，和 45%的家戶表示他們的年所得低於 3 萬美元，他們傾向花費超過自己所能負荷的額度。美國每個成年年齡組的債務都在增加中。美國的消費性債務趨近 1 兆。2005 年，首次出現家戶債務的水準高於家戶所得的紀錄。

　　沒有為奢侈項目或者其他「想要的欲望」而存錢是一回事，但是沒有為緊急狀況而預備基金又是另一回事。救急基金包括可以立即快速轉換成現金的動產，可以在不預期的支出和危機出現的時候使用（例如，臨時被解雇或失業、受傷、生病、因為天災或意外而遭到財產損失等）。根據美國消費者聯盟（Consumer Federation of America, 2007）的資訊，40%的成人會按類別存款以因應緊急事件，雖然這筆存款很少達到一般要求足以因應三個月生活開銷所需要的額度。

　　最需要關心的議題是為退休儲蓄基金，美國員工福利研究協會（Employee Benefit Research Institute, 2007）發現，72%的問卷填答者對自己是否有足夠的錢以過一個舒適的退休生活很有信心。但是超過半數為退休而儲蓄的工作者表示，自己所有的存款和投資（包括基本的居住和既定的福利計畫）低於25,000 美元。基於這些數據資料，財務專家相信很多人低估了自己在退休時的財務需求。

　　從 1992 到 2004 年，55 歲以上持有房產人口的負債率攀升的幅度高於全部人口。在 65 歲以上持有房產的人當中，平均的信用卡負債，在這段時期高出了二倍以上（Demos, 2008）。大多數的這些債務，可以歸因為不斷漲價的健康照護費用、居住費用，以及能源消費。過高的債務迫使某些中高齡者延後退休，同時也多少促使原來已經離職的人再重回工作崗位。越來越多的老年人正在填寫破產申請書。雖然有很多人不願意轉而向他們的中年子女求助，因為他們常發現他們的子女也在為自己的債務掙扎，尤其是如果他們要資助自己子女支付被低估卻又猛漲的大學學費的話。

▌未開戶

　　估計有大約 2,200 萬到 4,500 萬的美國人沒有在銀行開戶。Barr（2004）報告將近 1,000 萬戶沒有使用支票或者沒有儲蓄戶頭，這包括 22%每年所得低於 25,000 美元的低收入家庭。相對的，未開戶的人是以在支票兌現商店、發薪日借貸處、抵押貸款處、先租後買商店，以及找協助申請報稅人員等方式，進行他們的財務處理。在中低收入戶當中，未開戶者通常是少數族群、移民，以及（或）教育程度較低者，他們特別會和財務問題扯上關係（Bucks, Kennickell, & Moore, 2006）。更甚者，他們更有可能會失業、租房子住、有年幼的孩子。許多未開戶的人知道使用銀行提供的服務太昂貴，尤其是如果他們不常開支票、無法維持最低的存款額度，先前曾因為透支或其他問題而被關掉帳戶，或者不容易取得這類機構服務等等。但是，沒有銀行帳戶，會更難也更耗錢去維持貸款的信用或者品質。此外，其他的財務服務提供者也會收取佣金，而且通常要比傳統的機構更貴。對那些傾向儲蓄的人來說，傳統銀行和信用合作社所提供的安全性遠比鞋盒或者餅乾罐要安全多了。

▌無法保護資產

　　DeNavas-Walt、Proctor 和 Smith（2007）報告提到，沒有健康保險的美國人人數在遞增當中。4,650 萬的人沒有保險，其中 11.7%是 18 歲以下的孩童，1.5%是超過 65 歲以上的老人。貧窮的狀況一定會影響個人及家庭放棄對保險的投資，包括財產險和健康險。雖然難以確認，不過因為財務素養不足的因素而促使年收入達到或是超過 5 萬美元的 1,170 萬人捨棄健康險，這樣的決定看起來好像也很合理了（DeNavas-Walt, Proctor, & Smith, 2007）。在檢視有關疏忽的許多問題之後，下列有關授權的問題就值得注意了：過度消費、強迫購買、過度使用信用額度，以及冒險性的借貸。

▋消費太多

「富裕流感」（Affluenza）是一個最近由 de Graff、Wann 和 Naylor
（2002），以及 Hamilton 和 Denniss（2005）等人創造出來的名詞，用來描述
「一種源於一味地追求更多而過度借貸、負債、焦慮和浪費，所引發痛苦
的、傳染性的、社會性的感染狀況」（p. 2）。這些人所購買的物品和服務遠
超過他們真正需要的，通常是強迫性或者不由自主地購買。美國消費者聯盟
（Consumer Federation of America, 2007）指稱填答者並沒有妥善地儲蓄，37%
是因為強迫購買，29%提到花錢來讓自己「感覺良好」，20%歸咎由於「來自
朋友或家人的社會壓力」而沒有儲蓄。各所得水準的人同意這種趨勢的人數
比例相同。

對某些人來說，購物可以變成一種強迫性行為或者成癮行為。衝動性購
物者會找理由讓自己花錢正當化，試著忘掉他們剛花掉的錢，或者把買來的
東西藏起來（Yi & Baumgartner, 2004）。強迫性購物者不太會去控制自己花錢
的習慣，而且會「狂買」。衝動性的和強迫性的購物者在買了某項物品之
後，隨之出現的感受是後悔、罪惡感、羞恥感和焦慮。他們唯一的抒解方式
就是再去買。估計大約 1.8%到 16%的美國成年人是強迫性購物狂。Koran、
Faber、Aboujaoude、Large 和 Serpe（2006）的報告中，將近6%的研究受訪者
感覺到自己有這種傾向。誘人的廣告、容易申請的信用卡，以及透過電話或
網路購物的便利性都會提高誘惑。

▋太過大方地使用信用卡

美國三大信用報告事務所之一 Experian 公司，引用一項從全美國抽取 300
萬名消費者的信用檔案所進行的全國分數指標研究數據，最近一次在 2006 年
所蒐集的資料顯示，有將近 51%的美國人皮夾裡有兩張信用卡，14%的人有十
張以上（Greer, 2007）。信用卡本身和擁有信用卡並不成問題，但是，如果沒
有立即繳清款項就會引發相當負面的結果：被課徵循環利息和信用評等下

降。比起以前，信用卡的使用情形增加了。相較於用來購買家具、器具、衣物和珠寶，信用卡現在也可以買雜貨、汽油、速食、其他的日常用品，甚至是繳交大學的學費。

與美國家庭財務狀況有關的可信資訊來源，是美國聯邦儲備委員會（Federal Reserve Board）。這個委員會每三年進行一次消費者財務調查（Survey of Consumer Finances, SCF），從 1983 年起，提供有關美國家庭的資產負債表、退撫金、所得，以及其他人口特徵資料。以 2007 年的資料和 2004 年相較，從 2004 年起，美國和其他全球經濟的變異程度受到嚴重的影響。家庭調查顯示的某些信用卡債務額度，從 2001 年的 44.4%上升到 2004 年的 46.2%。在 2004 年的調查中，積欠信用卡款項的家戶欠款額度，從三年前的平均 2,000 美元上升到 2,200 美元。更令人擔憂的是有 8.3%的受調查家戶，其欠款額度總數高於 9,000 美元（Bucks, Kennickell, & Moore, 2006）。雖然 2007 年的調查資料要到 2009 年才能得知結果，但是其他的資料來源（例如CardTrak、CardData、Card-Watch等等）也發布了 2008 年初信用卡付款違法或拖欠的惱人數字。尤其最近次級抵押債款危機的發生，信用卡發卡公司緊縮了他們的借貸政策，也提高了他們的利率。對於許多信用卡持有人來說，閱讀和了解複雜的信用卡條款聲明文件是一件困難的事，令人遺憾的是，也沒有保證會遵守。

▌被掠奪性貸款引誘

掠奪性貸款是有關濫用的貸款條件，包括不合理或隱藏的服務費用、對借款人沒有利益的情況下的再貸款、明知借款人無力償還卻還提供貸款，以及高壓式的銷售手法。每年有多少人或家戶因掠奪性貸款和其他詐騙而受害的具體數據很難得知，因為許多受害者都不會表明他們的狀況。有跡象顯示，這種掠奪性貸款有變得更為普遍的趨勢。在家購物是一種常見的不公平、欺詐的貸款手法，汽車借款和發薪日借款也是很常見的方式。在這種情況中，當借貸者沒有能力及時還款或全數還清，抵押品贖回權被取消或購買品被收回就是很常見的結果了。

RealtyTrac 公司（2008）記載了一年內有 2,203,295 件抵押品贖回權被取消的訴訟（例如違約通知、拍賣通知和銀行抵押），其中和財產有關的，全國有 1,285,873 件，件數從 2006 年起上升了 75%。這份報告同時顯示，有超過 1% 的美國家戶在這一年內正處於抵押品贖回權被取消的某個階段，比例從 2006 年起上升 0.58%。生活於貧窮的家庭和少數民族的區域已經是很脆弱了，但是失去房子的人更慘。當大量的房屋贖回權被取消以及被收回成為危險貸款的結果時，讓社區恢復生機並促使保有房屋所有權的努力就被削弱了。

雖然個人破產訴訟的數量每季和每年都有波動，但整體看起來，是從 1980 年代中期開始穩定攀升。根據美國法院所持續提供的數據，自從 2005 年《防止濫用破產與消費者保護法》實施之後，狀況有改善，數據正在下降。從 2006 年 9 月 30 日起到 2007 年 9 月 30 日的 12 個月內，非商業訴訟的件數是 775,344 件，這個數字比前一年降低了 28%。但是，2007 年 7 月到 9 月這一季的訴訟件數卻比 2006 年同季的件數增加了 28%（參見 http://www.uscourts.gov/bnkrpctystats/bankruptcystats.htm）。破產會對個人及家庭造成持續性的衝擊，通常需要時間去恢復。

許多財務狀況不佳的證據已描述如上。個人和家庭沒有儲蓄或者開戶，沒有為資產投保，花費超過他們的財務負荷能力，讓他們變得容易面臨財務被剝削的程度值得去注意，但是整個問題比想像的要更複雜。問題很少是單獨存在的。這個討論不限定在本章，和貧窮有關的問題、生理和心理不健康、各種失落有關的危機（例如離婚、死亡、工作），以及不適當的文化經驗都要處理。

誰在乎？可以做些什麼？

誰會在乎財務素養及安全是不是個政治議題呢？還有，這些利益團體對於讓個人和家庭都有利的最佳方式，該說些什麼呢？公立、私立和非營利組織裡的許多人關心這個議題。在這些人當中，家庭專業人員相信財務素養和

安全是家庭政策議題，在分析的時候，當然應該要有一個家庭觀點或視野。教育人員對這個議題有興趣，尤其是家庭生活教育人員，但是數學、財務、商業和消費者教育人員也是。財務顧問和規劃人員、專長為個人和家庭財務問題的諮商師，以及律師和法官也注意到財務素養不足的代價。銀行業、不動產，以及社區發展專家參與分析這個議題並對問題解決有些想法。雇主都希望他們的員工能夠有良好的財務狀況。許多地方、州和聯邦的政策決策者、行政機關幕僚和組織領導人，將財務素養和安全訂為與他們的工作相關的努力目標。

　　為了發展一套深思熟慮並適合財務素養與安全的指引（Gentry, 2007），我徵求了下列受雇員工的洞察與願景，包括美國聯邦儲備委員會、美國聯邦存款保險公司（Federal Deposit Insurance Corporation）、美國 Visa 公司、Wachovia 公司、全國捐贈理財教育組織（National Endowment for Financial Education, NEFE）、Jump$tart 個人理財素養聯盟、三所大學，以及美國全國家庭關係委員會。由 Kettering 基金會出版，以及由國際議題論壇研究（National Issues Forums Institute）所推廣的公開研究指引是《財務合宜⋯⋯這是無價》（*Financial Fitness...It's Priceless*），以作為這個模式的指南。在與我的諮詢對象分析討論之後，我認為可以採取四種策略取向來改善美國公民的財務素養及安全：(1)透過教育促進預防；(2)提供諮商與建議；(3)擴展與改善規章；(4)支持資產建立及其他創新措施。每種取向都有其支持者和批評者，每一種取向各自呈現不同的權衡。

　　當和財務資源管理有關的疏忽和授權的問題是根植於不良的態度和負面行為，而這些態度與行為又相當根深蒂固，要剷除這些問題會更為困難。專業諮商和同儕支持團體（例如債務人匿名會）可以幫助個人和家庭成員，在某種程度上修正其態度和行為，讓他們可以保有其權利。在某種意義上，透過政府的節制，人們可能會被保護免於他們自己的疏忽和不謹慎的行為，安全付款理財顧問可以為維護他們的利益代為處置財務，並且可以自動加入員工福利方案，除非他們正式提出自願退出（例如自動儲蓄方案）。為了在第

一時間就預防問題的發展，或者在它們還沒有變得太嚴重之前就進行修補，家庭生活教育人員是更適合提供策略的人，以傳達相關的有用訊息，並促進與財務資源管理有關技巧的發展和細部化。

🌱 理財教育：名詞定義和建立需求

在《告別自滿》（*Goodbye to Complacency*）這本書中，Vitt、Reichbach、Kent 和 Siegenthaler（2005）分享了他們訪談的消費者和方案主持人，他們一致表示不喜歡把「素養」（literacy）這個詞用在和理財教育有關的詞上面。因此，在他們的整個報告中，他們選擇交互使用的詞是「理財教育」或「個人理財教育」。他們對於**理財教育**的定義是：「賦予個人和家庭，做提升自我生活選擇必須的金錢管理議題協商的能力。」（Vitt, Reichbach, Kent, & Siegenthaler, 2005, p. 9）美國聯邦儲備委員會前任主席 Alan Greenspan，有一次提到理財教育是一種學習歷程：「應該從小就教並持續終生。這種累積的過程建立了做關鍵性財務決定所需要的技巧，而這會影響個人獲得資產的能力，例如教育、財產和存款，而改善其經濟上的福祉。」（Financial Literacy and Education Commission, 2006, p. 83）

2003 年，麻塞諸薩州當地銀行 FleetBoston 金融，著手進行「更聰明的決定，一個短暫性的全國調查」，蒐集了超過 1,000 份的填答者資料。雖然其中 73%的填答者認為父母應該是教導兒童基本理財概念的主要人物，但是只有 26%有五歲以上孩子的填答者認為自己準備妥當可以這麼做。此外，所有填答者中，只有 27% 的人知覺到他們對於如何管理家戶的財務擁有充分的資訊。當被問到如果要讓他們從事有關股票市場或者共同基金的工作，將近 70% 的填答者認為他們會得到「C」或更差的成績。同樣數量的人表達希望能學習更多有關如何聰明理財的議題。

有兩個知名的非營利組織：Jump$tart 個人理財素養聯盟和美國退休人員協會（American Association of Retired Persons, AARP），對不同年齡層該有的

理財知識和技巧進行評價。位於華盛頓特區的 Jump$tart 是評估和改善幼兒園到大學學生的個人財務素養。在他們的調查中，有一項每兩年針對高中生所進行的全國性調查，問卷內容在評估填答者對金錢管理有關的知識及實際行為。1997 年、2000 年、2002 年、2004 年，以及 2006 年所公布的調查結果已經分析完畢並進行比較。這十年來的平均值雖有變動，但未高過 57.3%也未低於 50.2%。而在嘉信理財公司（Charles Schwab & Co., 2006）所做的「青少年與金錢調查」，以及「美國男孩與女孩俱樂部」的調查結果，也有同樣的發現。和那些真的知道也做到這些事的人比起來，剛從高中畢業的青少年會高估自己處理個人財務議題的能力。

總部同樣設在華盛頓特區的美國退休人員協會，是一個致力於讓 50 歲以上的人生活得更好的組織。2003 年，這個組織進行了「消費者經驗調查」，問卷的內容和賒欠行為、詐欺，以及理財規劃有關。調查結果顯示，1,500 位填答者中，大多數有在管理他們的債務和信用責任，也試著保護自己不要被詐欺和被盜用身分，但也有相當數量的人缺少基本的理財和投資期限以及實際能力的知識。大多數人承認沒有儲存足夠的錢以因應未來退休需要，或者長期照顧的額外花費（AARP, 2003）。

Vitt等人（2005）注意到，直到接近 1990 年代以前，理財教育在美國的文獻中並不常見。雖然他們沒有使用 Gladwell（2002）所創造的「引爆點」（tipping point）這個詞，但在 2000 到 2005 年之間，他們確實意識到有一股努力推動策略性的政策教育推廣浪潮，已經為覺察與貧乏的理財素養有關的問題以及補救的行動，帶來「大變化」，尤其是以預防為目的的教育。證據顯示包括：許多州和聯邦的立法；共同努力訓練更多的理財教育人員，並且把他們訓練得很好；推廣教育性方案和教材，並設立一個資訊交換站以追蹤其狀況和可利用性；大量的研究結果；以及建立多元利益團體間有效的網絡和聯盟。

有很多機關團體（例如政府機關、企業、公司、學校、非營利組織，以及其他）接受號召，並常常以合作或者夥伴關係的方式採取行動。雖然本章

的篇幅有限，但是讀者可以在《告別自滿》（Vitt et al., 2005）這本書中找到完整的機關團體名單。推展促進這種全國性機關團體間的溝通和網絡關係建立的聯邦組織機關，是「理財素養和教育委員會」（Financial Literacy and Education Commission, FLEC）。這個委員會是因 2003 年的《理財素養和教育改進法案》而成立的，由美國財政部長擔任主席，委員是由 20 個機關團體的首長擔任，包括美國聯邦儲備委員會、美國聯邦存款保險公司、美國聯邦貿易委員會，以及教育部、農業部、國防部、衛生與人類服務部、住房與城市發展部、勞工與退伍軍人事務部等單位。

從創立之初，理財素養和教育委員會已經召開了每季的會議和主辦高峰會議，以討論最佳的做法；發展一套稱為《掌握未來主控權》（*Taking Ownership of the Future*; FLEC, 2006）的理財素養之全國性策略；建立網站以作為理財素養和教育方案、基金和其他資源資訊交換與連結的入口網站；建立一個資訊熱線，以方便加入會員的社會大眾尋求個人理財資訊；協助建立和主辦 2007 年第一屆全國各州及地方政府理財教育網絡會議。2008 年，布希總統宣布成立「理財教育總統諮詢委員會」，讓企業界、宗教界和非營利社群等團體成員可以聚在一起，提出對於改善美國理財教育最有效的方法的建議。這個委員會的目的，在於建議總統和財政部長以促進大眾對於抵押、信用卡、退休計畫以及其他理財工具的了解，同時也建議測量美國財務素養較好的方法。對家庭生活教育人員來說，得知愛荷華州立大學個人財務與消費者經濟系的 Tahira Hira 教授是這個諮詢委員會的成員之一，是相當令人振奮的。她在美國、日本、英國、加拿大和紐西蘭都有長期教學和指導研究家庭財務管理、消費信用、賭博和消費者破產議題的經驗。

☘ 理財教育：地點、內容、對象、方法及成效

Powell 和 Cassidy（2007）列出廣義家庭生活教育實施的各種場域和實施的內容。他們認為理財教育無所不在：健康照護場域、社區推廣場域、社會

服務機構、教會、學校（小學、國中、高中）、工作場所（例如公司、企業、政府和軍隊）、矯正機構和住居場所（例如私人住宅、退休和其他團體居住的社區）。理財教育是提供給各類學習者，包括個人，或團體、班級、工作坊、專題研討班、線上服務，以及自學課程等形式；也有提供給兒童、青少年、年輕成人和老人的教育課程。在《告別自滿》這本書中，Vitt 等人（2005）提供一份理財教育倡議的基礎，其中列出了各種場域、形式和對象。這份資料相當多元，就教學最佳實務的元素來看，最新的理財教育活動都已經實施了，但想必還有需求沒有被滿足。有志於改善自己社區中個人與家庭成員理財素養與安全的人，應該夠聰明，會先進行需求評估，了解哪一種理財教育最好，再以適當的頻率，在便利又安全的地方舉辦，花一點錢或者完全免費，廣泛地服務不同的對象。

在 Murrell（2005）所寫的《在你的社區實施理財教育方案：按部就班進行場域連結的資源指引》（*Implementing a Financial Education Program in Your Community*）書中，她也提議要進行需求評估，這是推展理財教育方案的第一步。接著，第二步是要確認和澄清方案目的、目標和內容。Murrell 曾經擔任過 Fannie Mae 基金會負責推廣和教育業務的資深執行長一段時間，她知道發展夥伴關係的好處，因此在如何建立夥伴關係方面有很多很好的建議。有效的夥伴關係可以促進發展創意和創新策略，以行銷一個新規劃好的理財教育方案。有一個絕對不可以省略的步驟是評鑑，包括形成性和總結性都是。Murrell 不是唯一注意到現有的理財教育方案少有著手設計和實施高品質評鑑研究的人（Lyons, 2005; Lyons, Palmer, Jayaratne, & Scherpf, 2006）。Jump$tart 個人理財素養聯盟最近徵求曾經正式進行課程和方案評鑑研究，且已完成研究報告的資訊。這個組織最終是想要把這些研究放在網頁上去宣傳（參見 http://www.jumpstart.org/）。

美國全國家庭關係委員會（NCFR）透過建立十項內容領域的專業標準來輔導家庭生活教育人員。在家庭資源管理這個內容領域，NCFR 建議其基本目標在於幫助學習者了解個人及家庭所做有關發展和分配資源的決定，包括時

間、金錢、物質資產、能源、朋友、鄰居和空間，以達成他們的目標。

　　例如，必須教導有關目標設定和決策歷程的概念；資源的取得和分配；社會環境的影響；生命周期和家庭結構的影響；以及消費者議題和決定（Bredehoft & Cassidy, 1995）。生命全程家庭生活教育的組織架構，提供了更詳細的引導，去檢視主題是否適合學習者現正經歷中的生命階段（Bredehoft, 1997）（參見本書頁 301、304 的「家庭資源管理」欄目）。

　　對於需要輔導的家庭生活教育人員來說，Jump$tart 個人理財素養聯盟所發展的全國 K-12[1] 的課程標準，附有四年級、八年級和十二年級學習者能力指標的標竿里程碑，這套標準更聚焦在理財資源管理。這 29 項標準落在六大概念中：財務責任和決定（6 項指標）、收入與生涯（3 項指標）、規劃和金錢管理（7 項指標）、貸款與負債（4 項指標）、危機管理和保險（3 項指標），以及儲蓄與投資（6 項指標）。這項標準在 2007 年修訂，最新的標準和能力版本可以在這個組織的網頁上找到：http://www.jumpstart.org/。Jump$tart 也考慮到後期中等教育的標準和能力的規劃。同時，讀者應該也要注意到全國商業教育協會（National Business Education Association）、全國經濟教育委員會（National Council on Economic Education）、全國數學教師委員會（National Council of Teachers of Mathematics），以及美國家庭與消費者科學協會（American Association of Family and Consumer Sciences）也有發展出和理財教育有關的課程標準。

　　先前已經談過，變化與多元是設計和提供理財教育時，教學最佳策略要加入的元素。此外，也還有理財教育人員要遵循的其他最佳實務。Jump$tart（2003）認定有將近 30 項符合課程和教學元素的最佳實務，包括客觀性、倫理標準、文化敏感度、正確性、時效性、適切性、可接近性、易於理解、互動性，以及有用性等。理財素養和教育委員會認定其中八項是成功的理財教育方案要包含的元素（FLEC, 2006），呈現如表 1。

1　譯註：指從幼兒園到十二年級（高中三年級）。

表 1　成功理財教育方案的八個元素

內容	1. 聚焦於基本存款、信用管理、房屋所有權，以及退休規劃。
	2. 有考量目標對象的語言、文化、年齡和經驗量身規劃。
遞送	3. 透過當地的分銷管道，有效使用社區資源及聯絡點。
	4. 追蹤參與者以增強訊息，並確保參與者能應用所教的技巧。
影響	5. 建立具體的方案目標和使用表現測量，來追蹤進展，達成目標。
	6. 透過測驗、調查或其他客觀的方式，來呈現對這些參與者態度、知識或行為的正向影響。
維持	7. 容易複製應用在地區、區域和全國性的計畫，因此而擴大影響力和永續性。
	8. 顯示永續經營的因素，包括擁有持續的財務支持、法律依據，或整合融入已建立的教學課程中。

　　Murrell（2005）估計大約有超過 400 項理財教育課程或方案可以用來教學。其中大約 75%，從 1990 年代或者 2000 年代初期就已經有成果（Vitt, Anderson, Kent, Lyter, Siegenthaler, & Ward, 2003）。顯然，已經到達了引爆點。但是，許多教育人員（包括家庭生活教育人員）被認為該去執行理財教育課程或方案者，卻欠缺足夠的訓練。對於教導相關內容的能力，以及面對不同聽眾的技巧，有些人表示他們覺得不自在或者沒有信心。也有些人質疑自己的理財素養水準，並且懷疑自己具有適當的權威去因應大多數或者所有的內容領域（FLEC, 2006）。

　　就優先順序來說，FLEC 已經確認需要提供教師或理財教育人員更好的訓練，以及一旦他們擔任這些角色時，支持他們的重要性。Jump$tart 個人理財素養聯盟在州層級的分支單位，為了提供 K-12 的教師訓練、課程、教學媒材及其他資源，已經促使州級機構、財務機關、企業，以及高等教育學術機構之間建立夥伴關係。例如，一系列為期一週的暑期教師理財教育課程在威斯康辛州舉行。在西維吉尼亞州，這類夥伴關係為國小和中學教師提供免費的個人理財課程，提供取得大學或專業發展學分的可能性（FLEC, 2006）。

　　但是，全國的理財諮商師和顧問被期望應取得適當的證照，以執行、協

調努力去建立、實施、要求，和監督個人理財教育人員的認證歷程，但是這件事還不普遍或者被特別注意到。當然，合格家庭生活教育人員（CFLE）已經表現出他們在幸福家庭有關的家庭資源管理概念的知識。「理財諮商與規劃教育協會」提供理財教育人員取得認證的機會。「家庭與消費者科學協會」也提供認證，但是只查核是否精熟於家庭資源管理這部分的內容及技巧。最後，「理財素養協會」（Institute for Financial Literacy）透過他們的理財教育中心，根據 K-12 及成人理財素養教育有關的標準及最佳實務，任命合格的個人理財教育人員（CEPF）。

但是，在未來理財教育人員的能力保證這件事情上，還有很多可以做也應該要做的事。當新美國基金會（New America Foundation）在 2007 年舉辦理財教育專家圓桌會議時，參與的實務工作者、研究人員，以及理財協會的代表提出來的「政策理念」中，十項中的一項重點放在以資格認證作為改善理財教育和幫助消費者做更明智財務決定的一種手段。更特別的是，這個圓桌討論結果的一項報告建議：

> 建立一套程序以提供認證及後續訓練，以及理財教育諮商師及教育人員檢定。資格認證的程序將會促進品質標準，並以接受非營利理財教育人員的時間與成本限制的態度來執行。這個程序將會確認所有民眾都需要的標準核心財務管理議題，以及因不同標的對象及不同的環境而量身打造的額外財務管理議題。雇用合格諮商師和教育人員的理財教育方案將獲得官方認可，此外，舉例來說，並將認可自動符合政府基金的資格（New America Foundation, 2007, pp. 3-4）。

同樣由新美國基金會所召開的這個圓桌小組，也提出要在學校推動理財教育的政策理念。他們倡議提供聯邦基金，讓州有能力保證由受過良好訓練、有能力的老師，把綜合性、整合性的理財教育教給 K-12 的每個孩子，並且把個人理財問題納入標準化測驗來了解學習的進展（New America Foundation, 2007）。Jump$tart 個人理財素養聯盟追蹤州對於理財教育要求的立法狀況。目前，在組織網頁上看到有 3 個州（密蘇里、田納西和猶他州）要求至少有一個學期要上個人財務的課程，有 14 個州（喬治亞、愛達荷、伊利諾、堪薩斯、路易斯安納、紐約、北卡羅萊納、俄亥俄、奧克拉荷馬、南卡羅萊納、南達科他、德克薩斯、維吉尼亞，以及西維吉尼亞州）要求將個人理財教學融入其他科目領域。這些州的網頁也提供了法規的簡要概覽。雖然這些法規在某個角度看來可能失之簡要，但是這些努力在許多人看來卻是相當值得敬佩的。

　　這個圓桌小組、其他政策倡議者以及教育人員，還提出兩項值得注意的政策理念（Gentry, 2007）。首先，應該提供相關的理財教導，甚至可能是必備之要，作為如房屋抵押和大學學費貸款的借款保證程序的一個步驟。其他適合教導理財教育的時機，則在消費者到銀行開戶或者安排退休金的時候。其次，理財教育不應該受限於退休規劃，也應該要在職場提供。新美國基金會（New America Foundation, 2007）圓桌會議的參與者建議，要求每個在美國公開交易的公司，要把辦理過哪些促進其從業人員財務素養及安全的策略與活動的說明，列在年度報告當中。同樣的，也應該要求所有的政府組織（包括軍隊）都要建立。即使是小公司的雇主，也應該要透過提供類似稅務借貸的誘因，來鼓勵他們為雇員提供理財教育。教學不一定要由就職場所提供，也可以由其他的供應者來提供。

🌿 哪些尚待完成

　　理財教育的需求是明顯的，也將會被實施（Fox, Bartholomae, & Lee, 2005）。為了滿足這項需求，已經有大量的理財教育方案、課程，以及資源媒材被開發並販售。為確保有足夠數量有能力的教育人員來教導這類方案並使用教學媒材，各界也持續不斷地付出心力。但是，當這些力量開始出現，地方、州及全國的經濟狀況卻開始下滑，預算也被砍（Lyons, 2005）。和其他

潛在的資助者一樣，這些承諾要資助理財教育方案的資助者的資源也是有限的。因此，他們希望幫助那些確實能對標的對象做得很好的方案。他們不會僅僅滿足於教了幾個單元、服務參與人數，或發出幾份印刷資料這些資訊而已。相對的，要呈現他們想要看到的文件：獲得和保留的知識，以及導致更好的財務決策的態度及行為改善的證據（Lyons, 2005）。這些由資助者提出的期望，某種程度上都已經達成。在 Fox、Bartholomae 和 Lee（2005）所檢視的少數方案中，他們認為有些呈現出值得關注的效益。但是，「相當多的理財教育方案提供者，仍然沒有具備足夠的評鑑能力和資源去執行更有效及更嚴謹的評鑑，尤其是比較小的、非營利的組織」（Lyons, 2005, p. 56）。發展和維持這種能力是現在及未來要做的工作。

為了要建立這類能力，將會面對一些阻礙及挑戰。Lyons（2005）列舉出常見的五項。第一，研究人員和實務工作者對於方案成功該如何界定的看法難以一致。第二，需要相當關注方案的預計成效與指標，是否符合目標對象以及他們的特定財務狀況。第三，當要填寫方案評鑑的文書時，有些參與者會因為各種不同的理由不願意或者沒有動機去填寫。第四，設計嚴謹的評鑑在創立及執行時是需要大量時間、勞力及專業技術的。最後，這非常花錢，除非採用合夥及資源共享這種創新策略。

有些方法可以處理並對抗這些阻礙與挑戰（Fox, Bartholomae, & Lee, 2005; Lyons, 2005; Lyons & Neelakantan, 2008）。關鍵的第一步是建立一套標準化、一致，但具有彈性的全國性方案評鑑取向。要搭配這全國性評鑑策略，可以設計和推展一套「工具」。根據 Lyons 的觀點，這類工具包括提供一個網址，所有的資料都一應俱全，包括示範的調查工具、最佳實務、資訊的網路研討會，以及其他和評鑑有關的資源及媒材。可以聚焦於和理財教育及方案評鑑有關的新興議題，經常辦理面對面的訓練、研討會、論壇及討論，也可以發行專門探討理財教育方案評鑑的期刊或雜誌。最後，可以建立並利用全國性方案評鑑專家／研究人員推薦名單。在努力建立全國性評鑑策略及成套工具的同時，另一項重要的行動，是尋求理論與最適合引導方案設計、發

展、遞送，以及評鑑活動的架構之間的協調一致。

　　雖然生命週期理論在這些事業的應用被證實有用，但是改變的跨理論模式（Transtheoretical Model of Change, TTM）在不同的理財教育實務工作者及學者身上已經產生有見地的結果。TTM 把主要的心理學理論整合到一種行為改變的理論當中，假設這種改變發生在這五個階段：前意圖期、意圖期、準備期、行動期及維持期。雖然這個模式原先是用來幫助個人控制有害健康的行為，例如吸菸、酒精和毒品濫用，以及過度飲食，但是最近發現對於檢視財務管理行為的改變程度也是有用的（Lyons, 2005; Lyons & Neelakantan, 2008）。Schockey 和 Seiling（2004），以及 Xiao、Newman、Prochaska、Leon、Bassett 和 Johnson（2004）的研究也說明跨理論模式可以用在這個領域。

　　Jacobs（1988）的方案評鑑架構已經被很多學者及實務工作者接受。例如，Hughes（1994）在家庭生活教育方案的發展與評鑑上表現了它的實用性。Fox、Bartholomae 和 Lee（2005）具體地把這個架構用在個人及家庭理財教育。Jacobs 的架構和跨理論模式的五個階段一樣，但是她使用「層面」這個字來取代階段：實施前、績效責任、方案澄清、朝目標前進，以及方案影響（Jacobs, 1988）。**實施前**包括進行需求評估。**績效責任**指提出精確的文件資料，包括要提供的教學方法、要分享的媒材與服務類型、服務對象的性質與數量，以及提供教育性方案所需要的費用等。**方案澄清**層面必須再次查核任務、目標、目的，以及先為特定方案一開始所設計的策略，以決定在後續追蹤時是否還有保留的價值。在**朝目標前進**層面，方案評鑑人員要蒐集參與者學習的證據。這個階段提供和最後一個階段有關的活動基礎。**方案影響**包括對一個方案短期和長期影響更深、更嚴謹的探查。當參與者報名填寫相關資料之後，退出調查、焦點團體評論，以及前測─後測取向等方法，適用於較低層面的資料蒐集，最後一個層面的評鑑工作則需要由外部的研究人員使用正式的實驗，或者準實驗法來進行才行。這個五層面的方案評鑑架構被讚賞的原因在於它的綜合性，以及包含形成性與總結性評鑑的本質。另一個優勢是它的預期性，當程序從一個層面移向下一個層面時，資料蒐集和分析的工

作也更加不偏、獨立和嚴謹（Jocabs, 1988; Fox, Bartholomae, & Lee, 2005）。這麼做之後，評鑑調查的結果會更有力，並且可能更有說服力。

🌿 家庭專業人員可以扮演的角色

　　家庭專業人員，同時也是教育人員、學者，或政策制定者，在促進個人和家庭理財素養及安全議題上扮演了多元和重疊的角色。家庭生活教育人員很適合去設計和提供理財教育課程及方案，尤其如果他們已取得合格證書。對於沒有適當機會接觸到一種或更多種重要內容領域的人，有些課程、工作坊和其他形式的訓練可供他們參與，並有助於提升他們成為一位教育人員的能力。家庭學者可以設想新的理論和架構，或者修訂現有的架構，這樣可以對財務素養的問題和錯誤的管理提供一些洞見，並且對於方案發展和評鑑歷程給予輔導。家庭領域的評鑑專家可以接受理財教育提供者和資助者的邀請，擔任顧問和外部訪評人員。最後，家庭政策的制定者可以組織審議論壇和影響力研討會，探討與財務素養不足及安全有關的問題，以教育大眾和政策決策者。他們可以促進這些問題的目標分析並幫助統整出可行的解決之道，千萬不要讓理財教育目前所存在的動能衰退。絕不能允許再自滿，我們還有很多工作要做，而家庭生活專業人員可以在其中帶領這個運動前進。

參考文獻

American Association of Retired Persons. (2003, October 21). *Americans ages 45+ score a "C" grade on consumer issues.* Retrieved from http://www.aarp.org/research/press-center/presscurrentnews/a2003-10-31-news-consumerissues.html

Barr, M. S. (2004, September). *Banking the poor: Policies to bring low-income Americans into the financial mainstream.* Washington, D.C.: The Brookings Institution. Retrieved from http://www3.brookings.edu/metro/pubs/20041001_Banking.pdf

Bredehoft, D. (Ed.). (1997). *The framework for life span family life education* (2nd ed.). [Poster]. Minneapolis, MN: National Council on Family Relations.

Bredehoft, D., & Cassidy, D. (Eds.). (1995). *Family life education curriculum guidelines* (pp. 12-14). Minneapolis, MN: National Council on Family Relations.

Bucks, B. K., Kennickell, A. B., & Moore, K. B. (2006). Recent changes in U.S. family finances: Evidence from the 2001 and 2004 Survey of Consumer Finances [Electronic version]. *Federal Reserve Bulletin, 92*, A1-A38.

Bureau of Economic Analysis. (2008). *National economic accounts.* Retrieved from http://www.bea.gov/national/index.htm#personal

Charles Schwab & Co. (2006, April 19). *Schwab survey reveals new insights into money behavior and concerns of teens.* Retrieved from http://www.businesswire.com/portal/site/schwab/index.jsp?epi-content=GENERIC&beanStrID=schwabNdm&viewID=news_view&ndmConfigId=1002458&newsId=20070919006225&newsLang=en&vnsId=4608

Consumer Federation of America. (2007, February 26). *National survey reveals emergency savings needs and effective saver strategies.* Retrieved from http://www.consumerfed.org/pdfs/America_Saves_Week_Press_Release_2.26.07.pdf

Consumer Federation of America. (2007, December 10). *More than half of Americans say they are not saving adequately.* Retrieved from http://www.consumerfed.org/pdfs/CFA_Wachovia_Savings_Press_Release_12_10_07.pdf

de Graff, J., Wann, D., & Naylor, T. (2002). Affluenza: The all-consuming epidemic. San Francisco, CA: Berrett-Koehler Publishers, Inc.

DeNavas-Walt, C., Proctor, B. D., & Smith, J. (2007). *Income, poverty, and health insurance coverage in the United States: 2006.* U.S. Census Bureau, Current Population Reports, P60-233. Washington, D.C.: U.S. Government Printing Office.

Demos. (2008). *Faces of debt: Students, people of color, and older Americans.* Retrieved from http://www.demos.org/page43.cfm#older

Employee Benefit Research Institute. (2007). *Saving for retirement in America.* Retrieved from http://www.ebri.org/pdf/surveys/rcs/2007/RCS07_FS_4_Sav.pdf

eXtension. (n.d.). *Personal finance.* Retrieved February 28, 2008 from http://www.extension.org/personal+finance

Financial Literacy and Education Commission. (2006). *Taking ownership of the future*: The national strategy for financial literacy. Washington, D.C.: U.S. Department of the Treasury.

Fox, J., Bartholomae, S., & Lee, J. (2005). Building the case for financial education. *The Journal of Consumer Affairs, 39*(1), 195-214.

Gentry, D. (2007). *Financial fitness...It's priceless: A guide to conducting deliberative forums.* American Association of Family & Consumer Sciences. Alexandria, V.A. Retrieved from http://www.aafcs.org/policy/financialfitnessguide.html

Gladwell, M. (2002). *The tipping point: How little things can make a big difference.* New York: Little, Brown and Company.

Greer, H. (2007, February 15). *Experian's National Score Index shows 14 % of U.S. population has more than 10 credit cards.* Retrieved from http://www.nationalscoreindex.com/ScoreNews_Archive_13.aspx

Hamilton, C, & Denniss, R. (2005). *Affluenza: When too much is never enough.* Crows Nest, Australia: Allen & Unwin.

Hughes, R. (1994). A framework for developing family life education programs. *Family Relations: Interdisciplinary Journal of Applied Family Studies, 43*(1), 74-80.

Jacobs, F. H. (1988). The five-tiered approach to program evaluation: Context and implementation. In H. B. Weiss and F. H. Jacobs (Eds.), *Evaluating Family Programs* (pp. 37-68). New York: Aldine DeGruyter.

Jump$tart. (2003). *National best practices guidelines for personal finance education materials.* Retrieved February 28, 2008 from http://www.jumpstart.org/bp.cfm

Koran, L. M., Faber, R. J., Aboujaoude, E., Large, M. D., & Serpe, R. T. (2006). Estimated prevalence of compulsive buying behavior in the United States. *American Journal of Psychiatry, 163*(10), 1806-12.

Lyons, A. C. (2005). Financial education and program evaluation: Challenges and potential for financial professionals. *Journal of Personal Finance, 4*(4), 56-68.

Lyons, A. C., Palmer, L., Jayaratne, K. S. U., & Scherpf, E. (2006). Are we making the grade? A national overview of financial education and program evaluation. *Journal of Consumer Affairs, 40*(2), 208-235.

Lyons, A. C. & Neelakantan, U. (2008). Potential and pitfalls of applying theory to the practice of financial education. *Journal of Consumer Affairs, 42*(1), 106-112.

Murrell, K. L. (2005). *Implementing a financial education program in your community: A step-by-step resource guide for making connection sites.* Baltimore, MD: Annie E. Casey Foundation.

New America Foundation. (2007). *Public policy ideas to improve financial education and help consumers make wise financial decisions.* Retrieved from http://www.newamerica.net/files/Public%20Policy%20Ideas%20to%20Improve%20Financial%20Education.pdf

Nichols, F. (2000). *Changing someone else's behavior: Factors to consider.* Retrieved February 28, 2008 from http://home.att.net/~nickols/changing.htm

Powell, L. H., & Cassidy, D. (2007). *Family life education: Working with families across the life span* (2nd ed.). Long Grove, IL: Waveland Press, Inc.

RealtyTrac Inc. (2008, January 29). *U.S. foreclosure activity increases 75 % in 2007.* Retrieved from http://www.realtytrac.com/ContentManagement/pressrelease.aspx?ChannelID=9&ItemID=3988&accnt=64847

Schockey, S. S., & Seiling, S. B. (2004). Moving into action: Application of the transtheoretical model of behavior change to financial education. *Financial Counseling and Planning, 15*(1), 41-52.

Taylor, P., Funk, C., & Clark, A. (2007, January 24). *We try hard. We fall short. Americans assess their saving habits.* Retrieved from http://pewresearch.org/assets/social/pdf/Saving.pdf

Vitt, L. A., Anderson, C., Kent, J., Lyter, D. M., Siegenthaler, J. K., & Ward, J. (2003). *Personal finance and the rush to competence: Financial literacy education in the U.S.* Middleburg, VA: Institute for Socio-Financial Studies.

Vitt, L. A., Reichbach, G. M., Kent, J. L., & Siegenthaler, J. K. (2005). *Goodbye to complacency: Financial literacy education in the U.S. 2000-2005.* Washington, D.C.: American Association of Retired Persons.

Xiao, J. J., Newman, B. M., Prochaska, J. M., Leon, B., Bassett, R. L., & Johnson, J. L. (2004). Applying the transtheoretical model of change to consumer debt behavior. *Financial Counseling and Planning, 15*(2), 89-100.

Yi, S., & Baumgartner, H. (2004), Coping with negative emotions in purchase-related situations. *Journal of Consumer Psychology, 14*(3), 303-317.

關於作者

Deborah B. Gentry，教育學博士，合格家庭生活教育人員，合格家庭與消費者科學人員，伊利諾州諾曼市哈特蘭德社區學院教學發展中心主任。她是一位有經驗的教育人員以及精於教與學的學者，她已發表並出版學術上的相關著作，包括教與學、家庭生活教育與家庭衝突領域。她在美國全國家庭關係委員會、家庭科學協會、Groves 婚姻與家庭大會，以及美國家庭與消費者科學協會擔任各種領導要職。E-mail: Deborah.Gentry@heartland.edu。

Chapter 5

婚姻教育的綜合性架構[1]

Alan J. Hawkins、Jason S. Carroll、William J. Doherty 和
Brian Willoughby 著・林淑玲譯

在一個像美國這樣進步的社會，我們通常會把高離婚率和非婚生出生率這類的問題，視為是採取行動的原因而不是放棄的理由。因此，婚姻運動最初在上個世紀的最後十年出現在美國，也就不足為奇了（Gallagher, 2000）。這個萌發中的運動有個突出的部分曾經是一系列廣泛的教育性倡議行動；但是，到目前為止，並沒有正式的資源去發展出一套婚姻教育的整合性概念架構。有些人努力於闡明包羅萬象的婚姻運動典範（Gallagher, 2000; Doherty & Carroll, 2002），但是卻很少有人強調理論模式的發展或者啟發性地組織婚姻教育。

本章我們將提供婚姻教育人員一套概念，以幫助他們更了解自己的專業並發掘未被看見的可能性。通常，教育人員對於婚姻教育實際上可能包括的範圍的看法太過狹隘。我們提供了一個圖示或架構（如圖 1），幫助婚姻教育

1　本章撰寫時，第一作者正擔任美國衛生與人類服務部兒童與家庭司計畫、研究及評鑑辦公室的訪問學者。其觀點只代表作者立場，不代表兒童與家庭司。

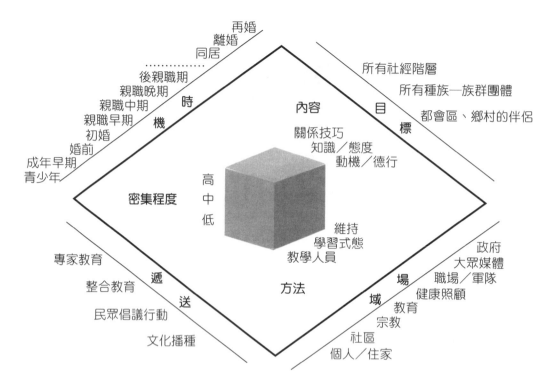

圖 1　婚姻教育的綜合性架構

人員更完整、有系統、廣泛及有創意的思考強化婚姻的機會。我們的重點在於婚姻教育中的內容（content）、密集程度（intensity）、方法（method）、時機（timing）、場域（setting）、目標（target），以及遞送（delivery）這些要素。我們注意到在有關低收入伴侶的婚姻教育議題上，我們仍有許多要學習的地方，他們更可能因為這些教育性倡議行動而獲益。我們強調發展具有更為明確內容、時機和目標的婚姻教育的價值，而且我們呼籲把婚姻教育融入於不同制度場域的介入，以接觸到各種不同社經地位的伴侶。我們最後會討論婚姻教育應該不只是一種有價值的助人專業——甚至應該是整合到人類服務當中的推廣教育服務——而成為一種充滿活力的社會運動。

　　首先，我們提出一些聲明。這個架構強調的是教育性的介入，雖然我們也認同其他強化婚姻的介入形式之價值，例如治療和政策，但是我們在這裡的重點是放在教育。我們的架構強調婚姻教育的可能性，而不只是描述，因為這個領域還有待去創造努力。我們使用「婚姻教育」而不用「關係教育」這個詞，以掌握婚姻在生命全程觀點中的關係和制度層面，以促使能涵蓋年輕人和未婚成人的重要議題。我們了解自己對婚姻教育的正向偏見，也了解需要更多的資料以肯定婚姻教育的一般效能，尤其是對於低收入和弱勢的伴侶。雖然我們等待這些資料來進行統計，但是，我們相信知道要持續執行已開始的工作就已經足夠了。最後，我們要釐清，我們使用「婚姻」這個簡短的字取代「健康的婚姻」——一種寬厚、尊重、平等且免於虐待的伴侶關係。

🌱 婚姻教育的層面

層面一：內容——教什麼？

　　大多數婚姻教育的內容是基於過去二十年優異的研究結果，這些研究告訴我們伴侶互動歷程是破壞婚姻關係的核心；但是卻較少注意到制度形貌以及婚姻效益的基本知識，或者維繫健康婚姻的德行。我們討論內容的這三個次層面：關係技巧；覺察／知識／態度；以及動機／德行。不論內容是什麼，我們覺得實務經驗轉換課程的重要性要比個人的、特有的內容要高。

▍關係技巧

　　關係技巧一直是大多數婚姻教育活動強調的基本重點。一項優異的研究指出互動歷程、溝通型態以及問題解決行為，對於維持或者弱化婚姻的重要性（Gottman & Notarius, 2000）。關係技巧的重要性因為我們的文化對於婚姻的期待而隨之提高。我們期望婚姻帶給我們長久的快樂、陪伴、成長，以及

性的滿足。這可能是一種不切實際的標準，但是大多數伴侶是這麼想的，因此，需要更好的技巧來達成他們對於成功婚姻的願景。

　　評鑑研究提供了良好關係技巧是可以習得的希望（Halford, Moore, Wilson, Farrugia, & Dyer, 2004; Stanley et al., 2001）。但是 Browning（2003）認為，技巧教育觀點傾向以一種治療的世界觀去看婚姻，缺少對於從基礎支持健康婚姻的制度形貌和德行的關注，而這些同時也是重要的內容層面。有些以技巧為主的方案能敏感回應這些關切並據此提升課程，例如婚前關係與促進方案（PREP）、婚前／婚後成長課程（PREPARE/ENRICH）。

▌覺察、知識和態度

　　我們相信關係技巧在充分了解健康婚姻和態度的環境中，會發展並運作得比較好。雖然大多數方案的重點在於基本的關係技巧，仍然教導參與者一些和婚姻有關的基本知識和態度。例如，大多數方案會讓伴侶覺察並避免常見的問題。基本問題的覺察有助於激勵伴侶去努力維繫他們的關係（Halford et al., 2004）。此外，所有的方案實際上都表明或暗示，維繫健康婚姻是需要努力的。本質上，大多數婚姻教育包含了婚姻熵（marital entropy）：婚姻會自然走向衰敗，除非我們把精力放在這上面。提高社會大眾對於完美心靈伴侶有助建立和諧婚姻的觀點的接受度，了解婚姻需要不斷努力維繫，婚姻對社會的重要性也會增加（Whitehead & Popenoe, 2001）。

　　即使和婚姻基礎有關的心理、種族因素被證實與健康婚姻有關（例如實際的期待、願意做重大的個人犧牲），其他領域的知識仍然比較少被納入現行的婚姻教育中（Fowers, 2000）。婚姻在基本制度和社會中形貌的知識，經常被視為理所當然（Nock, 2002）。例如，一段強韌、穩定的婚姻，它的社會目的是什麼？在這種私領域關係被責成的公共責任是什麼？由於婚姻教育緣起於臨床心理學（DeMaria, 2003）而不是社會學或人類學，難怪婚姻教育人員會比較少關注婚姻的基本知識和公共層面。但是，在某些社區裡，健康婚姻是社會環境最小單位。基本上，有些低收入的伴侶欠缺健康婚姻楷模（Edin &

Kefalas, in press）。了解個人婚姻對自己的社區和社會有何重要貢獻，可能會讓民眾有比較高的動機去維繫一段健康的關係。

▌動機／德行

　　除了必要的技巧和基本知識之外，婚姻的動機和德行也是婚姻教育的重要內容。Doherty（2000）認為我們處於婚姻消費化的危險中，這決定了我們富裕生活的許多其他層面。此外，他主張消費性的婚姻是脆弱的，個人會留在婚姻關係中是因為個人現在有好處。如果消費性倫理支配了婚姻維繫的動機，即使有良好的技巧和知識，也不足以讓夫妻能繼續在一起。

　　承諾是一項重要的動機，也是婚姻教育常處理的議題。越來越多的研究發現，承諾是健康、穩定婚姻的關鍵（Amato & Rogers, 1999; Stanley, Whitton, & Markman, 2004）。Fowers（2000）主張個人帶入關係的特質和動機，是了解健康婚姻的基礎。他認為婚姻的核心是德行，例如敦厚、公正和忠誠，婚姻教育人員要從道德的層面教導關係技巧和知識，而不只是從工具的角度。我們相信這些以及其他德行值得教育人員更加關注。

層面二：密集程度——介入量該是多少？

　　適當的量是任何介入很重要的一部分；太少表示處遇無效，但是太多可能浪費錢或者甚至有危險。就和公共健康實務工作者一樣，婚姻教育人員也需要謹慎思考介入需要多少資源，盡量擴大團體來達成目標。例如，有些人假設，針對低收入、經濟不利伴侶的婚姻介入需要比傳統取向的量要更多，才會有效（Dion et al., 2003）。另一方面，現實層面的考量則會建議某些婚姻教育的量要低一點。提供的量低一點，可能會吸引原本不傾向尋求婚姻教育的伴侶，尤其是那些適合接受預防教育但不覺得自己有立即性需求的低困擾伴侶。Dishion（2003）的研究顯示，針對家有青少年的父母的較短期介入活動，可以吸引更多的參與者，也比較有效。

　　如果分量較重的方案對於接受者是有效的，它們仍然可能只有有限的影響力，因為能夠接觸到的人不多。對這個問題常見的一個回應是教導教育人員如何更有效的行銷；但是，即使有更好的行銷，還是需要質疑，處遇的分量是否符合參與者的資源預算。簡單來說，我們在尋求有創意和有彈性的婚姻教育取向，而且可以因應各種不同的密集程度。更甚者，我們主張介入研究人員應該要在他們的研究設計中，將活動提供分量的議題含括進來。

▍低介入程度

　　公共衛生教育人員努力透過低度的教育性介入，例如媒體活動（Hornik, 2002）提升民眾的健康。我們相信婚姻教育人員也應該可以探索這種低度介入的可能性。已經有些值得注意的努力開始出現，例如，田納西州查塔努加市的「要事先辦」（First Things First）（http://www.firstthings.org）方案，已經用有創意的低介入媒體訊息，來教導健康婚姻的基本原則，並鼓勵多參與社區發起的婚姻教育活動。他們也出版一本名為《關於同住，你該知道的事》（*What You Need to Know About Living Together*）的小冊子，廣泛發送給年輕人，其中討論的是有關同居的常見迷思。這類活動對婚姻強化的潛力大多數並沒有被探究，但是我們相信，成功的公共衛生活動（Hornik, 2002）可以被複製用在婚姻教育。

▍中介入程度

　　要清楚提供區分低度和中度介入的切割點並不容易；密集程度是比較不固定也難以分類的概念。但是，我們提供了一些可行的中等程度介入活動範例，和一些易於產生更高介入程度的元素。例如，一個半天的婚姻充實研習，沒有設計成為多個階段的工作坊，但是它比較適合用來提供更多的內容，而不是低層次活動。此外，彈性的自我導向式介入也可能適合這種研習。Larson（2003）的《美妙婚姻熱身書》（*The Great Marriage Tune-Up Book*）就是一種自我導向式的介入。

　　澳洲有一項彈性的自我導向「伴侶 CARE 方案」（Halford et al., 2004）的前導性研究，證明這類的介入可以強化伴侶關係。網路為主的方案，利用彈性和自我導向的參與，也可能屬於中度介入的教育類型（例如，請參考一項名為「說『我願意』：想想後果」的婚姻準備課程，網址：http://www.utahma-rriage.org）。居於介入程度連續線中間的教育性課程，可能對其他職場或健康照顧組織更有吸引力。

　　中等程度的介入也應該考慮評估參與者的心理成本。我們的經驗是，要求參與者探索內心敏感議題的方案，或許會把某些可能參與的人給嚇跑。因此，中等介入程度的方案應該要避免心理上的密集活動。

　　最後，中等程度的介入可能會限制課程的視野。當婚姻教育方案試著綜合所有課程內容時，參與者就得付出更多的時間和精力。我們相信婚姻教育也應該需要聚焦在一到兩個主題。例如，金錢管理和債務是一個嚴肅的問題，會影響婚姻的品質和穩定（Johnson et al., 2002）。此外，需要針對處於特殊環境的伴侶提供介入方案，類似家有特殊需求子女或老年父母的伴侶。在整套的婚姻教育活動中，中等介入程度聚焦在某個重要領域的特定問題；參與的人可能更多，因為他們更可能處理許多伴侶實際經驗到的挑戰。

▍高介入程度

　　提供大量的教育性活動也會是綜合性婚姻教育的關鍵策略。介入程度較高的婚姻教育可以探索許多更有深度的議題。這也可能讓個人與伴侶和受過訓練的催化人員一起探索深入的個人議題，並且讓教育人員可以在他們的課程中建立支持性結構，例如教練夫妻（mentor couples）（McManus, 1993）。高度介入的精確形式會因人而異，我們在前面的段落已經談過相關的因素，包括時間承諾、心理安全感，以及方案領導人所需要的專業訓練。其中一個例子是「成為父母方案」（Becoming Parents program）（Jordan, Stanley, & Ma-rkman, 1999），這是一個擷取自「婚前關係與促進方案」（Premarital Relation-ship and Enhancement Program, PREP）婚姻與親職課程的模式（參見 http://www.

PREPinc.com），針對將為人父母的伴侶所規劃的。整個研習共上 27 小時的課。另外，這個介入需要受過特殊訓練的指導員，他們至少要完成三天密集的付費訓練工作坊。這些類型的介入對於投入個人渴望和資源的伴侶來說是有效的。較低介入程度的教育可以接觸到更多的人，也可以用來提高對於更高介入程度學習經驗的興趣。

層面三：方法──如何學習？

無論婚姻教育教材提供了什麼樣的內容，要先決定該如何呈現及習得這些內容。我們的經驗教導我們，教學歷程和內容一樣是教育成效的關鍵。雖然我們列出的主題並不夠詳盡，但我們討論三個重要的方法議題：教學人員、學習式態，以及成效維持（請注意，大多數我們的意見是針對較高介入程度的教育性型態做假設的）。

▌教學人員

我們相信，教學人員對於參與者所面對的特定議題了解越多，他們的可信度會越高；越能夠有效地調整和呈現課程內容，以更適合參與者的生活經驗。例如，低收入的非裔美國夫妻所面臨形成和維繫婚姻令人氣餒的挑戰（Fein, Burstein, Fein, & Lindberg, 2003）。和這些複雜的阻礙有關的教學人員，與方案所提供的內容一樣重要。西班牙裔則反映了和婚姻有關的不同文化傳統，除非婚姻教學人員了解這些差異，能夠以相關的方法設計教學與方案材料，否則會難以協助重要團體。性別也可能是一個重要的議題。根據我們的經驗，如果以一種男性─女性協同教學人員的團隊形式來取代只由一位女性教學人員帶領，有些男性對方案的內容會較有反應。同樣的，有特定信仰的夫妻，最好是由能夠以他們宗教的文化和語言來進行溝通內容的教學人員提供服務。總之，訊息是透過訊息發送者促進或者抑制，重要的是，所有的教學人員都需要接受訓練以確保其能力。

▌學習式態

　　課程會因為在認知和體驗性學習強調的重點多寡而有不同。就我們所知，大多數婚姻教育方案包括了各種方法來制定多元的學習式態，例如以對話的方式呈現訊息、舉例（例如以影片）、互動式討論，和角色扮演。受過良好教育的人和夫妻，習慣比較多的認知和對話取向，尤其是高教育程度者。但是，這種取向對於沒有受過正式教育的民眾而言，可能比較沒有效果，這類民眾可能比較喜歡活動式、體驗式的學習。同樣的，我們的經驗對某些非西方文化的人來說，當眾揭露個人生活和情緒會讓他們覺得不舒服，婚姻教育人員通常會仰賴常態化的方式來處理這個議題。有些工作會顯示美國低收入的夫妻，比較不喜歡在正式的場合揭露他們生活中的親密和情緒議題（Dion et al., 2003）。沒有一套固定的規則可用來做這些決定，但還是有個指導原則——這類決定應該是要由曾接觸和對典型參與者有經驗的人來做，我們需要對文化敏感的教學人員。

▌維持

　　雖然先前的一些證據顯示，婚姻教育有助於夫妻建立和維繫健康的關係（Carroll & Doherty, 2003; Halford et al., 2004），但是研究結果並沒有清楚說明介入的長期效果可以維持多久。夫妻會面對穩定出現的新壓力，加上介入持續時間短，效果會消失也就不足為奇。有時候，婚姻教育人員需要考慮利用後續成效維持階段（follow-up "booster" sessions）來強化已經習得的概念和行為（Silliman, Stanley, Coffin, Markman, & Jordan, 2001）。但是，把成效維持階段納入課程歷程的方案不多。Cowan 和 Cowan（2000）有效地將生產後的成效維持階段，納入他們即將為人父母的方案中以強化婚姻關係。Jordan（Jordan et al., 1999）也把成效維持階段納入她的「成為父母方案」當中，目前已在評估其成效。追蹤階段的參與可能是零零散散的，因此有必要思考該如何遞送成效維持課程。定期提供小冊子給已經參與過方案的人，可以強化方案的效

果並鼓勵他們參與後續的系列活動。婚姻教育人員可以有效且創意地使用電子郵件和網路去追蹤參與者並強化學習。為參與過的成員建立成效社群讓他們可以持續彼此相互支持，也可能有不錯的效果。Doherty 和 Carroll（2002）把成效維持階段的概念用在另一個不同的方向。他們極力主張考慮其他的模式，第一次接受教育的夫妻可以用某種方式，透過外展（例如教導其他的夫妻），自己成為教育人員，在他們自己的社區中宣導健康婚姻來幫助其他夫妻，回饋他們的社群。

　　婚姻教育人員需要更關注可以幫助參與者維持方案成效的方法。此外，以一門專業而言，可以把婚姻教育從時間的角度延伸，思考跨生命週期的多元介入策略，因為規律的婚姻預防措施可能需要成功地應付日常的改變。

層面四：時機——什麼時候發生？

　　婚姻教育人員常教導建立和維持健康婚姻的一般性原則與技巧，看起來這些原則可以超越時間和情境性的界限；但是，婚姻並不是靜態的。一般性原則是存在的，但是婚姻教育人員有更好的理由要依時序規劃他們的工作。時序特定化的重要理由是它可以讓課程內容更為具體。例如，學習一般問題解決技巧是重要的，但是已訂婚的年輕伴侶往往因為這段新的愛戀而盲目，可能不會覺察到彼此之間的差異。因此，關注這類議題的重要性，和評估風險、關係的保護因子，以及了解婚姻帶來的基本義務等一樣重要。同樣的，育有未成年子女的伴侶，在開始第二段婚姻之前，會從前一段關係中帶入某些挑戰，這是沒有子女的再婚者不會面臨的。所提供的教育性活動越能夠根據參與者的時間和生活環境打造，就越能符應他們所知覺到的需求。在外展的時候，也會因此而吸引更多的參與者。

▌生命歷程改變

　　我們相信婚姻教育主要聚焦在已訂婚或者新婚的年輕伴侶。延伸至正在形塑婚姻態度的青少年和年輕人，以及孩子已經離家的伴侶，這些人有更多

的教育可能性。

　　青少年。青少年正是適合開始接觸關係教育和婚姻教育的時期。有些高中課程，類似 PREP 基礎課程的「連結課程」（Connections），把關係和婚姻教育整合到教室教學中。健康的關係技巧是這些方案的主要主題，但是它和教導其他議題一樣重要，例如，常見的婚姻和離婚迷思，以及有效婚姻準備的指引。許多青少年經歷過父母離婚和缺少與父親相處的經驗，有些則很難指出任何有關他們家庭和鄰居中健康的長期婚姻。進一步來說，他們是電視和其他媒體的大量消費者（Roberts, 2000），接收到的大多是混淆和錯誤的親密關係訊息（Harris & Scott, 2002）。在這樣的環境中，許多青少年缺乏對婚姻意義的正確認識、社會如何受益，以及如何維繫健康、穩定的婚姻。根據 Pearson（2000）的主張，婚姻教育人員應該關注青少年對婚姻的基本認識，也不要忽略重壓在青少年身上的棘手問題。Pearson 也印證了青少年覺得主要在教身體和疾病的傳統性教育課程無聊；取而代之，他們需要也想要更完整且更豐富地了解性議題。青少年婚姻教育可能因為具備讓青少年做更明智選擇的可能性，而為他們帶來更穩固的婚姻。

　　成年早期。這個時期大約有 12 到 15 年處於性能力開始萌發的期間，而且這段時間大多數的年輕成人選擇結婚。這個階段的生命週期伴隨相當高的性自由。難怪婚姻學者要研究這個生命階段的改變（Glenn & Marquardt, 2001; Whitehead & Popenoe, 2000）。但是，婚姻教育人員可以更關注這個階段，因為年輕成人階段並不是與婚姻有關認知、行為的潛伏時期，這時期是形成婚姻態度並從事可能會影響他們未來婚姻的行為。婚姻教育人員可以向青少年介紹更具體的主題，例如約會型態、性行為和同居等議題。年輕成人的一項重要需求是要如何選擇美好婚姻伴侶，並避免會帶來明顯被虐危機的伴侶。Van Epp 的「如何避免和爛人結婚」（How to Avoid Marrying a Jerk）方案就是試著處理這個議題（參見 http://www.nojerks.com）。學院和大學會是填補這個教育空缺的優先場域。

　　其他可用以幫助年輕成人的機會，是去幫助他們發展更清楚的健康婚姻

認知模式，以及提升自己可以成功的信心。研究顯示，年輕成人比上一代的人對於成功經營婚姻更沒有信心（Glenn, 1996），有一部分是和童年經歷的父母離婚以及沒有父親有關。對某些人來說，尤其是低收入的非洲裔美國人，婚姻在他們的童年經驗中是消失不見的，在他們的社區也幾乎看不到（Fein et al., 2003）。這些年輕成人仍然對婚姻有期望（Bendheim-Thoman Center for Child Wellbeing, 2002），但是他們可能需要幫助以對婚姻的樣貌有更多的了解，以及清楚他們自己可以掌握的是什麼。顯然，這個生命階段需要更多的婚姻教育機會。

　　婚前和初婚。處於這個階段的伴侶，顯然是不錯的預防性介入的最佳人選。可惜的是，太多訂婚的伴侶都因為浪漫而盲目，所以他們看不到可能易犯的錯誤；他們的焦點是放在婚禮而不是婚姻。為了幫助新人，宗教組織開始把婚禮計畫轉換成為婚姻準備。最好的準備方案是結合宗教教導婚姻的神聖性，以及世俗的智慧來建立及維繫健康婚姻。這些方案也讓伴侶填寫一份關係問卷來幫助他們確認關係的優勢和挑戰，並鼓勵努力去面對可能的問題（參見 Larson, Newell, Topham, & Nichols, 2002，以檢視主要問卷的內容）。有些伴侶會被鼓勵先不要結婚，因為他們在關係中看到的都是危機重重的裂縫（Center for Marriage and Family, 1995; Stanley, 2001）。除了婚前教育之外，有些信仰團體會提供新婚伴侶一對受過訓練的教練伴侶，作為他們的個人支持系統（McManus, 1993）。不過，在教會或其他場域的婚前教育人員需要更努力調整他們的活動，來適應虐待兒童或者有繼子女這類狀況更為複雜的伴侶。

　　婚姻早期的促進教育可以預防小麻煩變成長期的問題，甚至到後來威脅到婚姻。對很多伴侶來說，議題在結婚前都是不明顯的，例如家務分工或者姻親關係，但是在交換婚姻誓約後都會變成是衝突的主要來源。對於某些伴侶來說，有些更為複雜的問題需要及早處理，例如和前次婚姻伴侶所生的血親子女，和繼子女或現任伴侶所生子女相處時間的分配。此外，婚姻早期可能是鼓勵伴侶練習基礎關係技巧的理想時機，例如有效的解決問題和同理傾

聽。宗教組織可以透過將成效維持階段的課程在婚後第一年納入方案之中，來擴大婚前教育的成效。

　　親職早期。婚姻教育人員開始注意到和成為父母有關的婚姻挑戰（Shapiro & Gottman, in press）。這個轉換期對於伴侶關係的挑戰，是家庭科學領域被探討最多的一項研究發現（Cowan & Cowan, 2000; Shapiro, Gottman, & Carrére, 2000; Twenge, Campbell, & Foster, 2003）。最近一份後設分析（Twenge et al., 2003）研究結果提到，最近成為父母的世代所體驗到的婚姻滿意度下降程度，顯然比他們的父母世代要高。或許是因為文化改變，讓親職對個人自由的限制變得比過去更高，也造成更多性別間的衝突。即使它還沒有造成危機，轉換成為父母對於大多數的伴侶來說是會對婚姻關係產生壓力的，可能為未來的婚姻破裂埋下伏筆，尤其是關係本來就已經有壓力的伴侶（Cowan & Cowan, 2000）。

　　因為伴侶必須要去照顧新生的嬰兒，典型來說，處理家務分工、額外經濟壓力的中等介入程度教育活動可能是需要的。在他們的嬰兒出生前的健康照顧系統，可能是接觸到這些伴侶的一個先天場域（Hawkins, Gilliland, Christiaens, & Carroll, 2002）。許多低收入社區裡懷孕的伴侶，未婚同居但渴望婚姻（Bendheim-Thoman Center for Child Wellbeing, 2002），我們稍後會再談這類的伴侶議題。

　　親職中期。婚姻教育人員可能很容易把親職中期視為是平安無事、介入需求最低的階段。但是，有很好的理由可以駁斥這樣的觀點。Doherty（2001）主張，這個階段被認為時間永遠不夠用，因為更多的孩子和更多的承諾，意味著更少的伴侶相處時間。他認為每天留點時間給終日要面對接送排滿行程的孩子、不斷升高的工作要求等等的伴侶，可以滋潤已經枯燥乏味的婚姻關係。每天掙扎著賺錢來滿足家庭需求的低收入家庭，受到這種壓力影響的程度要比收入中等的家庭更高。因此，安排婚姻時間優先順序的處理方法，對於正處於親職中期的伴侶會是有價值的。諷刺的是，這些伴侶可能沒有多少時間可以用在這種奢侈的婚姻教育，所以教育人員需要有創意的去

幫助他們克服這個障礙。在活躍的父母會參與的其他宗教教育場域附帶提供低介入程度的主題式課程，例如，父母可能已經加入宗教團體以促進孩子的宗教教育，這個場域可以提供一個暫時性巡迴的婚姻教育。在工作職場推廣午餐時間研習，也可能可以吸引一些時間不夠用的父母。

親職晚期與後親職期。 孩子離家可能會讓伴侶覺得失去了生活的目標，尤其是如果親職已經變成夫妻間的基本連結，婚姻的螺絲已經因為疏忽而生鏽了。有證據顯示，婚姻品質在婚姻持續過程中是不斷下降的（Glenn, 1998; VanLaningham, Johnson, & Amato, 2001）。而親職負荷的降低讓長期婚姻的優先順序重新排列和重新振作出現可能。這個時期所規劃的婚姻課程可以重新回到婚姻溝通和問題解決的基礎，這是課程中令人期待的議題（Arp, Arp, Stanley, Markman, & Blumberg, 2000）。伴侶間的互動模式會隨著時間而越來越固著，同時也會產生長期的衝突。婚姻教育人員可以幫助伴侶丟掉比較沒有功能的、根深蒂固的互動模式，代之以更健康的方式。更進一步，退休會是繼孩子開始離家之後，讓熟悉的婚姻模式失去重心的另一個議題（Kulik, 2001）。此外，健康議題對晚年伴侶生活的重要性提高（Goldin & Mohr, 2000），也挑戰各種關係技巧。這些主題和其他主題的婚姻課程顯然是有幫助的，像是 MATE（Olson & Adams, 1996）這類方案，尤其是修訂自 PRE-PARE/ENRICH 針對幫助晚年伴侶的方案，有其教育利基。老年學的教育人員因為他們所擁有的知識，會是發展和提供婚姻教育很好的新成員。

▎生命全程的改變

現代的家庭所遵循的節奏和發展路徑比過去更為多元。同居、離婚和再婚讓關係更為複雜，婚姻教育人員必須盡力去幫助所有的伴侶。

同居。 目前有超過 500 萬的伴侶處於同居狀態（U.S. Census Bureau, 2001）。大約有一半的同居伴侶評估他們的關係是邁向婚姻的（Bumpass, Sweet, & Cherlin, 1991），而將近三分之二的高中三年級學生相信婚前住在一起可以提高婚姻成功的可能性（Popenoe & Whitehead, 2002）。但是研究發

現，婚前同居，除非最後和同居的人結婚，否則反而會讓個人可能離婚的風險增高，而不是減少（Teachman, 2003）。事實上，Dush、Cohan 和 Amato（2003）的研究結論認為同居經驗是解釋更高的離婚風險的因素，甚至高過選擇和高風險的個人同居的影響力。顯然，同居本身並沒有幫助人們有效維繫婚姻。因此，婚姻教育人員在服務同居中的成人時，需要強調事實和迷思，並提供以經驗為主的美好婚姻準備原則。

最近發表的一份「脆弱家庭研究報告」（Bendheim-Thoman Center for Research on Child Wellbeing, 2002）表示，大多數住在都市的單親母親，在孩子出生的時候和嬰兒的父親關係是親密的。其中大約 50%同居，30%的父親經常拜訪並和母親有浪漫的關係；有將近 75%相信這是一個好的機會讓他們最後會步入禮堂（Bendheim-Thoman Center for Child Wellbeing, 2003a）。遺憾的是，只有大約 15%真的這麼做（Bendheim-Thoman Center for Child Wellbeing, 2003b）。有些決策者發現這些令人鼓舞的統計數據，並且急著要進行實驗以找到方法，幫助低收入未婚父母結婚並維繫健康婚姻（參見 Horn, 2003）。顯然，這些族群要進入婚姻的阻礙很多，而只有婚姻教育不足以克服所有的障礙。但是，一個大型、長期的聯邦研究計畫正在進行中，以探究哪些教育努力對這些伴侶是有效的（參見 Ooms & Wilson, 2004）。婚姻教育方案會幫助許多這樣的伴侶，了解如何處理對前段關係的其他孩子的義務。此外，最近的研究發現，低收入家庭，尤其是非裔美國人，對性忠實的不信任感很高（Cazenave & Smith, 1990; Edin, England, & Linenberg, 2003）。此外，這些貧窮未婚母親當中，有相當比例的人經歷過童年期受虐（Cherlin, Burton, Hurt, & Purvin, 2003）。像這樣，現有的課程會需要進行本質上的修改或發展新的課程，以幫助這些個人和伴侶。婚姻教育人員會需要以生態的觀點而不是自己的標準來思考，把他們的教育性服務和這些伴侶的支持性服務進行連結，例如職業訓練或物質濫用處遇（Bendheim-Thoman Center for Child Wellbeing, 2003b）。

離婚。根據我們的經驗，婚姻教育人員認為他們的角色主要在預防離婚。但是，在剛經歷離婚事件的人當中，可能有尚未開發的教育機會。有些

研究指出，三分之一離過婚的人說他們後悔離婚，而許多婚姻確實從不好變得美好（Waite et al., 2002）。離婚不久的人可能會重視教育人員幫助他們和前任配偶維繫一個有功能的共親職關係，也了解他們的婚姻錯在哪裡，以及未來該如何避免這些問題。此外，我們鼓勵教育人員透過取得合法實務工作人員的合作，更努力去接觸想要離婚的伴侶，雖然教育人員會因為面對日復一日悲傷的工作而感到疲憊，但是卻也會從中獲益。

再婚。再婚可能是希望戰勝了離婚的經驗（Visher & Visher, 1979），但是希望幾乎是供不應求。因為有將近半數的夫妻後來其中一人或二人都再婚（U.S. Census Bureau, 1999），越來越有需要調整婚姻教育以服務這廣大的人口。再婚的複雜性讓大量的溝通和問題解決技巧（Pasley, Dollahite, & Ihinger-Tallman, 1993），成為許多婚姻教育方案的主要成分。如果方案可以將這些技巧和因應再婚挑戰（例如與前任配偶處理前段婚姻所生子女的義務、繼親職和財務共管等）的內容整合在一起，會更有吸引力。

層面五：場域——在哪裡進行？

至少有三個理由，婚姻教育人員有必要更具體地去想他們的活動該在哪裡進行。首先，有些場地本身就很適合進行特定的教育議題（例如在工作場所談如何平衡工作與婚姻議題、在宗教佈道會所談性忠實）。其次，很多人集中的場域適合進行婚姻教育，但也很容易被忽略，例如軍隊或公共照護場域。最後，有效的婚姻教育在越多地方辦理，就越容易接觸到民眾。婚姻教育要自然地融入系統，以及專業工作和人類服務的部門，作為整個環境中的一個介入據點，而後以全面性的策略去幫助正在辦理離婚手續的家庭（Haine, Sandler, Wolchik, Tien, & Dawson-McClure, 2003）。

個人／住家

這項架構的重要目的，在闡明婚姻教育人員容易忽略的教育機會。這是關於個人和以住家為主的婚姻強化介入。Weiner-Davis（2002）鼓勵非正式的

個人介入，她稱之為「游擊式的離婚反擊」策略（也就是簡短、非正式地和朋友或同事，彼此大聲說出對於離婚的想法，來提出除了離婚之外可以用來解決婚姻問題的有效方法）。Weiner-Davis 鼓勵婚姻教育人員也可以在他們平常和民眾互動的時候，就強調婚姻的價值。這種非正式、自發性的本質，讓這些活動看起來不像是正式的教育，但是我們相信婚姻教育應該是一種愛好也可以是一種職業。婚姻教育人員可以幫忙教導其他人如何做這種個別的微介入（microinterventions），包括知道他們因為一種危險關係而彼此並不適合。需要有創意的研究來判斷這種微介入有多大的效果。

　　同樣的，婚姻教育人員可以幫助父母教導他們的孩子健康婚姻觀念時有更清楚的目標。Pearson（2000）特意號召父母，要成為教導他們青少年子女有關愛、性、承諾和婚姻等議題的第一個老師，但是令人感興趣的教育機會也在中年期帶領成年子女時出現。Glenn（2002）注意到，年輕人接受來自父母有關性交和婚姻選擇的督導很少，而父母在孩子準備進入婚姻時，其實有很多經驗可以提供給孩子。婚姻教育人員可以發展課程來幫助父母成為一個支持，而不是打擊的來源，以幫助他們的子女建立自己的健康婚姻。

▌鄰里／社區

　　越容易接近和越熟悉的場域，就越可能吸引民眾參與婚姻教育，尤其是低收入的伴侶，他們可能會因為交通不便而無法參與。規劃更小型的、地域上和鄰里更為親近的教育活動是可行的。主題可以根據個別的興趣來決定，當人和場地都是熟悉的時候會比較容易招募成員。此外，我們注意到，當鄰居一起參與一項方案，他們未來更可能彼此互動並增強課程中學到的。

　　近來出現一種婚姻教育的社區浸透模式，我們認為其前景看好（參見 http://www.lewin.com/Spotlights/Features/Spotlight_Feature_CHMI.htm）。在這個模式中，婚姻活動人員招募社區的某個部門及其領導人來支持婚姻教育活動，然後把訊息和機會擴展到整個社區以建立和維持健康婚姻。最早的一個例子是「要事先辦」（參見 http://www.firstthings.org）。透過與當地媒體、企

業、宗教和市政機構，以及其他組織的合作，活動人員開發一種持久的社區活動來支持健康婚姻。令人感興趣是這些倡議的特色，在於他們尋求一種文化層面的改變以及個人在婚姻教育的參與。他們尋求扭轉把婚姻看成只是一種隱私議題的文化，轉換成將婚姻視為是健康城市公共財的重要部分。聯邦政府已經開始著手了解這種社區倡導效能的研究（Dion, 2004）。

▌宗教

宗教機構是任何社區裡重要的公民元素。宗教場域無疑也是婚前教育最常辦理的地方，而且有很多的宗教領導人可以採用這個有價值的角色。個人信仰社群的活動有時候會擴展成為更大的社區支持網絡。例如，「婚姻救贖者」（Marriage Savers，http://www.marriagesavers.org）已經訓練好幾百個社區組織當地的會眾，一起要求實施婚前教育並提供新婚伴侶督導。一項前導研究發現，這種社區婚姻政策可能會降低離婚率（Birch, Weed, & Olsen, 2004）。此外，以天主教會神職人員為主的「再發現方案」（Retrouvaille），支持一項密集的教育活動以挽救離婚邊緣的婚姻，聲稱有高度的短期成功率（Rubin, 1998）。

宗教場域作為婚姻教育場所有其特定優勢（Stanley, Markman, St. Peters, & Leber, 1995）。首先，比較容易招募到更多的參與者，因為這種場域已經和信仰團體有關聯。此外，有些研究提供樂觀的看法，認為在宗教場域裡的基層婚姻教育人員，和受過專業訓練的世俗人士一樣有效能（Stanley et al., 2001）。第二，當參與者結束了婚姻方案的正式參與後，他們更可能繼續參與他們已經參與的聚會，這可以當成是一種支持系統，我們相信這有助於維持方案成效。第三，宗教場域把倫理和道德的層面納入課程，提供了有力的學習支持。因為很多人和這個宗教團體有關，認為婚姻有其神聖的意義，所以宗教場域是一個推展婚姻教育的理想場所。

▌教育

中等和高等教育顯然是實施婚姻教育課程理所當然的場所。學者檢視美國高中和大學教了些什麼（Glenn, 1997; Larson & Hickman, 2004; Mack, 2000; Pearson, 2000）。這些研究報告批評常用教科書的適當性並提出建設性的建議，所以將會出現改善後的教材。佛羅里達州、奧克拉荷馬州，以及其他州已經在高中課程中訂定了關係與婚姻教育能力指標（Ooms, Bouchet, & Parke, 2004）。贈地大學（land-grant universities）全國性合作推廣服務（Cooperative Extension Service）中的家庭生活教育人員，已經開始關注婚姻教育。他們對於接觸住在遙遠的鄉間村落、容易被遺漏未受到服務的人很有經驗。

我們相信高等教育機構在婚姻教育上可以做得更多，如果他們能夠花更多的時間教導未來的人類服務專業人員，有關健康婚姻對於成人、兒童，和他們的社區重要性的各種學科，並且提供研究導向的介入以強化婚姻；當這些大學生進入各種專業領域之後，他們將會更為支持婚姻教育倡導。

教育場域對婚姻教育有重要效益。高中和大學的融入式婚姻課程可以讓大多數不同社經地位的青少年和年輕人都接觸到（參見 Nielsen, Pinsof, Rampage, Solomon, & Goldstein, 2004）。受過教育的年輕人喜歡收可靠的資訊，來幫助他們在健康婚姻的人生目標做好準備。婚姻教育人員越能夠提供具體的訊息給這些有意願的學生，在他們開始形成親密關係之前，越可能引導他們發展出健康婚姻的態度和行為模式。

▌健康照顧

健康照顧系統和國民教育有密切關係。因為健康婚姻和許多生理及情緒健康的益處有關，而離婚則和成人及兒童明顯的健康問題有關（Keilcolt-Glaser & Newton, 2001; Waite & Gallagher, 2000），因此健康照顧系統是辦理強化婚姻相關活動理所當然的場所，尤其是當課程內容和健康議題有關的時候。例如，物質濫用會讓關係出現嚴重危機；而成功的復原則來自一個正向的社會

支持系統（Richardson, 2001），婚姻可以是這種支持來源之一。此外，我們主張公共衛生運動應該要被用來強化婚姻（Hawkins, Barnes, & Gilmore, 2004）。健康照顧場域對推展婚姻教育的可能優勢，在於它的常態性服務中會接觸到各種種族、族群和經濟條件的人。

▌職場與軍隊

工作場所也適合用來推展婚姻教育。但是目前為止，婚姻教育和工作場所融合的可能性大部分還沒有被開發。在工作職場提供教育性服務以強化婚姻的理論基礎是很容易懂的。雇員會因為直接的家庭問題、間接的健康問題，以及其他和婚姻破裂有關議題而降低了生產力（Forthoffer, Markman, Cox, Stanley, & Kessler, 1996）。因此，婚姻教育是有生產力的一項投資。從更寬廣的觀點來看，公司展現了他們的責任，告知員工工作會對婚姻與家庭有影響，因此要去尋求個別的協助以管理這些挑戰。以教育性的投資來支持工作場所為主的婚姻教育已經有了，至少在較大的公司有發展得很好的員工協助方案（employee assistance programs, EAPs）。許多的 EAPs 提供有嚴重問題的員工諮商服務，包括婚姻問題。目前已開始出現將焦點放在強化婚姻的預防性教育服務，但是數量還需要更多。

在工作場所提供婚姻教育可能有些好處。工作組織在上班時間內提供教育服務，這常是預防性介入的主要阻礙，但這卻有助於成員的招募。同樣的，在工作職場的婚姻教育，例如午餐時間的研習，也許可以降低參與的阻礙，這些阻礙包括子女照顧的安排、註冊費用（如果同意支付或補助），以及渴望在珍貴的非工作時間和家人相處。更方便、降低收費，有助於吸引低薪水的員工──這是對婚姻教育人員的另一項挑戰。此外，工作職場也可能處理當代議題，例如平衡工作與個人生活、家庭資源管理，以及訓練管理人員更能視員工的家庭情況進行工作調節。

當然，工作職場本來就負有教育的任務。方案的挑戰之一是同時邀請伴侶雙方都參與，因為很少伴侶會同時為同一個老闆工作。由於婚姻教育通常

會假設是提供給伴侶的服務，教育人員需要調整這個差異或者找到方法來讓另一位沒有被雇用的伴侶參與。因此，方案可能需要強調單方面的改變以強化婚姻，而不是讓伴侶雙方同時學到技巧，例如自我調節歷程（參見 Halford, Wilson, Lizzio, & Moore, in press）。

　　軍隊也算是美國職場很重要的部分，因此也是有價值的婚姻教育場所。事實上，我們發現軍隊裡的婚姻教育比起私人企業場所是相當進步的。提供給軍隊的婚姻教育理論基礎和企業職場的是相似的：軍事服務場所強調婚姻，以及婚姻問題衝擊到軍力準備度（McCarroll et al., 2000; Stanley et al., 2004）。和其他的場所比較起來，軍隊有優勢也有挑戰。優勢之一是家庭支持服務的教育性建設和軍事基地是連結的。許多這些場所的專業人員開始提供婚姻教育給軍人（Stanley et al., 2004）。此外，這些方案通常對於軍人而言是免費的，這會降低方案參與的阻力。挑戰之一則是，獨特的軍事服務環境可能會降低婚姻教育方案利用的可能性。這些環境包括和配偶分離的長期駐防，以及會增加離婚危機的戰爭壓力（Wilson, Ruger, & Waddoups, 2002）。婚姻教育人員必須同時提供婚姻技巧和知識這兩類內容，以及如何因應這些挑戰的特別協助。

▌大眾媒體

　　大眾媒體在我們的社會有教育和娛樂的功能。就媒體充斥的社會來說，這是一種形塑信念與行為的強大力量。從媒體的範疇來看婚姻教育，涵蓋了從看板訊息到 30 秒的群眾意識宣傳，到充斥資訊的網頁以及電視資訊。有些婚姻教育人員會為社區建立網路為主的婚姻資源中心，這是開始進行社區倡導花費不高的一種方法（參見 http://www.OCmarriage.org）。也有人透過和報導者及製片建立有幫助的、持續的關係來擴展他們的教育影響力，例如 Diane Sollee，她是華盛頓特區婚姻、家庭與伴侶教育聯盟（http://www.smartmarriages.com）的主席。

以大眾媒體推展婚姻教育的好處之一，是可以在低花費的情況下接觸到大量的人。媒體為主的婚姻教育有可能促進文化層次的改變，進而支持形塑和維持健康婚姻。有相當充分的證據證實媒體如何協助塑造態度和行為（Hornik, 2002）。但是，這種教育場域是有限制的。事前媒體作品製作的金錢花費可能是一個令婚姻教育人員卻步的阻礙因素，而媒體消費者要求規劃新穎又符應時代潮流的媒材，所以需要不斷的關注資訊。我們相信婚姻教育人員如果能和報導者與製作人建立正向的合作與諮詢關係會最有效，因為他們深知成功的大眾溝通產業所需要的特定知識和連結。此外，婚姻教育人員需要並了解如何與公共關係專家建立夥伴關係，以吸引及獲得大眾媒體的支持。

政府和公共服務

婚姻既是一種公共制度也是一種私人關係。強韌的婚姻制度支持了重要的政府目標（Browning, 2003），因此政府參與婚姻教育活動也就不足為奇（嚴格說起來，政府的參與比較屬於對婚姻教育在其他領域的催化，而不是成為辦理活動的場所）。例如，在現行「需求家庭暫時協助」（Temporary Assistance to Needy Families, TANF）政策之下，亞歷桑納州幫低收入伴侶支付婚前教育方案的費用。奧克拉荷馬州許了大型承諾建置一個全州網絡可供婚姻教育人員接受 PREP 正規訓練（Markman, Renick, Floyd, Stanley, & Clements, 1993），為了能讓更多個人與伴侶盡可能接受這樣的介入，就連低收入戶也要清楚這樣的訊息（參見 http://www.okmarriage.com/OklahomaMarriageInitiative.asp）。其他州（像是亞利桑那州、猶他州）提供夫妻有助益的免費訊息小冊子。如果夫妻能投注於婚前教育，有一些州議會則減低取得結婚證書的成本（Ooms et al., 2004）。政府的政策也鼓勵社會服務機構，包括提供高危險人口兒童與家庭的實質支持，探索可能的再婚教育（Ooms, Bouchet, & Parke, 2004）。

政府這類支持的寶貴結果之一，是鼓勵婚姻教育人員提供更多的服務給經濟不利的個人和伴侶。接著，婚姻教育人員需要調整他們的課程，更敏感

的回應會阻礙社會中經濟不利個人維繫健康婚姻的挑戰。政府鼓勵婚姻教育
的重要方式，是透過提供經費支持給有需求的窮人的方案。此外，政府也提
供經費以評鑑這些介入。婚姻教育人員在這些政府支持的贊助下進行工作，
毫無疑問的會從無處不在的官僚體制糾纏及要求中感到挫折，這會是令人沮
喪的。但是，堅持在這些限制中工作可以開拓機會接觸到低收入人口群，否
則他們不容易得到協助。

層面六：目標——誰接受？

　　婚姻教育有必要符應所有種族、族群，和社會經濟團體的需求（Wiley &
Ebata, 2004）。下一個十年的實務工作將會告訴我們，為白人、中產階級伴侶
所發展的介入方案，和為低收入伴侶及其他種族或族群團體所規劃的介入方
案是否一樣有效（參見 Ooms & Wilson, 2004; Seefeldt & Smock, 2004）。經過半
個世紀努力爭取，透過呈現婚姻教育對低收入和少數族群的效果，婚姻教育
終於得到社會科學家的尊重（Ooms, 2002）。婚姻教育人員需要把注意力放在
那些可以獲益最多的人身上，與不同人口特性有關的婚姻基礎研究對婚姻教
育活動也有幫助（參見 Fein et al., 2003）。

　　我們在這一章已經建議需要修正婚姻教育的方法以服務更多的弱勢團
體。另外，婚姻教育人員要了解種族和弱勢族群不只有團體間的差異，也可
能有團體內的差異。因此，對於課程更多元化、更精細所要做的工作，比許
多婚姻教育人員預期的更高。

　　最後，住在鄉下的美國人是被忽略的一群人，他們的生活和住在都會區
的人不同，接觸到的服務比較少。諷刺的是，多年來我們發現，為異質群體
量身設計的一系列課程拿來用在一般人身上，卻更可能讓參與者對一般人所
了解的健康婚姻原則有更高的評價。

層面七：遞送——如何傳播給大眾？

　　婚姻教育人員要多思考婚姻教育的內容、頻率、方法、時機、場域，和

目標之間的關係。遞送則是最後一個關鍵面向，這個層面處理婚姻教育如何傳遞給民眾以影響婚姻制度的廣泛議題。我們提出四種一般的婚姻教育遞送取向，每一種都是強化婚姻所不可或缺的。在討論這四種取向前，我們的目標是讓讀者知道，我們需要的不只是正式的教育方案，甚至是推廣到更大和更為多元的群體；也需要由民眾及社區帶領人主導的倡議行動，關切並滿足當地的迫切需求。此外，教育性活動必須廣泛地提供有影響力的訊息，以傳播健康婚姻的文化。

▌專家的婚姻教育

我們看到受過訓練和合格的專家有接受正式婚姻教育的必要。專業的婚姻教育人員提供專家有深度的知識和技巧，以提供伴侶有價值的機會。專業的婚姻教育提供給有興趣的個人和伴侶的教學內容是規劃好、有相當深度和廣度的。和許多家庭教育人員一樣，專業的婚姻教育人員在婚姻教育運動中是以打零工的方式在工作的。我們相信這種取向不可避免的限制是：必然難以接觸到更多的民眾；它會比較像是精品店而不是量販店。就算是有創意的行銷，會願意尋求這種特定服務，並投資時間、金錢和精力的民眾人數必然是有限的。因此，我們需要額外的取向來遞送婚姻教育給可以接觸到的民眾。

▌整合性婚姻教育

這種取向了解到婚姻教育需要整合成為一種更為綜合性的人類服務，在多元的場域提供給生命全程各個階段的個人。一般而言，教育性的倡議行動如果更能夠在既有的場域與其他提供給個人和伴侶的服務結合，推廣的可能性會更高。當其他的組織把強化婚姻當作是他們的工作目標之一時，婚姻教育就成為更大系統中的一部分，擁有資源和動力，而不會像個新創的事業一樣到處去尋找顧客。例如，為個人和伴侶服務的宗教、健康照顧、職場，及社區場域的專業人員，可以順勢提供有用的婚姻教育服務作為他們的基本工

作。這些專業人員已經知道也了解他們的顧客，也可以調整婚姻教育以符合他們的特定環境。一般來說，整合性婚姻教育的介入程度會比專業的婚姻教育低，因為它只是整體服務中的一部分。但是，由於它是人們每日生活中的一部分，更容易就得以透過專業人員和機構以他們熟悉的方式來提供，我們相信這種取向是有前景的。

　　婚姻教育專家在這種整合取向中還是扮演了一個角色。專家可以協助專業人員了解婚姻教育的各種價值和可能性。他們也可以在各種場域為專業人員提供訓練，以幫助他們傳遞婚姻教育。更進一步，婚姻教育專家也可以提供諮詢，幫助專業人員採取和調整教育活動以符合他們獨特的環境，支持其他的專業人員把婚姻教育納入他們原有的服務當中。

▌民眾的婚姻倡議行動

　　第三種傳遞婚姻教育給大眾的取向，不是所有有效的教育經驗都是專業人員可以控管的。相對的，來自基層民眾的倡議行動，回應了當地共同的問題，是一種可以有效接觸到鄰里和社區成員的有效教育經驗（Doherty & Carroll, 2002）。而且，民眾婚姻倡議行動，可以透過邀請這些使用者，讓他們成為婚姻教育的催生者或支持者，因而擴展了原先提供給使用者的教育機會（Doherty & Carroll, 2002）。這種取向有個有趣的特徵，婚姻教育不只是強化個別的婚姻，也讓社區更團結，成為滋養所有婚姻的更好環境（參見 Doherty & Anderson, 2004）。換句話說，民眾婚姻倡議行動嘗試創造微文化的改變。我們相信由民眾引導的倡議行動，和當地鄰里及社區成員的問題緊密結合。因此，教育活動會在最該出現的時機立即出現，並吸引迫切的學習者。然後這些學習者通常後來就成為倡議者之一，提高了與民眾的接觸程度。

　　再一次，婚姻教育專家在民眾婚姻取向扮演了一個角色，這個角色是去幫助社區成員形成一個共同的問題。然後專家可以提供民眾帶領人所需要的各種支持，包括激勵。他們也可以提供民眾帶領人有關婚姻研究的摘要以幫助他們更能掌握自己的活動。這種取向中，婚姻教育專家是資源和諮詢者，

而不是專家和帶領人，需要時就可以找到而不是高高在上，支持來自基層的
活動而不是去監督活動。

婚姻文化播種

　　最後一種婚姻教育傳遞的取向是此刻活動最少、但我們相信卻是最關鍵
的一種。婚姻教育源自於治療協助專業，因此，婚姻教育人員通常把自己當
成是助人專業人員，案主會來尋求他們的服務。整合性婚姻教育取向邀請婚
姻教育專家去邀集其他專業人員支持這種助人專業。民眾婚姻倡議取向擴展
了婚姻教育專家原先助人專業的角色，去扮演基層倡議行動的支持者，支持
一般微文化的改變。第四種取向——文化播種，是去強化婚姻制度，這和正
式與非正式嘗試刺激巨觀文化改變有關係。例如，正式的文化改變嘗試可能
包括以媒體為主的群眾意識活動。正式的嘗試通常也會把引領民眾談論和採
取行動的非正式介入納入，這會建立一種正向文化改變的動能。婚姻教育人
員創造更強的婚姻巨觀文化，最終也能協助主流文化中的所有人達成他們擁
有穩定、健康婚姻的目標。

　　文化播種取向使用不同於傳統婚姻教育的一套工具。這個取向的主要工
具源自大眾健康及媒體溝通，因為這些工具可以把教育濃縮和精簡變成為摘
要和焦點快報，以接觸到多數的人。例如，廣泛的群眾意識活動能破解原本
會破壞婚姻的迷思，把常見認為婚姻是浪漫和不能改變的觀點，轉變成為理
性的歷程。同樣的，如果記者們持續把關注的焦點放在好好準備婚姻的價值
（而不只是關注精緻的婚禮），會有助於創造一種有目的準備婚姻的規範。
公共政策也可以是一種文化傳播的工具。例如，立法鼓勵參與婚前教育以交
換減少結婚證書的費用，告訴民眾結婚是一個嚴肅的決定這類訊息。在文化
播種取向裡遞送婚姻教育的優勢，取決於文化讓民眾緩慢朝向能強化所有婚
姻的方向前進的可能性。

　　我們相信婚姻教育專家在這種取向有個不可或缺的角色。專家可以是催
化劑，透過吸引媒體注意和加強地方與中央的媒體專家的關係，提出重要的

意見，把注意力帶到重要的議題。同樣的，專家也可以是催化和諮詢公共溝通活動以強化婚姻的人。

雖然過去十年來婚姻教育發展成為一門助人行業，也有徵兆顯示婚姻教育已經整合到各種提供人類服務的機構當中，但如果不能同時進行文化改變的話，可能不足以對婚姻的制度造成實質的影響。我們相信需要一種社會運動，把婚姻教育注入每日生活，成為常態性活動，也需要文化傳播取向的婚姻教育來激起這樣的運動。

邁向整合的婚姻教育策略

在婚姻教育運動的初期階段，我們可能會冒失的就提出一個人口層次的婚姻教育處遇計畫，儘管所提出的模式暗示著計畫應該要有的樣貌。一個可能的模型從新興的「肥胖症」公共健康議題而來。科學家和公共衛生官員最近體認到這樣的疫情危害的後果牽連好幾代（U.S. Department of Health and Human Services, 2001）。預防就是最好的處遇。這個議題相當的重要，以至於對於保健醫師的努力，政府不會袖手旁觀。事實上，聯邦政府在未來的幾年內將花費超過 1 億美元在預防與控制肥胖的方案與研究上（National Center for Chronic Disease Prevention and Health Promotion, 2003）。州政府也投入了資金，美國衛生部長已公告一項全面性策略計畫，號召民間與公共單位共同對抗肥胖症。這樣計畫包括大量的公眾宣傳活動，伴隨中度與高度層次的教育性倡議，在社會的許多場所與部門傳遞各種訊息。這些活動針對不同的年齡層、社經階層以及種族群體量身打造，而且伴隨著大量的民間與公共資源促進並評估這些活動成效（參見 U.S. Department of Health and Human Services, 2001）。我們強烈的相信促進健康婚姻不能缺少這樣一個全面性的計畫。

婚姻教育的目標，是提供個人及伴侶建立和維繫一段健康婚姻所需要的知識與技巧。我們先前的架構並沒有包含所有的細節，也沒有完全針對所有

廣泛的衝擊來引導婚姻教育運動。但是，我們希望它可以像催化劑一樣，支持婚姻教育人員能更有系統、更有創意地思考他們的工作。我們的婚姻教育綜合性架構很可能有漏掉某些重要的細節，希望未來可以改進。同時，我們希望這個架構，能鼓舞婚姻教育人員以更廣泛的教育機會去接觸廣大的民眾和伴侶，進行探索和實驗。

參考文獻

Amato, P. R., & Rogers, S. J. (1999). Do attitudes toward divorce affect marital quality? *Journal of Family Issues, 20*, 69–86.

Arp, D. H., Arp, C. S., Stanley, S. M., Markman, H. J., & Blumberg, S. L. (2000). *Empty nesting: Reinventing your marriage when the kids leave home*. San Francisco: Jossey-Bass.

Bendheim-Thoman Center for Child Wellbeing. (2002, July). Is marriage a viable option for fragile families? *Fragile Families Research Brief, No. 9*. Princeton, NJ: Princeton University.

Bendheim-Thoman Center for Child Wellbeing. (2003a, January). Union formation and dissolution and in fragile families. *Fragile Families Research Brief, No. 14*. Princeton, NJ: Princeton University.

Bendheim-Thoman Center for Child Wellbeing. (2003b, May). Barriers to marriage among fragile families? *Fragile Families Research Brief, No. 16*. Princeton, NJ: Princeton University.

Birch, P. J., Weed, S. E., & Olsen, J. (2004). Assessing the impact of community marriage policies on county divorce rates. *Family Relations, 53*, 495–503.

Browning, D. S. (2003). *Marriage and modernization*. Grand Rapids, MI: Eerdmans.

Bumpass, L. L., Sweet, J. A., & Cherlin, A. (1991). The role of cohabitation in declining rates of marriage. *Journal of Marriage and the Family, 53*, 913–927.

Carroll, J. S., & Doherty, W. J. (2003). Evaluating the effectiveness of premarital prevention programs: A meta-analytic review of outcome research. *Family Relations, 52*, 105–118.

Cazenave, N. A., & Smith, R. (1990). Gender differences in the perception of Black male-female relationships and stereotypes. In H. E. Cheatham & J. B. Stuart (Eds.), *Black families: Interdisciplinary perspectives* (pp. 149–170). New Brunswick, NJ: Transaction.

Center for Marriage and Family. (1995). *Marriage preparation in the Catholic Church: Getting it right*. Omaha, NE: Creighton University.

Cherlin, A., Burton, L., Hurt, T., & Purvin, D. (2003, September). *Domestic abuse and patterns of marriage and cohabitation: Evidence from a multi-method study*. Paper presented at the National Poverty Center Conference, Washington, DC.

Cowan, C. P., & Cowan, P. A. (2000). *When partners become parents: The big life change for couples*. Mahwah, NJ: Earlbaum.

DeMaria, R. (2003) Psychoeducation and enrichment: Clinical considerations for couple and family therapy. In T. L. Sexton, G. R. Weeks, & M. Robbins (Eds.), *Handbook of family therapy* (pp. 411– 430). New York: Brunner-Routledge.

Dion, M. R. (2004, March). *Federal policy efforts to improve outcomes among disadvantaged families by supporting marriage and family stability*. Paper presented at the Families and Poverty Research Conference, Provo, UT.

Dion, M. R., Devaney, B., McConnell, S., Ford, M., Hill, H., & Winston, P. (2003). *Helping unwed parents build strong and healthy marriages: A conceptual framework for intervention, final report*. Washington, DC: U.S. Department of Health and Human Services, Administration for Children and Families.

Dishion, T. J. (2003). *Intervening in adolescent problem behavior*. New York: Guilford.

Doherty, W. H. (2000, August). Consumer marriage. *Marriage and Families*, 16–22.

Doherty, W. H. (2001). *Take back your marriage: Sticking together in a world that pulls us apart*. New York: Guilford.

Doherty, W. H., & Anderson, J. R. (2004). Community marriage initiatives. *Family Relations, 53*, 425–432.

Doherty, W. H., & Carroll, J. S. (2002). The Families and Democracy Project. *Family Process 41*, 579–589.

Dush, C. M., Cohan, C. L., & Amato, P. R. (2003). The relationship between cohabitation and marital quality and stability: Change across cohorts? *Journal of Marriage and Family, 65*, 539–549.

Edin, K., England, P., & Linnenberg, K. (2003, September). *Love and distrust among unmarried parents*. Paper presented at the National Poverty Center Conference, Washington, DC.

Edin, K., & Kefalas, M. (in press). *Promises I can keep: Why poor women put motherhood before marriage*. Berkeley: University of California.

Fein, D. J., Burstein, N. R., Fein, G. G., & Lindberg, L. D. (2003, March). *The determinants of marriage and cohabitation among disadvantaged Americans: Research findings and needs*. Bethesda, MD: Abt Associates.

Forthoffer, M. S., Markman, H. J., Cox, M., Stanley, S. M., & Kessler, R. C. (1996). Associations between marital distress and work loss in a national sample. *Journal of Marriage and the Family, 58*, 597–605.

Fowers, B. L. (2000). *Beyond the myth of marital happiness*. San Francisco: Jossey-Bass.

Gallagher, M. (2000). *The marriage movement: A statement of principles*. New York: Institute for American Values.

Glenn, N. (1996). Values, attitudes, and the state of American marriage. In D. Popenoe, J. B. Elshtain, & D. Blankenhorn (Eds.), *Promises to keep: Decline and renewal of marriage in America* (pp. 15–33). Lanham, MD: Rowman & Littlefield.

Glenn, N. (1997). A critique of twenty family and marriage and family textbooks. *Family Relations, 46*, 197–208.

Glenn, N. (1998). The course of marital success or failure in five American 10-year marriage cohorts. *Journal of Marriage and the Family, 60*, 569–576.

Glenn, N. (2002). A plea for greater concern about the quality of marital matching. In A. J. Hawkins, L. D. Wardle, & D. O. Coolidge (Eds.), *Revitalizing the institution of marriage for the 21st century: An agenda for strengthening marriage* (pp. 45–58). Westport, CT: Praeger.

Glenn, N., & Marquardt, E. (2001). *Hooking up, hanging out, and hoping for Mr. Right*. New York: Institute for American Values.

Goldin, E., & Mohr, R. (2000). Issues and techniques for counseling long-term later-life couples. *The Family Journal: Counseling and Therapy for Couples and Families, 8*, 229–235.

Gottman, J. M., & Notarius, C. I. (2000). Decade in review: Observing marital interaction. *Journal of Marriage and the Family, 62*, 927–947.

Haine, R. A., Sandler, I. N., Wolchik, S. A., Tien, J., & Dawson-McClure, S. R. (2003). Changing the legacy of divorce: Evidence from prevention programs and future directions. *Family Relations, 52*, 397–405.

Halford, W. K., Moore, E., Wilson, K., Farrugia, C., & Dyer, C. (2004). Benefits of flexible delivery relationship education: An evaluation of the Couple CARE Program. *Family Relations, 53*, 469–476.

Halford, W. K., Wilson, K. L., Lizzio, A., & Moore, E. M., (in press). Does working at your relationship work? Relationship self-regulation and relationship outcomes. In J. Feeney & P. Noeller (Eds.), *Marriage*. Cambridge, UK: Cambridge University.

Harris, R. J., & Scott, C. L. (2002). Effects of sex in the media. In J. Bryant & D. Zillmann (Eds.), *Media effects: Advances in theory and research* (pp. 307–331). Mahwah, NJ: Erlbaum.

Hawkins, A. J., Barnes, M. D., & Gilmore, D. (2004). Media campaigns to strengthen marriages: What can we learn from public communication campaign evaluation research? [Working Paper]. Office and Research, Planning, and Evaluation, Administration for Children and Families, Washington, DC.

Hawkins, A. J., Gilliland, T., Christiaens, G., & Carroll, J. S. (2002). Integrating marriage education into perinatal education. *Journal of Perinatal Education, 11*(4), 1–10.

Horn, W. (2003). Closing the marriage gap. *Crisis: Politics, Culture and the Church, 21*(6), 32–37.

Hornik, R. C. (2002). *Public health communications: Evidence for behavior change*. Mahwah, NJ: Erlbaum.

Johnson, C. A., Stanley, S. M., Glenn, N. D., Amato, P. R., Nock, S. L., Markman, H. J., & Dion, M. R. (2002). *Marriage in Oklahoma: 2001 baseline statewide survey on marriage and divorce*. Oklahoma City: Oklahoma Department of Human Services.

Jordan, P. L., Stanley, S. M., & Markman, H. J. (1999). *Becoming parents*. San Francisco: Jossey-Bass.

Kielcolt-Glaser, J. K., & Newton, T. L. (2001). Marriage and health: His and hers. *Psychological Bulletin, 127*, 472–503.

Kulik, L. (2001). The impact of men's and women's retirement on marital relations: A comprehensive analysis. *Journal of Women and Aging, 13*(2), 21–37.

Larson, J. H. (2003). *The great marriage tune-up book.* San Francisco: Jossey-Bass.

Larson, J. H., & Hickman, R. (2004). Are college marriage textbooks teaching students the premarital predictors of marital quality? *Family Relations, 53*, 385–392.

Larson, J. H., Newell, K., Topham, G., & Nichols, S. (2002). A review of three comprehensive premarital assessment questionnaires. *Journal of Marital and Family Therapy, 28*, 233–239.

Mack, D. (2000). *Hungry hearts: Evaluating the new high school curricula on marriage and relationships.* New York: Institute for American Values.

Markman, H. J., Renick, M. J., Floyd, F., Stanley, S., & Clements, M. (1993). Preventing marital distress through communication and conflict management training: A four and five year follow-up. *Journal of Consulting and Clinical Psychology, 62*, 70–77.

McCarroll, J. E., Ursano, R. J., Liu, X., Thayer, L. E., Newby, J. H., Norwood, A. E., & Fullerton, C. S. (2000). Deployment and the probability of spousal aggression by U.S. Army soldiers. *Military Medicine, 165*, 41–44.

McManus, M. (1993). *Marriage savers.* Grand Rapids, MI.

National Center for Chronic Disease Prevention and Health Promotion. (2003). *Physical activity and good nutrition: Essential elements to prevent chronic diseases and obesity 2003.* Atlanta, GA: Centers for Disease Control and Prevention.

Nielsen, A., Pinsof, W., Rampage, C., Solomon, A. H., & Goldstein, S. (2004). Marriage 101: An integrated academic and experiential undergraduate marriage education course. *Family Relations, 53*, 485–494.

Nock, S. L. (2002). The social costs of the de-institutionalization of marriage. In A. J. Hawkins, L. D. Wardle, & D. O. Coolidge (Eds.), *Revitalizing the institution of marriage for the 21ˢᵗ century* (pp. 1–14). Westport, CT: Praeger.

Olson, D. H., & Adams, E. (1996). *Mature Age Transition Evaluation (MATE) couple inventory.* Minneapolis, MN: Life Innovations.

Ooms, T. (2002). Strengthening couples and marriage in low-income communities. In A. J. Hawkins, L. D. Wardle, & D. O. Coolidge (Eds.), *Revitalizing the institution of marriage for the 21ˢᵗ century* (pp. 79–99). Westport, CT: Praeger.

Ooms, T., Bouchet, S., & Parke, M. (2004). *Beyond marriage licenses: Efforts in states to strengthen marriage and two-parent families, a state-by-state comparison.* Washington, DC: Center for Law and Social Policy.

Ooms, T., & Wilson, P. (2004). The challenges of offering relationship and marriage education to low-income populations. *Family Relations, 53*, 440–447.

Pasley, K., Dollahite, D. C., & Ihinger-Tallman, M. (1993). Bridging the gap: Clinical applications of research findings on the spouse and stepparent roles in remarriage. *Family Relations, 42*, 315–322.

Pearson, M. (2000). *Can kids get smart about marriage? A veteran teacher reviews some leading marriage and relationship education programs.* Piscataway, NJ: The National Marriage Project.

Popenoe, D., & Whitehead, B. D. (2002). *Should we live together? What young adults need to know about cohabitation before marriage* (2ⁿᵈ ed). New Brunswick, NJ: The National Marriage Project.

Richardson, L. (2001). Social network characteristics and substance abuse treatment outcome. Doctoral dissertation, New School for Social Research, New School University.

Roberts, D. F. (2000). Media and youth: Access, exposure, and privatization. *Journal of Adolescent Health, 27*, 8–14.

Rubin, B. (1998). Ties that bind: Program to keep marriages together. *Good Housekeeping, 226*(4), 108–111.

Seefeldt, K. S., & Smock, P. J. (2004). *Marriage on the public agenda: What do policy makers need to know from research?* Ann Arbor, MI: National Poverty Center, University of Michigan.

Shapiro, A. F., & Gottman, J. M. (in press). "Bringing baby home": Effects on marriage of a psycho-educational intervention with couples undergoing the transition to parenthood, evaluation at 1-year post-intervention. *Journal of Family Communication.*

Shapiro, A. F., Gottman, J. M., & Carrére, S. (2000). The baby and the marriage: Identifying factors that buffer against decline in marital satisfaction after the first baby arrives. *Journal of Family Psychology, 14*, 59–70.

Silliman, B., Stanley, S. M., Coffin, W., Markman, H. J., & Jordan, P. L. (2001). Preventative interventions for couples. In H. Liddle, D. Santisteban, R. Levant, & J. Bray (Eds.), *Family psychology: Science-based interventions* (pp. 123–146). Washington, DC: American Psychological Association.

Stanley, S. M. (2001). Making a case for premarital education. *Family Relations, 50*, 272–280.

Stanley, S. M., Markman, H. J., Prado, L. M., Olmos Gallo, P. A., Tonelli, L., St. Peters, M., Leber, B. D., Bobulinski, M., Cordova, A., & Whitton, S. (2001). Community based premarital prevention: Clergy and lay leaders on the front lines. *Family Relations*, *50*, 67–76.

Stanley, S. M., Markman, H. J., Saiz, C. C., Schumm, W. R., Bloomstrom, G., & Bailey, A. E. (2004). *Building strong and ready families evaluation report*. Washington, DC: SAIC.

Stanley, S. M., Markman, H. J., St. Peters, M., & Leber, B. D. (1995). Strengthening marriages and preventing divorce: New directions n prevention research. *Family Relations*, *44*, 392–401.

Stanley, S. M., Whitton, S. W., & Markman, H. J. (2004). Maybe I do: Interpersonal commitment levels and premarital or non-marital cohabitation. *Journal of Family Issues*, *25*, 496–519.

Teachman, J. (2003). Premarital sex, premarital cohabitation, and the risk of subsequent marital dissolution among women. *Journal of Marriage and Family*, *65*, 444–455.

Twenge, J. M., Campbell, W. K., & Foster, C. A. (2003). Parenthood and marital satisfaction: A meta-analytic review. *Journal of Marriage and Family*, *65*, 561–573.

U.S. Census Bureau. (1999). *Statistical abstract of the United States: 1999* (119th ed.). Table No. 156. Washington, DC.

U.S. Census Bureau. (2001). *Census 2000 profile* (Publication No. CB01-CN.67). Washington, DC: Public Information Office.

U.S. Department of Health and Human Services. (2001). *The Surgeon General's call to action to prevent and decrease overweight and obesity*. Rockville, MD: U.S. Department of Health and Human Services, Public Health Service, Office of Surgeon General.

VanLaningham, J., Johnson, D. R., & Amato, P. (2001). Marital happiness, marital duration, and the U-shaped curve: Evidence from a five-wave panel study. *Social Forces*, *79*, 1313–1341.

Visher, E. B., & Visher, J. S. (1979). *A guide to working with stepparents and stepchildren*. New York: Brunner/Mazel.

Waite, L. J., Browning, D., Doherty, W. J., Gallagher, M., Luo, Y., & Stanley, S. M. (2002). *Does divorce make people happy? Findings from a study of unhappy marriages*. New York: Institute for American Values.

Waite, L. J., & Gallagher, M. (2000). *The case for marriage*. New York: Doubleday.

Weiner-Davis, M. (2002, July). *Guerilla divorce busting*. Keynote address presented at the Smart Marriages Conference, Crystal City, VA.

Whitehead, B. D., & Popenoe, D. (2000). Sex without strings, relationships without rings: Today's young singles talk about mating and dating. *The state of our unions 2001* (pp. 6–20). Piscataway, NJ: National Marriage Project.

Whitehead, B. D., & Popenoe, D. (2001). Who wants to marry a soul mate? *The state of our unions 2001* (pp. 6–16). Piscataway, NJ: The National Marriage Project.

Wiley, A. L., & Ebata, A. (2004). Reaching American families: Making diversity real in family life education. *Family Relations*, *53*, 273–281.

Wilson, S., Ruger, W., & Waddoups, S. (2002). Warfare and welfare: Military service, combat, and marital dissolution. *Armed Forces and Society*, *29*, 85–107.

關於作者

Alan J. Hawkins，博士，合格家庭生活教育人員，楊百翰大學（Brigham Young University）家庭生活學院（School of Family Life）教授。E-mail: hawkinsa@byu.edu。

Jason S. Carroll，博士，楊百翰大學家庭生活學院副教授。E-mail: jcarroll@byu.edu。

William J. Doherty，博士，合格家庭生活教育人員，明尼蘇達大學家庭社會科學系教授，暨公民專業中心主任。E-mail: bdoherty@umn.edu。

Brian J. Willoughby，文學碩士，明尼蘇達大學家庭社會科學系博士生。E-mail: bwilloug@umn.edu。

【本文原刊登於 *Family Relations*, 2004, *53*(5), 547-558，經授權同意轉載。】

Chapter *6*

婚姻教育的創新：
現況與未來挑戰

Jeffry H. Larson 著・林淑玲 譯

現今社會中的專業人士和大眾，對於婚姻議題都有著高度興趣。婚姻教育可說有其自身的運動（Brotherson & Duncan, 2004），目的在強化婚姻使其成為國家的基礎制度。顯然，這個運動是從好幾個州數百個自主的社區婚姻倡議活動開始的（Doherty & Anderson, 2004; Birth, Weed, & Olson, 2004），企圖強化婚姻並降低離婚率。這個運動的另一項證據，來自一個稱為「聰明婚姻」（Smart Marriages）的全國性會議，從 1995 年開始每年辦理一次，參與者來自全美各地的宗教人士、地方事工、教師、政府官員、研究人員、方案發展者，以及一般民眾。事實上，「婚姻教育」這個名詞，已經是婚姻、家庭與夫妻教育聯盟（CMFCE，聰明婚姻會議的主辦單位）及其他人的慣用語。近年來，政府和民間的婚姻教育方案及教育研究不斷增加，而各界也了解這種支持的需要。這種認知包括專業組織在內，例如 2003 年，美國全國家庭關係委員會年會在加拿大溫哥華舉行，主題就是婚姻的未來。此外，這些活動啟發了《家庭關係：家庭研究跨領域研究期刊》（*Family Relations: Interdisciplinary Journal of Applied Family Studies*）在 2004 年出了特刊。因為婚姻教育領域在過去十年出現了許多議題，本章的目的在於對此一快速發展中的婚姻教

育未來發展提出一些規範、覺察和建議。

🌿 什麼是婚姻教育？

　　基於本章的目的，採取廣義的角度來定義婚姻教育，包括技巧為主的團體方案，以預防和修復婚姻困境，以及一般統稱為婚姻充實的婚姻支持團體（Larson, 2007）。顯然，這二種取向是重疊的。婚姻充實團體通常會有婚姻教育裡以技巧為主的活動（DeMaria, 2003）。婚姻教育通常以技巧為主，也會包含婚姻充實團體常見的團體活動和支持。最後，因為婚姻教育和婚姻充實在研究中通常沒有差別，因此這兩個名詞在本章中會交替使用。不論是稱為教育或充實，都可以在概念上被視為是「管前端」的工作（D. Sollee, 個人通訊，2003 年 6 月 15 日）。這種在問題變得更嚴重和扭曲之前，針對夫妻所進行的工作，重點在於教育和預防，而不是幫助夫妻補救的取向。

🌿 婚姻教育為什麼重要？

　　心理健康專家所面對的極大挑戰，在於如何接觸到許多需要接受婚姻治療的夫妻。可悲的是，大多數有婚姻問題的夫妻卻從來沒有尋求治療。80%到90%正在辦理離婚的夫妻表示，他們從來沒有找過治療師諮詢他們的婚姻問題（Halford, Markman, Kline, & Stanley, 2003）。此外，只有三分之二的夫妻在接受過治療後，對他們的婚姻感到滿意（Johnson, 2002）。也有些成功完成治療的夫妻，他們所感到的滿意度和沒有婚姻問題的夫妻比起來，並沒有比較高（Van Widenfelt, Markman, Guerney, Behrens, & Hosman, 1997）。最後，處遇後的復發還滿常見的（Jacobson, Schmaling, & Holtzworth-Munroe, 1987）。這些有關婚姻治療的限制，告訴我們還需要有其他的取向來幫助夫妻避免或克服婚姻困境，這勢必會增加治療師的工作。

　　此外，在夫妻變得痛苦之前，我們有很多推展婚姻教育很好的理由。首

先，提升沒有苦惱或者輕微苦惱的夫妻的婚姻，會比去改變那些有嚴重關係問題夫妻傷害性的、負面的互動型態和感受要容易得多（Van Widenfelt et al., 1997）。其次，大多數有問題的夫妻不會去尋求專業的協助，因為他們害怕會受到更多的傷害而沒有好處、沒有效，或者傷害到他們的隱私。再加上害怕被視為失功能的汙名化和昂貴的治療費用，難怪只有少數夫妻會尋求專業的婚姻困境協助。事實上，大多數有婚姻問題的夫妻會去找神職人員而非治療師來幫助他們（Glenn et al., 2002）。

相較於婚姻治療，婚姻教育比較不會誘發恐懼，比較不會汙名化，比較沒有風險，比較不會侵犯到夫妻的隱私生活，也比較便宜。此外，某些形式的婚姻教育可以成功地從地方事工或神職人員（如 Stanley et al., 2001）那裡學到。最後，教育有助於降低後續接受更多專業密集協助的阻礙。

婚姻教育研究的現況

婚姻教育在西方國家越來越常見，但所提供的方案大多數是沒有經過嚴謹的隨機化實驗控制的評鑑（Halford, 2004）。許多方案提供者自己發展的方案，經常是反映他們所知覺到的當地需求，而大多數這些方案也沒有保留任何可以被評鑑的文件。

現有以實證為基礎的婚姻教育通常有兩種形式。第一種會在一個到幾個小時的回饋階段，使用結構式問卷為主要評量方式，讓參與的夫妻填寫有關他們未來關係問題的危機程度（Larson, Newell, Topham, & Nichols, 2002）。這種取向假設、這些回饋可以引導夫妻採取適當的修復行動。最被廣為使用的問卷提供了各層面的分數，如分享實際的關係期待、有效的溝通和衝突解決技巧、情緒健康，以及有效的個人壓力管理（Larson & Halford, in press）。這些問卷所得到的分數可以預測夫妻未來的關係滿意度和穩定程度（Larson et al., 2002），這表示題項確實評估了夫妻關係的相關層面。

有三個針對夫妻關係效果評量和回饋所進行的研究。第一個是由 Knutson

和 Olson（2003）以準實驗設計所做的研究，他們使用 PREPARE 問卷進行方案評估和回饋，結果發現伴侶的婚前關係滿意度有顯著的改善。第二個是隨機控制試驗評鑑性的評估，以網路自填 RELATE 問卷進行。上述兩項研究都發現伴侶的關係滿意度和承諾比關係剛開始的階段要高（Busby, Ivey, Harris, & Ates, 2007; Larson, Vatter, Galbraith, Holman, & Stahmann, 2007）。Busby 等人（2007）的研究是唯一評估效果維持的研究，他們的研究結果發現婚姻滿意度和承諾在完成 RELATE 之後的六個月，仍保持在相當高的程度。這三個研究的樣本夫妻，都是受過良好教育並且處於初期有承諾關係（長期約會或訂婚）；是否能將研究結果類推到教育程度較低，或維持相當長一段時間的關係的伴侶，還需要進一步檢視；而且評估和回饋的效果是否能延續多年也還不清楚。已知的是，有些伴侶缺少關鍵的關係技巧，例如有效溝通和衝突管理（Halford et al., 2003）。評估和回饋可能不足以讓這些伴侶維繫高度的關係滿意度，因此他們可能可以透過關係技巧訓練來獲益。

　　第二個實證為基礎的婚姻教育取向主要在教導伴侶一些關鍵性的關係技巧，典型的形式是 12 到 15 小時面對面的接觸課程，使用的步驟包括：技巧的示範、複習，和回饋。這套以技巧為主的關係教育，可以教導伴侶一些關鍵的關係技巧，例如正向溝通和衝突管理，而這些技巧在訓練之後將維持至少一年或兩年（Halford et al., 2003）。此外，初期關係滿意度比較低的伴侶，關係滿意度會出現立即提升的現象（Giblin, Sprenkle, & Sheehan, 1985）。

　　技巧為主的婚姻教育對於幫助伴侶維持長期的關係滿意有幫助，但是這些效益好像主要是對於那些未來的關係沒有高度危機的伴侶。許多準實驗研究發現，以技巧為主的教育對伴侶有長期（三到四年）的一般效益（如 Bodenmann, Pihet, Shantinath, Cina, & Widmer, 2006; Markman, Renick, Floyd, Stanley, & Clements, 1993）。但是，如同 Halford 等人（2003）所提到的，這些效果可能是因為伴侶自行選擇接受婚姻教育而產生。只有隨機控制試驗加上適當的追蹤，可以清楚確認婚姻教育維繫關係滿意度和穩定度的效果如何〔參見 Larson 和 Halford（in press）的著作，以取得有關追蹤六個月以進行評鑑的實驗相

關資訊〕。

🌱 未來的挑戰

　　我對於婚姻教育狀態的評價，就像 Charles Dickens（1859）所寫的《雙城記》中的一段話：「這是最好的時代，也是最壞的時代。」（p. 1）我相信這會是最好的時代，因為：

● 在過去 15 年，公共及民間所辦理的婚姻教育方案及評鑑持續增加（Brotherson & Duncan, 2004; Doherty & Anderson, 2004）。

● 已經得知和婚姻品質及穩定性有關的危機因子、韌力因子為何，並且開始嘗試處理這些因子（Halford, 2004）。

● 危機中伴侶的獨特需求和偏好（例如低收入和弱勢）開始被評估，而為他們規劃的方案現在也進入發展與評鑑階段。誰想要婚姻教育和誰會重視婚姻教育的古老迷思將受到挑戰（Ooms & Wilson, 2004）。

● 建議以新的標準來提供方案效益的證據——「實證—支持的方案」（Jakubowski et al., 2004）。

● 由異質的專業人員團體和地方事工共同討論、辯論、計畫、組織、設計、提供和評鑑婚姻教育方案。許多異質的聲音將被聽見（Doherty & Anderson, 2004）。

● 從中學到老年婚姻的個人和伴侶都適用於方案（Halford, 2004）。

● 用以形容婚姻教育方案的重要形容詞應該是：綜合性、彈性、按部就班、客製化的，以及實證證據導引和支持的（Larson, 2007）。

　　然而，這也可能是最壞的時代，因為：

● 雖然婚姻教育方案很多，但是這些方案短期和長期效益的研究報告，卻沒有經過同儕審查、公開出版。一般而言，只有少數以穩固技術為主的方案

接受控制實驗研究的評鑑（Halford, Markman, Kline, & Stanley, 2003）。隨機化控制實驗在這個領域仍很少見。大多數的方案，只有提供顧客滿意度及軼事描述的資料來呈現其方案效益。此外，通常只蒐集方案參與者的資料來進行前後測比較，而沒有蒐集控制組或未參與組的資料。

● 我們對於婚姻教育方案會讓關係動力、滿意度和穩定性產生最大改變的特定因素，所知仍然有限。

● 我們還沒有適當地檢驗並出版對處於危機中的伴侶最有效方案的研究。我們也還沒有比較多元種族、族群和經濟狀態團體的婚姻教育的形式。事實上，直到最近我們才了解，需要以按部就班的方式來為伴侶提供客製化的婚姻教育內涵及形式〔詳細請參見 Larson & Halford（in press）〕。

● 有證據顯示婚姻教育方案，尤其是婚前方案，可能無法提供給處於高婚姻危機困擾的伴侶（Halford, O'Donnell, Lizzio, & Wilson, 2004; Sullivan & Bradbury, 1997）。重點在於現在才剛開始了解這些處於危機中的個人和伴侶，以及他們對於婚前及婚姻教育與諮商的看法。

🌱 未來方向

除了 Halford（2004）對婚姻教育的未來所提出的卓見和重要建議之外，我也提出幾點建議。首先，需要更重視婚姻教育方案是否以隨機控制實驗，來取得實證─知識基礎和進行實證評鑑。由於公共和民間提供資助的可能性增加，這好像更可行了。有關資助機會的訊息來源，可以在 Brotherson 和 Duncan（2004）的著作中找到。除非大多數的方案被審查過，否則它們的有效性仍然值得存疑。

第二，要保證少用「亂槍打鳥」的婚姻教育。這種取向假設所有的伴侶需要的介入是相同的，然而事實上非常不同（Halford, 2004; Larson & Halford, in press）。或許有些伴侶需要溝通技巧訓練，但是其他人並不需要；相對的，他們可能需要壓力管理技巧的訓練，或如何因應與姻親的衝突、情緒問

題等。更為客製化的方案規劃再次建議要強調方案前的評估。評估為主的婚姻教育，優點在於伴侶可以避免典型的「一套用到底」這類的婚姻教育，而能夠覺察到他們的獨特優勢和弱點。他們可以為當事人最大利益而規劃婚姻教育（Larson & Halford, in press）。

　　既然並不是所有的伴侶都需要方案的所有成分，把所有參與者放在方案的固定課程中，意味著可能會浪費許多伴侶寶貴的時間和金錢。伴侶表示，不能直接用在他們獨特關係需求的素材是沒有幫助的（Larson & Halford, in press）。學習和他們獨特的需求無關的概念與技巧，可能會降低學習者參與含有和他們的需求有關的其他課程的動機。例如，一位有優秀溝通技巧和糟糕財務管理技巧的人，可能表現出不太參與，甚至可能退出溝通技巧練習的方案。

　　提供客製化婚姻教育的一項挑戰是：許多現行的關係教育提供者，並不具備進行可以導引客製化關係評估的專業技能（Doherty & Anderson, 2004）。對於婚姻教育人員而言，這個問題解決的可行之道，是使用像 RELATE（參見 Larson et al., 2002）這種伴侶可以在短時間內完成、易於評估的網路評估工具；它具有隱私、不貴、可以自我解釋，還可以提供教育人員和伴侶清楚的解釋指引。

　　第三，增加使用綜合生態系統模式來評估伴侶需求和提供教育介入是必要的（如 Bradbury, 1995; Karney & Bradbury, 1995; Larson & Holman, 1994）。生態或生態系統觀點提供教育者一個統觀的理論架構，以統整婚姻結果產出並發展介入的預測因子。這個理論幫助我們了解一對伴侶是一組發展中的單位，可以回應、也會回應來自系統內外的影響。他們的關係會在幾個層次上發展，包括個人、伴侶和環境層次。他們的關係在每個層次間都是動態而非靜止的，而且是以非線性的形式變化和發展。要全盤了解婚姻的歷程並預測其可能的結果，要先對伴侶所接觸的各層次環境或生態系統有所了解。伴侶系統反映了個人和一種關係，而這些部分和整體是相依的。婚姻教育人員太常忽視「系統中的自我」（Gurman & Fraenkel, 2002, p. 247）。婚姻教育人員

必須考慮情緒健康和壓力因應能力這類的個人因素（Gurman & Fraenkel, 2002）、溝通技巧和衝突解決型態這類的伴侶互動因素（Gottman & Notarius, 2002）、伴侶身處的脈絡或環境（例如環境中的壓力程度），與擴展家庭成員衝突的程度等等（Bodenmann & Shantinath, 2004）。

　　第四，有必要增加使用美國心理學會（APA）以及 Berger 和 DeMaria（1999）提出的「促進、預防和介入轉銜專案」（Price, Cowen, Lorion, & Ramos-McKay, 1989）當中所建議的綜合性方案發展與評鑑指標。這些指標包括：呈現實證方案的長、短期效能證據，以及方案的成本效益（例如預防與關係充實方案、伴侶溝通與關係促進；參見 Berger 和 Hannah 於 1999 年文獻中的描述）。此外，對於良好建置和有實證支持的方案來說，未來的研究應該著重在能產出最多關係改變的方案元素。婚姻教育人員很少採取行動去回應 Arcus（1995）請他們回答的問題：「……在什麼情況之下，什麼方案對什麼人最好？」（p. 342）

　　第五，需要更多像 Bodenmann 和 Shantinath（2004）、Halford 等人（2004），以及 Nielsen 等人（2004）這些經驗證過的、有彈性且創新的方案。Silliman 和 Schumm（2004）甚至提出一個更大膽的建議：訓練和支持父母、導師和同儕指導員，去教導青少年婚姻教育的觀念。這種取向曾經成功地用在類似性教育和藥物教育等相關領域。

　　能夠以一個方案設計者、執行者，或研究者的身分參與婚姻教育，這是一個令人興奮的時刻。我希望這篇文章提供我們在婚姻教育領域已知和未知的新基準線，以及一個未來方案發展和評鑑的跳板。

參考文獻

Arcus, M. E. (1995). Advances in family life education: Past, present and future *Family Relations*, *44*, 336-344.

Berger, R., & DeMaria, R. (1999). Epilogue: The future of preventive interventions with couples. In R. Berger & M. T. Hannah (Eds.), *Preventive approaches in couples therapy* (pp. 391-428). Philadelphia: Brunner/Mazel.

Berger, R., & Hannah, M. T. (1999). *Preventive approaches in couples therapy*. Philadelphia: Brunner/Mazel.

Birch, P. J., Weed, S. E., & Olsen, J. (2004). Assessing the impact of community marriage policies on county divorce rates. *Family Relations*, *53*, 495-503.

Bodenmann, G., Pihet, S., Shantinath, S. D., Cina, A., & Widmer, K. (2006). Improving dyadic coping in couples with a stress-oriented approach: A 2-year longitudinal study. Behavior *Modification*, *30*, 571-597.

Bodenmann, G., & Shantinath, S. D., (2004). The Couples Coping Enhancement Training (CCET): A new approach to prevention of marital distress based upon stress and coping. *Family Relations*, *53*, 477-484.

Bradbury, T. N. (1995). Assessing the four fundamental domains of marriage. *Family Relations*, *44*, 459-468.

Brotherson, S. E., & Duncan, W. C. (2004). Rebinding the ties that bind: Government efforts to preserve and promote marriage. *Family Relations*, *53*, 459-468.

Bulbolz, M. M., & Sontag, M. S. (1993). Human ecology theory. In P. G. Boss, W. J. Doherty, R. LaRossa, W. R. Shumm, & S. K. Steinmetz (Eds.), *Sourcebook of family theories and methods* (pp. 419-448). New York: Plenum.

Busby, D. M., Holman, T. B., & Taniguchi, N. (2001). RELATE: Relationship evaluation of the individual, family, cultural and couple contexts. *Family Relations*, *50*, 308-317.

Busby, D. M., Ivey, D. C., Harris, S. M., & Ates, C. (2007). Self-directed, therapist-directed, and assessment-based interventions for premarital couples. *Family Relations*, *56*, 279-290.

DeMaria, R. (2003). Psychoeducation and enrichment: Clinical considerations for couple and family therapy. In T. L. Sexton, G. R. Weeks, & M. S. Robbins (Eds.), *Handbook of family therapy* (pp. 411-431). New York: Brunner-Routledge.

Doherty, W. J., & Anderson, J. R. (2004). Community marriage initiatives. *Family Relations*, *53,* 425-432.

Giblin, P., Sprenkle, D. H., & Sheehan, R. (1985). Enrichment outcome research: A meta-analysis of premarital, marital, and family interventions. *Journal of Marital and Family Therapy*, *11*, 257-271.

Glenn, N. D., Nock, S., Waite, L, Doherty, W, Gottman, J., & Markey, B. (2002). Why marriage matters: Twenty-one conclusions from the social sciences. *American Experiment Quarterly*, *5*, 34-44.

Gottman, J. M., & Notarius, C. I. (2002). Marital research in the 20th century and a research agenda for the 21st century. *Family Process*, *41*, 159-198.

Gurman, A. S., & Fraenkel, P. (2002). The history of couple therapy: A millennial review. *Family Process*, *41*, 199-260.

Halford, W. K. (2004). The future of couple relationship education: Suggestions on how it can make a difference. *Family Relations*, *53,* 559-571.

Halford, W. K., Markman, H. J., Kline, G. H., & Stanley, S. M. (2003). Best practice in couple relationship education. *Journal of Marital and Family Therapy*, *29*, 385-406.

Halford, W. K., O'Donnell, C., Lizzio, A., & Wilson, K. (2004). Do couples at high-risk of relationship problems attend premarriage education? *Journal of Family Psychology*, *20*, 160-163.

Jacobson, N. S., Schmaling, K. B., & Holtzworth-Munroe, A. (1987). Component analysis of behavioral marital therapy: Two year follow-up and prediction of relapse. *Journal of Marital and Family Therapy*, *13*, 187-195.

Jakubowski, S. F., Milne, E. P., Brunner, H., & Miller, R. B. (2004). A review of empirically supported marital enrichment programs. *Family Relations*, *53,* 528-536.

Johnson, S. M. (2002). Marital problems. In D. H. Sprenkle (Ed.), *Effectiveness research in marriage and family therapy* (pp.163-190). Alexandria, VA: American Association for Marriage and Family Therapy.

Karney, B. R., & Bradbury, T. N. (1995). The longitudinal course of marital quality and Stability: A review of theory, method, and research. *Psychological Bulletin*, *118*, 3-34

Knutson, L., & Olson, D. H. (2003). Effectiveness of PREPARE program with premarital couples in community settings. *Marriage and Family*, *6,* 529-546.

Larson, J. H. (2007). Couple enrichment approaches. *Journal of Couple and Relationship Therapy*, *6,* 197-206.

Larson, J. H., & Halford, W. K. (in press). One size does not fit all: Customizing couple relationship education for unique couple needs. *Handbook of clinical issues in couple therapy (2nd ed.)*.

Larson, J. H., & Holman, T. B. (1994). Premarital predictors of marital quality and stability: An applied literature review. *Family Relations, 43*, 1-10.

Larson, J. H., Newell, K., Topham, G., & Nichols, S. (2002). A review of three comprehensive premarital assessment question-naires. *Journal of Marital and Family Therapy, 28*, 233-239.

Larson, J. H., Vatter, R. S., Galbraith, R. C., Holman, T. B., & Stahmann, R. F. (2007). The Reationship Evaluation (RELATE) with therapist-assisted interpretation: Short-term effects on premarital relationships. *Journal of Marital and Family Therapy, 33,* 364-374.

Markman, H. J., Renick, M. J., Floyd, F. J., Stanley, S. M., & Clements, M. (1993). Preventing marital distress through communication and conflict management training: A 4- and 5-year follow-up. *Journal of Consulting and Clinical Psychology, 61,* 70-77.

Nielsen, A, Pinsof, W., Rampage, C., Solomon, A. H., & Goldstein, S. (2004). Marriage 101: An integrated academic and experiential undergraduate marriage education course. *Family Relations, 53,* 485-494.

Ooms, T., & Wilson, P. (2004). The challenges of offering relationship and marriage education to low-income populations. *Family Relations, 53,* 440-447.

Price, R. H., Cowen, E. L., Lorion, R. P., & Ramos-McKay, J. 1989). The search for effective programs: What we learned along the way. *American Journal of Orthopsychiatry, 59,* 49-58.

Silliman, B., & Schumm, W. R. (2004). Adolescents' perceptions of marriage and premarital couples education. *Family Relations, 53,* 513-520.

Stanley, S. M., Markman, H. J., Prado, L. M., Olmos-Gallo, P. A., Tonelli, L., St. Peters, M., Leber, B. D., Bobulinski, M., Cordova, A., & Whitton, S. W. (2001). Community-based premarital preparation: Clergy and lay leaders on the front lines. *Family Relations, 50,* 67-76.

Sullivan, K. T., & Bradbury, T. N. (1997). Are premarital prevention programs reaching couples at risk for marital dysfunction? *Journal of Consulting and Clinical Psychology, 65,* 24-30.

Van Widenfelt, B., Markman, H. J., Guerney, B., Behrens, B. C., & Hosman, C. (1997). Prevention of relationship problems. In W. K. Halford & H. J. Markman (Eds.), *Clinical handbook of marriage and couples interventions* (pp. 651-675). New York: John Wiley & Sons.

關於作者

Jeffry H. Larson，博士，執業婚姻與家庭治療師，合格家庭生活教育人員，楊百翰大學婚姻與家族治療教授。Larson 博士是下列書刊的編輯：《伴侶與關係治療期刊》（*Journal of Couple and Relationship Therapy*）、《臨床與教育介入的創新》（*Innovations in Clinical and Educational Interventions*），以及《為長期成功而改變》（*Chances for Long Term Success*）（San Francisco: Jossey-Bass, 2000）。E-mail: jeffry_larson@byu.edu。

【本文原刊登於 *Family Relations: Interdisciplinary Journal of Applied Family Studies*, 2004, *53*, 421-424，經授權同意轉載。】

Chapter 7

工作－家庭研究：
從「個中好手」中學習

Shelley MacDermid 著・張燕滿 譯

過去數十年，有關工作與非工作生活之間關係的研究，已是爆炸性的增加。針對工作—家庭研究卓越所頒發的殊榮——羅莎貝絲・莫斯・肯特獎（Rosabeth Moss Kanter Award for Excellence in Work-Family Research），為要喚醒學者、顧問及從業團體追求高品質的工作—家庭研究。

這個獎是由普渡大學家庭中心（Center for Families at Purdue University）與波士頓學院工作—家庭中心（Center for Work and Family at Boston College）所管理，目前的贊助者是職涯進展聯盟（Alliance for Work-Life Progress），它是職涯從業人員的專業組織。設立這個獎項的目的在於促進有關工作—家庭研究品質標準的辯論，最終希望能提高這些研究的標準。接下來，我們將回顧過去幾年從「個中好手」中所獲得的學習。

❧ 「超載」比「過勞」更有問題

角色超載（role overload）意思是在有限的時間內，要同時做太多的工作。雖然已有相當大量針對長工時的公開辯論，也有一些研究提出建議，角

色超載與其所產生的壓力是同等重要的。舉例來說，一項針對警務人員及其配偶的研究結果發現，一旦對於改善關係的情緒氣氛感到疲憊，工作壓力便可能是造成婚姻困擾的徵兆。

另一項研究結果顯示，雖然先生一個星期超過 60 個小時從事與工作相關的活動，而這些時間少於和太太共同活動的時間，**除非**先生表明他具高度角色超載，否則夫妻對其關係的評價並沒有明顯的少；只是，太太表明，感覺到越少的愛，所產生的婚姻衝突就越多。

身為青少年孩子的父親，如果他角色超載的程度低，雖然工作時間長，但是和孩子擁有正向關係程度似乎和較短工時的父親沒兩樣。不過，工作時間長而且感覺角色超載的父親，其接納度卻是較低的。這些父親在換位思考上事倍功半，也就是說，他設身處地的能力比較差。

這些研究建議，工作與壓力超載可能腐蝕其家庭關係，而且研究人員與從業人員應該要能睿智覺察這點，不要忽略它們。

🌿 工作環境的差別超越性別的差異

過去四十年間，在孩子尚處幼兒時期即投身勞動市場的婦女人數快速增加。不過，Kanter 最近的研究建議，對於男女回應工作—家庭的要求有所不同，這樣的結論是錯誤的。2003 年的一項研究結果發現，當男女面對相同的要求時，傾向以類似的方式回應。為人父親和母親者比起非父母者更有可能拒絕升遷。不論性別，在以男性為主的職業比以女性為主的職業更可能忽略家庭團聚。

一篇比賽獲獎的文章：〈照護老人的人員，其性別差異的研究〉，試圖要了解為何女性始終比男性提供更多的照顧。該論文所提出的解釋包括兩個部分，一是「先天的本性」——從生物學的觀點而言，女性容易提供照顧；二是「後天的培育」——女性的養成教育與社會化的過程中，都是被要求要提供照顧的。不過，研究人員也發現，從事類似工作時，男女的性別差異就

會消失。換句話說，性別差異在老人照護上會出現較大的差異，是因為男女在他們受雇的條件上有所不同；女性傾向賺取較微薄的工資，甚至較有可能兼差，而且比男性較少有機會成為雇主。

母職代價昂貴

大量研究發現在工資上存在性別差異的現象，這樣對女性是相當不利的。Kanter 的兩個新研究都明確的將焦點放在母親身上，以檢視母職的工資花費與其成長幅度。

第一個研究結果發現，除非母親受過大學教育，否則等她們再回到勞動場所時，她們會有幾年要承擔 3% 到 6% 的工資折損；如果母親待在勞動場所久一點的話，有時候工資的折損可能會小一點。

第二個研究結果追蹤，在母親生下孩子之後十年的時間，看看她以前固定工作的工資發生什麼樣的變化？通常，母親所使用的應對策略是減少在辦公室的時間，舉例來說，可能使用遠距辦公或是兼差的方式，以因應大幅度折損的薪資。這段研究期間的任何時間點上，母親在管理或是專業性工作最大的折損是——在遠距辦公上犧牲了 27% 的薪資漲幅，在兼職工作上犧牲了 22% 的薪資漲幅。整個研究期間，遠距辦公或是兼職工作，薪資相對降低的幅度大約是 58% 或是 50%。

妻子的就業並非導致婚姻破裂的主因

根據 2002 年的一項研究結果發現，妻子一星期工作 20 個小時，其離婚危機比起那些沒有外出工作的人高出 13%；而妻子有全職工作者，其離婚危機比起那些沒有外出工作的人高出 27%。這些差異很明顯，但是並沒有將婚姻幸福納入考慮。

2003 年的一項研究結果發現，如果將婚姻幸福納入考慮，當夫妻雙方都

很快樂時，妻子的就業情況並不會造成婚姻破裂的情形；萬一夫妻任何一方對婚姻不滿意的話，妻子就業情況便明顯的提升了婚姻破裂的危機。也就是說，只要夫妻一方或是雙方對於婚姻不滿意時，妻子的就業情況就會是離婚的一個因素。一位稍早的肯特獎被提名人表示，婚姻不滿意度是先決條件，而非越來越多的妻子參與就業造成離婚的危機。

　　最後，2004 年的一項研究結果發現，增加婚姻滿意度也會提升工作滿意度。同樣的，隨著時間的遞移，夫妻不和的程度越高也會降低工作滿意度。出乎意外的，婚姻品質對工作滿意度的影響也類似婚姻品質對已婚男女的影響。

　　男女雙方對於工作─家庭關係擴展至每日的互動，也會影響其長期關係的滿意度。婚姻滿意度越高，似乎產生更高的工作滿意度；因此，建議雇主可以藉由減低干擾婚姻品質的因素，例如工作超載的工作條件，來獲致收益。

支持性的政策、方案或是實際做法並不會損害公司企業

　　一項利用長期資料的創意研究結果顯示，發表工作─家庭的倡議聲明與隨後的股東回報率之間具有正相關。1981 到 1996 年之間，平均為期三天的股東回報率達 0.48%。相較之下，與裁員相關的聲明會造成股價平均下跌 0.38%；而與歧視訴訟相關的聲明則平均下跌 0.33%。

　　高科技公司與行業中高女性比例的企業則有較高的股東回報率。低失業率期間，並沒有證據顯示股東回報率是由於工作─家庭聲明明顯較多（或較少）所造成。一旦公司聲稱「成為上班族媽媽最理想的公司」，股價立即能增加 0.69%。

1998 年的兒童與父母相處的時間比 1965 年的兒童更多

　　2001 年的一項研究結果發現，1965 到 1975 年間，母親花在照顧兒童活動的時間是減少的，但在隨後的幾年卻逐漸增加。1990 年代後期，父親花在照

顧兒童活動的時間更是一直增加，在家庭裡照顧兒童的整體活動，從41%增加到53%。

　　此外，1998年比起1965年（儘管當時大部分的母親並未外出工作），母親就業的情形增加，兒童反而有更多時間與母親相處在一起。大多數的時間，父母親更願意為孩子騰出自己的閒暇時間。

參考文獻

Anderson, D. J., Binder, M., & Krause, K. (2003). The motherhood wage penalty revisited: Experience, heterogeneity, work effort, and work-schedule flexibility. *Industrial and Labor Relations Review, 56*(2), 273-294.

Crouter, A. C., Bumpus, M. F., Head, M. R., & McHale, S. M. (2001). Implications of overwork and overload for the quality of men's family relationships. *Journal of Marriage and Family, 63,* 404-416.

Glass, J. (2004). Blessing or curse? Work-family policies and mother's wage growth over time. *Work and Occupations, 31*(3), 367-394.

Mennino, S. F., & Brayfield, A. (2002). Job-family trade-offs: The multidimensional effects of gender. *Work and Occupations, 29*(2), 226-256.

Roberts, N. A., & Levenson, R. W. (2001). The remains of the workday: Impact of job stress and exhaustion on marital interaction in police couples. *Journal of Marriage and Family, 63,* 1052-1067.

Sarkisian, N., & Gerstel, N. (2004). Explaining the gender gap in help to parents: The importance of employment. *Journal of Marriage and Family, 66,* 431-451.

關於作者

Shelley M. MacDermid，博士，合格家庭生活教育人員，為印第安納州西拉法葉普渡大學家庭研究教授、家庭中心主任與軍事家庭研究所副主任。她在美國全國家庭關係委員會先前出版的兩本教學資源書籍擔任家庭與社會部分的主編。E-mail: shelley@purdue.edu。

【本文原刊登於 *NCFR Report*, 2006, *51*(2)，經授權同意轉載。】

Chapter *8*

職業生涯迷思與現實
之間的差距

Phyllis Moen 著・張燕滿 譯

超過四十年前，在 Betty Friedan（1965）所著《女性的迷思》（*The Femi-nine Mystique*）一書指出，將全職料理家務的工作，分配給一半的成年人口，這是一種文化矛盾的現象。書中故事內容大致是這樣的：美國戰後，一群已婚者與擔任母職者（白人、至少是中產階級的女性）獨立於新郊區住宅生根，和孩子與其他同具母親身分的人一起居住，而且各方面的需求均獲得完全的滿足。不過，Friedan 卻花很少的心思在其鏡像上：**職業生涯迷思**（career mystique）（Moen & Roehling, 2005）——這也是一種工作的文化矛盾，它要求員工投入全部的時間、精力與承諾，以增加服務年資或工作職務階級。

自從 Friedan 指出「無以名狀的問題」（the problem with no name）將近半世紀，女性的迷思成為一種文化遺產；或是當孩子還小時，會有一個為人母親的短期計畫。如今職業生涯迷思卻相反的成為猶如一條通往成功的路徑，它仍然是美國生活方式不可或缺的一面，即使他們知道永遠無法達到目標，不論男女，都一樣內化了這樣的迷思。

儘管迷思是重要的——它提供一個可能的視野——職業生涯迷思猶如**虛**

假的神話，它阻撓了創造新的、可替代的職場與職業生涯的彈性。這裡有五個「虛假」的理由。第一，即使在 1950 年代，也並非所有的人都有可能爬上成功的職業階梯；只有少數特定的族群，例如大部分的白人與中產階級的男性，才有可能因努力工作而獲得該有的回報。

第二，女性的迷思提供了一個鞏固職業生涯迷思的平台。在商業與政府部門，那些大部分成功攀爬職業生涯階梯的人，清一色都是男性，這樣的現象並不令人意外，因為他們的太太不是家庭主婦就是會為了先生而擱置了自己的職業生涯。

第三，舊「合約」交易的連續性，努力工作是為了提升工資與職務地位的排行，這樣的觀念早已退流行。如今，美國人一定要在全球的競爭環境下爭奪工作。

第四，沒有男性，也沒有女性想要生活在具有性別差異的舊社會裡。女性不會輕易轉換她所抱持的迷思——從飽受批判的「好」媽媽或是「好」太太轉換為表現「好」的員工。相較之下，很多美國婦女試著一肩挑起全部的角色——成為一個好太太、好媽媽**以及**好員工。越來越多數的美國男性也試著要全面提升其角色的表現——抱持平等主義的丈夫、顧家的父親，**而且**在工作上的表現具有生產力和競爭力。他們同時發現，這幾乎是個不可能達成的任務。

第五，很少**人能**與舊規則為伍。每個家庭只有一份工作——舊式的養家餬口／料理家務模式——經常是進入經濟私有化的門票。由於有限的工資已無法跟上通貨膨脹與生活費用的步調，因此以最低工資所維持的生活是匱乏的，而且目前的「中產階級」實與今日的消費經濟能力相去甚遠。

不過，職業生涯迷思仍然存在於制度化的政策與實務當中，在整個生命過程中，它獎勵著持續全職奉獻的給薪工作；它起始於接受教育，迄於退休。這樣的神話已融入美國生活方式的結構中，我們很難想像有任何可替代的方式。因此，美國人認為這樣才是「正常的」，人們在主要的勞動市場（歷年來的白領與加入工會的藍領男性），通常以一致的步調依循職業路徑

便能獲益，包括：健康照護保險、退休金、假期、病假、年資、升遷，以及
工作安全保障。相較之下，那些在次級勞動市場（大部分是婦女與少數民
族，以及低教育程度、非技術性人員與移民者）兼職、派遣員工或臨時工
作，都無法得到這些福利。如今不明朗與模糊的大環境，有越來越多人置身
於「次級」工作場所——即使那些是所謂「好的」工作。21 世紀，大部分的美
國家庭必須為了抗衡生活條件的變化，而面對工作與收入的不安全感和壓力。

　　為何美國人堅信顯然是虛假神話的職業生涯能夠邁向好的生活？部分原
因是它是美國夢的縮影。職業生涯迷思，擁有持久性的職業倫理與工作倫
理，兩者都是美國個人與自由企業價值觀的關鍵點。努力工作的犧牲結果便
能換得美夢成真，因而獲得財富、保障、地位、醫療保險、退休金、尊敬、
愛、讚賞與幸福。就像重演 1950 年代的情境喜劇一樣，它仍舊是個迷思。但
是，到了 20 世紀中期，為了一輩子的收入保障而與終身支薪工作討價還價的
情形，可能已不復見。兒童、年輕人、成年人、退休人員，仍舊是依循這樣的
發展——隨著執行長、管理階層、工會領導人及政府部門的政策制定者——
「買進」這些職業生涯迷思。

　　大部分男女通常會順應「友善**工作**」（work-friendly）的策略，他們試著
「適應」曾經看似理所當然的工作、職業生涯與成功的藍圖，如今卻不合時
宜了。有一些人會運用最新科技資訊來安排他們多元化的生活。想像一個具
主導性的電視廣告：一個母親帶著兩個孩子在海邊踏浪，此時的她正在進行
手機通訊會議。如此進步的科技能讓人們在任何時間與地點都可以工作，可
說是友善家庭，同時也是友善工作，鼓勵員工隨時隨地都可以工作。友善家
庭企業的其他主要創新，諸如兒童照顧與彈性工時制，也同樣是友善**工作**，
讓員工可以奉獻更多的時間在其工作上。

　　甚至「平衡」的口號本身就是友善**工作**。單親父母親無法奢望在全職工
作與全年養家之間取得「平衡」；而且婚姻中的雙方很少能夠在工作與家庭
的目標和責任間取得平衡。相反的，配偶的一方（通常是太太）經常會退讓
（「平衡」），只為了讓配偶的另一方（先生）可以投入長時間、出差、隨

時待命，以及企圖升遷，或是至少能緊握住越來越不穩定的職業生涯階梯。「平衡」的比喻只是文化的慣例，強化衝突與壓力是屬於私人煩惱的觀念，而非公開的議題。

　　（虛假的）職業生涯迷思保留著部分美國人在所有年紀與階段的人類經歷，性別差異與年齡差異也一樣，交織成風俗、政策與實務。所謂主要養家餬口與料理家務兩者的**性別差異**（有薪工作與無薪的家庭照顧工作），以及將生命歷程依年齡依序劃分為三部分（就學、就業、退休），這些都是社會發明的產物，也是 20 世紀的產物（工業化、都市化、郊區化）。事實上，這些都是虛構的差異——在家庭與工作場所之間，在男性與女性之間，在支薪工作與無償照顧或是社區工作之間，在學生、員工與退休人員之間。

　　社會的發明，就像科技的發明一樣，也會有過時落伍的時候。職業生涯迷思透過想像與執行更可持續的方式來安排支薪工作、家庭照顧工作以及社區參與而存在，為家庭設立更好的安全網也是一樣。我們能縮小全國的差距嗎？——包括支薪工作與無償的家庭與社區工作之間的差距、女性與男性之間的差距，在勞動力老齡化、「退休」人力增加，和有意義參與的機會之間的差距，以及在家庭路徑與職業路徑之間的差距，在「好」工作與安全網的迷思與真實之間的差距。

　　首先，我們要更注意家庭與經濟兩個基本制度之間的差距。這是一個動態的差距，隨著社會的勢力而轉移，也隨著不同年齡與生命階段脫離家庭與家人之間的供需；在不同年齡與生命階段，也脫離了工作上的供應與要求（Moen & Chesley, 2008）。

　　美國人對於培育科技發明比社會發明更見擅長，在前所未見的混亂與變革時代更顯其創意。舉例來說：在經濟大蕭條期間，年老的美國人加入勞動場域，社會保險的出現就如同一張安全網。另一個例子：《退伍軍人福利法》、《大兵法案》（G.I. Bill）的發明，提供從第二次世界大戰回來的退伍軍人與其家庭一個重塑其生活的機會。「所有」的這些美國社會的需求，必須超越職業生涯迷思的想像，以及要有意願改變。

參考文獻

Friedan, B. (1963). *The feminine mystique*. New York: Bantam Doubleday Dell.

Moen, P., & Roehling, P. (2005). *The career mystique: Cracks in the American dream*. Boulder: Rowman & Littlefield Publishers, Inc.

Moen, P., & Chesley, N. (2008). Toxic job ecologies, time convoys, and work-family conflict: Can families (re)gain control and life-course "fit"? In K. Korabik, D. S. Lero, & D. L. Whitehead (Eds.), *Handbook of work – family integration: Research, theory, and best practices* (pp. 95-122). New York: Elsevier.

關於作者

Phyllis Moen，博士，獲得麥克奈特總裁賦予教席（McKnight Presidential Endowed Chair），也是明尼蘇達大學社會學講座教授。她是生命歷程學者，對於「時間」以及研究女性與男性的生活、家庭關係、工作與家庭生涯，還有將這些連結到政策和生命歷程有興趣。Moen 教授已出版多本著作，例如《女性的兩個角色：當代的困境》（*Women's Two Roles: A Contemporary Dilemma*, 1992）與《關於時間：伴侶和事業》（*It's about Time: Couples and Careers*, 2003）。《職業生涯的迷思：美國夢的差距》（*The Career Mystique: Cracks in the American Dream*）一書則是和 Patricia Roehling 合著，被美國出版者協會專業及學術出版組選為 2005 年社會學最佳出版品。她與 Erin Kelly 共同主導「彈性工作與福利中心」，這是由國家衛生研究院網絡所資助，研究並提供員工更彈性且能掌控他們工作的時間與時機的方式。Moen 博士榮獲家庭與工作協會 2008 年「工作與生活遺產獎」。

【本文原刊登於 *NCFR Report*, 2006, *51*(2)，經授權同意轉載。】

Chapter *9*

透過家庭生活教育
促進職家平衡

Michael Lane Morris 著・張燕滿 譯

周旋於工作與家庭之間的需求挑戰已成為員工及其家庭與雇主最重要的議題。過去四十年，有關職家主題的研究呈現倍數成長，而且所牽涉的範圍包羅萬象，例如家庭研究、管理、經濟、保健、社會與心理。研究顯示競爭的期望與壓力的張力從工作和家庭領域油然而生，干擾著個人發揮生活中重要角色功能的能力。因此，這些干擾阻礙了關於家庭與工作的保健能力（Morris & Madsen, 2007）。想想以下所描述的例子：

> 珍妮絲，32 歲，是個航空工程師，同時也是兩個學齡前兒童的單親媽媽。因為她的家族住在波士頓而她和孩子住在洛杉磯，對於孩子的照顧，家族提供的支持也很有限。最近，珍妮絲獲得一個夢寐以求的升遷機會；面對這個難得的升遷機會，她百感交集。因為只有一份薪水維持家計，因此她顯然有加薪的迫切需求。然而，她很清楚必須為新職位付出更多的工作時間、出差，甚至週末也得將工作帶回家裡加班。如果接受了新任務，珍妮絲擔心是否有足夠的時間能照顧好她年幼的孩子。

由於跨州建設計畫，安妮的通勤時間從 15 分鐘增加到 35 分鐘。安妮感到忿忿不平，因為主管堅持她必須在早上 8 點前進公司。在與一位行駛同樣路線的朋友聊過後，安妮知道跨州交通問題會在早上 8 點半後得到紓緩。安妮希望老闆可以讓她早上的行程多一點彈性的時間。

羅傑是個相當成功的高科技（IT）經理人。羅傑的太太琳恩常常抱怨羅傑過度工作的習慣。當夫妻倆度假時，羅傑借助無線通訊設備耗費很多假期時間在工作上。當琳恩提出抱怨時，羅傑提醒她：「在公司裡，要爬上今日的職位並不容易，而且需要這樣的工作倫理才能達到成功。」琳恩覺得飽受忽視與不被重視。

麥可在公司擔任領班，工作時間是夜班（晚上 11 點到早上 7 點）；而太太瓊安在一所大學擔任行政助理，她的工作時間卻是標準的日班（早上 8 點到下午 5 點）。麥可和瓊安經常因為一些問題而爭吵不休，例如個人財務（過度的信用卡債務）、工作時間以及建立家庭願景。最近，這對夫妻發現礙於醫療併發症，他們是不可能懷孕了。因為種種的家庭衝突，麥可的主管注意到他似乎變得更暴躁、注意力更不集中，而且在主要分配的任務上發生一連串的失誤。

這些小短文清楚描繪出職家議題非常的複雜，而且職家議題衝擊所有的人，無論其教育程度、性別、收入、家庭結構、職業、種族、年齡、工作階級地位或是宗教信仰。有關職家壓力的普遍現象有哪些，而且造成怎樣的影響（Galinsky& Bond, 1998; Bond, Galinsky, Kim, & Brownfield, 2005; Cascio, 2000; Lockwood, 2003; Miller, 2005; Tyler, 2006）？請思考以下的研究發現：

- 90%的員工想要花更多的時間在家庭上。

- 85%的員工有例行性的家庭責任。

- 46%的雙薪父母親，他們的孩子未滿 18 歲，並且住在家裡。

- 33%的員工擔憂孩子每日的托育照顧。

- 78%的已婚員工屬於雙薪家庭或是雙生涯的職家狀況。

- 25%的員工負有老年照護的責任。

- 每一年因職家壓力而請假的員工，需要耗費公司 3 千億美元。

- 79%的員工經歷職家壓力達到中至高等程度。

- 70%的員工表示他們的職家情況並沒有達到平衡。

- 有職家衝突的員工比起一般人而言，有三倍的可能放棄他們的工作。

- 50%出錯的員工是因為職家衝突所導致。

- 每三個月，50%的員工至少經歷一次與職家衝突明顯相關的壓力。

- 每年 25%的員工，因感到太大壓力而無法有效處理公事的情形，一年有五天或以上；有48%的員工，因壓力而導致無效工作，每年有一到四天。

　　身為家庭生活教育人員（Family Life Educators, FLEs），了解職家的挑戰是很重要的，它使我們可以發展有效的介入方式，以促進個人、家庭與組織有更多產量與更豐碩的收益。特別是，家庭生活教育人員的專門知識需要創新並執行其解決之道，以便幫助個人更加平衡、健康、有彈性、參與並豐富職家兩個領域（Rapoport, Bailyn, Fletcher, & Pruitt, 2002）。同樣的，在組織層級方面，家庭生活教育人員也需要提升工作文化的接納程度，以支持職家平衡，並且正面的影響員工、家庭與組織情境的健康與幸福（Crooker, Smith, & Tabak, 2002）。

　　為了協助家庭生活教育人員在職家領域的實務工作，本章的目的如下：(1)界定職家平衡，以及其他與職家領域相關的專門術語；(2)回顧文獻，關於影響職家平衡的預測因素；(3)定義個人、家庭與組織有關職家平衡的結果；

(4)總結職家問題的解決之道，以促進個人、家庭與組織的職家平衡。[1]

職家平衡與其他職家的專門術語

　　「職家平衡」（work/family balance）這個詞語究竟是什麼意思？「職家平衡」一詞已受學術界與大眾媒體大量的關注。學者最主要的興趣在探討「職家平衡」指標的普及、預測與結果，它影響個人、家庭與組織的關係及其職業的健康、福祉與表現（Grzywacz & Carlson, 2007）。同樣的，大眾媒體容易行銷「職家平衡」的心願，消費者為了學習「如何」達到一個更滿意的平衡生活也會購買自助的教材與書籍。

　　要在職家文獻裡找到一個能被大眾接受的「職家平衡」一詞是有困難的（Frone, 2003）。Pitt-Catsouphes、Kossek 和 Sweet（2006）將「職家平衡」一詞稱作「幾近理所當然的隱喻」（p. 9）。

　　然而，文獻裡並沒有辦法找到一個普遍被接受的「職家平衡」詞彙，真的存在一些定義並能讓我們理解「職家平衡」的概念。早期定義職家平衡的特點，其努力成果就是工作與家庭場域「沒有衝突」。職家衝突被視為是工作與家庭角色互不相容，主要源自：以時間為主要考量、以壓力為主要考量，以及以行為為主要考量（Greenhaus & Beutell, 1985）。**以時間為主要考量的衝突**，是指在一個時間點既要應付某一個角色的要求，但對於同時間又要應付另一個角色的要求，則有所困難或是無法辦到。**以壓力為主要考量的衝突**是心理壓力從某一個領域溢出另一個領域，無法善盡兩個角色的責任。**以行為為主要考量的衝突**是行為者通常能勝任某一個領域，卻不在行另一個領域。舉例來說，在工作場所可能需要競爭性，但是在家裡卻完全不需要。

---

[1]　關於上述目的(2)到(4)，限於篇幅，以及家庭生活教育人員希望從廣大的職家研究領域獲取實務取向的內容，作者意圖定義並介紹主要內容議題的概覽。因此，本章使用一般，而非特殊、參考與引用的方式。有興趣的讀者應該參考本章末所列的參考文獻以獲取更詳盡的資訊。

　　職家衝突的相關研究隨著時間演進，「職家干擾」（work/family interfer-ence）一詞是近來出現類似或替換的意象，用以衡量職家衝突的新面向。利用職家干擾名詞的研究結果可擴大到包括檢視其頻率、預防與（或）衝突現象的緊張程度（Edwards & Rothbard, 2000）。從歷史的觀點來說，學校以「沒有衝突」的思維角度來思考並檢視職家平衡一事是最不合時宜，但卻是最普遍的，包含最大宗的研究。有別於衝突立場界定職家平衡，出現了更多現代化的定義，而且開始以新的思考方式來檢視職家平衡的概念，以下四個是對職家平衡的補充定義：

- 「個人以相等程度的心力參與工作與家庭的角色，並獲得同等的滿意」（Greenhaus, Collins, & Shaw, 2003, p. 513）。
- 採取「適用全球的評量，工作資源滿足家庭需求，以及家庭資源滿足工作需求，使得參與這兩個領域具有效能」（Voydanoff, 2005, p. 825）。
- 在工作與家庭角色方面，個人效能與滿意程度相容於個人生活的優先次序（Greenhaus & Allen, 2006）。
- 「對於相關角色期望的成就，是個人與其在工作及家庭領域中相關角色的夥伴進行協商並取得共識」（Grzywacz & Carlson, 2007, p. 458）。

　　仔細檢視職家平衡的新舊定義有助於蒐集想法，以擴展並形塑我們所理解的概念。首先，這些定義說明工作與家庭之間的介面存在著「跨領域效果」。Friedman 和 Greenhaus（2000）定義跨領域效果為：在某一個領域的經驗與選擇影響另一個領域的結果。這樣的取向是假設在工作與家庭領域之間有一個相互對等的雙向影響。

　　其次，這些定義也說明著跨領域效果的雙向影響具有正負值（Friedman & Greenhaus, 2000）。如圖 1 所示，至少有四個相互影響存在於工作與家庭領域之間。

　　第三，這些定義指出職家平衡是一個動態與複雜的概念，包括認知、情緒、社會與行為的面向。在認知方面，這個定義意味著，個人使用評估與歸

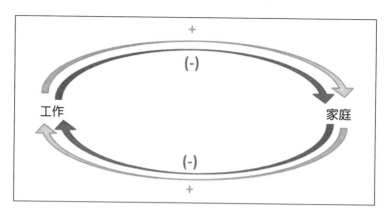

圖1

因的過程來評量其所能獲得資源的程度，以應用在其職家的狀況。在情緒方面，滿足與豐富的感覺是檢視職家經歷的重要標準。個人、家庭與組織使用這些重要的標準反映其對工作與家庭的價值、優先次序、信念與期望。在社會方面，包含環境與文化的需求，為了與他人分享關係和友誼，職家平衡於焉產生。同時，這些有關職家平衡的定義反映了一組行為成分，包含致力於協商、合作、有效參與多元角色，以及在工作與家庭責任上的表現。

　　最後，這些職家平衡的定義使我們連結「職家平衡」一詞時，更能敏銳覺察與充分敏感於其個性化／個人意義。關於工作／生活平衡（work/life balance, WLB），Fleetwood（2007）注意到：「我們並不清楚WLB（工作／生活平衡）是否涉及事務的客觀狀態、主觀經歷、感知或是感覺；是現實還是願望；是論述或是實際做法；彈性工作的隱喻；性別勞動分工的隱喻；或是其他政治議程的隱喻。」（p. 352）所謂的工作／生活平衡具有很明顯的個別差異。

　　除了職家平衡的概念，還有許多其他職家相關的概念，開始出現在職家文獻中，描述在工作與家庭之間的介面（參見表 1）。像是**豐富**（enrichment）（Greenhaus & Powell, 2006）、**整體**（integration）（Bailyn, Drago, & Kochan, 2001）、**便利性**（facilitation）（Grzywacz, 2002）、**外溢**（spillover）、**資源消耗**（resource drain）、**一致性**（congruence）、**補償**（compensation）、**分割**（segmentation）（Edwards & Rothbard, 2000）、**增強**（enhancement）（Graves, Ohlott,

表 1　其他職家平衡的概念與用語

職家概念	定義
豐富	經驗的程度，其來源可能是工具途徑（例如技巧、能力、價值觀）或是情感途徑（例如心情），在某一個領域（例如工作）正向提升另一個領域的生活品質（例如家庭）（Greenhaus & Powell, 2006）。
整體	整體策略，包括工作與家庭領域有效率且高效能的協調其間的優勢、努力和精力。整體包括一個有彈性、可滲透的健全的系統，協助並鼓勵來自於工作生活、家庭生活與社區生活領域的優先與珍貴活動，都能獲得相等關注與連結（Bailyn, Drago, & Kochan, 2001）。
外溢	工作與家庭共享類似的效果（例如情感、價值、技巧與行為）。外溢的經驗可以是正向，也可以是負向；而工作與家庭的經驗是相同的——不是兩者都是正向，就是兩者都是負向（Edwards & Rothbard, 2000）。
便利性	參與某一個領域的程度會增強參與或經歷另一個領域的培育。便利性包括在個人與情境環境上的技巧、經驗、資源與認知的互動，可移植並致力增加組織與個人發展的層次（Grzywacz, 2002）。
資源消耗	轉讓或轉移某一個可獲得的有限資源（例如時間、精力、注意力），原本為某一領域初始擁有可資利用的資源，從某一個領域到另一個領域，因而減少相同資源的可用性。當剩餘或未使用的資源顯得不足或耗盡時，潛在升高的壓力、疲勞與倦怠感便隨之而來（Edwards & Rothbard, 2000）。
一致性	涉及歸納包含在工作與家庭之相似性於一個第三變項，例如得以影響兩個領域的遺傳或是個性因素。一致性非常類似外溢，唯差別在於一致性的相似性是經由第三變項為中介；相反的，外溢是工作與家庭之間的直接影響（Edwards & Rothbard, 2000）。
補償	藉由增加努力尋求在某一個領域的正向經歷，以努力抵消在另一個領域的負向經歷。透過努力追逐二者其一的方式：其中一個方式包括增加某一個領域的介入，投桃報李的削減另一個領域的介入；另一個方式則包括追求能提供較多獎勵的某一個領域，並犧牲回報微不足道的另一個領域（Edwards & Rothbard, 2000）。
分割	工作與家庭系統完整區域化或是碎片化。分割包括一條分界線，隔離家庭與工作的世界——以及從工作隔離家庭的世界（Edwards & Rothbard, 2000）。
增強	當個人的精力與態度越是在某一個領域提升，便越能有助於另一個領域的技巧發展。

& Ruderman, 2007）的概念，這些都會增加我們對動態職家平衡的理解。舉例來說，透過職家學者，人們可以充分注意其介面的豐富與便利性，因為對於個人、家庭及組織來說，對其工作與家庭的介面，他們能描述其中更多正向的品質、連結與信念。然而，這是一個新興的研究領域，一旦初始發現其似乎有前景，但是最後的結論可能又會不一致。進一步言之，初步研究建議連結職家衝突的過程與結果，相關概念諸如職家豐富或職家便利性並不會有相同的過程與結果。

　　我要以友善的專業提醒來結束本節。家庭生活教育人員需熟識工作上的挑戰，像是「職家平衡」的日常用語，或是其他職家相關的詞彙，我們一定要小心定義那些具強力影響之介入效果的關鍵名詞。身為學者及實務工作者，我們一定要記住那些極具批判而又強力影響介入效果的定義。它們可成為發展方法與內容的藍圖，用以協助那些正陷入工作與家庭挑戰泥淖中的人。我們一定要小心選擇、定義與呈現職家的概念。然後，要將我們的定義與我們共事的那些人的定義相比較，並同步該定義。而這樣的校準將強化助人工作上的效果。

預測和影響職家平衡的個人、家庭與組織之變項

　　過去超過四十年，有越來越多的研究主體探討職家平衡的預測因素、標準與中介變項。為籌寫本節，我瀏覽許多統合分析（meta-analytic）的文獻回顧，包含將近一千筆的研究資料，以制定大型主題與副主題的預測變項，研究結果發現正負向影響職家平衡與其他職家的動力學（例如衝突、整體、便利性）。[2]

　　表2總結許多實證研究，界定了個人層面、家庭層面與組織層面的變項，

---

[2]　這些統合分析研究更多詳細的資訊，請參見 Allen, Herst, Bruck, & Sutton (2000); Byron (2005); Eby, Casper, Lockwood, Bordeaux, & Brinley (2005); Ford, Heinen, & Langkamer (2007); Frone (2003); Gilboa, Shirom, Fried, & Cooper (2008); Kossek & Ozeki (1998); MacDermid & Harvey (2006); Thompson, Beauvis, & Allen (2006); Quick, Quick, Nelson, & Hurrell (1997)。

表 2 職家平衡的個人、家庭與組織之預測因子

個人層面的影響	家庭層面的影響	組織層面的影響
背景特徵 • 人口變項（例如年齡、性別、種族） • 工作資歷與經驗 • 教育程度 • 休閒行為與實際情形 • 職業生涯週期階段（例如早期的職業生涯／新手、中期的職業生涯、晚期的職業生涯、退休）	家庭特徵 • 社經地位（例如生活水準） • 家庭責任（例如子女數、子女年齡） • 婚姻狀況（例如單身、已婚、離婚、再婚、同居） • 婚姻形式（例如雙薪與單薪） • 家庭生命週期階段 • 國內專業化分工（例如公平性）	組織特徵 • 環境（例如行業、地點、機構） • 人口構成（例如男女性別比例） • 非家族企業的福利與薪酬（例如退休金福利） • 結構（亦即集權化與分權化的程度）；大小（例如小型、中型、大型）
認同的特徵 • 個性〔例如大五人格特質（Big Five）、A 型人格（Type A）、樂觀、堅毅〕 • 情緒（例如心情、正向情感、負向情感、焦慮／憂慮、生氣、罪惡） • 性別角色取向（例如陽剛之氣或是陰柔特質） • 內在動機的特質（例如自尊、內外控、需求／想要、價值系統）	家庭與親職的壓力需求 • 照顧的需求（例如兒童、老年人） • 衝突（例如婚姻的、親／子的） • 行為的後果（例如品行問題、學校的表現） • 兒童福祉（例如心理與生理的健康） • 親職形式（例如自由放任）；兒童對工作的看法（例如安全、保障） • 共親職的工作／非工作態度（例如涉入孩子與工作的程度）	工作的特徵 • 自主的範圍 • 工作需求（例如工作時間、工作步調、工作分量、例行事務、複雜性） • 個人／工作適應（例如競爭性）；工作不安全感 • 工作設計（例如各種不同的技能、輪班、工作量、頻率、超時工作的強制性） • 工作屬性（例如聲望、權威） • 物理環境（例如空氣品質、溫度） • 暴露汙染的風險（例如噪音、毒劑、有害物質） • 出差的可能性（例如量、頻率、時間） • 行事曆（例如僵化或有彈性）

表 2　職家平衡的個人、家庭與組織之預測因子（續）

個人層面的影響	家庭層面的影響	組織層面的影響
個人有關工作或家庭的態度 • 家庭滿意度 • 承諾／忠誠（例如情感與持續性） • 參與（例如行為的、心理的） • 離開的認知（例如有關離開家庭的想法） • 有關家庭的覺知（例如家庭的驕傲）	**家庭／配偶的態度** • 滿意度（例如生活、婚姻、家庭、親職） • 參與／承諾（例如共處的時間） • 休閒與娛樂 • 工作態度（例如配偶的工作滿意度、配偶對員工的工作觀點） • 背景（例如配偶收入、教育、性別、健康條件）	**職家支持的組織文化** • 雇主的響應（例如採用友善家庭的福利） • 管理者／監督者的支持（例如使用有關友善家庭方案的態度） • 同事／同儕的支持（例如對工作分擔與彈性時間的態度） • 人力資源的政策與實務（例如推廣實踐、訓練） • 提供友善家庭的福利（例如彈性日程表、遠距辦公）
個人有關工作與職業生涯的態度 • 工作／職業生涯滿意度 • 職業生涯的承諾 • 職業生涯的凸顯／參與／認同（例如一份使命或只是一份工作） • 職業生涯滿意度 • 職業生涯的發展機會（例如升遷希望） • 退出認知（例如離職傾向、有關缺席或遲到的想法） • 有關職業／工作的覺知（例如收入、保障） • 有關組織的覺知（例如雇主的選擇）	**家庭支持系統網絡** • 配偶支持 • 友誼網絡（例如數量、品質、經營友誼的時間） • 社區連結與支持（例如教會、學校） • 祖父母的涉入（例如兒童照顧、財務支持）	**角色壓力** • 角色衝突 • 角色模糊 • 角色超載

影響職家介面的正向與負向都有（Eby, Casper, Lockwood, Bordeaux, & Brinley, 2005）。當回顧如表 2 這些浩如煙海的大型主題變項時，有兩個一般性的觀察變項在其中。

　　首先，雖然職家預測與影響的因素是依照個人、家庭與組織來分類，但此三類領域（亦即個人、家庭與組織）所呈現的影響來源可以是單獨的或是共同的。舉例來說，很多研究人員在此三層面檢視像是動機與個性向度而標示特徵的每一層面，就像研究某一個類型區域內這些相同標示特徵的起源，它是如何跨越影響另一個生活的面向（例如個人的個性如何受到婚姻壓力而影響其工作？）（Wayne, Musisca, & Fleeson, 2004）。如此一來，在某一個分類之下（例如個人層面）的預測因素，並不會限制它與另一分類領域的相關（例如家庭層面或是組織層面）。

　　其次，研究結果已建議，影響預測的來源可以有不同的方向與大小（像是工作相對於家庭）。相對而言，調查研究一致顯示工作與家庭兩者都會受到彼此情境的影響（亦即雙向影響）；相較之下，雖然家庭壓力會衝擊到工作情境，但是家庭情境傾向受到更大工作壓力的影響（Frone, 2003）。

　　限於篇幅，我們無法深入討論，以及呈現研究來支持表 2 所含括的每一個大型主題。以下所列的這些項目是從研究文獻中所提供的一些例子。希望這些例子可以說明很多職家學者所提出的重要研究問題，同樣的，論證顯示個人、家庭與組織的變項，是如何受到職家介面的影響。

● 決定採用友善家庭的實務，與組織雇用女性的比例有直接的相關（Goodstein, 1994）。

● 轉換工作需求、週末工作與輪值表等都和增加職家衝突層面產生正相關（Judge, Boudreau, & Bretz, 1994）。

● 工作（結構的）特徵（例如責任、工時）影響員工控制職家平衡需求的能力（Batt & Valcour, 2003）。

● 減少工作的自主性、增加僵化的時間表，與增加工作上的不可預測性，都

會造成更多的職家失衡（Bond, Thompson, Galinsky, & Prottas, 2003; Galinsky, Bond, & Friedman, 1996）。

● 職場父親與無子女的男性，都同樣能夠從更具彈性的工作時間表中降低職家衝突而獲得益處（Marshall & Barnett, 1994）。

● 個人一旦遭遇家庭與工作上需求、要求與期待的不順遂，大部分的員工會調整其個人生活或是家庭的選擇，以適應工作需求、要求與期待（Thomas & Ganster, 1995）。

🌿 有關個人、家庭與組織職家平衡的結果

　　既然我們已經討論若干影響職家平衡介面的預測變項，現在還要探討一個問題：「以什麼樣的方式？」類似檢驗職家平衡的預測因素研究，有關職家平衡的正負向作用也會因個人、家庭與組織而有所擴大。利用先前章節已描述過的內容分析法，作者們探究若干調查研究結果（Allen, Herst, Bruck, & Sutton, 2000; Eby, Casper, Lockwood, Bordeaux, & Brinley, 2005; Quick, Quick, Nelson, & Hurrell, 1997）以確認一些相關文獻檢驗職家平衡的研究結果。在個人層面、家庭層面與組織層面，我們也使用了相同的分類方法，如表 3 所示。

　　當我們回顧潛在浩如煙海的職家結果，如表 3 所示，有兩個一般的觀察如下所述：第一，結果的變化是依據預測因素來源的方向性，因此，區別影響的方向性是很重要的（亦即到底是工作對家庭造成影響，抑或是家庭對工作造成影響），以決定該結果是如何形成的（Frone, 2003）。舉例來說，Frone（2003）注意到這點而提出建議：與角色相關的結果可能源自於工作對家庭的衝突駐留在家庭領域，亦可能源自於家庭對工作的衝突駐留在工作領域中。任何一種情況，在各自領域上的結果是不一樣的，而且變化很大。Frone進一步注意到，有一些案例，其預測因素的影響方向根本沒有設立，就像工作與家庭領域都會受到相同的衝擊——非正向即負向。因此，建立影響的方向性是很重要的，而且其所產生的結果可能會不一樣。

表 3　職家平衡對個人、家庭與組織的結果

個人層面的結果	家庭層面的結果	組織層面的結果
工作／職業生涯態度 • 工作／職業生涯滿意度 • 承諾 • 忠誠 • 參與度 • 組織的公民權 • 動機（例如離職的意向） • 成功的職業生涯	互動品質 • 調適 • 滿意度（例如婚姻、親職、生活） • 不滿意度（例如婚姻、家庭） • 優勢（例如婚姻、家庭） • 家庭功能（例如溝通、凝聚力） • 衝突 • 豐富	員工參與的行為 • 離職／離職的意向 • 曠職 • 注意力 • 拖延 • 員工留任率 • 罷工／工作停工 • 破壞性行為（例如委屈／抱怨職場）
健康與福祉 • 生理健康（例如高血壓、疲勞） • 心理健康（例如焦慮、沮喪、心情差、耐勞性、復原力） • 行為健康（例如睡眠障礙、藥物濫用、飲食失調） • 醫療保健（例如慢性疾病） • 心理健康（例如倦怠、活力、動力）	家庭參與的行為 • 行為涉入（例如退出、參與） • 心理投入（例如照顧） • 角色投入（例如角色凸顯） • 家庭功能 • 休閒滿意度 • 配偶與家庭的態度（例如支持、鼓勵） • 友誼網絡／支持 • 社區支持	組織的福利 • 健康照護成本（例如事故、受傷、疾病） • 財務表現（例如利潤、市占率） • 企業形象（例如雇主的抉擇） • 政策／方案的採用（遠距辦公政策、彈性日程表） • 監督者／管理者的支持 • 戰略性人力資源的結果（例如員工的招聘、訓練與調動） • 高生產力的團隊
工作關係的品質 • 正向品質（例如信任、尊重） • 負向品質（例如侵略、騷擾、暴力、口頭攻擊）	健康與福祉 • 家庭成員的福祉（例如兒童健康、配偶） • 醫療後果（例如性功能障礙） • 家庭壓力 • 整體應對的行為	員工的工作表現 • 生產力品質（例如錯誤率、失誤） • 產量品質 • 工作效能（例如員工的參與）

　　第二，因職家壓力來源的不同而產生不一樣的結果，而且具有潛在的競爭性，有必要監控其影響的方向性，解決之道的影響也一樣需要受到監控（Frone, 2003）。舉例來說，有一些研究人員已發現他們為減低職家衝突而嘗試介入，同時也促進職家豐富並產生了非預期的結果。很特別的，衝突降低了，但令人驚訝的是，豐富性也減低了（Wayne, Musisca, & Fleeson, 2004）。在發表此議題時，Grzywacz 和 Carlson（2007）提到職家實務工作者一定要有所覺醒，並準備好發表潛在的競爭結果。

　　接下來的這些例子說明一些已受職家學者探究的研究問題，這些學者曾探究影響職家平衡與其結果。

● 提供有效友善家庭方案的組織，其員工留任率較高（Families and Work Institute, 1993）。

● 支持家庭的工作文化能降低員工傾向離職的態度（Allen, 2001）。

● 比起競爭對手，那些提供較廣泛的友善家庭政策與方案的企業，有較高的能力能招聘並挽留較佳的員工，其產品品質有較高的整體性能表現，具有較佳的管理者／員工關係，而且具有較高財務指標的成功企業，其市占率、利潤、銷售均有成長性（Perry-Smith & Blum, 2000）。

● 負有老年照顧責任的員工較容易有遲到和缺席的現象（Hepburn & Barling, 1996）。

● 因父母就業而有收入，改善一般兒童照護的情形，使兒童獲得較佳的醫療和醫療保健的結果（Friedman & Greenhaus, 2000）。

● 一般而言，各式各樣的職家衝突（亦即工作對家庭，家庭對工作），對於工作滿意度、職業生涯滿意度與生活滿意度都會產生負相關（Kossek & Ozeki, 1998）。

🌱 個人、家庭與組織的介入以促進職家平衡

職家介入是設計活動、政策、方案與實務來促進個人、家庭與組織整體的健康，以及工作與家庭之間介面的平衡。這些介入也能緩和工作與家庭之間壓力的衝突與緊張（Arthur & Cook, 2003; Lobel & Kossek, 1996; Morris & Madsen, 2007）。

家庭教育工作人員可以協助個人、家庭與組織的職家介入，其量與種類可說是無止境的。舉例來說，社會人力資源管理（Fegley, 2007）為單一的組織情境提供一個列有 224 項有關員工福利的清單，區分為以下八個福利類別：友善家庭福利、住宿與搬遷、個人服務、財務與薪酬、商務旅遊、健康照護與福祉、假期，與其他雜項。

在界定「介入」一詞的概念上，Argyris（1970）將之定義為：「進入一個正在發生於人與人、人與團體或事物之間的關係系統，目的是要幫助他們。」（p. 15）根據 Argyris（1970）的說法，既然是有意圖要幫助他人，這些介入應該要以促進自主與增能為主要設計，區別健康的界限，並提供機會給該系統的所有成員（亦即個人、家庭與組織），提升其競爭力與效能。為了有效管理並緩和壓力事件，由介入來培養因應方式，可以讓個人、家庭與組織更有能力動員其所存在的資源並將之拓展（Lazarus & Folkman, 1984）。

與前面兩節使用相同的表格形式（參見表 4），我們將凸顯可以納入職家方案（例如訓練）、政策與實務的介入工具。在因應與職家相關的負面影響與其後的結果，這些介入顯得相當實用，且同樣也適用於促進個人、家庭與組織對職家平衡的正向影響與結果（Frone, 2003; Quick et al., 1997）。除此之外，直接發表或修改職家的要求（初級預防）、修改對職家要求的回應（次級預防），以及管理職家要求的對症結果（第三級預防），這些介入都是有效的（Quick et al., 1997）。

表 4　個人、家庭與組織的介入以促進職家平衡

個人層面的介入	家庭層面的介入	組織層面的介入
• 生活型態／休閒管理（檢視生活型態的選項，並創造健康決策的濾器）	• 角色敏感訓練（使用角色扮演活動，使其他人能了解他人的觀點）	• 工作重新設計／豐富（重新建構核心的工作面向）
• 角色訓練與管理（發展時間管理技能、建立社會支持）	• 角色分析（檢驗戲劇性角色、角色期待、勞動力角色等等）	• 參與式的管理（增強員工的自主性與在職家相關工作做決定上的發言權）
• 知覺管理（建立正向的自我概念特色，例如樂觀與希望、控制認知扭曲）	• 家庭團體討論（界定與討論主要阻礙家庭平衡的職家挑戰）	• 彈性工作行程（增加個人可控制與酌情決定何時何地工作的情形）
• 建構自我對話（以理性觀點改變非理性信念與訊息）	• 婚姻／親職／家庭的豐富（培養親近、溝通、問題解決與做決定）	• 職業生涯發展計畫（對個人成長與發展建構職業生涯路徑）
• 轉變式因應（透過更廣泛的人生視角來重新建構事件）	• 職家生活計畫（檢驗職家歷史、界定職家目標、發展職家行動計畫）	• 健康中心（創造像是健身中心成長取向的環境）
• 選擇性忽視（自我認知錨固，在麻煩的情境中採更正向的面向因應）	• 閱讀與學習（透過書本、良師益友與影片建立覺醒與技巧）	• 角色分析（釐清「預期的」工作角色與「實際扮演」的角色間的混亂與衝突）
• 改變個性本位的行為（改變或再造不健全的人格為更具生產力的行為）	• 職家要求／控制的評量（內省檢查主要的職家要求或是控制）	• 目標設定（建立清楚的目標並繪製工作責任與預期表現的地圖）
• 放鬆訓練（設計不同種類的方法達到肌肉發達、生理、心理放鬆與平和）	• 職家資源管理（與家庭價值一致，所有可得資源的庫存與分配，以達成目標）	• 社會支持（提供豐富的關係與文化，以提供情感、資訊、資訊支持）
• 溝通出口（透過寫日誌、口說、行動導向的方式）；健身鍛鍊（以運動和營養提高身體耐力、靈活性與持久力）	• 家庭諮商／治療（家庭特殊症狀方案）	• 訓練方案（提供學習機會，以揭開職家迷思與建立監督職家領導能力）
• 個人諮商／治療（特殊症狀方案）	• 照顧系統分析（評估家庭在兒童與老年人照顧系統的優勢、弱點、機會與威脅點）	• 人力資源政策／方案／實務（採用組織的策略發表時間本位、資訊本位、財務本位以及服務本位的員工需求）

根據 Friedman、DeGroot 和 Christensen（1998）所言，有效的職家介入應該要能協助個人、家庭與組織澄清優先次序與有目的的選擇、溝通、傾聽，與協商競爭性的需求；至於尊重的行為方式要能與其價值系統一致，建立健康的互動、培育與獎勵生產率、適宜的管理界限、檢驗競爭的優先次序，並且具彈性、創意與互相作用以滿足其需求。這些均符合 Friedman 等人標準的介入方式（如表 4 所示）。

可惜的是，檢驗職家介入的**效能**之研究數量相當稀少。因為存在很多沒有答案的問題，我們需要更多的研究。根據 MacDermid 和 Harvey（2006）所言，在職家研究領域，只有少數研究檢驗因應的介入如何選定，如果所選定的選擇是合適的，那麼這些介入在促進平衡、優先順序（第一次或最近一次的嘗試），以及個人或背景環境如何對穩定性、成功或改善控制職家需求產生影響。

無論如何，可行的研究通常包含檢驗其可行性、覺察度、可接受性、可承受性、可使用性，以及友善家庭福利的滿意度（Morris, 2008）。以下的例子是此研究的證據：

● 僅存在或提供友善家庭支持服務並無法擔保員工會使用它們；也不擔保員工的生活會受減低職家壓力的影響。一定也要出現支持性的職場態度與人物（例如監督者、同儕或同事）才行（Thompson, Beauvais, & Allen, 2006）。

● 有效的友善家庭政策與方案在幫助所有員工上，不論性別，都是有用的，職家平衡的經驗使其享受生產性與成功的職業生涯（Kirchmeyer, 1998）。

● 一個星期超過 2.5 天的遠距辦公，將能減少職家衝突的程度；不過，卻也因此增加同事間的衝突（Gajendran & Harrison, 2007）。

● 一般來說，對於組織所提供的職家政策與方案，員工的了解是有限而且模糊的（Pitt-Catsouphes, 1999）。

- 當友善家庭福利的地理位置是在附近或是現場，當友善家庭的資源（例如日間照顧）有利員工工作的行程，以及當所有員工的參與資格是均勻分布並具公平性時，職家倡議有最大的潛在影響（Batt & Valcour, 2003; Kossek & Friede, 2006）。

- 友善家庭福利一定要符應員工交換時間與財務資源的能力，以評估並使用該福利（Connelly, Degraff, & Willis, 2004）。

- 目前，美國企業平均提供八個或以上的職家方案，在未來還會再成長，就像企業的戰略，使用友善家庭福利以實現其競爭優勢（Bond, Galinsky, Kim, Brownfield, 2005; Lockwood, 2003）。

- 當員工接受經濟與立即性的相關需求，最常使用與適合的是一組或一套友善家庭的福利（Creed & Scully, 1999; Lambert, 1999）。

- 46%的員工接受公司安排工作上金融投資靈活的正向回饋；42%的員工在離開程序上獲得正向回饋；以及 21%的員工在老年照顧方案上有正向回饋（Galinsky & Bond, 1998）。

🌿 總結及給實務工作者的結語

在這一章，我試著探索職家平衡的定義，以及其他重要的職家概念。同時也凸顯預測關於職家平衡介面的正負向影響與其結果。進一步言之，我介紹了若干有用的介入方式，以促進個人、家庭與組織的職家平衡。此外，我也注意到家庭生活教育人員在支持職家平衡上扮演了最重要的角色，特別是當平衡的利益對於個人、家庭與組織的影響是如此之大。

對於給家庭生活教育實務工作者的結語，以下有幾個經驗是我們在促進職家平衡時所領會到一些實用的提醒，包括：

1. **有效的職家介入建立在扎實的理論與研究**。大多數職家研究人員與家庭生活教育學者／實務工作者，在強大概念化的架構與理論上，並不以其研究或介入為基礎（Grandey & Cropanzano, 1999; Powell & Cassidy,

2001）。有效的家庭生活教育實務需要有良好的理論和研究基礎，而非良好的意圖、有趣的想法，或是尋求大眾文化的認可（Duncan & Goddard, 2005）。

2. **要有整體觀：工作與家庭是盟友而非敵人。**日常生活中，工作與家庭的關係經常被區隔，分成兩個不同的世界，往往認為工作比家庭更為重要，這明顯是個偏見。在僵化的環境下，這種區隔工作與家庭的取向，對於個人、家庭與組織產生了不必要的緊張、壓力與衝突。這種零和遊戲的競爭優先次序在工作與家庭領域之間造成相當大的緊張，使得家庭與工作變成敵人而非盟友（Friedman & Greenhaus, 2000）。其實，工作與家庭的世界並非宿敵，相反的，在彼此互補的優先順序之下，它們也可以是盟友。身為家庭生活教育人員，我們必須致力化解工作與家庭生活的人為區隔，可藉由幫助個人、家庭與組織明白每個人可以透過工作與家庭之間健康的平衡而獲得成功。

3. **小心選擇職家的介入，以避免介入後的反彈。**處理職家議題，有效的實務要求一個透澈了解有關職家平衡的影響、結果以及解決之道。如同前文表格中所說明的，橫跨個人、家庭與組織，多元領域的影響有許多可能的結果，而且有關職家平衡介入方案的解決之道何其多。由於多樣性，家庭生活教育人員一定要小心選擇促進平衡的介入，並加以執行，以便能顧及個人、家庭與組織的立即性需求。在致力促進職家平衡方面，要求所有的職家介入都能相等的假設是不明智的。依據本章作者的經驗，以「放諸四海而皆準（one size fits all）的介入取向」解決不同對象的特殊需求，以尋求改善其職家情境的方式是毫無效能可言的。需要特別加以關注的關鍵議題，像是性別、家庭生命週期、職業生涯的生命週期、組織情境等等；一旦忽略了這些個別化的需求，將招致無數的反彈。

4. **有效地行銷職家介入。**行銷有效的職家介入需要發展「商業案例」，以示範說明職家平衡對個人、家庭與組織的附加價值福利（Apgar,

1982; Duncan & Goddard, 2005）。如同其他家庭生活教育介入，「商業
案例」的發展包含展示實際的證據，證實介入有益於員工及其家庭的
關係、生理、心理與情緒的健康，而且也展示有利於雇主財務狀況的
營利——對每個人都是雙贏的解決方案（Berg, Kalleberg, & Applebaum,
2003; Halpern & Murphy, 2005）。為了提升職家的主動性，家庭生活教
育人員的行銷訊息應該不只標榜提供類似「奢華的額外津貼」，或
「提供給員工的好處」，或「企業責任」的需求。相反的，家庭生活
教育人員需要溝通怎樣的職家介入才是重要的策略性工具，促使個
人、家庭與組織成功地達到目標（Arthur & Cook, 2003, 2004）。

參考文獻

Allen, T. D., Herst, D. E. L., Bruck, C. S., & Sutton, M. (2000). Consequences associated with work-to-family conflict: A review and agenda for future research. *Journal of Occupational Health Psychology, 5*(2), 278-308.

Allen, T. D. (2001). Family-supportive work environments: The role of organizational perceptions. *Journal of Vocational Behavior, 58,* 414-435.

Apgar, K. (1982). *Life education in the workplace: How to design, lead, and market employee seminars.* New York: Family Service Association of America.

Argyris, C. (1970). *Intervention theory and method.* Reading, MA: Addison-Wesley.

Arthur, M. M., & Cook, A. (2003). The relationship between work-family human resource practices and firm profitability: A multi-theoretical perspective. *Research in Personnel and Human Resources Management, 22,* 219-252.

Arthur, M. M., & Cook, A. (2004). Taking stock of work-family initiatives: How announcements of family-friendly human resource decision affect shareholder value. *Industrial and Labor Relations Review, 57*(4), 599-613.

Bailyn, L., Drago, R., & Kochan, T. (2001). *Integrating work and family life: A holistic approach* (Sloan Work-Family Policy Network report). Cambridge, MA: MIT Sloan School of Management.

Batt, R., & Valcour, P. (2003). Human resources practices as predictors of work-family outcomes and employee turnover. *Industrial Relations, 42*(2), 189-220.

Berg, P., Kalleberg, A., & Applebaum, E. (2003). Balancing work and family: The role of high-commitment environments. *Industrial Relations, 42*(2), 168-188.

Bond, J. T., Galinsky, E., Kim, S. S, & Brownfield, E. (2005). *2005 National study of employers.* New York: Families and Work Institute.

Bond, J. T., Thompson, C. A., Galinsky, E., & Prottas, D. (2003). *Highlights of the 2002 national study of the changing workforce.* New York: Families and Work Institute.

Byron, K. (2005). A meta-analytic review of work-family conflict and its antecedents. *Journal of Vocational Behavior, 67,* 168-198.

Cascio, W. F. (2000). *Costing human resources: The financial impact of behavior in organizations* (4th ed.). Cincinnati, OH: South-Western College Publications.

Connelly, R., Degraff, D., & Willis, R. (2004). The value of employer-sponsored childcare to employees. *Industrial Relations, 43*(4), 759-792.

Creed, D., & Scully, M. (1999). Analyzing availability and utilization. In M. Pitt-Catsouphes (Ed.), *Metrics manual: Ten approaches to measuring work/life initiatives*. Chestnut Hill, MA: Boston College Center for Work and Family.

Crooker, K. J., Smith, F. L., & Tabak, F. (2002). Creating work-life balance: A model of pluralism across life domains. *Human Resource Development Review, 1*, 387-419.

Duncan, S. F., & Goddard, H. W. (2005). *Family life education: Principles and practices for effective outreach*. Thousand Oaks, CA: Sage Publishing.

Eby, L. T., Casper, W. J., Lockwood, A., Bordeaux, C., & Brinley, A. (2005). Work and family research in IO/OB: Content analysis and review of the literature (1980-2002). *Journal of Vocational Behavior, 66*, 124-197.

Edwards, J. R., & Rothbard, N. P. (2000). Mechanisms linking work and family: Clarifying the relationship between work and family constructs. *Academy of Management Review, 25*, 178-199.

Families & Work Institute (1993). *An evaluation of Johnson & Johnson's work-family initiative*. New York: Author.

Fegley, S. (2007). *2007 Benefits*. Alexandria, VA: The Society of Human Resource Management.

Fleetwood, S. (2007). Rethinking work-life balance: Editor's introduction. *International Journal of Human Resource Management, 18*(3), 351-359.

Ford, M. T., Heinen, B. A., & Langkamer, K. L. (2007). Work and family satisfaction and conflict: A meta-analysis of cross-domain relations. *Journal of Applied Psychology, 92*(1), 57-80.

Friedman, S., & Greenhaus, J. (2000). *Work and family – Allies or enemies: What happens when business professionals confront life choices?* New York: Oxford.

Friedman, S. D., Degroot, J., Christensen, P. M. (1998). Introduction. In S. D. Friedman, J. Degroot, & P. M. Christensen (Eds.), *Integrating work and life: The Wharton resource guide* (pp. 1-18). San Francisco, CA: Jossey-Bass/Pfeiffer.

Frone, M. R. (2003). Work-family balance. In J. C. Quick & L. E. Tetrick (Eds.), *Handbook of occupational health psychology* (pp. 143-162). Washington, DC: American Psychological Association.

Gajendran, R. S., & Harrison, D. A. (2007). The good, the bad, and the unknown about telecommuting: Meta-analysis of psychological mediators and individual consequences. *Journal of Applied Psychology, 92*, 1524-1541.

Galinsky, E., & Bond, J. T. (1998). *Executive summary: The 1998 business work/life study: A sourcebook*. New York: Families and Work Institute.

Galinsky, E., Bond, J. T., & Friedman, D.E. (1996).The role of employers in addressing the needs of employed parents. *Journal of Social Issues, 52*, 111-136.

Gilboa, S., Shirom, A., Fried, Y., & Cooper, C. (2008). A meta-analysis of work demand stressors and job performance: Examining main and moderating effects. *Personnel Psychology, 61*, 227-271.

Goodstein, J. D. (1994). Institutional pressures and strategic responsiveness: Employer involvement in work-family issues. *Academy of Management Journal, 37*, 350-382.

Grandey, A. A., & Cropanzano, R. (1999). The conservation of resources model applied to work family conflict and strain. *Journal of Vocational Behavior, 54*(2), 350-370.

Graves, L. M., Ohlott, P. J., & Ruderman, M. N. (2007). Commitment to family roles: Effects on managers' attitudes and performance. *Journal of Applied Psychology, 92*, 44-56.

Greenhaus, J. H., & Beutell, N. J. (1985). Sources of conflict between work and family roles. *The Academy of Management Review, 10*, 76-88.

Greenhaus, J. H., & Powell, G. N. (2006). When work and family are allies: A theory of work-family enrichment. *Academy of Management Review, 31*, 72-92.

Greenhaus, J. H., & Allen, T. D. (2006). *Work-family balance: Exploration of a concept*. Paper presented at the Families and Work Conference, Provo, UT.

Greenhaus, J. H., Collins, K. M., & Shaw, J. D. (2003). The relation between work-family balance and quality of life. *Journal of Vocational Behavior, 63*, 510-531.

Grzywacz, J. G. (2002, February). *Toward a theory of work-family facilitation*. Paper presented at the 2002 Persons, Processes, and Places: Research on Families, Workplaces, and Communities Conference, San Francisco, CA.

Grzywacz, J. G., & Carlson, D. S. (2007). Conceptualizing work-family balance: Implications for practice and research. *Advances in Developing Human Resources, 9*, 455-471.

Halpern D. F., & Murphy, S. E. (2005). From balance to interaction: Why the metaphor is important. In D. F. Halpern & S. E. Murphy (Eds.), *From work-family balance to work-family interaction* (pp. 3-10). Mahwah, NJ: Lawrence Erlbaum Associates.

Hepburn, C.G., & Barling, J. (1996). Eldercare responsibilities, interrole conflict, and employee absence: A daily study. *Journal of Occupational Health Psychology, 1,* 311-318.

Judge, T. A., Boudreau, J. W., & Bretz, R. D. (1994). Job and life attitudes of male executives. *Journal of Applied Psychology, 79,* 767-782.

Kirchmeyer, C. (1998). Determinants of managerial career success: Evidence and explanation of male/female differences. *Journal of Management, 24,* 673-692.

Kossek, E. E., & Friede, A. (2006). The business case: Managerial perspectives on work and the family. In M. Pitt-Catsouphes, E. E. Kossek & S. Sweet (Eds.), *The work and family handbook: Multi-disciplinary perspectives and approaches* (pp. 611-626). Mahwah, NJ: Lawrence Erlbaum Associates.

Kossek, E. E., & Ozeki, C. (1998). Work-family conflict, policies, and the job-life satisfaction relationship: A review and directions for organizational behavior-human resources research. *Journal of Applied Psychology, 83,* 139-149.

Lambert, S. J. (1999). Establishing the link with business strategies: The value-added approach. In M. Pitt-Catsouphes (Ed.), *Metrics manual: Ten approaches to measuring work/life initiatives* (pp. 117-142). Chestnut Hill, MA: Boston College Center for Work and Family.

Lazarus, R. S., & Folkman, S. (1984). *Stress, appraisal, and coping.* New York: Springer.

Lobel, S. A., & Kossek, E. E., (1996). Human resource strategies to support diversity in work and personal lifestyles: Beyond the "family friendly" organization. In E. E. Kossek & S. Lobel (Eds.), *Managing diversity: Human resource strategies for transforming the workplace* (pp. 221-244). Cambridge, MA: Blackwell Publishers.

Lockwood, N. R. (2003). Work/life balance: Challenges and solutions. *SHRM Knowledge Center.* Retrieved April 4, 2006, from http://www.shrm.org/research/quarterly/ 0302worklife_ essay.asp

MacDermid, S. M., & Harvey, A. (2006). The work-family conflict construct: Methodological implications. In M. Pitt-Catsouphes, E. E. Kossek, & S. Sweet (Eds.), *The work and family handbook* (pp. 567-586). Mahwah, NJ: Lawrence Erlbaum Associates, Publishers.

Marshall, N. L., & Barnett, R. C., (1994). Family-friendly workplaces, work-family interface, and worker health. In G. P. Keita & J. J. Harrell (Eds.), *Job stress in a changing workforce* (pp. 253-264). Washington, D.C: American Psychological Association.

Miller, S. (2005). Work/life programs tackle unscheduled absenteeism: Improve the bottom line. *SHRM Compensation & Benefits Focus Area.* Retrieved January 9, 2008 from http://www.shrm.org/rewards/library_published/benefits/nonIC/CMS_014387.asp

Morris, M. L., & Madsen, S. R. (2007). Advancing work-life integration in individuals, organizations, and communities. *Advances in Developing Human Resources, 9*(4), 1-6.

Morris, M. L. (2008). Combating workplace stressors: Using work/life initiatives as an OD intervention. *Human Resource Development Quarterly, 19,* 95-105.

Perry-Smith, J. E., & Blum, T. C. (2000). Work-family human resource bundles and perceived organizational performance. *Academy of Management Journal, 43*(5), 1107-1117.

Pitt-Catsouphes, M. (1999). Needs assessments. In M. Pitt-Catsouphes (Ed.), *Metrics manual: Ten approaches to measuring work/life initiatives* (pp. 63-94). Chestnut Hill, MA: Boston College Center for Work and Family.

Pitt-Catsouphes, M., Kossek, E. E., & Sweet, S. (2006). Charting new territory: Advancing multi-disciplinary perspectives, methods, and approaches in the study of work and family. In M. Pitt-Catsouphes, E. E. Kossek, & S. Sweet (Eds.), *The work and family handbook* (pp. 1-16). Mahwah, NJ: Lawrence Erlbaum Associates, Publishers.

Powell, L., & Cassidy, D. (2001). *Family life education: An introduction.* Mountain View, CA: Mayfield.

Quick, J. C., Quick, J. D., Nelson, D. L., & Hurrell, Jr. J. J. (1997). *Preventive stress management in organizations.* Washington, DC: American Psychological Association.

Rapoport, R., Bailyn, L., Fletcher, J. K., & Pruitt, B. H. (2002). *Beyond work-family balance: Advancing gender equity and workplace performance.* San Francisco: Jossey Bass.

Thomas, L.T., & Ganster, D. C., (1995). Impact of family-supportive work variables on work-family conflict and strain: A control perspective. *Journal of Applied Psychology, 80,* 6-15.

Thompson, C. A., Beauvis, L. L., & Allen, T. D. (2006). Work and family from an industrial/organizational psychology perspective. In M. Pitt-Catsouphes, E. E. Kossek, & S. Sweet (Eds.), *The work and family handbook* (pp. 283-307). Mahwah, NJ: Lawrence Erlbaum Associates, Publishers.

Tyler, K. (2006). Stress management. *HR Magazine, 51*(9), 78-83.

Voydanoff, P. (2005). The effects of community demands, resources, and strategies on the nature and consequence of the work-family interface: An agenda for future research. *Family Relations, 54,* 583-595.

Wayne, J. H., Musisca, N., & Fleeson, W. (2004). Considering the role of personality in the work-family experience: Relationships of the big five to work-family conflict and facilitation. *Journal of Vocational Behavior, 64,* 108-130.

關於作者

Michael "Lane" Morris，博士，合格家庭生活教育人員，田納西州立大學（University of Tennessee）企業管理學院人力資源發展計畫主持人。目前，Morris 博士是人力資源學院（AHRD）院長，此為人力資源發展學科卓越的學術組織。他也是許多企業學院 EMBA 方案的核心教師與領導力發展教練。身為一位合格家庭生活教育人員，Morris 博士擔任許多主題（像是壓力／健康／幸福感顧問，工作／生活平衡，績效評量與指標，領導力的發展，人際動力學與變革）的個人與組織發展顧問和執行教練。

Chapter *10*

以「助人」而非「推銷」 來行銷家庭生活教育方案[1]

Jody Johnston Pawel 著・張燕滿 譯

有關行銷家庭生活教育（FLE）方案，你要知道的第一件事就是：你不需要**銷售任何東西**。行銷是關於建立關係並且讓人們認識有關你是誰、你在做些什麼、為誰而做，以及工作的理由。你可以將上句中的「你」用「你的方案」來取代，就會明白我們並無意要談論有關自我宣傳或是自吹自擂的部分。

第二件事，我要向你保證，你並不需要花費大筆的預算來行銷你的方案。我發現免費或是便宜的資源也可達成目標，猶如「免費女王」（The Queen of Free）。學會並達成本章所提及的每日任務，只需要小小的預算，便可以透過「自己動手做」（do-it-yourself, DIY）而達成目標。大部分的任務都不算太難，你只需要適度的電腦技巧、持久力以及具有做中學的意願。

本章將介紹如何使用免費及划算的行銷策略，以建立關係並讓人認識你的方案，這些都將成為「物超所值」的最佳策略。

---

1 為了示範的目的，本章寫作的用語、語調和方式均採有效行銷的文章寫作方式，而非以學術性風格來書寫。

🌱 行銷，是你的方案能存續的關鍵

　　身為一位家庭生活教育人員，你提供有價值的方案以改進人們的生活。然而，有許多人需要你的服務，但是卻不知悉或是根本沒使用過這些方案。如果你不**主動並持續**行銷你的方案，需要者根本無法看見你的方案。進一步言之，若是需要服務的客戶太少，你將無法維持方案的收入，或是無法從贊助者那裡獲得持續性的支持。

🌱 行銷服務的最佳人選，就是「你」

　　如果你不打算行銷，可能是因為「銷售」打敗了你。你喜歡幫助別人，但是卻不習慣自吹自擂，甚至覺得商業形式是俗氣的。也好，因為強迫推銷只會讓每一個人敬而遠之！**最有效**的行銷是採用「助人行銷」取向（Pawel, 2006）。

- 「強迫推銷」的行銷是**非個人的**而且聚焦在**我們**身上，藉由**談論關於我們**必須提供的內容並**說服**客戶他們的確需要它——不管他們是否需要。
- 「助人」行銷是**個人的**而且聚焦在**客戶**身上，藉由**傾聽他們的**需求並**幫助**他們發現解決之道——不論我們是否有此資源或是推薦他們擁有此資源的人。

　　你每天都已經做到後者了，所以實際上你正是比較適合行銷你方案的人選而非廣告行銷人員，因為你了解客戶的需求，而且知道如何解決他們的問題。你只需要學習如何讓你自在並據實地行銷你的服務。

開始行銷「之前」，你要做些什麼

擁有最佳的服務

當你要做**任何事**之前，你的方案一定要在各方面都是品質優良的：它要如何傳遞、訓練的品質如何，以及提供客戶持續性的支持。它一定要有可資證明的顯著成效，否則你就不會接到客戶或是轉介（Port, 2006）。

建立你的利基

你的觀眾越廣，你試圖要滿足每個人需求的行銷訊息就越有機會被人們接收到。當人們聽到含糊的、一般性的訊息，他們就越有可能丟棄或忽視這些訊息。

藉由選擇一個高度特定的利基市場，並將訊息鎖定在**這些**人身上，你的訊息就會很清楚、引人注目，而且找到幫助人們了解你所能提供滿足其特殊需求的方法來告訴**他們**（Abraham, 2000）。

為了要界定你的「利基目標市場」，描述你所要服務對象的人口統計學（婚姻狀態、父母親、年齡、教育程度、所在位置）或是心理特質（個人特質、價值觀、態度、興趣或生活方式）（Port & Meyerson, 2005）。

思考以下的問題：普遍來說，你所提供的服務是有用的嗎？它能滿足大部分人的需求嗎？然後將行銷區隔並細分幾個子市場，打造行銷活動與訊息，以特定的方式來談個別目標市場的需求。舉例來說，我提供親職課程給一般廣大市民；透過保護服務機構，提供服務給法院裁定強制親職的父母；以及透過繼續教育工作坊，提供給養父母、個案工作人員與家庭服務專業人員。儘管我所提供每個方案的利基人口是很相似的，但我是以不同方式與不同訊息的行銷服務給各個群體。

█ 確定你的理想客戶

　　你的利基目標市場內**或多或少**有一些你想要和他一起工作的理想人物。當其他人正消耗你的精力與耐性，「理想客戶」能激勵並鼓舞你。你要確定誰才是你的理想客戶，並針對此標準來篩選可能的客戶，同時考慮你是否適合和這些客戶一起工作。接著再由別處繼續篩選客戶（Port, 2006）。

　　你仍要提供幫助具挑戰性的客戶找到相似的服務，但是你並不需耗費精力資源直接服務他們。你大可保留精力與動機以便給予另一個理想客戶。

　　如果你有不只一個目標市場，便要確認每個理想客戶。舉例來說，我列出四個非常不一樣的目標利基市場，我幾乎為所有的方案尋找**大部分**相同的理想客戶：自願、自我激勵想要成為好父母（或是專業人員）的客戶，以及對學習保持開放，並認同獲得專業引導方針以達到其目標是一件有價值的事。

　　或許你會問：「如果你的理想客戶是『自願』與『自我激勵』的，那麼你要如何服務『受委託』的客戶？」由於我並不能預審那些客戶，在我幫助他們轉換狀態前，會有一個「介紹會議」，因為他們「必須」留下來，因為他們「想要」留下來。我也幫助他們看見其親職目標與意圖是在正軌上的，但是可以用「更有效能」的方式來達成目標，這便激勵了他們來學習新的想法。

█ 你的 U.S.P. 是什麼？

　　你的 USP，是指你獨特的銷售定位（Unique Selling Position）（Abraham, 2000）。每一個服務**在某種程度上**來說都是獨特的。在幫助人們選擇**你**的服務時，溝通你是**如何的**獨特，這是一個關鍵因素。用一個十分清楚、引人注目的段落來強調客戶只能從**你**這裡獲得，而**無法**從別處獲得的益處。你的 USP 一定要和所有行銷工作的主題一致。針對你業務上不同的產品或服務線，你可以有不只一個 USP。舉例來說，「親職工具坊」（The Parent's Toolshop）機

構的 USP 是其「親職成功公式的通用藍圖」，提供了一個做決策與問題解決的系統化步驟，以增進人們**個別化**有效因應任何關係的挑戰——無論是不同年齡的孩子，或甚至是成年人！

了解所要服務的對象、內容與理由

當你遇到某一些人，他們經常會問：「你是做什麼的？」（Port, 2006）典型的回答是：「我是一名家庭生活教育人員。」而其他人可能會心想：「嘎？」然後就轉移了話題。如果你採取一個傳統的行銷課程，你就會開始背誦你的腳本說詞並排練「電梯簡報」，可能給予超過他想知道的訊息。結果是他們不是改變話題，就是離開現場！相反的，你一定要有一個簡短（只要 10 到 20 秒）的陳述：「是誰、做些什麼，以及為什麼」，以便**清楚並簡明**的告訴人們：

● 你服務的對象是誰（目標市場）。
● 你所服務的內容（利基）。
● 它是如何的獨特（USP）。
● 你樂於服務的對象（理想客戶）。
● 為什麼你要提供服務（你的動機與熱情）。
● 如何幫助人們或對人們有利。

你對於「身分和服務內容」的陳述要**有計畫但非罐頭式的**一成不變，而是相當耐人尋味以至於人們**會問你**：「你是如何做這些事的？」接著，邀請人們進入**雙向對話**，回答問題的方式將幫助他們更加了解你的 USP 內容，以及誰才是你的理想客戶。如果你的服務並不十分適合他們，他們或許知道誰才是適合你服務的人選，並告訴他們有關你的服務內容。

以下是一些「身分和服務內容」的描述例子：

● 親職教育人員可以這樣說：「我教導父母親一些他們所需要的技巧，以避

免並解決親職上的挑戰。」

- 壓力管理訓練師可以這樣說：「有一些父母親按字面上的意義是生病了，而且厭倦受壓力擺布的生活，我和這些父母一起工作，我幫助他們變得更健康、更有活力。」
- 家庭治療師可以這麼說：「我幫助有問題少年的父母重整秩序，並建立一個和平與愛的家庭。」
- 婚姻工作坊主持人可以這麼說：「我幫助夫妻發現他們彼此之間的愛與熱情。」

現在，認真的想一想，這些是不是比僅回答「我是親職教育人員」或是「我是家庭治療師」更有趣呢？在閱讀每一段陳述後，你的好奇心還不足以想要知道更多嗎？你是不是至少有一個問題想要問？像是：「你是怎麼做的？」

「你是誰以及你在做什麼」的陳述是你**一切**行銷訊息的基礎；因此，是你要精心推敲**最重要**的訊息。事實上，你想要計畫一個簡短的「身分與服務內容」的陳述，以及你可能獲得最普遍的反應是要求「告訴我多一點」的一些對話。這些訊息是**如此的**重要，以致可能要花費數週或是數月的計畫，並以各種不同的情境測試不同的回應，直到盡可能以最引人注目、清楚、熱情、真實、衷心與**簡潔**的方式來敘述。

🌿 創造引人注目的行銷訊息

不像有形產品，人們可以看見、碰觸並比較類似的產品；而服務卻是無形的——本質上是看不見的。每一個你所發送的訊息一定要使你的服務是看得見、具體以及容易了解與比較的，如此，人們便可以考慮怎樣的服務才最能符合他們的需求（Beckwith, 1997）。

大部分的人們會花費數百美元印製並郵寄宣傳手冊與傳單來開始他們的

行銷，但是這些資料經常因寫得不好而直接被丟進垃圾桶。讓我們來看看行銷訊息應該給予參與的人們怎樣的內容，並幫助他們決定是否成為你的理想客戶，準備接受你的服務。

幫助潛在客戶評估與選擇「你的」方案

行銷訊息一定要幫助理想客戶檢視你的方案是否在任何做決定的階段上都能適配他們的需求（Silverman, 2001）。藉由以下這些來達成：

- 以視覺化、附帶情感的用語來描述如果使用你的服務，他們所能得到讓人信服的好處。
- 列出你可以保證的特殊結果，並以統計結果附註在說明裡。
- 提供清楚、客觀、可信的訊息。即使你可以提出證明，也不要過度誇張，因為人們將因懷疑而延遲他們的決定。
- 指出有關方案（你的 USP），獨特的、不一樣的或是優勢之處。
- 提供一個低風險或是無風險的方式來嘗試你的服務。
- 包括可信賴的證書與背書。

如果你以上全做到，人們將可更快評估你的方案是否適合他們的需求。

回答 W.I.I.F.M.？

典型的服務宣傳依照該組織或服務所能提供的哪些服務，而會這樣說：「我們提供……」。閱讀文宣後，人們會自問：「那又怎樣？誰在乎？它能帶給我什麼（What's in it for me, W.I.I.F.M.）？」（Hunt, 2005）如果你自己的傳單內容均無法回答這三個問題，那麼立即將它丟進垃圾桶，因為拿到傳單的人也會這麼做。

所有你的傳單內容一定要包含優勢的陳述，如以下的描述：

- 你的服務**特色**，有關你所能提供服務的**內容**。
- 你的服務**優點**，哪些特色是人們所能經驗到的結果。要能回答三個批判性 W.I.I.F.M.（它能帶給我什麼？）的問題。
- **連接詞**，連接特色與優點。永遠要使用「你」的字眼。舉例來說：「**特色** ……能讓你……**有所受益**」，或是「**特色**……給你……**好處**」。
- 這樣將給你一個**良好的**優勢陳述句。給予一個更深入、**引人注目**的優勢陳述句。繼續說：「以致……」（或「以致會怎樣？」），以感性的詞彙描述，當他們達到這樣的目標或是得到這樣的解答，他們的生活將會變得如何。他們將會看到、感覺到、聽到或是接下來會怎麼做？

▌練習

使用你當前的宣傳材料來回答每一個特色的 W.I.I.F.M. 問題。確認你所提供服務的優勢。然後，為圖 1 每一個範例創造優勢陳述句（Pawel, 2007）。

特色＝你們做的是什麼	+	連接詞	+	好處＝它如何幫助你
	+	……以致…… ……能讓你…… ……帶給你……	+	
優勢陳述句：				
描述得詳細一點！以致……，或以致會怎樣？：				

圖 1

❧ 製作爆炸性的宣傳材料

宣傳資料通常是非常漂亮的，但是漂亮的詞彙卻是無效的。這就是為什麼你需要做一些如圖 1 敘述句的練習。依據行銷策略，你將寫上並選擇一些適

宜的混合訊息。舉例來說，一個精心設計的網站是網路行銷的基本要件，然而，一份琅琅上口的傳單對於言語行銷來說卻是重要的。幾乎所有的家庭生活教育人員都有份傳單、宣傳小冊子以及名片，讓我們來看看，以檢視是否真的達到良好的行銷標準（Pawel, 2004）。

▌傳單要能凸顯優勢

傳單描述一個特定的事件或是服務。除了有關時間、地點以及如何註冊等重要訊息，傳單一定要凸顯人們可以從你的服務中所獲得的好處。你需要註明他們應該如何改進的生活或是問題，作為參加的考量──要具體一些！

▌宣傳小冊子應該要專業

宣傳小冊子解釋你的組織與所有的產品和服務。它不僅是一張宣傳品，更需要包括更多的訊息，以便讓人更加注意到它的內容。製作宣傳小冊子需要所有最專業的宣傳材料。宣傳小冊子應該大力鼓吹其優勢，但是也一定要有事實事蹟背書，同時要描述工作人員的證照、該領域的經歷，並以統計數據支持你的成效。避免籠統的一般性用語及使用太多形容詞，使用若干簡單的語言，簡短、簡潔、有力的描述。

▌名片需要更多的基本資料

除了你的名字、頭銜與相關訊息，名片還需要包括以下幾項：

● 包括一個或是兩個清楚的、**以效益為主要呈現**的文句來陳述你的 USP。

● 包括你的**電子郵件**地址與網站**網址**。

● 使用便宜的**全彩**專業印刷，不要自行印製模糊的噴墨印紙。

● **不要使用你的照片**，除非你是一個名人或是鼎鼎有名的演說家。利用空間來陳述你的 USP 或是優勢。

🌿 獲得更多方案的贊助與發表

如果你是一個家庭生活教育人員，你可能已經是一個熟練的公共演講者與團體主持人（如果不是，可參見章末的訓練資源）。你有一個很好的方案**解決**他人的問題並發表其結果；你真正需要的是更多的方案和參與。這裡有一些場合和方法可用以推廣你的方案（Pawel, 2005）。

▋在會議中發言

遺憾的是，我們的會議與許多其他專業會議是不一樣的，因為只有會議主講人能得到報酬。工作坊演講者並不會得到酬勞，而且還得自付旅費與參加會議的費用。身為高品質的演講者，其費用是無法核銷的，這樣的交換價值是非常不等價的。

你可以要求展示空間，以出席一個或多個工作坊來換取。這可以讓你的出席會議產生最大化價值，並且給你更多的能見度與時間接觸參與者。如果無法達成交易，免費演講可能收穫可貴的知名度和可信度、人脈和實務經驗。這些作為只有你自己可以權衡。

▋加入當地演講者的機構或是專業訓練組織

舉例來說，每一州有一個培訓團隊為其提供保護服務的專業人員與養父母提供訓練，問問他們你可以如何應用。

▋提供你自己的繼續教育工作坊

這牽涉獲得繼續教育單位（CEU）的認同、購買郵寄名單、列印、郵寄、租用會議場地，以及保存 CEU 紀錄。你可以處理自己的物流或是雇用列在本章末資源清單的這些公司來協助處理。

▎透過企業提供員工教育方案

　　企業經常會贊助訓練者資金。你所面臨的挑戰是要能有機會進門並獲得與決策者說話的機會。如果你所做的只是寄送傳單或是宣傳小冊子，那就算了吧！這裡有一些其他的選擇可以試試：

● 由前門進入：為了達成此方法，你需要相當精明的技巧來通過守門員的阻擋，並且在 30 秒內以引人注目的方式呈現你工作坊的理念。你可以透過電話來完成，並有一個腳本式的語音訊息以供留言之用，或是寄出引人注目的宣傳資料來誘使人們開啟並閱讀。

● 由後門進入：要有一個員工接洽活動的策劃者，而且對於你的能力大大美言，並留下你的聯絡方式。

　　你要樂於提供免費的方案來證明自己，並取得方案的評價，一旦決策者詢問有關提供一個更廣泛或是透過企業付費時，便能從該方案引用相關的見證。

▎安排與潛在贊助商的交易

　　社區組織總是為其客戶群尋找方案。一旦他們無法經常雇用你，你也可以隨時安排一個良好的雙贏交易，例如：

● 他們提供免費的會議空間，向他們的客戶群（學生、教友等等）宣傳你的方案，而且允許在公開場所啟動你的方案。

● 以可觀的折扣（如果客戶有能力負擔的話）或是以不收費的方式提供你的方案給他們的客戶。以政府付款的學費來支付你的鐘點費；以贊助商的實物交易支付其他支出，例如會議空間。

　　這樣的方式有幾個優點。你可以在多個網站上設立方案，這樣就能方便你的客戶群。如果這是個大的組織，他們可以在內部為你的方案做宣傳。他

們通常只需相當少的花費，就能使你的服務接觸到成千上百個潛在客戶，可能是你從沒想過的量，而且也不需花費你的成本。

制定收費費用

有一件很重要的事，你的服務可以換取一些價值。在上述雙贏交易的例子中，你並不會得到錢，而是得到**價值**。這裡有兩個好的理由：

● 人們一旦參與，便需要有一個承諾；否則，參與者的態度與行為終將損及其他參與者。

● 如果那是沒有價值的交換，它會暗示你的服務亦是沒有價值的。

當制定收費標準時，在該領域相似的方案上便產生行銷的研究。不要壓低收費費用，低於正常價格，人們會認為你提供低廉的價值。如果你要求高一些的收費，就要標示**為什麼**你或你的方案值得收取這樣的費用。要有一個收費「標準」來協商交易，諸如為非營利組織提供優惠或是有以下的交換（Walters, 1986）：

● **專業性**的影片展示（如果它是非營利組織的話，提供所得利潤的捐贈比例）。

● 你獲得參與者費用的一定比例。

● 請他們買你的書送給每一個參加者，或是讓你銷售你的資源。

● 如果你一開始提供免費或是有折扣的方案，他們同意簽訂付費方案或是延長持續進行方案的時間。

❧ 保持聯繫要顧及郵件倫理

最有說服力與最有效的方式是面對面分享你的資源，這樣的方式經常要花費二到五次與人的接觸。第二個最有效的方式是透過電話聯繫；而郵件的

方式則經常需要花費三到七次的接觸才會有效果。另外，採郵寄的方式，若能加上電話聯繫，則可望提高 1,000%的效率（Abraham, 2000）。

你可以郵寄給誰？

你所擁有最重要的資產便是現有的郵件名單，他們將是你理想的潛在客戶。由電話簿上轉介來源的清單著手，並且寄給他們對他們的客戶有幫助的方案行事曆。

如果是購買而來的名單，篩選理想客戶是一個你需要學習的不一樣過程（Sorkin, 2008）；反之，從合法的免費資源獲取名單，則不需要經歷篩選的過程，例如：

● 曾參與你講座會議的人們。
● 你的客戶可能隸屬的會員協會。
● 你的理想客戶可能參加的網路討論團體。

最終，收件人決定你的信件或電子郵件是否為垃圾或垃圾郵件。你希望潛在客戶自行加入你的郵件聯絡清單，所以你可以開始建立關係。最有效的方式是要人們主動要求獲得你的訊息或是贈品；然後，問問他們是否允許將來寄送贈品與其他的訊息（參見「網路行銷的基本知識」一段步驟 2，以了解更詳細的廣告郵件規條）。

寄信的頻率？

多方接觸是郵寄成功的祕訣。第一封信可能只獲得大約5%到6%的回應。經過三週，如果沒有接到回應，請寄出第二封通知函。如果再十天沒有回應，則寄出第三封也就是最後一封通知函。第二和第三封郵件經常可以再得到5%到7%的回應。如果在第一封信後就停止，將可能只招聘一半新的客戶端（Abraham, 2000）！一般來說，你一個月需要溝通的次數不要低於一次，除非人們願意接收每日的行銷郵件，否則一個星期也不要多於一次。

▌最佳寄出的內容為何？

因垃圾郵件的氾濫，911 恐怖攻擊後炭疽病毒的恐慌，加上大多數人習慣將未經開封的郵件立即丟進垃圾桶，所以，直接郵寄可說是最具風險，也是最昂貴的策略。

● 明信片的力量

印刷郵件的製作與發送，明信片可說是花費最少的。而且，超過95%的收件者會閱讀它們，因為它們會從一疊郵件中散落下來。這表示多數人在拿起郵件時，至少會一瞥此訊息。儘管明信片的空間有限，但它提供訊息讓人們知道你的網站，在網站上你便可以提供更詳細的細節。印製大量附有你的標誌、聯繫訊息並留有自訂訊息空間的明信片，然後，在一些郵件上重複使用這些訊息。美國郵政服務已經調整明信片背面文字放置的相關配置，使用本章末的資源清單來連結這些指南。

● 零成本的電子郵件

目前，大部分的人透過電子郵件寄送他們的信件與通訊，因為那是最快也是免費的溝通方式。只要依照上述所提參考網路行銷的基本知識「步驟 2」防止垃圾郵件的指引即可。

「主旨」是郵件訊息最重要的部分，因為它決定人們會刪除或是打開閱讀。你的訊息需要像子彈一樣短小精幹或是具備一目了然的優勢，而且能連結更多的線上資訊。電子郵件下一個最重要的部分便是你的簽名與附註；信不信由你，附註是任何信件最多被讀取的部分（Silver, 2000）！你的簽名是告訴人們你的身分為何，以及你所服務的內容是什麼的機會。除了你的聯繫訊息之外，最好也能提供一些誘因（也許是免費的服務或贈品）吸引人們造訪你的網頁。如果使用微軟 Outlook，還可以自動增加簽名到每一封你所發送、回覆或是轉寄的郵件上。

● 過程自動化

最有效的訊息是依收件人客製化的訊息。就實體郵件與電子郵件兩者而

言，這包括了利用郵件合併軟體，它有郵件列表（表格或是框格），包含在一個資料庫格式裡。實體郵件涉及相當繁複的人工作業。雖然郵件的合併寄送程序與摺頁機可以自動完成一些任務，但是這些項目仍然需要耗費相當多的時間；還有一些是以大型郵件處理你的信件與附件的服務。你可以利用線上寄送賀卡的自動化服務（像是賀軒卡片的形式），以及**透過郵件**寄送個性化訊息的明信片，有時候甚至還可以選用你的手寫字！你可以在一個時間點寄送個人化卡片或是寄送給清單上的每一個人！甚至你可以在一段日子寄送一張卡片，發送連續的一系列文宣。

▌追蹤你的成果

你需要檢視並追蹤每個你計畫要重複使用的一系列廣告，並思考其回應的質與量。有多少人來探詢，以及有多少人是透過這樣的管道得知訊息的？用這兩個訊息之間的相異因素來檢視，諸如主旨或是標題。然後，將檢視訊息寄送給郵寄名單上一半的人。使用代碼來追蹤這些成果，像是優惠券編號或是不同的聯繫號碼。確定哪一個訊息獲得較佳的回應，並且在下一次改用**另一個不同**的因素。保留勝出的一方，同時檢視其成果。如果你使用那些像是在章末資源部分所提的「廣告追蹤器」，也可為你追蹤成果。

❧ 透過媒體告知並教育大眾

利用媒體宣傳活動，讓有關你的方案獲得專題報導，以特定的主題教育社會大眾，或是以專家的身分針對相關事件受訪。只要觀察以下簡單的指引（DePalma & Dushinski, 1998），你的方案將得到相當大的曝光率；當你成為資源時，媒體將會一再的拜訪你。

通話的時機：在電台與電視媒體的新聞廣播前一個小時或線上直播時不要打給媒體。若是平面媒體，則詢問其截稿時間。

通話的頻率：不要留太多種聯繫方式；相反的，只留一個訊息並繼續努

力與他們保持聯絡。

發布的內容：你的新聞稿一定要配合新聞事件，除非它本身就具有新聞價值。給予媒體一個有趣的故事，告知並招待他們的讀者、聽眾或觀眾，讓他們聚焦在你身上，就像你是這領域的專家。

🌿 激發口碑轉介

一般人一天大約暴露在 200 到 1,000 個銷售溝通中，但是 15,000 個廣告中只有一個發揮作用。相較之下，經由個人推薦的三個中便有一個會發揮作用。口碑行銷是最有力也是最便宜的行銷工具（Silverman, 2001）。大部分的人認為口碑行銷是他們無法控制的；不過，沒有比真理更真實的了。這裡有一些做法可以讓人們嘗試你的方案，且之後會告訴他人相關訊息。

如何能使人們口耳相傳

有一些簡單的行動可以不費吹灰之力即能成功達成口碑行銷的策略：

- 要求你的客戶發送訊息給其他人。就算他們的朋友沒有參加你的方案，也給予他們好的服務，透過他們**可以**使用的服務方式來聯繫。他們會記得你曾幫助過他們，而且也會將你的服務方式寄送給其他人。
- 提供禮物給推薦人。舉例來說，支持並推薦他們的服務（如果它適合你的客戶），捐贈金錢給他們最喜愛的慈善機構，或是給予他們折扣、免費的禮物。
- 讓人容易提供他人參考。給予客戶一些附有你名字的物品，而且是可以傳遞的，諸如訊息傳單、名片，或是印有名字的筆或是杯子。
- 傳送一個謝函給那位曾經向某人提起你的人。
- 記住你的客戶，寄送他們感興趣的領域的資訊、文章、書本。他們也會在和別人談論時對你銘記在心。

▌重新激活過去的客戶

客戶會因為三個理由而停止使用該服務（Abraham, 2000）。以下是這些原因以及你可以做的事：

● 眼不見，心不念；**定期拜訪你的客戶，以保持聯繫。**

● 他們不滿意；**傾聽他們的考量與需求，道歉，修正。**

● 他們的情況改變了；如果他們不再需要你的服務，**請他們考慮將你的服務推薦給其他人。**

▌活化網絡

任何人都有可能知道有一些人可以使用你的服務。**刻意在相關事件上建立網絡，而且準備好隨時隨地都能連上網絡**（Sukenick, 1995）。這裡有一些點子：

● 現身於潛在客戶的工作、工作坊、學習與商店中，讓他們能看見你。

● 具專業性的專家，是你服務你客戶最有價值的連結。在他們網絡會議裡參與或是提供所要演示的服務。

● 不要問別人可以如何幫助你；而要問你可以如何幫助他人。

● 追蹤潛在客戶或是可參照的資源，你的成功有賴於此。

▌取得見證與專家代言

不要像「老王賣瓜，自賣自誇」，讓潛在的贊助商與客戶聽見其他人對你的讚美。比起任何自我增強的陳述，不明來歷的批評總是承載更多的負荷。加上，在評估與做決定的過程，聽到他們的意見是一個很重要的步驟。

你要如何獲得見證呢？只要詢問並說聲「謝謝您」：

● 當某人讚揚你的方案時，詢問是否可以引用它們。比起部分名稱，真實姓名的引用總是有更高的可信度；聊勝於無，匿名代言，總比毫無見證有更

多的可信與見證！

● 請專家檢視你的教材且做評論，並徵詢許可引用它們。

● 要求轉介來源給予一個你能使用的推薦函。

● 在你的演講合約中包含一個條款，方案的贊助者能提供一個你可以在未來公開場合使用的見證。

🌿 網路行銷的基本知識

▌誰需要一個網站？

　　網站可以一天 24 小時、一週七天都開放給人們**準備搜尋**有關於你的服務。如果你的客戶沒有電腦，想想看還有誰可以**幫助他們**尋找資源，包括他們的親朋好友與專業性的轉介來源。如果你沒有網站，「實質上」你是看不見這些潛在客戶及轉介來源。近來網站的架設既便宜又簡便，如果只是要提供聯繫的訊息、方案的介紹說明，以及詳述有關其服務是如何有益於他們的客戶的話，**每一個**家庭生活教育方案應該要設立一個網站。

▌上網漫遊循環

　　一個有效的網站透過上網漫遊循環的四個步驟指引訪客（Port & Meyerson, 2006）：

● 它是「優化的」，所以當使用像 Google 搜尋引擎，會發現它快速又便捷。

● 它有一個吸引訪客造訪的設計，所以他們願意停留並探尋該網站。

● 它將訪客轉換為客戶，藉由發展關係並滿足他們的需求。

● 它接受固定的、主動的行銷，所以總是會有新的訪客……，而這又啟動了循環。

　　你要在訪客到訪**前**達到步驟 2 與步驟 3，所以，接下來我們首先要看看前

兩個策略。

步驟 1：設計一個具參與性且有效的網站

　　獲得訪客的第一步驟是設計一個看起來很專業的網站，讓訪客願意停留並探索該網站。一定要是簡單、專業且高效能的，包括以下四個成分（Port & Myerson, 2006）：

● **說明網站名稱**，包含你所能提供相關服務的關鍵字，好讓你的網站在搜尋結果的排行前面一些。避免難以拼讀的連接詞與單字。

● **引人注目的設計**，能快速下載（不要有太大的圖檔），有統一的主題，色彩選擇舒適，使用比較順眼、容易閱讀的字體。

● **輕鬆導航**，每一頁的選單可以簡單、清楚的決定「行動」，而且有安全訂購的選項。

● **精采的內容**可以依循以下三個基本規則：

　(1)首頁提供整個網站的導覽，並在 30 秒內告訴訪客，你可以為他們做些什麼；焦點並不在你或是服務上，而是在接受你的服務後，你的客戶所能獲得的益處。

　(2)以非正式的方式書寫，運用交談的語氣和你的客戶對話，使用「你」與「你的」的用詞；聚焦在吸引「理想」客戶，而不是試圖要網羅一大堆不符合資格的人。

　(3)內容容易瀏覽。

步驟 2：讓訪客轉為客戶的五個因素

　　轉換的技術提供多種的機會以聯繫、支持、教育並幫助訪客，隨後更輕易將他們轉換為客戶。這裡有五個顧及倫理與效率的轉換策略（Port & Myerson, 2005; Port & Myerson, 2006）：

● 一旦訪客進到你的網站，開始和他們建立關係。設計互動功能邀請他們進來，讓他們參與並聯繫他們，諸如：

　(1)評估、調查、測驗、競賽與訊息申請表格。

　　　(2)藉由提供實用的文章、評論、成功的故事，以及問與答與其他人互
　　　　動。

　　　(3)提供在你的領域中相關專家的文章或是介紹。

● 提供無風險的方式來開始你們的關係，諸如贈送免費資源（例如內部消息
　宣傳單、網路課程、文章、電子書、演示簡報、電子報、影音資料，或是
　免費空中講座）。

● 讓人們索取贈品並承諾送出。最有效的方式是藉由訪客所選擇欲收到的禮
　物而得到更多的聯繫機會，以便藉此交換他們的名字與電子郵件信箱。為
　了讓過程有效而且合乎倫理，它必須要符合以下的描述：

　(1)提供一些有價值的東西，所以人們才願意提供他們的聯繫訊息。

　(2)自願的。不應該要求訪客提供聯絡方式才能進入你的網站；而只能用請
　　　求的方式。

　(3)保護他們的隱私。在鍵入資料的旁邊，聲明你並不會與任何人分享他們
　　　的訊息，並且與你的隱私聲明做一個連結。

　(4)要能有雙向確認，基於權限提供訊息。防止垃圾郵件與電子郵件的詐
　　　騙。

　(5)在他們選擇加入之前，清楚呈現他們所能獲得的。如果你計畫要採用自
　　　動訂閱的方式，將每一個贈品的接受者列入電子報或收件者的對象，要
　　　清楚聲明這一點。

　(6)遵循最佳電子郵件實務，在每一封郵件上提供取消訂閱的選項。

● 追蹤邀請索取免費樣本資源的人，使得他們能從中獲得最大的價值。持續
　提供合適的、有用的資訊，讓你們的關係可以更進一步。

● 幾乎要在每個網頁上提供一個「行動號召」或是選擇加入的按鈕。你從不
　知道人們會從哪一個頁面進入你的網站，所以告訴瀏覽這個頁面的人們他
　們所能獲得的服務內容，以及取得的途徑。他們沒有義務要選擇進入，但
　是如果你甚至沒有邀請，你可能會錯失開始關係的唯一機會。幸運的是，
　你可以使用郵件自動回覆的功能與購物車系統，全程自動化。

　　現在，你的網站準備好要迎接訪客了！一旦網站設計好了，你的對話策略也到位了，列出在廣告黃頁上琅琅上口的網址，並附上你的名片、電子郵件簽章、研討會講義、文章、商業信函、攤位展示……，**做每一件你能做的事！**

步驟 3：優化你的網站，讓理想客戶發現你！

　　當你追蹤成果並看到你的網站在搜尋引擎的排行較前面，你會發現**優化**你的網站是非常值得的。它同時更具技術性，所以我們要學習有關這方面的策略，為什麼它是重要的，以及有關訪客在你網站上主要學習的一些基本知識：

● **像是在 Google 搜尋引擎鍵入關鍵字**。大部分的人只點擊前 10 到 30 筆結果。藉由「優化」你的網站，將能使這些在置頂位置的排行前面一些。

● 直接從其他網站推薦連結你的網站。

(進行搜尋引擎優化)

　　一個網站在搜尋引擎上的「排行」，基本是依據該網站使用該字或詞語的**次數**，以及字或詞語放在網頁的**位置**。因此，搜尋引擎會尋找三個「標籤」（tag）：

● **標題**標籤是第一個顯示搜尋結果的列表，在該網頁瀏覽器視窗的頂部，以及何時有人將該網頁加入書籤。

● **描述**標籤是該網頁的內容摘要。它顯示在搜尋結果標題的下方，人們閱讀此標籤來決定他們是否要拜訪此網站。

● **關鍵字**是網頁上的字詞，該字詞是最符合搜尋的要求。在網站介紹下方描述的這些字詞會凸顯搜尋結果網頁。如果漏掉關鍵字標籤，你的網頁就不容易被發現了！

　　在檔案內容增加關鍵字是很簡單的事，但是麻煩的是知道**什麼樣**的關鍵字才是應該增加的。你可以用這個問題來推測：「如果尋找我的網站或網

頁，我在 Google 要輸入什麼字眼，才能找到它？」這雖不是以最科學的精確方式來選擇你的關鍵字，但畢竟那樣的過程費時、昂貴且撲朔迷離，除非你有一些免費或是便宜的工具可以幫助你。只要確定在這三個標籤上**有跡可尋**，而且「推測合乎邏輯」即可。

（增加與改進你的網站連結）

大部分的搜尋引擎，像是 Google，在決定一個網站連結的搜尋結果，**其最重要的因素**是考慮其指向，以及從相關網站上連結而來的數量。如果幾乎是完全最大眾化且熱門的連結，實際上是有可能達置頂排行的。為了增加你網站連結的普及與排行，希望你有以下的作為：

- 網站內部連結，使得搜尋引擎可以快速指引該網頁。
- 從相關網站連結而來，可以說明：「這個網站是受歡迎的！」
- 向外連結相關網站。搜尋引擎檢視連結網站的內容是否相關；如果是的話，它將使雙方網站的排行往前推進。
- 在可見的文字連結的關鍵字可以得到網站較高順位的排行。
- 從較大搜尋引擎而來的連結，可說是有品質的。所以你的網站要註冊在排名前七到十名的搜尋引擎上。
- 不要有失效的連結，因為這樣會降低網站的排行。

交換連結對於網站的擁有者雙方都是一個雙贏的策略，因為這樣能提高每一個網站搜尋結果的排行。不要使用連結交換網站或是連結工廠（link farm），因為很多搜尋引擎認為它們違反倫理考量，而會從他們的清單裡封鎖你；相反的，搜尋相關網站則不會發生這樣的情形。在你的網站中增加一個連結到那些推薦給訪客的網站；然後，寄出電子郵件給每個網站所有者，通知他們你已經連結到他們的網站，並且禮貌性的要求他們也能提供你的網站連結。將你的要求個性化，並給予他們一個確切的連結，以及你想要他們使用的標題與介紹。

步驟 4：行銷你的網站，讓人們不用搜尋就能發現你！

　　優化是有技術性的，而網路行銷可以是有趣的！這裡有最好、最便宜、最簡單的策略可供你使用：

● **提交文章**分享有助益的訊息，既能得到該領域可信與專門的知識，而且還能提高你與方案的知名度。你可以張貼免費文章在你的網站上，並且提交它們到文章「庫」裡。

● **參與討論團體與論壇**，累積你的理想客戶與轉介來源。除非團體中有人要求推薦，否則**不要**直接插入你的業務宣傳。你可以選擇疏離該團體或是禁止參與；相反的，你也可以選擇回應問題或是要求，並且提及你在上下文中所分享的知識與資源。然後，包括你的電子郵件簽章，以及應該要有你的網址與一個 20～50 個字簡短介紹你的方案。

● **開始並加入聯盟方案**。藉由為你的資源設立聯盟方案，他人將因為一個若干百分比利潤而寄送給你**新的推薦函**。透過加入**其他人**的聯盟方案，你因為推薦可幫助其他人的資源而**獲得一個被動性的所得**。只需簡單的插入你的聯盟連結到你的文章、見證、通訊，只要一有新客戶就能獲得隨意的獎金。如果你能以任何形式推薦資源，你的客戶就或多或少繳交一些費用，它將讓每一個人都是贏贏贏的局面！

● **線上提交新聞稿**，在你要開始一個新方案或是發布新資源之時。透過媒體的介紹，將提升你的可信度與專家地位。

● **交叉推廣和合資企業將帶來更多的流量**。「交叉推廣」是指當你與其他提供者推薦彼此的資源到各自的列表上。合資企業包含共同創造資源，然後晉升到自己的列表上（Abraham, 2000）。這可說是事半功倍！以下有一些可能性：

　(1)當你的客戶想要其他人的資源時，安排折扣優惠。夥伴得到新客戶或是銷售，你的客戶得到了他們想要的優惠資源，而且你也得到滿意的客戶與回扣的利潤。

(2)提供折扣或是贈品給一些同時也是客戶的人。創造一個議案給那些已經
　　在服務你目標市場的人。順應客戶想從你那兒獲得禮物的要求，這讓你
　　在潛在客戶前獲得曝光的機會以便將他們加到你的清單裡，而客戶也得
　　到了他們**想要**的禮物，且夥伴同時也得到他們滿意的客戶。

(3)和另一個企業聯合創造新的資源，滿足所有客戶的需求。你們雙方達成
　　共識，提供夥伴資源給你自己的客戶，並且拆分費用與利潤。

● **部落格的流量**。「部落格」是簡短的網路日誌，你可以分享想法、資訊、
新聞或主張；大部分的「部落格」允許其他人回覆自己的文章。今日記者
隨時查看「部落格」最新公告、突發新聞與熱門趨勢，而且，「部落格」
很容易設置。

　　在**每一個**案子裡，夥伴與他們**自己的**客戶聯繫，所以並沒有侵犯隱私權
的問題。提供者基於權限決定是否參加，所以並不是因垃圾郵件或是義務去
購買任何東西。不過，如果他們這樣做，人人都是「贏家」。

　　如果巧妙並且誠信的使用這些策略，你所投資在建立方案知名度的時間
和金錢將獲得十倍回報。

參考文獻

Abraham, J. (2000). *Getting everything you can out of all you've got*. New York: St. Martin's Press.

Beckwith, H. (1997). *Selling the invisible: A field guide to modern marketing*. New York: Warner Books, Inc.

DePalma, T., & Dushinski, K. (1998). *Maximum exposure*. Arvada, CO: MarketAbility.

Hunt, J. (2005). *Writing benefit statements* [audio recording of radio show]. Bob Summers, Recognized Expert Marketing Show.

Pawel, J. J. (2003). *Marketing magic: Secret tricks for increasing your visibility and success*. Springboro, OH: Ambris Publishing.

Pawel, J. J. (2004, Spring). Direct mail campaigns. *CFLE Network, 16*(2), 5,9. Minneapolis, MN: National Council on Family Relations.

Pawel, J. J. (2004, Summer). Six secrets of writing dynamite publicity materials. *CFLE Network, 16*(3), 5, 9. Minneapolis, MN: National Council on Family Relations.

Pawel, J. J. (2004, Fall). Informing and educating the public through the media. *CFLE Network, 16*(4), 6, 13. Minneapolis, MN: National Council on Family Relations.

Pawel, J. J. (2005, Winter). Becoming a professional speaker. *CFLE Network, 17*(1), 6, 8. Minneapolis, MN: National Council on Family Relations.

Pawel, J. J. (2006, Winter). Helping, not selling: The key to marketing with integrity. *CFLE Network, 18*(1), 4, 10. Minneapolis, MN: National Council on Family Relations.

Pawel, J.J. (2006, Spring). Six success strategies for getting more clients. *CFLE Network*, *18*(2), 4, 7. Minneapolis, MN: National Council on Family Relations.

Pawel, J.J. (2006, Summer). Internet basics for family life educators: four factors for getting your ideal clients to flock to your website (part 1). *CFLE Network*, *18*(3), 10–11. Minneapolis, MN: National Council on Family Relations.

Pawel, J.J. (2006, Fall). Internet basics for family life educators: four factors for getting your ideal clients to flock to your website (part 2). *CFLE Network*, *18*(4), 9, 15. Minneapolis, MN: National Council on Family Relations.

Pawel, J.J. (2007). "Writing Compelling Benefit Statements." Workshop worksheet. Springboro, OH: Author.

Port, M. (2006). *Book yourself solid: the fastest, easiest, and most reliable system for getting more clients than you can handle even if you hate marketing and selling.* Hoboken, NJ: John Wiley & Son.

Port, M., & Meyerson, M. (2005). *90-day product factory.* Retrieved from http://snipurl.com/ProductFactory90day

Port, M., & Meyerson, M. (2006). *Traffic school: the ultimate web traffic and conversion system.* [Manual for on-line training program]. Retrieved from http://snipurl.com/trafficschoolprogram

Silver, Y. (2000). *Ultimate sales letter toolbox: all the openings, bullets, selling words, phrases, copy-connectors, guarantees, closers, p.s.'s you'll ever need to create killer sales letters.* Silver Spring, MD: Surefire Marketing, Inc.

Silverman, G. (2001). *The secrets of word-of-mouth marketing.* Saranac Lake, NY: AMA Publications.

Sukenick, R. (1995). *Networking your way to success: a proven method for building, developing, and implementing a network of your own key contacts.* Dubuque, IA: Kendall/Hunt Publishing.

Sorkin, D (2008). *Direct Marketing Association (DMA): Guidelines for commercial solicitations online.* Retrieved from www.SpamLaws.com

Walters, D. (1986). *How to enter the world of paid speaking* [Cassette]. Peoria, IL: Royal Publishing.

主要資源

▌樣本

明信片：免費索取試用，包括一張可填空、明信片大小的電子郵件：http://www.instantmarketingtoolbox.com/freetrial。

▌宣傳品

TU-VETS 公司：經濟實惠的全彩印刷（www.tu-vets.com）。

VistaPrint.com：免費四色名片（www.vistaprint.com）。

▌演講

成為年收入六位數的專業演講者，遠程講座訓練系列，Lori Giovannoni：www.lorigiovannoni.com/professionalspeaker.htm。

團體主持人認證訓練：www.ParentsToolshop.com/HTML/teach.htm。

國家演講者協會（National Speakers Association）：http://www.nsaspeaker.org/。

Susan Kendrick，演講者的工具包、錄音帶和錄影帶的介紹：http://www.writetoyourmarket.com。

Toastmasters 演講會：http://www.toastmasters.org/。

▌繼續教育單位（CEU）工作坊資源

AMEDCO（美國繼續教育公司），在明尼蘇達州明尼亞波里。每一位繳交費用的參與者均可獲得 CEU 認證，更新郵寄名單、印刷、郵寄、註冊，以及 CEU 文件。需支付所有實際的開銷費用。http://www.cmehelp.com/Index.htm。

Speedy CEUs（快速 CEUs）：http://www.speedyceus.com/。

▌郵寄／電子郵件

ACT！郵寄名單資料庫軟體，個性化合併郵寄活動：http://act.com。

Amazing Mail：輸入你的銷售訊息，上傳圖片與郵寄名單。它們結合了藝術、印刷卡片與郵寄。大量印刷 http://www.AmazingMail.com。

Constant Contact：電子郵件與電子通訊，http://www.constantcontact.com/index.jsp。

Duncan, G. (1999, February 23). *What does it cost to do a mailing?*取自 http://www.duncandirect.com/articles/library/costmail.html。

Send Out Cards：發送賀卡與明信片，即使是自動連續郵寄活動，也要使用你的個性化簽名信息。http://www.SendOutCards.com。

Spam laws：逐州檢視有關垃圾郵件的法律，網址：http://www.spamlaws.com/。

USPS：明信片、小冊子、信與信封的說明與下載樣板，http://www.usps.gov。

▌媒體

專家、機構與發言人的年鑑：http://www.expertclick.com/。

廣播電視採訪報導：取得廣告：http://www.rtir.com。

註冊適合你的服務，包括記者與其他個人在你專門知識領域裡尋找資訊：

- http://www.profnet.com。
- http://www.allexperts.com。

█ 網際網路

《90 天製程工廠：＃1 在網路上產生創意、行銷與銷售資源》（*90 Day Product Factory: #1 Product Creation, Marketing and Sales Resource on the Internet*）：
Mitch Meyerson、Michael Port 合著，http://snipurl.com/ProductFactory90day。

文章提交服務：http://www.mastersyndicator.com。

Dream Host：以最大的速度與空間架設便宜的網站主機，www.DreamHost.com。

Easy-Bake Web Blogs：http://snipurl.com/easyweblogs。

Easy Web Automation：基本層面提供資料庫與電子郵件管理，包括反垃圾郵件雙重確認功能，合併或發送電子郵件，與自動連續郵寄電子郵件、網路課程（自動回覆）。中級層面提供用戶友好的購物車，以確保線上信用卡在 Quick Books（一種會計軟體）過程的安全性。高級層面提供聯盟計畫、廣告追蹤器、折扣優惠券、套裝行銷與數位資源分布，像是電子書、聲音與影像檔案。http://snipurl.com/EasyWebAutomation。

Free Link Checking Tools 免費連結檢查工具：Xenu: http://home.snafu.de/tilman/xenulink.html。

免費新聞稿提交網站：www.free-press-release.com。更多的資訊，請閱讀 Mark Harty 的文章：http://www.strategictraffic.com/7sins。

GoDaddy.com：附有購物車選項的便宜網站主機，www.GoDaddy.com。

搜尋引擎優化工具：http://snipurl.com/SearchEngineTool。

「流量學校：最終網站流量與轉換系統」（*Traffic School: The Ultimate Web Traffic and Conversation*），這個線上訓練計畫由 Mitch Meyerson 和 Michael Port 共同創建。http://snipurl.com/trafficschoolprogram。

相關網站

Integrity Marketing for Helping Professionals	www.IntegrityMarketing.org
90 Day Product Factory	http://snipurl.com/ProductFactory90day
Traffic School	http://snipurl.com/trafficschoolprogram
Book Yourself Solid	http://snipurl.com/BookYourselfSolidNOW
MarketAbility 1-888-55-TWIST	www.MarketAbility.com

關於作者

Jody Johnston Pawel，合格社工師，合格家庭生活教育人員，是第二代的親職教育人員，屢獲殊榮的親職教育作家，也是「親職工具坊」（Parent's Tool-shop® Consulting）以及「助人專業者整體行銷」（Integrity Marketing for Helping Professionals）的執行長，亦是「心動行銷」（Book Yourself Solid）的合格教練。她在訓練父母親與專業人員的經歷已超過二十五年，創立並協調非營利組織方案，同時是媒體上的親職專家。參見 www.ParentsToolshop.com 與 www.IntegrityMarketing.org。

Chapter **11**

為職業做準備

Nancy Gonzalez[1] 著・潘維琴 譯

在 尋求就業或其他機會時，有幾個方式可以展現你最好的一面。個人履歷（resume）或學經歷簡介（curriculum vitae, CV）是你以書面方式表達的微笑及握手——但你也需要其他種類的微笑及握手！大多數相關的資訊均可從各地書店貨源充足的求職手冊中獲得，而有些可能未被其他資源所涵蓋的資訊，不僅是專門的，而且是具有心理社會知覺支持並發人深省的建議，是那種可以從一位希望你成功的良師益友獲得的指導。這些是我希望能在本文提供的內容，首先會從求職文件著手，然後提供一些面試過程的意見。

作為一名前任學業導師，我曾在面試中遇過數千名大學學生，看過數百封履歷與學經歷簡介。就我的經驗而言，我已預見有兩項會在面試過程中被逮個正著的「潛在問題」（gotcha），這兩項必須要避免的問題如下：

1. 履歷表寫得太冗長無趣，或內容錯誤百出。
2. 人際交往方式太奇特或令人迷惑。

但讓我們先從基本的開始。

---

1 作者衷心感謝同僚 Charles Cheesebrough、Diane Cushman 與 Lu Kaiser 等人協助審閱本章內容。

履歷與學經歷簡介的差異

履歷（resume）是職業生涯的簡短摘要，主要是曾從事過的職務、學歷及相關資格認證之列表，通常一到兩頁。學經歷簡介（curriculum vitae, CV）如同其拉丁文的翻譯：是人生的歷程；其格式較長且列出學術生涯的每項成就。有時候為了想把一切列入兩頁的內容裡，撰寫履歷者會試著用較小字型及密集的文字排版，盡其所能地將所有的資訊硬塞進去。不要這麼做！「少」能表達的反而更多。履歷如果是易讀且有趣的，讀者就越可能被吸引。除了為改變句型結構而寫的少數句子，盡可能在敘述中使用主動語態而少用被動語態。人們自然而然會被頁面上清楚的標題與令人愉快的留白空間所吸引，沒有人喜歡閱讀密密麻麻的文字；有時候要求細節及太多的資訊也會留下不好的印象！相對地，學經歷簡介是關於每次的受雇經歷、每項出版發表、每個協會會籍、獲得的每項補助、獲得的每個獎項，及學歷與任何資格認證的全面盤點。對正教授及有聲望的研究員而言，學經歷簡介可能有好幾頁長。

為何履歷必須短而學經歷簡介可以長？如果典型的學經歷簡介可以比較長，為何我不能有五頁的履歷？因為事情就是這樣，不管是獨斷、歷史偶然或傳統，履歷廣為人知的習慣格式就是這樣，你沒有辦法對它做什麼，除非你應徵的是以學經歷簡介為規範的學術界或研究相關工作，履歷就應該是較簡短的格式。

使用的時機

有時徵才說明內容會規定要寄哪一種格式，不要自認為學經歷簡介就是最好的，對公司或非學術界職務而言，學經歷簡介可能會讓人有「太具殺傷力」（overkill）或「資歷過高」的印象，雇主可能會將你的資料放一邊，思

忖著他們請不起你。

　　假使你申請的是學術界的職位，一份學經歷簡介是比較合宜且通常是必備的。學經歷簡介是研究任用、學院層級之教職或補助金申請書的標準慣例，在這些層級上想要取得你服務的單位需要這一切的細節。履歷與學經歷簡介在網路上有很多範例可參考。

　　曾有人說過「唯一一個履歷應該超過一頁長度的人是美國總統」，這雖是誇張的說法卻包含一個重要的真理：一份履歷表應當是一張列出個人亮點的名片（calling card），其功能是讓你得到面試機會。你要激起讀者的興趣，那些回應履歷的人會告訴你他們近期每個職缺都收到一堆履歷，他們需要過濾成堆履歷表並決定通知誰複試，那是會讓腦袋麻木的過程。剛畢業的大學畢業生很少會有超過一頁的履歷表，只有那些已經經歷職涯的人可以使用兩頁格式並僥倖勝出。對於任何補充資訊，可以放在求職信（cover letter）裡或在履歷結尾附上附錄。例如：我的丈夫是有成就的軟體工程師，他的履歷有兩頁，但在他特定職業的部分有一份非常長且超出履歷要求的軟體程式與電腦語言清單；在他工作領域的雇主希望知道他所了解的程式、資料庫與語言之詳細清單，當在列出其擅長的 Pascal、Java 與 Python 語言時，他會需要另外一頁來完成清單。在這種狀況下，履歷中他可以寫「精於數個程式語言（見附錄）」，這讓他有兩頁易讀的履歷，同時導向雇主需要知道的重要資訊。

　　典型的履歷相對是短的，但這麼說吧──別說太少。如果你只提供你的職稱及任職時間，可能會給人你沒有太多工作成就的印象，在每個列出的工作或工作分類下，你應該用三到四句話來強調你的成就。下面是我本身職涯的三個例子，每個描述在技巧上都是正確，然而須留意它們給予人的不同印象。

🌿 擔任職務：學業導師

1. 對大學生完成學業之主修要求提出建議。（*描述太少。*）

2. 對主修行為科學、商業、會計、管理與科技相關，及資訊系統學程的大學生提供建議及諮商。獲得個別指導強化模式與職涯發展計畫的表揚；使應屆畢業生能利用大學豐富的學術機會之優勢，並為進入專業事業的最有利方式做好準備。（**看到這裡，你的眼神開始呆滯了，是吧？**）透過競爭過程及直屬上司系主任暨院長的推薦，獲得組織的持續卓越服務獎。（**你還醒著嗎？**）

3. 對主修文科、管理與科技的大學生提供學術與職涯建議；設計創新指導工具及出版；推動職涯資訊團體及求職輔導課程；獲得院際持續卓越服務獎。（**剛剛好。**）

最後一段描述切中所有應凸顯的要點，沒有人在乎我所獲得的獎經過三個管理層級審核。從這段描述看來，他們可以看得出來我以不同的人格特色（主修）做事，能推動團體並教學，且在同僚中很傑出。

任何超出兩頁的內容，應該有附錄或使用學經歷簡介格式並以此作標題。諷刺的是，學經歷簡介可以任你要多長就多長，且一般包含所有成就、教育、敘獎及發表的廣泛報告，然而即使是學經歷簡介也可能會太模糊沉悶。使用主動語態並避免冗詞。

🌿 撰寫學經歷簡介

學經歷簡介是申請學術與研究職位或是補助計畫的重要部分，也是終身職申請、演講提案及其他類似事宜之例行程序。即使學經歷簡介無所不包，但和履歷的撰寫一樣有許多相同的規則。

學經歷簡介和履歷一樣，以姓名與聯絡資訊作為開頭。之後，通常以重要性的次序，列出你所有的成就。諾貝爾獎得主、羅德學術獎（Rhodes）或傅爾布萊特（Fulbright）獎學金，或麥克阿瑟基金會「天才獎」（Genius Grant）等應優先列出。（但若你已經有以上這些資格，不用看下去了，我沒有東西可以教你！）如果你正申請一份研究職務，你可能希望先凸顯你的研究；對

教職聘任來說，學術職位應顯著描述於任何學術獎項或榮譽之後。

　　剛畢業的求職者通常將他們的學位列在前面，連同研究生課程、碩博士論文題目及學術獲獎、學士學位、主修及輔系等相關資料，也列出所有的專業證照及認證。那些要申請教職的人應考慮將教學經驗及任何教學獲獎放在學經歷簡介的開頭，列出你授課過的課程名稱、特殊教學方法或創新及任何正向教學評價也是有助益的。

　　有時在教學對研究地位的戰爭裡，教學技能是被輕視的，情況在改變，不要害怕當個好教師！依你是否在大型研究型大學或是小型文科學院申請講師職位而定，教學與研究將根據機構使命呈現不同的重要程度，甚至連研究型大學也對客戶服務變得更敏感。將諸如其他語言之流暢度或其能力之技巧放入學經歷簡介內，若你正申請獎助金，審查委員會對你已經獲得的其他獎助金清單感到興趣，這些通常以時間倒序的方式排列。

　　在學經歷簡介內，總會列上已出版、同儕審查（peer-reviewed）的研究、學術文章、會議演講、書籍及任何針對非科學讀者群所撰寫的著述，進行中的著作也記得要放進學經歷簡介內。將近結尾時，可加上諸如大學委員會與專業協會參與、志願工作及相關社區服務；依據要求提供推薦信（reference），但大多時候「推薦信可應要求附上」是最合宜的用法，尤其是因為推薦信的選擇會依申請性質而有差異。

　　最後，當設計學經歷簡介時，請務必使用一致的格式：同樣段落以相同方式縮排等。若所處領域有格式的標準（如許多社會科學專業人員使用 APA 格式），請確認遵照規定列出發表著作。將目錄抬頭設定粗體或斜體，且為予人愉悅感及易讀性的外觀，請務必保留開放空間。

　　謹記審閱學經歷簡介或履歷表的人可能不是你所屬領域的專家，「弦理論」（string theory）的知識會讓你聽起來像個小提琴演奏大師而非精於理論的物理學者；知道如何創造「clean room」（無塵室／乾淨的房間）可以指高科技製造業專家或是旅館房務管理。藉由詢問你學科以外的人，以檢視是否濫用了行話（jargon）、過多的專業用語縮寫，並指出不清楚的地方。然而，

若知道學經歷簡介是直接交由同行審查，專業領域特定專門術語之使用則是首選。

🌿 十二點求職建議

▌1. 仔細校對錯別字或拼寫／語法的錯誤

　　這一點有很好的理由出現在所有關於履歷祕訣的文章內，但往往被忽視。在我的經驗裡，我審閱過的所有文件中有三分之二至少出現一個錯誤。如果文法及拼寫不是你的強項，向擅長寫作的人尋求幫助，並請其他人再次校對履歷內容。即使你擁有一份令人印象深刻的成績單，但也有可能因該工作特別要求「注意細節」而喪失機會。別只依靠電腦拼字檢查程式，「As ewe can sea, it dozen find all foe paws」[2]。

▌2. 不捏造謊言

　　徹底說實話。當你要凸顯每件事都是好的並且不強調壞的事情之時，確認你說的每件事都是真實的。倫理行為在所有職業中都是重要的；再者，招募人員往往要檢查履歷內容之真實性，清單內所列的專門知識、學位、證照或認證等給予了證據的提供，在面試場合說謊是非常糟糕的事。

　　我有個認識的友人在 1980 年代中期負責面試電腦程式職務的應徵者，那個時候，電腦在數年內從大型主機轉變到個人電腦，再到網路工作站，無數個中年程式工程師因沒有讓自身技術跟上時代的遠見而被裁員，他們全需要快速發展個人電腦知識能力或宣稱他們已具備才能獲得面試機會。

　　我的朋友面試了一名聲稱自己有「三十年 US-CD Pascal 程式語言經驗」的求職者，這不只是他履歷上的打字錯誤，他在面試時也講了好幾次。首先，

2　譯註：此為錯別字例句，指拼字檢查器沒辦法揪出所有錯誤。

UC-SD Pascal 是以 University of California—San Diego（加州大學聖地牙哥分校）命名；其次，UC-SD Pascal 才於面試前幾年發展出來，他絕不可能有三十年的經驗，因為當時還沒發明出來！面試結束！

3. 注意危險訊號

遠離可能對你不利的事實。舉例來說，假設你擁有自己的事業並被地方商業社團選為「年度最佳企業家」；如今你在由董事會做主要決策的非營利組織中申請一份執行董事的職務。

企業家精神證明成就與能力，但對一個透過團體共識發揮功能的組織而言或許是令人害怕的，此項職位之招聘者將尋找證據來確認你不是一個我行我素不受控制的「脫韁野馬」（loose cannon）。除了描述這些成就，務必強調你能夠在團隊及既有組織架構內有效執行任務；你可能會希望在求職信中強調這件事。

避免可能讓履歷審閱者轉移焦點的宗教、政治或其他任何活動參與之表態，那也許是你很驕傲的事情但是你無法確定讀者沒有偏見，除非你申請的是牧者、美國國會幕僚職務或是尋求與這些價值極為一致的目標，持保留態度是較安全的做法，至少在履歷方面是如此。

若被問到期望薪資，永遠寫上「可協商」，即使你認為該職位的報酬低於你預期。你永遠不知道什麼是可能的，可能會有其他你所不知道的可用經費；假使他們面試結束後決定非錄取你不可的話，他們可能會合併尚未補上人力且薪資可以調降的職務薪資，以支付較高的報酬給你。

4. 打破規則……一點點就好

你不需要精確列出每項職務就業的時間，履歷不是警局筆錄。比方說在你辭了工作到下份工作有三個月的間隔，有足夠的生活境遇可以造成就業間短暫空窗期的合理因素——家族內的死亡事件或遭資遣即是兩例。回到我的早期職涯，資遣會帶來某些烙印（stigma）——很多人認為那是雇主禮貌性解

雇員工的一種方式。現在這觀念已改變，資遣變得司空見慣，我們都認識曾遭資遣的某位朋友、某位鄰居或親戚。如果你之前的就業期間是從 2000 年 8 月到 2002 年 2 月，而現在的工作從 2002 年 5 月開始，別管中間沒就業的那幾個月，只要寫：

職務 1：2000～2002

職務 2：2002～迄今

這並非不準確，如果被要求提供確切日期，你當然要照做；但你有極大的機會不會被問到。

關於這點，一個或兩個長期待業的間隔已不再像以前是紅旗警訊；事實上，一次長期間隔反而受到的關注會比好幾個短期間隔還少。現今對暫時離開職場照顧家庭已有廣泛認知，而既然詢問家庭狀況是不合法的問題，他們可能會假設是這種情況。雇主知道家庭幾乎是每個人的生命，而有家庭的員工是穩定勞動力強而有力的部分。

大多數的人會將之前的工作按反向時間順序排列，但那並非牢不可破的。你可以將最重要或最相關的職歷排在前面，不需要將從事過的每份工作列出來，例如：讓我們思考某個在大公司的註冊會計師為了生兒育女離職，在育兒時期任職於禮品店做簿記的工作，她可以列上大公司的職歷而不放禮品店的工作。倘若你考量年齡偏見，忽略你畢業的日期並只列入最有關的職歷年份。有時候志願工作的職位比有給職還更有用，如果你要在國際仁人家園（Habitat for Humanity）或大哥哥大姊姊（Big Brother/Big Sister）的志願服務工作，以及在高爾夫球課程修剪草皮的暑期工作之間選擇哪個該列入職歷，選擇志工職位吧。

不要為每個應徵的工作準備相同履歷，事實上，每份履歷應該稍微調整去和求職公告或廣告所要求的具體條件對話，仔細閱讀職務描述並確定適合**他們的**要求而非你對工作的需求，那要等到被錄用之後再說！

5. 掌控你的訊息

有些工作會讓你選擇是要透過履歷表應徵或是填寫組織預製的申請表，選擇履歷表！有時撰寫履歷表會令人生畏，而會誘使你採取最小阻力路線；但透過履歷應徵讓你看起來自動自發，且賦予你在訊息上有更多的主控權。一般來說，公司的申請表會詢問類似就業確切日期等事項，那些會成為無關求職的危險訊號。若你以履歷表應徵，你相當有可能會先被錄取，然後被要求填寫制式申請書作為形式手續。

6. 使用標準字型、格式及紙張

使用如 Times 或其他常用的標準字型及高雅的紙張；堅持標準外觀，不要太華而不實及精美繁複。標準格式履歷表的一個例外就是應徵尋求創意工作，如設計、商業藝術等等，這些工作的求職者可以稍微大膽地邁入前衛領域。

7. 準備好「封面故事」

你的履歷已擬好！現在找個學識淵博的朋友閱讀你的履歷，以找出看起來令人困惑或可能引起問題的任何事。舉例來說，假使你花了七年才完成碩士學位或是有十年的就業空窗期，預備好你的答案。如果對你的答案感到安心的話，招募人員也會這樣覺得。

8. 關於建議：聽從所有建議但小心實行

當徵求朋友或親戚以做履歷準備或面試建議時，你可能傾向諮詢曾在人力資源部門工作的喬治叔叔。謹慎使用建議！在讀書會是健談人物的友人，在工作上可能是極度自負的討厭鬼，你的表兄弟可能是很棒的中階銷售經理人，但假使你應徵的是大學終身職教授，他將不會有太大的幫助。你同行中較含蓄的朋友可能是具備最佳面試技巧的人；看起來與現實脫節的人可能投

履歷像灌籃一樣百發百中，得到每一份應徵的工作。喬治叔叔可能在人事部門工作過，但那是從前履歷還要列個人身高體重的年代了。你懂了吧！父母及配偶是最糟的選擇，求神賜福他們的心意，但他們大多數無法客觀。回到我提供諮詢的日子，倘若我每看過一份由父母一起撰寫的糟糕履歷就能得到 5 分錢的話，我現在已經在巴哈馬的拿索（Nassau）啜飲著裝飾迷你雨傘的水果調酒了。

還有另一個「人際網絡」（networking）的重要考量。當透過個人人脈列舉推薦人或尋找雇主時，我們基本上正獲取他人累積的社會資本。優秀的推薦人是職業生涯的黃金。我所認識的一個人最近擔任一名同事職業（及個人）的推薦人，儘管競爭激烈，這位同事最終得到了那份工作。這位擔任推薦人的女士和那位求職的男士一起工作了十年，他非常稱職且值得信賴；因此她能夠告訴雇主：「在他找到其他工作前錄用他！」在她告訴雇主有關他的工作情形時說：「你知道，我跟這個人一起工作了十年，沒有人可以在這麼長的時間裡隱藏不良的人格，如果有任何問題，我都已經見過了，在我整個職涯裡只有三到四人可以得到我名譽的背書，他是其中一個。」這件事的發生根本就像是魔法。

不過，當推薦來自沒有信用的人或在其組織裡的聲譽有問題時，運用個人人脈有其風險。比方說你正申請的一份工作是從你表親的朋友那裡聽到的，他說「在面試時亮出我的名號」、「告訴他們我叫你來的」；如果他是個最佳表現者，那麼你有了真正的優勢；但若他是個問題員工，那麼就是你不需要的人脈了。辨明誰是好的推薦人與誰是你應該略過的對象並不容易，除非你對你的推薦人有相當的認識，謹慎行事為上。

9. 撰寫一份完善的求職信

每一份申請書需要一封求職信函以介紹你的履歷或學經歷簡介，再次重申：少即是多。一頁內有四或五個段落可能就夠了，兩頁是極限。確認你的求職信沒有改寫已存在於履歷表的每一件事，求職信應該要增強你的履歷

表。有整本針對書信寫作方面撰寫而成的書可以幫助你，在求職信中你可以解釋履歷表中任一未被彰顯的事宜，並幫助閱讀履歷者做出除非你提出來否則他們可能沒想到的結論。例如：假設求職廣告要求「執行多重任務的能力」，求職信給予機會讓你指出在系上擔任主要教學助理並管理規定名額之大學部學生的同時，你完成了研究所學業。

　　求職信函還有另一個目的：**即寫作範本**。當履歷或學經歷簡介是基本表單時，你的求職信是你證明自身寫作能力的機會。當我讀到由龐大文本、被動語句與非必要的矯飾、多音節字彙組成的冗長段落，我會納悶是否這個人對於讓文字資料被理解比較感興趣，而非了解組織的需求。

▋10. 履歷已完成，做好面試的準備！

　　圖書館或書店有「如何面試」書籍的排行榜，來教導你通過那些困難的面試問題；這些書籍可提供許多特殊議題的指導，如協議薪資、能力揭露或特殊情況之處理等。這些專門知識不會在這裡贅述，然而有個準備祕訣通常不會從書籍獲得，卻是重要的一環：確定你的外表及言行舉止讓人有好印象！是的，那很膚淺且不應該有關係，但是對於面試而言這通常會有所影響。

　　顯然地，影響外表的個別差異是存在的，這個差異是無法改變的或來自殘疾之類。這**不是**我要提的，任何基於這些標準而給予人負面評價的雇主不值得你為他工作，但有許多造成分心的事物可以藉由鞋油或去屑洗髮精解決！

　　當你準備好了，利用一些模擬面試練習，邀請一些你尊敬的人針對你的個人風格及表現給予回饋，透過「非家人」的幫助是最好的。有時為了讓模擬過程較不尷尬，你可以邀請朋友的友人協助；如果你有很多額外的預算，可以雇用專門的「形象顧問」及職涯教練，人們不願對喜歡的人說不愉快的事情，所以你必須允許他們無情！告訴他們如果能用幾分鐘當你的鏡子，他們將幫了你很大的忙。一個人的意見也許是僥倖的結果，但如果兩個或三個

人告訴你同一件事——那就聽進去！你無法改變每件事情，且可能改變不了任何事，但覺悟永遠不會造成損失。

　　對你來說，這樣的準備需要極大的成熟度，那些能傾聽並整合建議的人幾乎都很高興他們做了準備。你可能會放心提出以採取措施的問題如下：

● **我有任何怪異的特殊習慣嗎？**

在接受我諮詢的人當中，有一位女性每 30 秒就會推一次眼鏡，這並非一種性格瑕疵的揭露，只是讓人分心罷了。大約過了三分鐘，我感受到一股難忍的衝動想過去幫她把眼鏡戴好。你希望面試者把注意力放在*你*身上，而非你的眼鏡！找驗光師將眼鏡做個調整可以解決這問題。別人告訴我，我的笑聲像一隻馬；現在當我進行面試時，我會把 Seabiscuit[3] 留在家裡。

● **珠寶、化妝或裝飾品：我是否過度打扮？**

由於這個議題的討論令人不舒服，很少有職業指導書籍會深入處理。非自然產生於人類群體，且是表現時尚主張之個人選擇的身體穿洞、刺青、奇裝異服、髮色等，建立了你的個性或傳遞你的價值系統。如果你的外表反映出某些種族、宗教或文化訊息，而這些是你認同的中心，那麼你一定要堅守你的價值，我佩服你的正直，但須知道可能有某些保守的工作場所及某些招聘人員會因此而忽略你。在許多教育、非營利與創意工作場域內，個性是常態。進行勘查的一個好方法就是如果可以的話匿名參觀職場，或是瀏覽他們的網站。在忙碌的公共接待區，很輕易可以拿到一些組織的宣傳單張並一窺工作人員的情況。他們上班的穿著如何？面試穿著的經驗法則就是：穿著比平常上班稍微更正式的服裝。

但若擱置個人風格代表「出賣」或如果外表的某部分對你而言十分重要，且你拒絕為對這點有疑慮的地方工作；從另一方面來說，這是一種資產，也是分辨那些能接受你外表的地方的良好過濾器。

3　譯註：美國著名的賽馬名字。

● 我的衣著、髮型及眼鏡是否不討人喜歡或已退流行十五年？

對擔心年齡歧視的較年長求職者，這一點特別重要。儘管履歷已仔細檢查在這方面含糊帶過，有時候髮型或服裝會透露你所屬的年代。讓你的樣子合乎時代，但要看起來可靠。如需幫助，請時髦的朋友或穿著俐落講究的人提供建議。

● 我的儀容如何？

指甲？雜散的頭髮？氣息？使用合適的制汗劑，但不要用古龍水；你覺得好聞的味道，別人聞起來可能像驅蚊劑。隨著哮喘流行程度的增加，這變得尤其重要，因為香味可以觸發哮喘發作。在你抵達面試地點的途中，在洗手間停留一會兒以檢查卡在牙縫的菠菜；即使你已經好幾個月沒吃菠菜，證據總是恰好在面試前再次出現。確認你的服裝整潔並擦亮鞋子。我曾經跟穿著如雜誌般完美的人一起工作，然而我不認為她曾擦過自己的鞋子；他們總是拖著腳走路，而鞋底、鞋跟總是看起來像曾用磨砂機磨過一樣。

● 我的餐桌禮儀如何？

面試偶爾會以用餐方式進行，我知道要使用哪個叉子嗎？一個祕訣是：先讓你的面試官點菜。你可以說：「請您先點，我快準備好了。」然後做出類似的選擇；如果你的面試官點了主廚沙拉，就別點菲力牛排。讓人留下印象，正確的那種，即你能為你的開銷負責。餐桌禮儀是顯而易見的，但並非每個人記得像對面試官般禮貌對待侍者的重要性。即使你的面試官飲酒，也不要點酒類飲品，除非你應徵的是釀酒廠品酒師工作，否則這對你不利，你不清楚面試官將如何看待這件事，而這會遮蔽你的思維。

● 我有任何與眾不同的行為嗎？

我是否話太多或不穩重？我會打斷別人說話嗎？

我看起來緊張嗎？我是否會咬指甲或太常說「嗯」？

我的文法如何？我講話的聲音是否太柔？

我是否有做到適當的眼神接觸？

我的握手妥當嗎？軟綿無力如死魚般的握手是糟糕的，像Chuck Norris[4]的握法則會痛。

在多數的美國文化裡，似乎對於對話式眼神接觸及中度外向存在著成見。有些人是輕聲細語及含蓄的，另一些人則是個性外向又迷人的；倘若你傾向兩種極端，相應調整——溫順的人可能繼承地土，但從事銷售的工作則會是挑戰。只要不是喧鬧的話，外向很好。

他人意見並不是簡單就能聽進去，但對你自己來說是個很棒的禮物。我已試著安慰那些經過面試後持續面試，卻想不透為何沒有得到任何錄取通知的人，他們具有上述所列的其中一項或是類似的特質，對我來說問題很明顯；不過在無法確定此人想要或能處理這個回饋的信心之下，我不會冒險讓事情變得更糟。

人們工作機會之喪失肇因於某件簡單且原本可輕易改變的事，別讓驕傲使你損失一份工作！在你的朋友已經夠好心地誠實以對之後，務必要感謝他們並採用你同意的任何建議，然後恭喜你自己；只有堅強、有自信的人才能夠聽取批評並針對需要做改變。

然而，容我在此為那些發現此回饋演練太讓人懼怕的人補充特別的提醒。如果你感到太脆弱，可以略過這個讓你認為可能打擊自信的步驟，因為此時的你最需要自信。情境性焦慮（situational anxiety）是很常見，並且在工作面試上幾乎舉世皆然。有句經常被引用的至理名言說：「比起死亡，人們更害怕公開演講。」不過，如果面試的想法真的讓你聞之色變的話，你可能有醫療障礙——即社會焦慮；請馬上去看醫生。根據美國國家心理衛生研究院（National Institute of Mental Health），有 16%的美國人（每六個人中有一個）罹患焦慮症。

社會焦慮是我們國家生產力的悲劇，我沒有統計可以證明，但我的經驗

4　譯註：美國老牌動作演員，曾與李小龍在電影《猛龍過江》中對打。

是焦慮患者可以是所有同事中最細心、工作努力、富有成效及有樂趣的人。誰能料到有多少「好人才」（good catches）是被誤聘過分自信人格員工的雇主所忽視的？而這又是個悲劇，因為這些焦慮通常是可處理的。

　　回想一名我輔導的大學生，他非常的害怕因此在接受面對面會談前，有些時候我得透過電話給他建議。就如接受諮商者發現，焦慮症是明顯可被治療的。有好的醫生及介入，他反應非常非常良好。幾週內他從一個無法面對支持性顧問的受助者變成有自信、能夠對教授解釋他的障礙、要求未完成成績（incomplete）並協商時間表以完成課程的年輕人。他知道如果有必要的話我會願意替他發聲，但他自己做到了！這真的很驚人！許多臨床上焦慮的人不願意尋求幫助，但你若覺察到這可能會是問題的話，我強烈要求你去看醫生。如果你能夠自在的面試且自信的談論你的能力，你可能不僅很快就會錄取，還有可能拿到較高的薪資！

　　現在來看關於面試結構的快速說明。回到我剛開始求職時，似乎每個面試基本上是大同小異的，有傳統的問題且答案是相當可預測的，而準備也相對簡單多了。仍然有不少面試是遵循這種方式，不過從那時起，一種稱作「行為面談」（behavioral interview）的新型面試類型已出現，這些就是「向你投出變化球」[5] 的面試並詢問真正異乎尋常的問題。舉例來說，他們會給你看一把瑞士刀並問：「如果你是這些工具的其中一種，你會是哪一個？」（瑞士刀是那些看起來像一把刀的多用途口袋工具，只是它有剪刀、銼刀、叉子、軟木塞開瓶器或類似物。）這些問題令人苦惱，因為你不知道接下來有什麼。網路上有行為面談法的問題範例，所以用你最喜愛的搜尋引擎鍵入「行為面談」就可以找到。這裡要記得的最重要事項是他們可能也沒有尋求特定的答案，而是試圖看你怎麼處理突發事件。所以深呼吸、微笑並保持冷靜——選擇一個對你有意義的答案。前面提及的問題，你若是一名人群服務倡議者，你可能會回答「我會是一把剪刀，因為案主需要一名倡議者去剪開

5　譯註：即用某件難以應付或處理起來令人不快的事情來讓別人驚訝。

『紅色膠帶』（red tape）[6]」。準備一份相同屬性的答案以免你完全被搞糊塗了。你可能會微笑並說：「我推測這個問題可能是要試圖找出我怎麼處理非預期事物，我會說實話，現在我沒想到答案，但也許是因為我不是衝動的人；當我面臨選擇的時候，我傾向不順著自己的下意識（knee-jerk）反應，我可能會向同事或主管請教。」這是我最喜歡的回覆，對我而言，這個回覆不是託辭，是真實的。找些範例題並練習！

11. 做好應有的調查

　　單一來源的建議或資訊是不夠的，有些人買了一本求職手冊並照著書上的每件事做——大錯特錯！我在本章的結尾提供了一些建議讀物，但仍鼓勵你從廣大的來源找尋資訊，執行最適合你的資訊，使用網際網路找到履歷及學經歷簡介的訣竅與面試建議。針對你有興趣的機構、公司或組織的資訊，務必確認去瀏覽他們的網站，並藉由網路搜尋了解該組織的使命、文化及福利；此項資訊有助你詢問聰明的問題並讓你的面試官知道你有備而來。

　　永遠使用你自己的電腦寄發電子郵件與撰寫履歷，因為有時你不希望現任雇主知道你在應徵新工作。假如你要穿著比現在工作要求更考究的服裝直接從辦公室離開去面試，將你的面試服裝留在車裡並在途中找家速食店的廁所換裝。（換裝完畢，你要為此點個薯條嗎？）

　　最後，務必寄一份感謝信函給負責面試或在面試過程中幫助過你的任何人。這是眾所皆知的，但在我的經驗裡，多數求職者不會這麼做。當我為新進專業人員檢閱履歷時，通常一次只有 10%的人會說謝謝。

12. 給家庭專業人員的特別提示

　　本篇文章是為家庭專業人員而撰寫，特別是以家庭生活教育人員為對象。人群服務領域的工作往往很具競爭性——我現在任職的工作當時就有 85

---

[6]　譯註：red tape 為過度官僚或固著於規定及俗套，尤其在公共事務上。

個應徵者，在經濟衰退期間，這尤其令人沮喪。我在經濟衰退最嚴重的 1982 年從大學畢業，在一個人群服務機構從接待員開始做起，當時那個工作就有超過 60 名的應徵者。你也許必須從一個預先入門層級開始，然而，就如我們在農場裡曾說過的話：「乳脂總是浮到最上層。」若你是勤奮的工作者，你可藉由升遷向上移動。

對家庭生活教育人員而言，另一個挑戰就是對雇主說明你是誰及你能提供什麼給他們機構。家庭生活教育人員早已存在於整個歷史中，只不過稱呼不同；一百年前，家庭接受婚姻、親職、老人照顧及其他類似事宜的教導，但其來自神職人員、助產士、家人及鄰居。我有一本 1880 年代的古老禮儀書籍，內容充滿教導子女禮節形式的親職建議。我們的專業——家庭生活教育——就正式的意義來說，還沒有像護理或會計領域一樣成為家喻戶曉的名詞；往往，當你看到一個工作廣告或布告時，明明最能符合職務內容要求的是家庭生活教育人員，但雇主要求的卻是社會工作者或治療師。在這些狀況下，去應徵這些職務！利用你的求職信解釋即使你並非社會工作者也不是治療師，你相信你作為一名家庭生活教育人員所接受的訓練對他們的需求是理想的選擇。美國全國家庭關係委員會（NCFR）提供我們這個領域稱為「合格家庭生活教育人員」（CFLE）的證明，更多訊息請上 NCFR 的網站查詢，網址為：www.ncfr.org。

然而透過定義來看從事人群服務工作的積極面，這些工作將不會是那些可以被「離岸外包」（off-shored）給全球競爭的工作之一。和家庭一起工作通常指親臨現場（being there in person），在適合你的工作之勞動力中會有屬於你的位置，也許會是在三或四個工作及數年後的未來。我回到學校進修碩士學位並花了一些時間盡母職——這兩件事就耗掉了好幾個年頭，堅持下去終於得到夢想的工作時，我已經 43 歲了。

最後，我想說幾句忠告之言。假使你能找到一些一路上可以幫助你發展潛能的同僚，他們可以省掉你的時間甚至是心痛；也許有某些是經由正規輔導計畫而進入你的人生，但對我來說，他們就是出現了。你要怎麼發現他們

呢？環視周遭稍具遠見且個性與你很契合的較年長智者，然後：

● 傾聽那些能承認錯誤且能談論他們的航向修正的人。

● 尋找尊敬同儕的人。

● 環顧身邊那些明白自己的優勢且勇於看待自身弱點的人。

● 尋找可以說實話的人，即使實話不中聽。

● 環顧身邊那些關心整體、你能夠勸誘其關心你的人。

● 最後，一旦你找到這些人，告訴他們即使會痛，你還是需要他們的塑造。

　　作一名良師益友（mentor）並不容易，且驅使每個人成為心靈導師的動機是微小的。影響另一個人的未來是一個須認真對待的責任，這需要承擔風險，而且誰會想要？但這是利他主義者在其生命找到意義的一種方法；Erik Erikson 稱之為「生產」（generativity）。我已讓很多人在許多方面幫助我，可是我在成年期及青少年期各有一名良師益友，沒有了他們兩位，我今天不會在這裡。他們經由身教分享所有智慧給我；另一名心靈導師說的話不多，但卻如同明鏡般的幫助我發現自己不知道已擁有的智慧。良師益友是生命中最好的禮物之一，但是有一點，如果你接受他人的忠告，有一天你要盡到回饋的責任。一旦成為有聲望的專業人員，宇宙會派給你一名需要你幫助的受指導者。

　　現在你獲得我提供的訣竅，再者也已徵詢許多他人與資源，從中篩選並只使用對你有意義的資訊。絕對不要用他人的判斷來取代自己的判斷，包括我的。你是唯一一個知道自己曾到了何處與即將往哪裡去的人，感謝你賦予殊榮讓我成為你人生旅程中的一部分！

建議讀物

Bolles, R. N. (2008). *What color is your parachute? 2008: A practical manual for job-hunters and career-changers.* Berkeley, CA: Ten Speed Press.

Kennedy, J. L. (2007). *Resumes for dummies* (5th ed.). Indianapolis, IN: Wiley Publishing.

Goleman, D. (2006). *Social intelligence: The revolutionary new science of human relationships.* NY: Bantam Books.

Goleman, D. (1998). *Working with emotional intelligence.* NY: Bantam Books.

Moses, B. (1998). *Career intelligence: The 12 new rules for work and life success.* San Francisco, CA: Berrett-Koehler Publishers.

Pink, D. H. (2006). *A whole new mind: Why right-brainers will rule the future.* NY: Berkeley Publishing.

Yate, M. (2006). *Knock 'em dead 2008: The ultimate job search guide.* Avon, MA: Adams Media.

關於作者

Nancy Gonzalez，教育碩士，合格家庭生活教育人員，任職於美國全國家庭關係委員會，並擔任委員會會訊 *NCFR Report* 的編輯及委員會工作人員網頁之部落客，同時為明尼蘇達州聖保羅市協同大學的家庭法律與公共政策課程兼職講師。她的第一個職涯是在明尼蘇達大學擔任了十五年的學業導師，幫助數以千計的大學生為職涯做準備。

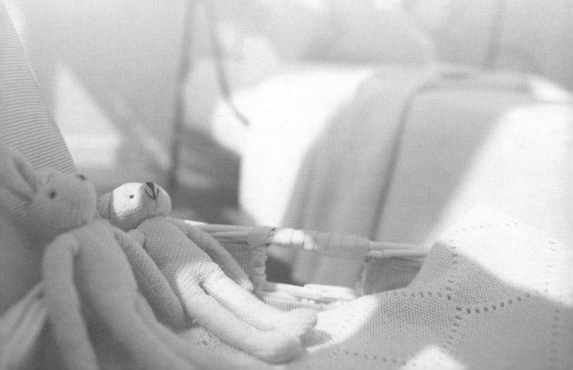

第二部分

Part Two

整合家庭生活教育
內容領域與實務

Chapter 12

社會環境中的
家庭與個人

Kevin M. Roy、Shelley M. MacDermid 著・潘維琴 譯

回想上世紀之交，你家庭的成員通常期望能活到四十多歲——活到五十歲對他們來說將是一種成就。然而，對你而言，在這世紀預計會平安活到七十歲。是什麼讓我們在這個新世紀擁有活得更長壽及更健康的人生？是因為個人選擇或是公共機構（如健康照顧）的改變嗎？而這些多出來的壽命如何改變有關「如何活出人生」的社會認知呢？

在這一章，我們以產生能被應用在家庭生活教育環境的創意為目標，探討社會特徵與其成員日常生活間的連結。本文旨在提出不同閱聽者的觀點，維持一班高中生的興趣或提供有用的資訊給社區父母團體來思考。

本章從一些影響學者對家庭與社會的思想之理論概念摘要開始，再將這些概念運用到與生命週期四個主要階段（兒童期、青少年期、成年期及老年期）相關的特定議題上。最後，我們會提供一些家庭生活教育人員可能覺得有幫助的資源及提醒。

社會特徵會影響其成員，雖然這看起來很明顯，但要就此和家庭生活教育人員做一個令人信服的連結會有困難。假如社會是一座森林，個人與家庭日常生活就像森林地表的草葉，要從草葉的優勢來清楚了解森林是非常困難

的。然而關於草葉至少有兩個非常重要的課題：第一，草葉不僅是受樹木影響，也發揮它們自己的影響力作為回報，例如它們和樹木競爭土壤裡的養分，保護樹根不受熱並吸引有益的有機物；第二，縱使每片草葉只和自己最近端的環境（空氣、土壤、養分）相互作用，也會受較遠端因素的影響。過去十年來，家庭對地球暖化影響的認知已從每天的例行公事中增長，他們開始考慮新的替代性能源及日常生活中可能的改變，以轉而塑造氣候變遷的步伐。實際上，個人與家庭影響社會，大規模的社會因素不只是反向，而且會以個人意想不到的方式影響他們。

　　許多人常常對政策形塑家庭生活這個概念感到不舒服，美國的主流文化在家庭決策方面維持著一種政府「不干預」的公共姿態。然而，即使社會制度有時可能不被看見，去思考制度如何塑造家庭生活及反之家庭如何形塑社會制度是重要的。在下面的段落，我們敘述的兩個理論觀點可作為檢視社會及日常生活間連結之透鏡。

🌱 生態學觀點

　　依據韋伯線上字典（*Merriam-Webster Online Dictionary*），社會（society）是「一個社區、國家，或具相同傳統、制度、集體活動與利益之人民的完全集合」（society, n.d.），檢視社會的一種方法就是將之想成含有相互關聯的設定或環境，我們每個人在其中成長並發展。在此生態學架構內（Bronfenbrenner, 1988），我們所經驗的最小或最直接環境被標籤為「小系統」（microsystem），例如家或兒童的學校教室。與小系統相連的是中間系統（mesosystem），家與學校的關係或是家與職場的關係都是中間系統的例子，這些中間系統關係上的強度，可以因一個環境中的活動支持另一個環境的活動的程度而有所差異。當一個發展中的個體在未參與特定環境的情況下被影響，我們稱之「外系統」（exosystem），例如父母職場與家庭的連結是孩子的外系統。

　　大系統（macrosystem）是一種社會的制度：「重要的習俗、關係或組織」（macrosystem, n.d.），宗教、健康照顧、教育、經濟及政府都是大系統的例子，但家庭也許是所有社會制度中最常見的。綜觀全世界及歷史，文化依賴家庭去滋養其成員、讓他們預備好作為公民的參與並終生支持他們（Goode, 1982）。家庭乃社會變遷及個人生命的中介者，也因此成為了社會政策、媒體及其他改變人類行為的努力之目標。

> 家庭不是被孤立、自我封閉的社會系統，而其他社會制度，如軍隊、教會或學校系統，持續地重新發現他們處理的不是個人而是家庭的成員。即使在最工業化及都市化的社會，人們通常被假定過著無根和匿名的生活，多數人仍和其他家庭成員持續互動（Goode, 1982, p. 3）。

生命歷程觀點

　　將焦點放在時間上也許能幫助家庭生活教育人員了解家庭與社會制度的互動，家庭生活的生命歷程觀點（Bengtson & Allen, 1993）提出：個別家庭成員經由角色演替在其生命歷程裡移動，如父母親、配偶、工作者或學生，家庭成員攜手合作以建立這些角色，然而每個角色是基於歷史性時刻的獨特方式被展現出來。舉例來說，在 1900 年時，男性養家活口者是美國父職的中心（Griswold, 1993）；今日，父親的社會期望在轉變：父親是否已超越養家活口的角色？而我們這個社會，是否一樣期待並支持父親成為照顧者？

　　社會制度是從同期出生的男性及女性之團體經歷編織成，如嬰兒潮世代（Baby Boomers）；這個世代的龐大規模、資源數量及延長的壽命重新形塑了社會。嬰兒潮時期出生的個人其生命歷程已被年齡結構化（age-structured），以至於從學校過渡到工作再到退休，是由社會創造、社會認可及共享的（Hage-

課程綱要

社會環境中的家庭與個人

對家庭本身以及家庭與其他制度的關係之理解，如社會中的教育、政府、宗教及職業制度。基於以下知識：

1. 各種不同的家庭結構與功能。
2. 家庭中的文化差異（家庭傳承），包括社會階級、地理、種族、民族及宗教。
3. 約會、求愛與婚姻選擇。
4. 親屬（代間）關係。
5. 對少數民族家庭（含黑人、西班牙裔、美國印第安人及亞裔美國人）的生活型態與全球不同社會家庭的生活型態之跨文化理解。
6. 改變中的性別角色，包含求愛伴侶、婚姻伴侶、父母與子女、手足及遠親之角色期望與行為。
7. 現在與未來家庭人口趨勢。
8. 經由歷史發展而來的家庭。
9. 職業工作場所與家庭成員之相互影響。
10. 主要社會制度與家庭的相互影響，亦即：政府、宗教、教育及經濟。

stad & Neugarten, 1985; Riley & Riley, 1994）。嬰兒潮世代的集體經驗也已鬆開了生命歷程的年齡結構，鼓勵老年人的重返教育、較晚的生育、彈性退休及家庭形成的複合階段等。換句話說，社會變遷以不同的方式影響不同的出生世代，而世代經驗反過來創造新的社會變遷。

社會制度也以獨特方式與家庭契合來處理生命歷程的彈性，早上9點到下午3點典型的上學日加上三個月的暑假，反映出原先依賴兒童在農忙季節協助的農業經濟關係。近期全年教育制的局部措施則是為「更新」社會制度以改變後工業化節奏所做的努力。朝九晚五的典型工作日時間表同樣反映了大多數白人、已婚者及男性勞動人口的需求。在全球經濟、彈性工時、臨時雇用及市場力量之快速重整已經革新了家庭成員的工作經驗，不過工時期望仍支配我們許多人的生活，反映出仍有一個時間落差是社會制度需要改革以與家庭生活同步之處。

由於我們是如此個別地經驗到這些問題，社會制度有部分似乎是不可見的。當一個得接送子女的母親該回到職場時，是否要搬家或找個更好的工作使我們與伴侶進行激烈的討論。這些深夜辯論不必然是私人的，它們呼應每晚數百個晚餐餐桌進行的爭論。當家庭成員的生命歷程被今日社會的制度如此密切形塑時，私人議題成為了公眾關注之事，如同 C. Wright Mills（1959）在數十年前所提出的一樣。在接下來的段落，我們藉由檢視人生歷程的不同時期以探索這些理論觀點，我們會在每一個時期辨認一個明顯由社會制度形塑的議題。

🌱 人口變遷與兒童經驗

我們在這一節彙整社會家庭課程綱要及兒童期人生歷程架構的概念，並探索人口趨勢（母親就業上的改變）與兒童起居之關聯以完成我們的宗旨。

人口變遷發生在社會或大系統層面，女性之勞動參與即為一個被熟知的鉅視層面改變。如同許多的改變，這個改變實際上比第一眼看到的更複雜；整體來說，女性勞動參與在超過一個世紀前就開始增加了（Rubin & Riney, 1994; U.S. Bureau of the Census, 1975, 1993），不過有色人種的女性及貧窮且未婚的女性一直有大量的勞動參與。近期最大的改變是在過去四十年來，學齡前兒童母親之勞動參與大幅增加（U.S. Bureau of the Census, 2001）。

鉅視層面的改變由數百萬個別婦女在她們子女還年幼時，為回應經濟上的財務壓力、個人價值實現的目標或其他原因而進入勞動市場的決定所組成。這些個別原因已改變了兒童的小系統，尤其是他們在哪裡及跟誰一起消磨時間。今日的兒童由父母以外的人照顧的時間更甚以往，不論兒童的母親是否就業皆是如此。在 1997 年，有 52%母親就業的子女及 44%母親未就業的子女註冊「學前教育計畫」（preprimary educational programs），相對於四十年前分別只有 8%母親就業的子女及 5%母親未就業的子女參與此計畫（Bianchi, 2000）。

| 兒童期 | 家庭系統的背景內 | **社會環境中的家庭與個人**
• 工作、金錢與家庭
• 支持個人與家庭的計畫
• 家庭、鄰里與社區的重要性
• 家校合作
• 區分精神信仰及實踐

多元文化・性別平等・特殊需求覺察 | 家庭與生態系統間 | 的相互影響 |

| 青少年期 | 家庭系統的背景內 | **社會環境中的家庭與個人**
• 家庭與職場
• 經濟與家庭的相互影響
• 學校作為未來的準備
• 在學校系統發揮功能
• 終身教育
• 個人與家庭在社區的責任
• 宗教與靈性對家庭的影響
• 對特殊需求與問題家庭的支持
• 科技與家庭的相互影響
• 人口議題及資源分配
• 家庭在社會中的角色
• 支持性網絡——家庭、同儕、宗教機構、社區

多元文化・性別平等・特殊需求覺察 | 家庭與生態系統間的相互影響 |

| 成年期 | 家庭系統的背景內 | **社會環境中的家庭與個人**
• 在子女教育中的家庭參與
• 發揮教育系統效用
• 宗教與靈性對家庭的影響
• 支持性網絡——家庭、同儕、宗教機構、社區
• 了解並獲得社區支持系統
• 終身學習
• 人口議題及資源分配
• 科技與家庭的相互影響
• 經濟波動與其對家庭的衝擊
• 家庭、工作及社會的相互關係
• 個人與家庭在社區的責任
• 家庭在社會中的角色

多元文化・性別平等・特殊需求覺察 | 家庭與生態系統間的相互影響 |

<table>
<tr><td rowspan="2">老年期</td><td rowspan="2">家庭系統的背景內</td><td>**社會環境中的家庭與個人**

- 終身學習
- 支持教育系統
- 宗教與靈性對家庭的影響
- 支持性網絡——家庭、同儕、宗教機構、社區
- 了解並獲得社區支持系統
- 科技與老年家庭的相互影響
- 經濟波動與其對老年家庭的衝擊
- 人口議題及資源分配——健康照顧、交通、住宅
- 社會議題——年齡歧視、老年虐待預防、照顧關懷
- 家庭在社會中的角色</td><td rowspan="2">家庭與生態系統間的相互影響</td></tr>
<tr><td>**多元文化・性別平等・特殊需求覺察**</td></tr>
</table>

　　另一個微視層面的改變則是母親及父親開始重分配「照顧工作」（care-work），即撫育家庭成員的工作，例如就業與未就業婦女均大幅度減少他們在家事的投入（Bianchi, Robinson, & Milkie, 2006）。今天的父母（母親與父親兩者）比四十年前的父母花更多時間陪伴孩子（Bianchi, Robinson, & Milkie, 2006），在母親就業的家庭中，家庭主夫的父親傾向於更知道他們子女的行蹤與活動（Crouter, 2002）。學者也開始把注意力放在保持家庭運作之「無形的」計畫及協調照顧工作上（DeVault, 1994）。

　　這些小系統改變的結果，與之前大不相同的勞動者今日充斥職場，女性現在幾乎構成一半的勞動力，而多數就業的母親與父親現在身處於雙薪家庭而非只有一份收入。由於子女沒有直接參與但受父母親的職場影響，因此父母的職場是子女的外系統。勞動者（尤其是那些具高度技術及高薪者），越來越直言不諱其對工作安排的慾望以便兼顧家庭與工作上的效能（Compbell & Koblenz, 1997; Galinsky, Bond, & Friedman, 1993）。在生態學術語中，勞動者正尋求一個更強的工作—家庭中間系統。鉅視層面的改變導致 1993 年《家庭與醫療假法案》（Family and Medical Leave Act）的實行，這個法案為危急家庭需求提供工作保障之無薪假；一些雇主已制定了各種「家庭友善」政策及育

兒假計畫，縱使勞動者申請的整體百分比仍非常少。在這些政策沒有辦法讓家庭可以調控其就業的狀況下，母親就業的重要成果（尤其是對於學齡前兒童）可能會被限制（Brooks-Gunn, Han, & Waldfogel, 2002）。

當學員在學習社會和個別家庭之關聯時，教育者面臨了幫助他們避免將團體間的差異做「社會稱呼」（social address）說明的挑戰；當一個人被貼上一個被假定解釋其行為的標籤時，就產生了所謂的社會稱呼（Brofenbrenner, 1988）。例如，一個社會稱呼說明會假設母親是就業婦女及母親為家庭主婦的兒童之間的所有差異，肇因母親就業狀態的作用；相同的論證也用在以種族或社會階級定義的團體之差異，這樣的說明忽略了不同環境對個人影響的過程。為求完備與準確，說明必須顧及人的特性（如子女的氣質）、較大的環境（如家庭對母親收入之需求）、介入環境的結構與內容（如母親和父親各自的工作狀況）及以上因素互動的方式（Parcel & Menaghan, 1994）。舉例來說，低收入母親在「從福利到工作」（welfare to work）之轉變有複雜的結果，取決於子女的年齡（Chase-Lansdale et al., 2003）。工作對學齡前子女的行為及幸福有少許的正面或負面影響；然而母親進入職場改善了青少年的心理健康，從職場退出則增加了青少年的行為問題。

家庭生活教育人員也許發現這樣做是有用的：讓學員去發現當他們還小的時候是在哪裡及被誰照顧的？為什麼做了這些安排？而他們的父母現在對那些選擇的感受如何？學員也可以檢視地方雇員政策（藉由調查公司網頁、年度報告或公司新聞文章），或閱讀《就業母親》（*Working Mother*）雜誌 10 月份議題關於最佳的一百家公司的文章以區分公司相似性與差異性（見本章末「相關網站」NAEYC 及 NAFCC 的網站資料）。

🌱 青少年、成年初顯期與家庭貧困的經驗

青少年（adolescence）一詞在五十年前出現，成為生命中獨特的一個階段，近年來，我們已注意到另一個生命的新階段：成年初顯期（emerging adulthood），即年紀介於 18 歲至 30 歲的成人（Arnett, 2004）。社會制度在某種程度上創造了這些階段，全日制教育制度隔離了學生，讓他們在參與全時就業時才成為成人勞動者（Furstenberg, 2000）。為成人角色做準備的隔離期間傾向讓擁有豐富資源制度及家庭的青少年與年輕成人（young adult）受益。在資源貧乏的教育制度下，隔離對年輕人成為成功成年人的機會有害；不利家庭的青少年可以找到一點「暫停時間」（time outs）以繼續中等及高等教育，遠離工作及照顧的成人角色。在短短幾年的多重轉型期，貧窮丟給他們一些困難的選項：生育、離開學校、就業、遷移及婚姻／同居。

在這些轉型期間，年輕人在其可得資源與自身興趣中航行，他們以避免危險行為並擁抱象徵成功成年期的行為獨立做家庭的決定，像是及時完成學業並明快地投入勞動市場（Rindfuss, 1991）。貧窮家庭青少年的轉型是被塑造的，比如，受他們家庭開始貧窮的時機形塑。舉例來說，Elder（1999）發現在經濟大蕭條期變貧困的學齡前兒童，在轉換到成年期時要對抗長期累積的不利，而那些在青少年時期變貧困的人則被證明更能從其損失復原；其他歷史性與社會性變遷可能有助於青少年時期變得更傑出的效果。在福利的改革之下，譬如當母親投入勞動市場時，青少年更容易受到影響離開學校，並更可能長時間工作以補償失去的收入（Gennetian et al., 2002）。

成年初顯期是年輕女性與男性建立認同並和第二個家庭往更大社會世界移動的一段時期。年輕成人可能掙扎於重複地離開並返回家裡（Goldscheider, 1999），他們發展對家庭生活及成功不同的觀點（Larson & Richards, 1994）。在剛移民或貧困的家庭中，年輕成人可能被美國中產階級社會的社會期望同化，並對反抗社會制度的成人所提出的「如何成功」勸告抱持不信任（Purkayastha, 2002）。除了助長一段時間的隔離，社會制度也可能傳遞關於誰為決定負責等令人困擾的訊息。近來的州法律維持家長作為青少年犯案或逃學的負責人，福利改革尤其塑造了貧窮家戶的親子關係。德拉瓦、紐澤西、俄亥俄、西維吉尼亞、威斯康辛及懷俄明六個州已明確地調整，未滿 21 歲的青少年父母必須與其父母同住始得接受公共援助的規定；其他 16 個州則制定具相

同效果的非顯性規定；替代強制性工作需求之青少年高等教育選項卻在許多州的福利計畫發展上慢了一步。

雖然諸如德國與日本的其他國家已經投資公共系統，透過職業訓練及學徒計畫以舒緩所有青少年從學校到職場的過渡時期，美國的社會制度僅依賴父母社會化其子女之就業（Rosenbaum, 2001）。針對貧窮青少年的制度性支持僅為間接性質，在兒童期間〔例如透過啟蒙計畫（Head Start）及婦幼營養補助計畫（Women, Infants and Children Special Supplemental Nutrition, WIC）〕，或透過「勞有所得」（making work pay，藉著類似薪資所得租稅減免制度等下滲至家境清寒年輕人的政策利益）的方式。富有及貧窮家庭系統間資源的差距、貧困社區支持性物理基礎建設的短缺，及欠缺發展的職業計畫等導致許多年輕成人嚮往大學及好工作卻只找到成功的阻礙（Newman, 1999）。隨著尋求更好職業之高等教育學位需求增長，社會制度可能把年輕人推向將重要生命轉型延後直到 30 歲。就如一部專書之作者（Edelman & Ladner, 1991）十年前建議，青少年與貧窮是未來世紀的主要議題（見章末「主要資源」部分以參考此與其他重要青少年議題之專書）。

🌱 成年期與婚姻

在這個部分我們把焦點放在婚姻，提供另一個機會去檢視社會交集與個人生命相關的課程觀點，尤其是我們可以說明制度及家庭結構與功能的相互影響。

關於婚姻的規定、風俗及期望是社會影響成人最普遍的方式之一——超過 90% 的人最終會結婚（Kain, 1990; U.S. Bureau of the Census, 1999）。計畫結婚是個體做過最個人及最私人的決定，當他們真的結婚時，就進入了一個非常公共法律、宗教及社會的制度。舉例來說，大多數州的法律限制結婚者的性別、年齡及家庭狀況（亦即在法律上沒有與其他人結婚、沒有太近的血緣關係），有一些州則會限制健康等。州要求結婚候選人申請結婚許可並通常

在獲得許可及結婚間需等待一段時間，一旦結了婚，個人進入有著許多含意
的新法律地位，請細想以下短文內容：

> 亞曼達在二十幾歲結了婚並生下一個女兒，在十五年的婚姻之後，
> 她和丈夫離婚了。最後，她遇到 Chris 並與他墜入愛河；在他們的婚
> 禮之後，他們與亞曼達的女兒住在一起，買了一棟房子並享受共同
> 朋友組成的大型社交圈活動。過了幾年，亞曼達與 Chris 決定要有自
> 己的小孩，於是一個健康的男孩誕生了，但是新寶寶的需求對家庭
> 帶來不小的緊張，而她與 Chris 的關係開始變糟。任憑她做了努力，
> Chris 依然決定結束他們的關係並帶著寶寶搬走，而且將不會讓她見
> 小孩。亞曼達再次成為單身且無法見寶寶，她的女兒因被拒絕與弟
> 弟有任何接觸而一蹶不振。由於 Chris 不再支付房貸的費用，她可能
> 會失去房子，而她最近才知道 Chris 在他們的婚姻關係期間隱瞞了一
> 筆為數可觀的財富。

　　在這則短文裡，如果 Chris 是「Christopher」的簡稱且他和亞曼達是合法
結婚的話，亞曼達和她的女兒可以經由 Chris 的雇主被涵蓋在健康保險的受益
範圍；假使 Chris 死亡，遺囑認證法將確保亞曼達得到一大部分的遺產；離婚
法保證亞曼達收到婚姻財產分割的補償費及兒子的探視權。如果 Chris 是
「Christine」的簡稱，那麼亞曼達在大多數的州將不具有獲得上述資源之法定
保障；她和 Chris 將不被合法許可結婚，她和女兒也不被涵蓋在 Chris 的工作所
提供的健康保險範圍內。法律決定死亡或離婚後的財產支配權將不適用於亞
曼達，她與 Chris 的親生孩子將沒有法定關係（Wilcox & Allen, 2000）。目前麻
州允許同性伴侶結婚，且有四個州准予同性伴侶部分等效的配偶權利（Human
Rights Campaign, 2008）。

　　對許多結婚的人而言，這不僅是一個法律行為。婚姻作為宗教傳統由來
已久，在諸如聖經、可蘭經及塔木德的文本均有明顯的角色。最近一個圍繞

婚姻議題的法律及宗教制度交集的例子是「契約婚姻」（covenant marriage），目前已列入阿肯色州、路易斯安那州和亞利桑那州的法律。當進入一個「契約婚姻」，伴侶同意為通姦、虐待或需監禁的重罪等可以離婚的理由限定範圍，並可能承諾透過諮商而非法庭來解決婚姻問題（Chapman, 2003）。一項「契約婚姻運動」現在已加入這些州的立法機關，其由協會、組織及教育團體組成，其中多數具宗教背景或教派本身或是教會（Covenant Marriage Movement, 2008）。

　　婚姻在家庭結構與功能扮演一大角色。根據 2000 年人口普查的詞彙表，家庭是「兩個以上住在一起且因出生、婚姻或領養而有關係的人組成的一個團體」（U.S. Bureau of the Census, n.d.）。以這個定義來看，亞曼達、Christine 與他們的子女不會被視作一個家庭，不過他們並不孤單，有許多個人的集體自認為家庭但卻未被他人如此定義。尤其是對少數文化的成員來說，不同的居住安排（arrangement）包括數個世代的成員或擴展家庭中數個分支並不稀奇（見章末「主要資源」部分處理相關議題的專書）。雖然這些安排也許不符合家庭的專門定義且有時阻礙了使用金融及其他資源的機會，他們或許是使家庭能克服挑戰的角色安排之健康彈性範例。除此之外，全球或甚至跨越個別國家的制度在如何定義家庭上有了巨大變化。

❧ 老年期與家庭年齡結構改變的影響

　　多數社會傳統的年齡結構是金字塔型，分別是少數的老年人口在頂端與許多兒童人口在底部。近期的人口變遷，包含死亡率與生育率雙雙下降，已戲劇化地重塑家庭生命。隨著每個世代子女數的減少及父母、子女與孫子女間共享年（shared years）的時間增加，家庭金字塔已拉長並變薄成為「豆莢式」（bean pole）（Bengtson, Rosenthal, & Burton, 1990）。這樣一來，老化形塑了整個家庭與社會，而不只是個人。

　　一個家庭成員的轉型引起影響其他家庭成員生命的漣漪。對老年男性與

女性而言，過渡到祖父母的階段取決於他們的成人子女何時有小孩。成人子女進入與走出婚姻的過渡期及所導致的繼親家庭將老年人置於混合式家庭（blended family）複雜的網絡中。老年父母的疾病需要「三明治世代」（sandwich generation）成人去兼顧就業與照顧工作兩者，這些人多數是女性，而且比起過去世代的成年女性為數更可觀（Moen, Robison, & Fields, 1994）。社會制度通常無法「趕上」改變中家庭結構的需求，舉美國的例子來說，不像挪威等其他國家，美國沒有發展允許成年女性請假照顧家庭成員時累積年金給付的政策；然而美國已為老年人擴大醫療照顧（Medicare）健康保險計畫以涵蓋處方藥劑，此計畫已降低未能取得一些或全部處方藥的高齡者的人數（Neuman et al., 2007）。

　　由於家庭結構改變，老年期的社會期望有時變得不清楚。老年人可能尋求新的方式以融入學校、工作及家庭，祖父母可能比數十年前在照顧上投入更多。家庭成員花更多年為人母親、女兒及孫女，而此也許意味著代間關係會比當代美國社會核心家庭連結更強、更不同及更重要（Bengtson, 2001）。

　　然而有少數政策存在以促進老年人在志工、有償工作或甚至宗教角色的社會融入。以過去為例，特定法律設定 65 歲為從勞動市場強制性退休的年齡；社會政策以此方式規範了工作家庭的生命歷程。隨著老年美國人健康的改善及對金融資源的需求以安穩進入老年，退休變得比較有彈性。勞動者通常維持部分工時工作以準備晚年的社會安全生活補助金。一些創新代間計畫，如伊利諾州的希望世代（Generations of Hope），在他們提供輔導及支持給不利家庭及寄養服務的年輕男孩與女孩的同時，也為開拓老年人專業技術提供了範本。

　　社會制度是如何提供資源以重塑家庭？媒體受歡迎的辯論使兒童與老年人對抗以爭奪公共支持；老年非洲裔美國人與歐洲裔美國人之間健康與財務支持的差異則較少看到。本章建議我們應知道不同年齡的家庭成員之福祉是如何影響其他家庭成員的幸福。社會制度可能透過採取家庭焦點及認同，並支持家庭成員間的相互依賴以促進更加彈性的生命的決定。

教育人員可以藉由要求計畫參與者去思考對「共享年」與「三明治世代」的見解，使他們專注在改變的家庭結構與社會制度主題上。為人父母及為人子女二十年的含意是什麼？類似教會、勞動力、學校或軍隊等社會制度是如何回應常見的家庭狀況？制度是否夠彈性以允許成人去照顧兩個世代？如果沒有，制度要如何變得更有彈性？（更多老年期家庭的訊息請見章末所列「相關網站」。）

🌱 給家庭生活教育人員的提醒

當思考到社會制度與跨越生命週期的家庭時，牢記以下三個重點對教育人員來說是很重要的：生活經驗重新定義社會制度內的機會；生活與社會制度是移動的標靶；系統彼此之間、與家庭及與個人以重要的方式相互影響。

▌生活經驗重新定義社會制度內的機會

當一個年輕孩子需對抗貧窮時，無疑將影響青少年成為一個成功受教育與就業成人的能力。同時，祖父母關懷照顧年輕一代的能力將塑造父母獲得並維持好工作的能力；以此方式，家庭塑造社會，正如社會塑造家庭。

▌生活與社會制度是移動的標靶

同樣的公立學校系統不會提供相同的教育經驗給兩個手足，或一名家長及子女；一個未受良好教育的青少年可能會在找穩定的工作時失敗，但拿到大學學位後或經濟好轉時，機會也許就打開了。經過長時間的病痛或喪失配偶，一名老年人可以承擔新角色並找到生活的目的。不論生命的哪個階段，改變是持續不斷的，我們不能假定個人與制度的關係（例如成人與職場）不會隨著時間推移而改變。

▌系統彼此之間、與家庭及與個人以重要的方式相互影響

　　有了動力的家庭生活及變遷的社會制度，我們的焦點應該放在系統如何彼此契合上。假使一個家庭經驗挫折，我們需要檢視家庭本身及從家庭互動與社會系統產生的需要和支持兩者；我們也需要促進與當代動力家庭生活需求不協調的社會制度彈性。

參考文獻

Arnett, J. (2004). *Emerging adulthood: The winding road from the late teens through the twenties.* New York: Oxford University Press.

Bengston, V. (2001). Beyond the nuclear family: The increasing importance of multigenerational bonds. *Journal of Marriage and Family, 63,* 1-16.

Bengston, V., & Allen, K. (1993). The life course perspective applied to families over time. In P. Boss, W. Doherty, R. LaRossa, W. Schumm & S. Steinmetz (Eds.), *Sourcebook of family theories and methods: A contextual approach* (pp. 469-498). New York: Plenum Press.

Bengston, V., Rosenthal, C., & Burton, L. (1990). Families and aging: Diversity and heterogeneity. In R. Binstock & L. George (Eds.), *Handbook on aging and the social sciences* (3rd ed.) (pp. 263-287). New York: Academic Press.

Bianchi, S. (2000). Maternal employment and time with children: Dramatic change or surprising continuity? *Demography, 37,* 401-414.

Bianchi, S., Robinson, J., & Milkie, M. (2006). *Changing rhythms of American family life.* New York: Russell Sage.

Bronfenbrenner, U. (1988). Interacting systems in human development. Research paradigms present and future. In N. Bolger, A. Caspi, G. Downey & M. Moorehouse (Eds.), *Persons in context: Developmental processes* (pp. 25-49). Cambridge, UK: Cambridge University Press.

Brooks-Gunn, J., Han, W., & Waldfogel, J. (2002). Maternal employment and child cognitive outcomes in the first three years of life: The NICHD study of early child care. *Child Development, 73,* 1052-1072.

Campbell, A., & Koblenz, M. (1997). *The work and life pyramid of needs.* Evanston and Deerfield, IL: Baxter Healthcare Corporation and MK Consulting.

Chase-Lansdale, L., Moffitt, R., Lohman, B., Cherlin, A., Coley, R.L., Pittman, L., Roff, J., et al. (2003). Mothers' transitions from welfare to work and the well-being of preschoolers and adolescents. *Science, 299*(5612), 1548-1552.

Chapman, G. (2003). *Covenant marriage: Building communication and intimacy.* Nashville, TN: Broadman & Holman Publishers.

Covenant Marriage Movement. (2008). Retrieved February 28, 2008 from http://www.covenantmarriage.com/

Crouter, A. C. (2002, May). *Parents' knowledge of children's daily activities in dual-earner families.* Paper presented at the first annual Work-family Journalism Conference, Boston, MA.

DeVault, M. L. (1994). Constructing the family. In G. Handel & G. Whitchurch (Eds.), *The psychosocial interior of the family* (4th ed.) (pp. 299-312). Hawthorne, NY: Aldine de Gruyter.

Edelman, P., & Ladner, J. (1991). *Adolescence and poverty: Challenge for the 1990s.* Washington, DC: Center for National Policy Press.

Elder, G. H., Jr. (1999). *Children of the great depression: Social change in life experience* (25th anniversary edition). Boulder, CO: Westview Press.

Furstenberg, F. (2000). The sociology of adolescence and youth in the 1990s: A critical commentary. *Journal of Marriage and the Family, 62*(4), 896-910.

Galinsky, E., Bond, J. T., & Friedman, D. E. (1993). *Highlights of the national study of the changing workforce*. New York: Families and Work Institute.

Gennetian, L., Duncan, G., Knox, V., Vargas, W., Clark-Kaufman, E., & London, A. (2002). *How welfare and work policies for parents affect adolescents: A synthesis of research*. New York, NY: Manpower Demonstration Research Corporation.

Goldscheider, F. (1999). *The changing transition to adulthood: Leaving and returning home*. Thousand Oaks, CA: Sage.

Goode, W. J. (1982). *The family*. Englewood Cliffs, NJ: Prentice-Hall.

Griswold, R. (1993). *Fatherhood in America: A history*. New York: Basic Books.

Hagestad, G., & Neugarten, B. (1985). Age and the life course. In E. Shanas & R. Binstock (Eds.), *Handbook of aging and the social sciences* (2nd ed.) (pp. 35-61). New York: Springer Press.

Human Rights Campaign. (2008). Human rights campaign: Relationship recognition in the U.S. Retrieved February 1, 2008, from http://www.hrc.org/documents/Relationship_Recognition_Laws_Map.pdf

Kain, E. S. (1990). *The myth of family decline: Understanding families in a world of rapid social change*. Lexington, MA: D.C. Heath and Co.

Larson, R., & Richards, M. (1994). *Divergent realities: The emotional lives of mothers, fathers and adolescents*. New York: Basic Books.

Macrosystem. (n.d.). In Merriam-Webster's online dictionary. Retrieved October 19, 2002, from www.merriam-webster.com/

McAdoo, H. P. (Ed.). (1993). *Family ethnicity: Strength in diversity*. Thousand Oaks, CA: Sage Publications.

Mills, C.W. (1959). *The sociological imagination*. New York: Oxford.

Moen, P., Robison, J., & Fields, V. (1994). Women's work and caregiving roles: A life course approach. *Journals of Gerontology Series B: Psychological Sciences and Social Sciences, 49*, 176-186.

Newman, K. (1999). *No shame in my game: The working poor in the inner city*. New York: Vintage/Russell Sage Foundation.

Neuman, P., Strollo, M. K., Guterman, W., Rogers, W. H., Li, A., Rodday, A. M. C., et al. (2007). Medicare prescription drug benefit progress report: Findings from a 2006 national survey of seniors. *Health Affairs, 5*. Retrieved August 21, 2007, from http://content.healthaffairs.org/cgi/reprint/hlthaff.26.5.w630v1?ijkey=wpOorB7zwSX6c&keytype=ref&siteid=healthaff

Parcel, T. L., & Menaghan, E. G. (1994). *Parents' jobs and children's lives*. New York: Aldine de Gruyter.

Purkayastha, B. (2002). Rules, roles and realities: Indo-American families in the United States. In R. Taylor (Ed.), *Minority families in the United States: A multicultural perspective* (3rd ed.), (pp. 212-224). Upper Saddle River, NJ: Prentice Hall.

Riley, M. W., & Riley, J. W., Jr. (1994). Structural lag: Past and future. In M. W. Riley, R. L. Kahn & A. Foner (Eds.), *Age and structural lag: Society's failure to provide meaningful opportunities in work, family, and leisure*. New York: John Wiley & Sons.

Rindfuss, R. (1991). The young adult years: Diversity, structural change, and fertility. *Demography 28*(4), 493-512.

Rosenbaum, J. (2001). *Beyond college for all: Career paths for the forgotten half*. New York, NY: Russell Sage Foundation.

Rubin, R. M., & Riney, B. J. (1994). *Working wives and dual-earner families*. Westport, CT: Praeger.

Society. (n.d.). In Merriam-Webster's online dictionary. Retrieved October 19, 2002, from http://www.merriam-webster.com/

U.S. Bureau of the Census (n.d.). *Glossary to the 2000 census*. Retrieved October 19, 2002, from http://www.census.gov/main/www/cen2000.html

U.S. Bureau of the Census. (2001). *Statistical abstract of the United States* (121st ed.). Washington, DC: U.S. Government Printing Office.

U.S. Bureau of the Census. (1999). *Statistical abstract of the United States* (119th ed.). Washington, DC: U.S. Government Printing Office.

U.S. Bureau of the Census. (1993). *Statistical abstract of the United States* (113th ed.). Washington, DC: U.S. Government Printing Office.

U.S. Bureau of the Census. (1975). *Historical statistics of the United States, colonial times to 1970,* (Bicentennial ed., Part 2). Washington, DC: U.S. Government Printing Office.

Wilcox, K. L., & Allen, K. R. (2000). Families and the gay community: Stressors and strengths. In P. C. McKenry & S. J. Price (Eds), *Families and change: Coping with stressful events and transitions* (pp. 378-400). Thousand Oaks, CA: Sage.

主要資源

Allison, D. (1993). *Bastard out of Carolina*. New York: Penguin.

Bengtson, V. L., Acock, A. C., Allen, K. R., Dilworth-Anderson, P., & Klein, D. M. (2006). *Sourcebook of family theory and research*. Thousand Oaks, CA: Sage.

Brooks, D. (2007, October 9). The odyssey years. *The New York Times*. Retrieved from http://www.nytimes.com

Coleman, M., & Ganong, L. (2003). *Points & counterpoints: Controversial relationship and family issues in the 21st century*. Los Angeles, CA: Roxbury.

Coles, R., Testa, R., & Coles, M. (2001). *Growing up poor: A literary anthology*. New York: New Press.

Jones, L., & Newman, L. (1997a). *Our America: Life and death on the south side of Chicago*. New York, NY: Washington Square Press.

Jones, L., & Newman, L. (1997b). *Ghetto life 101 and remorse*. Audio CD. Chicago, IL: Sound Portraits Productions.

Kleiner, H. S., Hertzog, J., & Targ, D. B. (1998). Grandparents acting as parents: Background information for educators. In G. R. Williams, V. L. Murphy, C. Sheriff, J. Millspaugh & C. Mertensmeyer (Eds.), *Grandparents raising grandchildren: A resource guide for professionals* (pp.35-44). Columbia, MO: ParentLink.

Study Guide for Bastard Out of Carolina. (2002). Novels for students series. Foster City, CA: Gale Group.

Targ, D. B., Brintnall-Peterson, M., & Hollidge, M. (2001). *Grandparents raising grandchildren educational program* (Notebook and Video). Washington, D.C.: AARP.

White, J. M. & Klein, D. M. (2007). *Family theories* (3rd ed.). Thousand Oaks, CA: Sage.

相關網站

Active Living Coalition for Older Adults: www.alcoa.ca/e/index.htm

Adolescence Change and Continuity: www.oberlin.edu/faculty/ndarling/adolesce.htm

Alternatives to Marriage Project: www.unmarried.org/

Americans for Divorce Reform: www.divorcereform.org/cov.html

Boston College Sloan Work and Family Research Network: wfnetwork.bc.edu/index.php

Catalyst: www.catalystwomen.org/

Center for Adolescent and Family Studies (Indiana University): site.educ.indiana.edu/cafs/

Child and Family Canada: www.cfc-efc.ca/

Children's Defense Fund: www.childrensdefense.org/

Department of Labor Women's Bureau: www.dol.gov/wb/

Economic Success Clearinghouse: www.financeproject.org/index.cfm?page=24

Families and Work Institute: www.familiesandwork.org/

Generations of Hope: www.generationsofhope.org/

National Association for the Education of Young Children: www.naeyc.org/

Network on Transitions to Adulthood: www.transad.pop.upenn.edu

ParentLink: www.parentlink.net/

Senior Net: www.seniornet.org/

Smart Marriages: www.smartmarriages.com/

United Nations Population Fund, Supporting the Next Generation: www.unfpa.org/adolescents/index.htm

U.S. Administration on Aging Elder Page: www.aoa.gov/eldfam/eldfam.asp

關於作者

Kevin M. Roy，博士，馬里蘭大學學院市分校（University of Maryland, College Park）公共衛生學院家庭科學副教授，其研究調查社會政策與生活的交集，特別是在家庭生活與就業邊緣的男性與青年之生命歷程。E-mail: kroy@umd.edu。

Shelley M. MacDermid，博士，合格家庭生活教育人員，為印第安納州西拉法葉普渡大學家庭研究教授、家庭中心主任與軍事家庭研究所副主任。她在美國全國家庭關係委員會先前出版的兩本教學資源書籍擔任家庭與社會部分的主編。E-mail: shelley@purdue.edu。

Chapter *13*

家庭的內在動力

Michael J. Walcheski、David J. Bredehoft 著・潘維琴 譯

現在幾點了？快速掃視你的手錶，指針指著下午 3 點 30 分。家庭的內在動力跟你手錶的內在運轉非常像，我們常常大略看一下手錶而未經太多思考。然而，知道一天中的時間不代表我們意識到或了解錶面（face）之下的「機芯」（movement）。我們指手錶機芯為「內部結構（innards）、內容（guts）或機件（works）」。對許多人來說，隨意觀察家庭就和我們看手錶的時間很像，具體的機芯雖看不見但仍然存在。與手錶相似，家庭具有稱作內在家庭動力（internal family dynamics）的內在過程（internal processes）。一位製錶工匠必須了解機芯的動力才能在製作鐘錶上成功；同樣的，一名家庭生活教育人員必須了解家庭內在動力以在家庭工作上呈現效用。

🌱 連接課程綱要、家庭生活教育架構，及家庭內在動力間的點

理解橫跨生命全程的家庭內在動力對家庭生活教育人員的準備工作是必需的；對家庭系統主要原則的了解（Gale & Long, 1996）提供了將家庭內部運

作概念化的基礎，其告知了家庭生活教育（FLE）計畫規劃、執行與評估的過程。此外，幫助家庭成員了解具體動力是協助家庭預先準備整個生命全程內在過程之必要元件。理論與實務的整合包含兩個幫助家庭生活教育人員的必要工具：「課程綱要」（Curriculum Guidelines）（NCFR, 1984）及「家庭生活教育架構」（Framework for Family Life Education）（Bredehoft, 1997, 2001）；當這兩個工具結合在一起時，提供了理解家庭內在動力的背景。

「課程綱要」的家庭內在動力部分概略敘述了目前展現在家庭社會歷程中的顯著性，尤其是那些有關合作及衝突的歷程。這些歷程強調家庭不同次系統（sub-system）中的溝通模式與問題，特別是壓力與衝突管理。透過回應家庭成員的特定需求，決策與目標設定反映在正常壓力與危機期間所需要的歷程（Allen & Blaisure, 2009）。

了解家庭內在動力的目的被概述於「家庭生活教育架構」中（Bredehoft, 1997, 2001），且被刻意應用在橫跨生命全程的家庭上。此架構提醒家庭生活教育人員留意：

● 家庭成員與其關係的個別發展。
● 家庭構成、歷史、傳統與慶祝活動。
● 家庭變遷與轉型；家庭成員的不同需求與期望。
● 壓力來源與壓力的因應。
● 家庭規則與角色。
● 生活方式的選擇與改變。
● 家庭溝通與情感的表達。
● 代間動力。
● 家庭作為保護、指導、感情及支持的來源。

「課程綱要」與「家庭生活教育架構」一同強化了家庭生活教育人員的準備工作，並藉由傳遞訊息與標準化家庭橫跨生命歷程能預知的事項來通告家庭生活教育實施的過程。

錶面背後是什麼？

當代電影是探索家庭內在動力的豐富資源（Hesley & Hesley, 2001; Shepard & Brew, 2005; Stinchfield, 2006）。利用像《愛在屋簷下》（*Life as a House*）（Winkler, 2002）、《證明我愛你》（*Proof*）（Stern, Weinstein, Weinstein, Goldstein, & Madden, 2006）及《喜福會》（*The Joy Luck Club*）（Wang, 1993）的電影是橋接理論與實務的一種方式。觀察電影裡的家庭動力實現了一個重要的目標，即電影變成學習並討論家庭動力之共同體驗。首先，修習家庭生活教育的學生可以用一部影片來界定一般內在社會歷程及模式；再者，家庭生活

課程網要

家庭的內在動力

了解家庭的優勢與劣勢，以及家庭成員如何彼此產生關聯。基於以下知識：

1. 包括合作與衝突的內在社會歷程。
2. 夫妻關係與親子關係的溝通模式及問題，包含壓力與衝突管理。
3. 衝突管理。
4. 決策與目標設定。
5. 家庭中的「正常」壓力：例如，家庭生命週期的過渡時期、三代家戶、老年人之照護與雙生涯。
6. 家庭壓力／危機，如離婚、再婚、死亡、經濟的不確定性與困難、暴力、物質濫用。
7. 特殊需求家庭：含領養、寄養、移民、低收入、軍隊、混合家庭，以及有身心障礙者的家庭。

教育人員可以使用影片供家庭藉以探索其家庭動力，此舉提供了討論分享經驗的共同基礎。

舉例來說，在《溫馨家族》（*Parenthood*）（Caracciolo & Howard, 1989）電影裡，我們遇見有三名子女的吉爾與凱倫·巴克曼正期待第四個孩子的出生。我們看見巴克曼家族試圖在關係疏遠的親戚、家族「異類」（black she-ep）、家族祕密、工作與家族壓力等環境下帶大他們的子女。他們的故事在一個他們的延伸家庭與其他影響的社會系統組成的旋轉動力中被述說。

　　《溫馨家族》一片描述家有幼兒的夫妻之家庭樣貌，巴克曼家族在挑戰同時正經驗家庭生命週期中（扶養幼兒的父母）一個可預期階段的壓力（Carter & McGoldrick, 2005）。當故事展開，電影描繪出數個家庭動力；在未預期的情況下懷了第四個孩子之後，凱倫與吉爾必須藉由溝通、做決定與為他們及子女設定目標來成功控制他們的衝突（決策與目標設定的資源管理之討論請見 Rettig, 2009）。

　　為何要聚焦在家庭中的內在動力？因其提供了家庭內運作的解釋及家庭生活教育人員介入的合適層級（Doherty, 1995）。我們會借助下一段落家庭生活教育人員的準備與家庭生活教育實踐來呈現家庭的內在動力。

兩個層級上的家庭內在動力

　　聚焦在家庭內在動力之重要性在於兩個層級：(1)職前家庭生活教育人員；(2)執業家庭生活教育人員。

職前層級

　　首先，給職前層級的家庭內在動力是用來思考家庭的概念基礎，其提供內在家庭動力之理解，是我們用來檢視家庭的透鏡。經過數十年，透鏡已經改變並逐步形成更清楚的家庭圖像（Nichols & Schwartz, 2001）。

　　為了了解家庭運作的複雜性，有必要對家庭相關主要理論與過程有基礎的理解。「家庭內在動力」的內容領域提出家庭生活教育的基本假定之一——學習婚姻家庭模式與過程（Arcus, Schvaneveldt, & Moss, 1993; Powell & Cassidy, 2007）。了解家庭內在動力對家庭生活教育中效能家庭的實踐是必要的，也許還比「課程綱要」中的其他內容更為微妙。理論基礎的深入討論是在這項工作範圍之上的（更多的資源及其他理論基礎見本章末的「主要資源」部分）。在此，我們選擇三個能說明家庭生活教育人員有關於家庭內在動力的理論：家庭系統理論、人類生態學理論，與家庭發展理論。在強調每

個理論之後，我們會提供家庭生活教育人員一個範例與直接應用。

家庭系統理論

「家庭系統理論（family systems theory）視家庭為在某些界域、規則、期望與跨世代互動模式中運作的一個活的有機體」（Powell & Cassidy, 2007, p. 60）。當家庭的任一部分發生改變，整個家庭受到影響而家庭系統必須處理這個改變（Burr, Day, & Bahr, 1993; Day, Gilbert, Settles, & Burr, 1995）。由於家庭成員是互連並作為一個整體運作，家庭系統對每個家庭成員有顯著的影響，同時每個家庭成員亦影響家庭系統。

回到電影《溫馨家族》這個強調家庭系統的例子，我們看到吉爾、凱倫與他們三名子女。乍看之下，我們只看到五個人，但那不是「家庭系統」，家庭系統是五個家庭成員間的相互關聯及運作。要檢視家庭系統，得先把你的焦距從個別家庭成員移開，反過來去看他們之間的過程（例如：界域、規則、角色、期望、溝通模式）。

家庭生活教育人員可以從家庭系統理論得到一個主要經驗：家庭是一個整體。家庭系統中一個部分的一個改變，影響了所有其他部分，須留意家庭系統內的互動模式。

人類生態學理論

人類生態學理論（human ecology theory）強調家庭在社會裡不是孤立的系統（Powell & Cassidy, 2007）。生態學觀點提出家庭只是許多系統集合內的一個系統（Olson, DeFrain, & Skogrand, 2008），家庭和其他系統的系統性移動經常是彼此相互影響的（如醫療系統、工作系統、學校系統、政府系統與經濟系統）（Burr et al., 1993; Day et al., 1995）。

接下來的例子是關於《溫馨家族》電影裡影響巴克曼家族的兩個系統，在這個例子裡的槓桿支點是圍繞在凱與吉爾的大兒子凱文的教養上。凱文在學校出現動作化（acting-out）行為，結果吉爾與凱倫被通知和校長及學校心

理醫師進行會談。唯恐被貼上標籤，吉爾要凱文休學，同時也因沒花時間陪伴凱文而感到罪咎，並且某種程度上覺得自己要為兒子在學校的努力掙扎負責。使問題複雜化的是來自工作的壓力，因為吉爾每週花 60、70 甚至 80 小時在工作上；吉爾與凱倫的兩難是：**花在工作上的時間越多，陪凱文的時間越少；或是花更多時間陪凱文，工作的時間就更少了。**

　　家庭生活教育人員從人類生態學理論可以得到的主要經驗是：家庭是一個更大整體的部分。家庭生活教育人員不僅要考量家庭成員需求，更必須了解生態系統在他們介入後的影響。

▌家庭發展／家庭生命週期理論

　　家庭發展／家庭生命週期理論（family development/family life cycle theory）清楚表達貫通生命全程特定階段的家庭運作（Carter & McGoldrick, 2005; Duvall & Miller, 1985; Powell & Cassidy, 2007; Rogers & White, 1993）。這些模型是在生命週期階段移動時家庭內角色與任務的藍圖（Olson, DeFrain, & Skogrand, 2008）；其認為家庭是穿越時空的關係系統，當家庭從一個階段轉換到另一個階段時，這些模型會為家庭揭露一般可預測的標竿。有一句從許多發展途徑的討論中發現的警示語：家庭生活教育人員不應該認為處於家庭發展某一階段的所有家庭，都體驗或應該經歷相同的模式或歷程（Powell & Cassidy, 2007; Carter & McGoldrick, 2005; Walsh, 2002, 2006）。

　　家庭處理生命週期角色與任務的一個範例來自電影《溫馨家族》的劇情結尾，當吉爾正受挫於他與凱倫面臨的所有家庭變化時，祖母對他說了下述有見地的評論：

祖母：你知道，我 19 歲那年，你祖父帶我去坐雲霄飛車。

吉爾：喔？

祖母：上、下、上、下。喔！多棒的一程啊！

吉爾：真是個很棒的故事。

祖母：我一直想再去玩一次。你知道的，一趟可以讓我一次感受那
麼恐懼、那麼害怕、那麼噁心、那麼刺激、那麼驚悚的雲霄
飛車搭乘經驗對我來說是多麼有趣！

　　祖母對搭乘雲霄飛車的描述是當家庭通過家庭生命週期時，典型起伏波
折的家庭經驗。

　　家庭生活教育人員可以從家庭發展理論得到的主要經驗為：家庭與其成
員沿著人生的途徑通過一般可預測的階段；我們可以為這些階段的角色與任
務（波折）進行規劃、預測與教育工作。

兒童期	家庭系統的背景內	**家庭的內在動力** • 家庭成員作為個體 • 所有家庭成員的個別性與重要性 • 家庭相處 • 家庭中的情感表達 • 個人家庭史 • 家庭相似性及差異性 • 家庭改變的衝擊 • 責任、權力、家庭成員的相互依賴 • 家庭規則 • 家庭作為保護、指導、感情及支持的來源 • 家庭作為憤怒與暴力的可能根源 • 家庭問題	家庭與生態系統間的相互影響
		多元文化‧性別平等‧特殊需求覺察	
青少年期	家庭系統的背景內	**家庭的內在動力** • 在家庭內長大成人 • 家庭組成之改變──出生、離婚、死亡 • 家庭感情處理與表達 • 妥善處理家庭內部變化與壓力 • 朋友與家人的互動	家庭與生態系統間的相互影響的

青少年期

家庭系統的背景內

- 個人與家庭決定
- 家庭溝通
- 家庭成員間的互動
- 家庭成員的不同需求與期望
- 責任、權力、家庭成員的相互依賴
- 家庭規則——公開與隱藏
- 代間關係
- 家庭背景之影響
- 家庭歷史、傳統與慶祝活動
- 家庭作為保護、指導、感情及支持的來源
- 家庭作為憤怒與暴力的可能根源
- 家庭差異——成員身分、經濟水平、角色表現、價值觀

家庭與生態系統間的相互影響

多元文化・性別平等・特殊需求覺察

成年期

家庭的內在動力

家庭系統的背景內

- 家庭內的個別發展
- 個人與家庭角色
- 家庭中的親密關係
- 壓力的來源與因應
- 生活方式的選擇
- 家庭成員改變的需求與期望
- 貫穿生命全程之代間動力
- 責任、權力、家庭成員的相互依賴
- 家庭變遷——結婚、出生、離婚、再婚、死亡
- 家庭歷史、傳統與慶祝活動
- 影響婚姻與家庭關係的因素
- 付出與獲得感情
- 家庭中的權力與權威
- 家庭對其成員自我概念的影響
- 家庭規則——公開與隱藏
- 家庭作為保護、指導、感情及支持的來源
- 家庭差異——成員身分、經濟水平、角色表現、價值觀
- 家庭作為憤怒與暴力的可能根源
- 家庭互動模式變動的影響——種族、民族、性別、文化

家庭與生態系統間的相互影響

多元文化・性別平等・特殊需求覺察

家庭的內在動力

- 家庭中的個別發展
- 個人與家庭角色
- 家庭成員改變的需求與期望
- 家庭變遷——結婚、離婚、再婚，配偶退休、死亡
- 責任、權力、家庭成員的相互依賴及生產力
- 家庭中的親密關係
- 家庭對其成員自我概念的影響
- 影響婚姻與家庭關係的因素
- 付出與獲得感情
- 家庭中權力與權威的改變
- 壓力的來源與壓力、疾病及身心障礙的因應
- 家庭規則——公開與隱藏
- 家庭作為保護、指導、感情及支持的來源
- 生活方式的選擇與變化——退休計畫、退休
- 家庭歷史、傳統與慶祝活動
- 貫穿生命全程之代間動力
- 家庭互動模式變動的影響——種族、民族、性別、文化
- 家庭作為憤怒與暴力的可能根源
- 家庭差異——成員身分、經濟水平、角色表現、價值觀

老年期

家庭系統的背景內

家庭與生態系統間的相互影響

多元文化・性別平等・特殊需求覺察

執業家庭生活教育人員層級

在執業家庭生活教育人員層級，家庭內在動力為參與家庭生活教育的家庭提供了具體內容。家庭生活教育人員利用這個內容以設計符合家庭需求的方案計畫（有關規劃及執行家庭生活教育計畫的討論見 Clarke 和 Bredehoft 於 2009 年發表的文章）。我們視家庭為「其自身生命的代理人」（MCFR, 2000, p. 3），此要義因而有可能運用發生在常態化階段過程與模式中的知識為家庭培力（empower）。更具體來說，教導家庭關於內在動力可能包括：整個家庭次系統的溝通模式與問題、伴侶間壓力與衝突管理，或親子關係。

　　「課程綱要」讓我們注意到一般家庭壓力與危機的存在，而「家庭生活教育架構」則將那些壓力與危機描繪為整個家庭生命全程可預測及不可預測的壓力源。

▌可預測的壓力源

　　標準化那些完整生命全程中家庭可預知的事物是執業家庭生活教育人員的重要角色，家庭生活教育人員藉由標準化這些標竿來協助減輕家庭壓力。儘管許多壓力源可以被預知，也明白這些壓力源是有幫助的，但卻不會緩和它們的影響，特別是從一個階段轉換到另一個階段的時候（Carter & McGoldrick, 2005）。通常，可預測的壓力源指的是發展的轉型（McKenry & Price, 2005; Carter & McGoldrick, 2005）；常見的、可預測的或標準化的壓力源包含家庭生命週期中的轉型階段：結婚、生育、教養、老化、死亡與臨終（McKenry & Price, 2005）。家庭生活教育人員可以慣例地工作以減輕可預測壓力源所產生的壓力，並培力家庭去改變成為他們自身決定的代理人（MCFR, 2000; Morgaine, 1992），例如在電影《溫馨家族》裡，凱倫與吉爾天天要奮戰的教養議題。

▌不可預測的壓力源

　　當家庭中的標準化壓力跟著從一個階段轉換到另一個階段時，未在預期內的壓力或危機帶給家庭額外的挑戰。不可預測的壓力源也影響整個家庭生命全程；其隨著不同階段變化或每一個階段變得不同。通常，不可預測的家庭壓力或危機包括：離婚、再婚、死亡、經濟不確定性與困難、暴力、生理疾病，心理疾病與物質濫用（McKenry & Price, 2005）。例如：吉爾與凱倫未預期會懷了第四個孩子，這件事在他們家庭的轉型上產生了重大影響及調整，並代表額外不可預測的壓力源。

🌱 家庭生活教育人員需要：

- 了解當提到內在動力時，每個家庭型態有其自身獨特的力量及挑戰。
- 持續注意並敏感於新的家庭型態及其特殊的內在動力。
- 察知伴隨不同家庭型態而來的問題及背景。
- 從原生家庭退一步看，且不把原生家庭用作製造家庭應該如何的模板。
- 發展對家庭系統模型中的一種模型之高度熟練，並且非常精熟於應用在家庭上。
- 學習如何取得資訊並嚴格地評估。
- 言行一致，在每天的生活塑造你所教導的技術。我們相信蘇格拉底所相信的：「未經反思自省的人生不值得過。」

🌱 是什麼讓祖父的錶動起來？

好久以前的某一天，當時我五歲。我潛入父母的臥房，我對手錶很著迷而且知道父親將祖父的一支家傳手錶保存在他衣櫥最上面的抽屜。我對這件事記憶猶新，因為我不應該在我父母的房間裡！雖然如此，某樣東西吸引我來到祖父的手錶前，也許是因為曾見過父親把它拿出來並憐愛地欣賞它，也或許是因為它是那麼的金黃、有光澤及漂亮。當我玩這被禁止而更想得到的東西（forbidden fruit）時，我變得好奇，好奇是什麼讓祖父的手錶動起來的，所以我把手錶背蓋撬開一睹內部模樣，我被祖父手錶所有完美和諧地運轉著的齒輪迷住了。看見錶面背後的機芯走動，帶我接近「是什麼讓祖父的手錶動起來？」這問題的解答。

　　「是什麼讓手錶動起來？」的問題非常類似「是什麼讓家庭運作？」這個問題；就如鐘錶匠了解手錶的動力機芯，家庭生活教育人員同樣也必須了解家庭的內在動力。

參考文獻

Allen, W., & Blaisure, K. R. (2009). Family life educators and the development of cultural competency. In D. J. Bredehoft & M. J. Walcheski (Eds.), *Family life education: Integrating theory and practice* (pp. 209-219). Minneapolis, MN: National Council on Family Relations.

Arcus, M. E., Schvaneveldt, J. D., & Moss, J.J. (1993). The nature of family life education. In M. E. Arcus, J. D. Schvaneveldt & J. J. Moss (Eds.), *Handbook of family life education: Vol. 1.* (pp. 1-25). Newbury Park: Sage.

Bredehoft, D. J. (Ed.). (1997). *The framework for life span family life education* (2nd ed.) [Poster]. Minneapolis: National Council on Family Relations.

Bredehoft, D. J. (2001). The framework for life span family life education revised and revisited. *The Family Journal, 9*(2), 134-139.

Burr, W. R., Day, R. D., & Bahr, K. S. (1993). *Family science*. Pacific Grove, CA: Brooks/Cole.

Caracciolo, J. M. (Producer), & Howard, R. (Director). (1989). *Parenthood* [Motion picture]. United States: Universal Pictures.

Carter, B., & McGoldrick, M. (2005). *The expanded family life cycle: Individual, family, and social perspectives* (3rd ed.). Boston: Allyn and Bacon.

Clarke, J. I., & Bredehoft, D. J. (2009). Family life education methodology. In D. J. Bredehoft & M. J. Walcheski (Eds.), *Family life education: Integrating theory and practice* (2nd ed.) (pp. 199-206). Minneapolis, MN: National Council on Family Relations.

Day, R. D., Gilbert, K. R., Settles, B. H., & Burr, W. R. (1995). *Research and theory in family science*. Pacific Grove, CA: Brooks/Cole.

Doherty, W. J. (1995). Boundaries between parent and family education and family therapy. *Family Relations, 44*, 353-358.

Duvall, E. M., & Miller, B. C. (1985). *Marriage and family development* (6th ed.). New York: Harper & Row.

Gale, J. E., & Long, J. K. (1996). Theoretical foundations of family therapy. In F. P. Piercy, D. H. Sprenkle, J. L. Wetchler, and Associates (Eds.), *Family therapy sourcebook* (2nd ed.) (pp. 1-24). New York: Guilford.

Hesley, J. W., & Hesley, J. G. (2001). *Rent two films and let's talk in the morning: Using popular movies in psychotherapy* (2nd ed.). New York: John Wiley & Sons.

Minnesota Council on Family Relations. (2000). Ethical thinking in practice for parent and family educators. Minneapolis, MN: Author.

McKenry, P. C., & Price, S. J. (2005). *Families & change: Coping with stressful events and transitions* (2nd ed.). Thousand Oaks: Sage Publications.

Morgaine, C. A. (1992). Alternative paradigms for helping families change themselves. *Family Relations, 41,* 12-17.

National Council on Family Relations. (1984). *Standards and criteria for certification of family life educators, college/ university curriculum guidelines, and content guidelines for family life education: A framework for planning programs over the life span*. Minneapolis: Author.

Nichols, M.P., & and Schwartz, R. C. (2001). *Family therapy: Concepts and methods* (5th ed.). Boston: Allyn & Bacon

Olson, D. H., DeFrain, J., Skogrand, L. (2008). *Marriage and the family: Diversity and strengths* (6th ed.). Boston: McGraw Hill.

Powell, L. H., & Cassidy, D. (2007). *Family life education: Working with families across the life span* (2nd ed.). Long Grove: IL: Waveland Press, Inc.

Rettig, K. D. (2009). Family resource management. In D. J. Bredehoft & M. J. Walcheski (Eds.), *Family life education: Integrating theory and practice* (2nd ed.) (pp. 163-172). Minneapolis, MN: National Council on Family Relations.

Rogers, R. H., & White, J. M. (1993). Family development theory. In P. G. Boss, W. J. Doherty, R. LaRossa, W. R. Schumm & S. K. Steinmetz (Eds.), *Sourcebook of family theories and methods* (pp. 99-116). New York: Plenum.

Stern, J. D. (Executive Producer), Weinstein, B. (Executive Producer), Weinstein, H. (Executive Producer), Goldstein, J. (Executive Producer), & Madden, J. (Director). (2006). *Proof* [Motion picture]. United States: Hart-Sharp Entertainment.

Shepard, D. S., & Brew, L. (2005). Teaching theories of couples counseling: The use of popular movies. *The Family Journal, 13*(4), 406 - 415.

Stinchfield, T. A. (2006). Using popular films to teach systems thinking. *The Family Journal, 14*(2), 123-128.

Walsh, F. (2002). Conceptualization of normal family processes. In F. Walsh (Ed.), *Normal family processes* (2nd ed.) (pp. 3-69) New York: The Guilford Press.

Walsh, F. (2006). *Strengthening family resilience* (2nd ed.). New York: The Guilford Press.

Wang, W. (Director). (1993). *The joy luck club* [Motion picture]. United States: Hollywood Pictures.

Winkler, I. (Director/Producer). (2002). *Life as a house* [Motion picture]. United States: Winkler Films.

主要資源

Carter, B., & McGoldrick, M. (2005). *The expanded family life cycle: Individual, family, and social perspectives* (3rd ed.). Boston: Allyn and Bacon.

Fanning, P., & Mckay, M. (Eds.). (2000). *Family guide to emotional wellness: Proven self-help techniques and exercises for dealing with common problems and building crucial life skills.* Oakland, CA: New Harbinger Publishers.

Hawkins, A. J., Carroll, J. S., Doherty, W. J., & Willoughby, B. (2009). A comprehensive framework for marriage education. In D. J. Bredehoft & M. J. Walcheski (Eds.), *Family life education: Integrating theory and practice* (2nd ed.) (pp. 43-58). Minneapolis, MN: National Council on Family Relations.

Hesley, J. W., & Hesley, J. G. (2001). *Rent two films and let's talk in the morning: Using popular movies in psychotherapy* (2nd ed.). New York: John Wiley & Sons.

Larson, J. H. (2009). Innovations in marriage education: Current status and challenges for the future. In D. J. Bredehoft & M. J. Walcheski (Eds.), *Family life education: Integrating theory and practice* (2nd ed.) (pp. 59-64). Minneapolis, MN: National Council on Family Relations.

Markman, H. J., Stanley, S. M., & Blumberg, S. L. (2001). *Fighting for your marriage: Positive steps for preventing divorce and preserving a lasting love* (revised ed.). San Francisco, CA: Jossey-Bass.

Morris, V., & Butler, R. (1996). *How to care for aging parents.* New York: Workman Publishing Company.

Neuman, G. M., & Romanowski, R. (1999). *Helping your kids cope with divorce the sandcastles way.* New York: Random House.

Olson, D. H., & Olson, A. K. (2000). *Empowering couples: Building on your strengths* (2nd ed.). Minneapolis, MN: Life Innovations, Inc.

Stinnett, N., Stinnett, N., DeFrain, J., & DeFrain, N. (1999). *Creating a strong family.* West Monroe, LA: Howard.

Visher, E. B., & Visher, J. S. (1991). *How to win as a stepfamily.* New York: Brunner/Mazel Trade.

相關網站

Answers 4 Families: www.answers4families.org

American Association of Marriage and Family Therapy: www.aamft.org

Children, Youth and Family Consortium: www.cyfc.umn.edu

Divorce Support: www.divorcesupport.com

Families Illustrated: www.familiesillustrated.org

Head Start: www2.acf.dhhs.gov/programs/hsb

Internet Movie Data Base: www.us.imdb.com

Life Innovations, Inc.: www.lifeinnovations.com

National Council on Family Relations: www.ncfr.org

Parent Soup: www.parentsoup.com/teens

Parent's Toolshop Consulting, Ltd.: www.parentstoolshop.com

Practical Parenting Partnerships: www.pppctr.org

Special Needs Network: www.mfrc.calib.com/snn

關於作者

Michael J. Walcheski，博士，合格家庭生活教育人員，明尼蘇達州聖保羅市協同大學教育學院心理與家庭研究學系的教授兼系主任。他是《家庭生活教育：理論與實務的整合》這本書的共同編者。E-mail: Walcheski@csp.edu。

David J. Bredehoft，博士，合格家庭生活教育人員，明尼蘇達州聖保羅市協同大學社會與行為科學系的教授兼系主任。他是《生命全程家庭生活教育架構》（第二版）的編者，《家庭生活教育：理論與實務的整合》共同編者，同時也是《給孩子多少才夠？》一書的共同作者。E-mail: bredehoft@csp.edu。

Chapter *14*

橫跨生命全程的人類成長與發展

David J. Bredehoft、Deborah Eckhoff、Carole Gesme 著・潘維琴 譯

對家庭生活教育人員（FLE）所要求的理論與實務之理解持續擴大中，人類成長與發展的知識也在其中。人類發展是隨著時間推移的人類變遷（Papalia & Olds, 1996），本學習課程「試圖去了解人（所有的人）如何改變與為何改變，以及隨著年紀增長他們是如何保持不變」（Berger, 2003, p. 1）。由於家庭生活教育人員與各種年齡的家庭成員共事，他們必須對整個生命全程的人類發展階段（兒童期、青少年期、成年期與老年期）有完整的理解。有效能的家庭生活教育人員必須完整掌握發展的基本原則：**人只要活著就會改變與成長。**

思考下面三個故事：

一名父親到兒童照顧中心接他兩歲大的女兒，中心主管要求與其會談，他被告知女兒咬了一個小男孩，而這位父親因為太震驚以至於無法回應。中心主管遞給他事件報告後，他帶著女兒快速地離開了。到了家，父親對母親敘述這件事，母親聽了難以置信；他們開始討論發生了什麼事導致他們的女兒用這種方式反應。這對父母報名參加了社區中心提供的一個「學步兒困擾」（Toddler Trouble）的

工作坊。這對苦惱的父母在第一次課程說出了他們的故事，家庭生活教育人員沒有顯出驚慌；當他們詢問他的回應時，他分享說對兩歲的孩子而言那是相當正常的，如果她是 9 歲的話，這種行為類型就會被不同地看待。

一對有個12歲女兒的父母坐在學校體育館的家長群時似乎感到非常不自在，學校寄了一本小冊子到家裡，鼓勵家長來參加一場關於青少年的非正式討論團體；主持人請家長進入小團體並討論青少年的哪些行為讓他們感到挫折。這對父母學習有關女兒追求男孩的事情並分享小組對此事的關注，他們坦承對女兒如此的行為感到羞愧且擔心其會導致濫交。知道其他 12 歲小孩的父母有相同的憂慮，讓他們鬆了一口氣，由家庭生活教育人員提供的資訊則讓他們感到安心。

一對年長的夫婦在閒逛並觀賞四年級學生展示的藝術作品時似乎顯得格格不入，他們是被全時生活在一起的孫子邀請前來參觀。過去幾年發生了嚴重的變化，他們的兒子與媳婦因車禍身亡，這則死訊令他們三個難以接受，而和孫子一起生活意味著扶養另一個小孩；他們的精力遠比以前少多了，而且當時正開始有退休的打算。他們很感謝在這個以悲傷與失落為焦點的支持團體中領導他們的親職教育者。

課程綱要

橫跨生命全程的人類成長與發展

對整個家庭生命全程的個人發展性改變之理解（包括產前、嬰兒期、兒童期早期與中期、青少年、成人與老人）以滿足其改變的需求。基於以下知識：

1. 生理的。
2. 情感的。
3. 認知的。
4. 社會的。
5. 道德的。
6. 個性的。

這些故事描繪了對家庭生活教育人員的需求被牢牢扎根在人類成長與發展科學內，知道**什麼是**（what is）及**什麼不是**（what is not）在常態性發展的範圍

內，對解釋生命旅程的發展是很重要的。

🌿 生命的發展旅程

　　人類發展可以想成是一趟旅程，旅程啟始於基因路線圖的構想以指引方向，當這趟旅程繼續經過出生、嬰兒期、兒童期、青少年期、成年期與老年期等可預測的階段時，每個旅行者被他或她所航行的環境獨特地塑造。人類成長與發展的科學如何支持家庭生活教育？假如家庭生活教育人員即將協助家庭沿著發展生命旅程去旅行，有哪些是他們必須知道的？

🌿 給家庭生活教育人員的發展基礎

▌對人類發展的確切理解是必要的！

　　要成為有效能的家庭生活教育人員，必須對人類成長與發展過程有確切的了解。發展理論主張，每個人類隨著時間以可預測的方式發展（例：兒童期、青少年期、成年期與老年期）。當我們結合「課程綱要」（National Council on Family Relations, 1984）與「家庭生活教育架構」（Bredehoft, 1997, 2001）中人類成長與發展部分時，提供了家庭生活教育人員一個生理的、情感的、認知的、社會的、道德的及人格發展模式之基本入門。特定的發展理論將會在本文被提及，然而對於這些特定發展理論（如：Erikson, 1950, 1994, 1998; Freud, 1938; Levinson, 1978, 1997; Loevinger, 1976; Kohlberg, 1975, 1981; Piaget, 2000; Whitbourne, 1986）做深入討論則已超出本文範圍，特定發展理論資源可參見本章末的「主要資源」與「相關網站」。

▌旅程中預期的是什麼

　　具備發展知識背景的家庭生活教育人員，可以提供家庭一張稱為「發展

里程碑」的要預期**什麼**（what to expect）路線圖，發展里程碑指的是一般人類生命模式（如：身體與大腦）。一個四個月大的兒童之生理里程碑範例如下：

- 體重：約 4.5 至 8 公斤。
- 身長：約 60 至 70 公分。
- 在夜間醒來前，睡 6 小時左右。
- 每天睡眠平均 14 至 17 小時。
- 俯臥時抬起頭與胸。
- 維持兩眼在固定位置。
- 用眼睛跟隨移動的物體或人。
- 抓手搖鈴或手指。
- 用胳膊和腿扭動與踢。
- 翻身（俯臥到躺）。
- 靠支撐坐起來（Oesterreich, 1995, ¶ 3）。

　　大多數發展理論在過去十年並未有顯著改變，不過有個發展領域的知識基礎在過去十年發生了根本性的改變：生理發展——具體的大腦研究（Kotulak, 1997），其已為許多家庭生活教育人員製造了一個發展知識的分歧。拜新科技與研究之賜，科學家已在大腦發展上有了新發現：

- 1 歲前的大腦發展比早先所了解的更快速與更廣泛。
- 大腦的發展比以往所推測的更易受傷害。
- 早期環境對大腦發展的影響是長久的。
- 環境不僅影響腦細胞的數量與細胞間的連結，也影響這些連結「被連線」（wired）的方式。
- 科學證據顯示早期壓力對大腦功能的負面影響。
- 大腦經歷決定性的時期，在這時期腦細胞必須有某種刺激以發展視覺、嗅覺、肌肉控制、語言與推理（Briscoe, 1999, pp. 21-22）。

　　這些大腦新的發現強調了持續學習發展的重要性，父母應該知道對寶寶的行為會深深影響嬰兒大腦的迴路，而如唱歌、發出咕嚕聲，及抱著寶寶等重複的正向經驗是愛的重要表達，會直接影響兒童大腦形成連結的方式。

　　家庭對於知道未來路上會遇到的事物感到安心，甚者，知道某件位於正常範圍內的事物也令人欣慰，額外的里程碑例子（如生理的、社會的、情感的、認知的）可以在《接觸點重要的參考：孩子的情緒和行為的發展》（*Touchpoints the Essential Reference: Your Child's Emotional and Behavioral Development*）（Brazelton, 1992）、《接觸點——出生到 3 歲》（*Touchpoints - Birth to Three*）（Brazelton & Sparrow, 2006）與《接觸點 3 歲到 6 歲》（*Touchpoints Three to Six*）（Brazelton & Sparrow, 2001）這幾本書裡找到。

▌旅程中預期的時機

　　謹記，每個人在大約同一個時間經歷旅程，具備發展知識的家庭生活教育人員將能提供家庭一份預期里程碑時機的時間表，舉例來說，我們知道兒童在八個月到十四個月之間開始走路，並於一到兩歲間開始說話（Miller, 1985）。倘若已知發展里程碑典型的發生時間，家庭生活教育人員可以協助家庭為新的發展階段預先做準備。但是，記得時刻表裡會有某些變動也是重要的（有關發展的平均或標準過程與每人獨特性之不可避免的變動見 Sroufe, Cooper, & De-Hart, 1992），並非每個家庭成員都在旅程的**同一時間線**（timeline）上。

		橫跨生命全程的人類成長與發展	
兒童期	家庭系統的背景內	• 情感與社會的發展 • 保持健康的責任——營養、個人衛生 • 每個人的獨特性 • 個別發展的相似性與差異性 • 了解人們的特殊需求 • 對較年長之人的知覺——青少年、成人、老人 • 影響成長與發展的社會與環境狀態	家庭與生態系統間的相互影響
		多元文化‧性別平等‧特殊需求覺察	

青少年期

家庭系統的背景內

橫跨生命全程的人類成長與發展

- 接納發展內的個別差異
- 保持健康的責任——營養、個人衛生、運動
- 化學物質在生理健康與發展的效果
- 發展的類型——生理、認知、感情、道德、個性、社會、性
- 發展類型間的相互作用
- 橫跨生命全程的發展模式——對死亡的概念
- 有關成年期與老化的刻板印象與現實
- 發展性身心障礙
- 影響成長與發展的社會與環境狀態

多元文化・性別平等・特殊需求覺察

家庭與生態系統間的相互影響

成年期

家庭系統的背景內

橫跨生命全程的人類成長與發展

- 影響發展中個別差異的因素
- 發展的類型——生理、認知、感情、道德、個性、社會、性
- 發展類型間的相互作用
- 對個人與家庭健康的責任
- 促進自身及他人的發展
- 橫跨生命全程的發展模式——對死亡的概念
- 成年期與老化的迷思與現實
- 適應身心障礙
- 影響成長與發展的社會與環境狀態

多元文化・性別平等・特殊需求覺察

家庭與生態系統間的相互影響

老年期

家庭系統的背景內

橫跨生命全程的人類成長與發展

- 影響發展中個別差異的因素
- 發展的類型——生理、認知、感情、道德、個性、社會、性
- 發展類型間的相互作用
- 適應身心障礙
- 橫跨生命全程的發展模式——對死亡的概念
- 適應並因應老年期的生理改變
- 對個人健康與安全的責任
- 哀悼與適應失落
- 老化的迷思與現實
- 影響成長與發展的社會與環境狀態

多元文化・性別平等・特殊需求覺察

家庭與生態系統間的相互影響

▌記得，基本上每個人進行相同的旅行

換句話說，每個人以相同順序經歷相同的發展階段——發展階段是有系統的；誠如 Papalia 和 Olds（1996）所說：「每個人類在某些方面和其他人一樣，但在其他方面則是獨一無二的。」（p. 2）以 Piaget 的認知發展階段為例，兒童從認知發展的**感覺動作期**（sensorimotor）開始，前進到**前運思期**（preoperational）、**具體運思期**（concrete operations），然後到**形式運思期**（formal operations）（Cowan, 1978）。「只有當兒童〔青少年、成人、老人〕大幅偏離常模時，才考慮他們異常提前或延遲的原因；要記住的重點是正常兒童通常經歷相同的事件序列。」（Papalia & Olds, 1996, p. 7）

▌一段旅程之圓滿完成是下一段路程的前提

發展的歷程是一種砌磚過程，一個階段的成功圓滿成為下個階段的必要條件。Loevinger（1976）自我發展的八個階段是成人發展的砌磚過程範例，她堅決主張**個人主義層次**（individualistic level，覺察行動的過程比結果更重要）建立在**公正層次**（conscientious level，即自我評價標準的發展）之前。對家庭生活教育人員而言，知悉與理解發展原則所強調的重要性為：能夠評估每個家庭成員處於發展過程的哪個階段；假使一個發展階段的圓滿完成沒有發生，可以為其發展適宜的教育計畫。

▌謹記，抵達目的地不是必然的結果

並非每個人都能自動到達發展的最高層級（Duska & Whelan, 1975），這在認知與道德發展情況下均適用。不是每個青少年只因滿了 18 歲就會自動進入形式運思期並且能夠抽象思考；也不是每個中年人到了 50 歲就自動有了 Kohlberg（1975, 1981）的**道德成規後期**的特徵（社會契約導向／普遍性倫理原則導向）。這代表在某些情況下，家庭生活教育人員必須想出一個策略以協助家庭成員接受自己的極限。

▌不管準備好了沒，它來了！

在人類發展的一些領域裡，無論是否準備好了（如生理發展與心理社會發展），個人是被向前推進下一個發展階段的。身體的生理發展是按時間表走的，如同青少年期的例子；你沒有辦法讓它加快或是減慢速度，不管準備好了沒，它就是來了！提早進入青少年期的女孩即為此類案例，早熟增加了女孩面對種種問題時的脆弱性：「更有可能吸菸、飲酒、被壓抑、有飲食失調問題、要求更早從父母身邊獨立、結交較年長的朋友；她們的身體可能引發男性反應進而導致早期約會與早期性經驗」（Santrock, 2003, p. 85）。在心理社會發展的案例裡，Erikson（1950）指出人類是被「推上」（pushed on）發展的下一個階段，不論他們是否已解決前一個階段。即使青少年的認同議題（**認同 vs. 角色混淆**）沒有在青少年期結束時解決，他們仍然必須要在下一個階段（**親密 vs. 孤立**）履行職能；此外，未積極解決前個階段會導致在當前階段的困難，甚至痛苦。

▌給成年中期與之後階段的導航系統

今日許多車輛配備了全球定位系統（GPS），輸入地址，然後瞧——一個小小的魔法聲音告訴你到底要怎麼走然後怎麼到達。如果有個規劃設計你人生的 GPS 不是很有趣嗎？尤其是漫長且有些許未知的中年與老年期之路。

有關 Erikson（1950）發展理論的批評在於：即便其涵蓋了完整的生命全程，他的階段仍只聚焦在兒童期與青少年期（1 至 18 歲），只有兩個階段（**生產對停滯、統整對絕望**）處理中年與老年期，即 50 歲到 60 歲這段時期。Levinson（1978）的《生命的四季》（*Seasons of a Man's Life*）一書試圖填補 Erikson 在這些成人階段沒提到的空間，但是他的樣本及理論被批評有性別偏見。近期 Erikson 的一名學生 Cohen（2005）則提出一個以成熟心智發展為前提的成人發展擴展理論。

Cohen 相信**發展智商**（developmental intelligence）是成人發展的核心，

「發展智商（DI）是我們認知能力、判斷力、情緒智商、社會智商、生活經驗、自我意識（包括靈性）等個別能力的完整發展——隨著年紀變老，藉由改進的統合與其他能力之綜效（synergy）進一步增加能力成熟度，**發展智商顯現出其本身即為智慧**」（Cohen, 2005, p. 35）。發展智商是老年大腦最大的益處——成熟與智慧。

應注意的是，Cohen（2005）的階段並非真的是「發展性的」（developmental），因其相信人們有可能以不同順序經驗這些階段，而且這些階段有可能重疊。

Cohen 的成熟期四階段（摘錄自 Cohen, 2005, pp. 52-53）

第一階段——重新定位中年（Midlife Reevaluation）：中年的重新定位、探索與轉型（從 30 歲中期到 60 歲中期，通常發生在 40 歲早期到 50 歲晚期）。

● 第一次認真面對死亡。
● 探索感（a sense of quest）形塑計畫與行動。
● 大腦變化帶動發展智商（智慧的基礎）。

第二階段——解放（Liberation）：解放、實驗與創新（50 歲中期至 70 歲中期，通常發生在 50 歲晚期至 70 歲早期）。

● 「此時不做，更待何時？」助長新的內在解放意識。
● 新的個人自由意識形塑計畫與行動。
● 渴望新奇是受大腦訊息處理部分的神經元形成所刺激。
● 退休而有體驗新經驗的時間。

第三階段——總結（Summing Up）：重述要點（recapitulation）、解決與貢獻（60 歲晚期至 90 歲，通常發生在 60 歲晚期到 80 歲）。

● 引起分享個人智慧的動機。

- 尋找生命意義的慾望形塑計畫與行動。
- 運用大腦左右兩側促進自傳式的表達。
- 注意未完成事宜或未解決衝突。

第四階段——為自己歡呼（Encore）：延續（continuation）、反思、慶祝（70歲晚期至生命終點）。

- 較重要人生主題之再確認形塑計畫與行動。
- 大腦杏仁核（amygdalae）改變所產生的積極情感與士氣。
- 家庭與社區從好好活著的渴望（desire to live well）中獲益。

　　須留意，即使有全球定位系統導航的引導，你仍需對人生的坑洞妥協——那可沒有自動導航系統。

發展旅程沿途的坑洞

　　沒有一個旅程是一帆風順的，就像漫長冬季後開下高速公路，在你意識到之前，你已經碰到坑洞！某些坑洞很淺不會造成太大傷害，但有的坑洞則既深又危險，會導致汽車車軸斷裂。生命發展旅程亦無例外，家庭在其發展旅程也許會遭遇無數的坑洞，因此家庭生活教育人員的一項職責就是警示家庭：「警告！前有坑洞！」舉例來說，家庭生活教育人員應該向家庭提醒有關過度溺愛的問題（Bredehoft, Mennicke, Potter, & Clarke, 1998; Bredehoft, 2006; Bredehoft & Leach, 2006; Walcheski, Bredehoft, & Leach, 2007），並告知該怎麼做（Clarke, Dawson, & Bredehoft, 2004; Bredehoft & Armao, 2008）。

　　有些坑洞很淺，而有些坑洞既深又危險，能知道其中的差異是好事。注意：偶發危機（有潛在危機的深坑）、「同時多世代發展危機」（非常複雜的坑洞）與發展里程碑（淺洞）之間是有差別的。並非每一個家庭都能經驗到相同的偶發危機，母親在一場車禍後嚴重受傷而死亡，或是父親被公司裁

員是偶發危機的例子；另一個方面，當兩代以上的家庭成員同時經歷發展里程碑的時候，同時多世代發展危機就會發生。

發展里程碑

　　發展里程碑是一般人類與家庭生活模式，是常態、被預期的。就如之前所討論，有個別發展里程碑（例如：Erikson, 1950, 1994, 1998; Brazelton, 1992; Brazelton & Sparrow, 2001, 2006; Freuid, 1938; Levinson, 1978, 1997; Loevinger, 1976; Kohlberg, 1975, 1981; Piaget & Inhelder, 2000; Whitbourne, 1986）與家庭發展里程碑（Duvall & Miller, 1985; Rodgers & White, 1993），每個（個人或家庭）發展里程碑會有一組發展任務要完成。除此之外，這些里程碑是常態且可預期的事實，不應以任何方式減少其所引發的家庭壓力（Olson et al., 1983）。家庭生活教育人員被賦予教育家庭關於兩種形式發展里程碑（個人與家庭）的職責，也因此能幫助減少相關的家庭壓力與緊張。

偶發危機

　　偶發危機是個人或家庭生命中具鑑別性的情感重大事件，有趣的是，既然家庭成員位於發展路上獨特的位置，他們看待及闡釋危機便有所不同。例如，繼續母親車禍過世的例子，一個 4 歲小孩看待與了解死亡的方式跟她 10 歲哥哥及 45 歲父親是完全不同的，之所以會不同是因為一個處於 Piaget（1969）所說的**前運思期**，而另外兩個人分別在**具體運思期**和**形式運思期**。此外，處理偶發危機的家庭能力視家庭危機符合的資源、家庭困難、事前應變而定（McCubbin & Patterson, 1982, 1983）。家庭生活教育人員的職責就是為個人與家庭度過偶發危機所發展的特定計畫（如：悲傷支持團體），以及協助與偶發危機有關的決策和資源管理議題（決策與資源管理相關討論見 Rettig, 2009）。

同時多世代發展危機

　　家庭生活教育人員整合「課程綱要」（NCFR, 1984）與「家庭生活教育

架構」（Bredehoft, 1997, 2001）最具教育價值的意義之一，在於辨別潛在同時多世代發展危機（simultaneous multigenerational developmental crises, SMDC），而跨越個人與家庭生命週期的發展任務清單則變得十分顯而易見。同時多世代發展危機產生於兩個以上不同世代的家庭成員正同時經歷發展里程碑的時候，例如：一個處於青少年期的女兒正掙扎於認同危機（**認同對角色混淆**），同時父親正經驗中年危機（**生產對停滯**），而祖父感覺自己的人生是一場失敗（**統整對絕望**）。了解同時多世代發展危機增加對複雜性的感受，若家庭生活教育人員只專注在個人發展時則會失去此感受。

▌想像其為一趟家庭公路旅行

你的大家族正搭著小型廂型車進行一趟公路旅行，爸爸跟媽媽坐在前座，你和兄弟姊妹坐後座，而祖父母坐在最後面的位子。身為家庭生活教育人員，我們很常將每個家庭成員的發展方向分開來思考。在某種程度上，當忽視其他乘客的影響及旅行本身的效果（環境、文化等）時，這就像是請駕駛停下車並讓乘客之一離開。就家庭生活教育人員發現自己所處的許多情況而言，這是一個完整且恰當的見解。然而，我們向你提出不要停留在那裡的挑戰。相信你應該也對家庭公路旅行抱持著更複雜及也許更實際的看法：開始將家庭系統視為一個整體。同時，在公路旅行給的已知論點裡，家庭成員位於不同的發展點：生理的、情感的、認知的、社會的及道德的；公路旅行中一名家庭成員的成長與成熟同時影響其他人，並被其他家庭成員所影響。請記得，每個家庭在整個家庭生活週期間都會遭遇坑洞。

🌿 計畫發展的發展性指標

總括而言，我們要留給你在未來計畫發展時可以指引你的一套原則。美國幼兒教育協會（NAEYC）已鑑別十二項具「實證基礎」的兒童發展與學習原則，而所有的家庭生活教育人員應用以指導發展合宜實務之決策（注意：

這些原則在整個生命全程基本上是一致的，且家庭生活教育人員可以將其應用到青少年與成人發展）：

1. 兒童發展領域（生理、社會、情感與認知）是密切相關的，一個領域的發展會影響其他領域的發展，亦受其他領域發展的影響。

2. 發展依相對順序序列發生，後來的能力、技巧與知識則建築在已取得的發展之上。

3. 不同的兒童有不同的發展進度，並且在每個兒童職能的不同領域內有不相等的發展進度。

4. 早期經驗在個別兒童發展上具有累積（cumulative）與延遲（delayed）兩種效應，某些發展與學習是存在有最佳時機點的。

5. 發展以可預見的方向，朝更大的複雜性、組織與內化前進。

6. 發展與學習發生在多元社會與文化環境中，並受其影響。

7. 兒童是主動的學習者，用直接的身體與社會經驗以及文化傳遞的知識來建構他們自身對周遭世界的理解。

8. 發展與學習肇因於生物成熟度（biological maturation）與環境的相互影響，其包含兒童所居住的物質與社會世界兩者。

9. 遊戲（play）是兒童社會、情感與認知發展很重要的媒介（vehicle），也是兒童發展的反射（reflection）。

10. 除了當兒童經驗到超出他們目前主宰層級的挑戰之外，兒童有機會練習新習得的技巧時，發展會提前。

11. 兒童示範了解（knowing）與學習（learning）的不同模式，並表現他們所知的不同方法。

12. 兒童在社區環境中發展和學習得最好，在那裡他們是安全並受重視的，他們的生理需求被滿足且感受到心理上的安全。（NAEYC, 1997, pp. 1-7）

參考文獻

Berger, K. S. (2003). *The developing person: Through childhood and adolescence.* New York: Worth Publishers.

Brazelton, T. B. (1992). *Touchpoints the essential reference: Your child's emotional and behavioral development.* Reading, MA: Addison-Wesley.

Brazelton, T. B., & Sparrow, J. A. (2006). *Touchpoints - birth to three* (2nd ed.). Cambridge, MA: Da Capo Press.

Brazelton, T. B., & Sparrow, J. A. (2001). *Touchpoints three to six.* Cambridge, MA: Da Capo Press.

Bredehoft, D. J. (Ed.). (1997). *The framework for life span family life education* (2nd ed.) [Poster]. Minneapolis, MN: National Council on Family Relations.

Bredehoft, D. J. (2001). The framework for life span family life education revised and revisited. *The Family Journal, 9*(2), 134-139.

Bredehoft, D. J., Mennicke, S., Potter, A. M., & Clarke, J. I. (1998). Perceptions attributed by adults to parental overindulgence during childhood. *Journal of Family and Consumer Sciences Education, 16*(2), 3-17.

Bredehoft, D. J., & Leach, M. K. (2006). *Influence of childhood overindulgence on young adult dispositions – Executive summary: Study 2.* Retrieved from www.overindulgence.info/AboutOurResearch.htm

Bredehoft, D. J. (2006). *Becoming a parent after growing up overindulged: Executive summary - Study 3.* Retrieved from http://www.overindulgence.info/AboutOurResearch.htm

Bredehoft, D. J., & Armao, C. K. (2008). What teachers can do when overindulged children come to school. *Lutheran Education Journal, 142*(1), 25-35.

Briscoe, J. (1999, May). *Brain development & susceptibility to violence.* In Family information services professional resource materials (pp. 21-30). Minneapolis, MN: Family Information Services.

Cohen, G. D. (2005). *The mature mind: The positive power of the aging brain.* New York: Basic Books.

Cowan, P. A. (1978). *Piaget with feeling: Cognitive, social and emotional dimensions.* New York: Holt, Rinehart and Winston.

Clarke, J. I., Dawson, C., & Bredehoft, D. J. (2004). *How much is enough? Everything you need to know to steer clear of overindulgence and raise likeable, responsible, and respectful children.* New York: Marlowe & Company.

Duska, R., & Whelan, M. (1975). *Moral development: A guide to Piaget and Kohlberg.* New York: Paulist Press.

Duvall, E. M., & Miller, B. C. (1985). *Marriage and family development* (6th ed.). New York: Harper & Row Publishers, Inc.

Erikson, E. H. (1950). *Childhood and society.* New York: W.W. Norton & Company.

Erikson, E. H. (1994). *Identity and the life cycle.* New York: W.W. Norton & Company.

Erikson, E. H. (1998). *Life cycle completed.* New York: W.W. Norton & Company.

Freud, S. (1938). *The basic writings of Sigmund Freud.* (A. A. Brill, Ed. & Trans.). New York: Modern Library.

Kohlberg, L. (1975, June). The cognitive-developmental approach to moral education. *Phi Delta Kappan,* 670-678.

Kohlberg, L. (1981). *The philosophy of moral development.* New York: Harper & Row.

Kotulak, R. (1997). *Inside the brain: Revolutionary discoveries of how the mind works.* Kansas City: Andrews and McMeel Publishing.

Levinson, D. J. (1978). *The seasons of a man's life.* New York: Knopf.

Levinson, D. J. (1997). *Seasons of a woman's life.* New York, NY: Alfred A. Knopf.

Loevinger, J. (1976). *Ego development.* San Francisco: Jossey-Bass.

McCubbin, H. I., & Patterson, J. M. (1982). Family adaptation to crises. In H. McCubbin, A. Cauble & J. Patterson (Eds.), *Family stress, coping and social support.* Springfield, IL: Charles C. Thomas.

McCubbin, H. I., & Patterson, J. M. (1983). The family stress process: The double ABCX model of adjustment and adaptation. In H. I. McCubbin, M. B. Sussman & J. M. Patterson (Eds.), *Social stress and the family: Advances and developments in family stress theory and research.* Marriage and Family Review, Vol. 6. New York: Haworth.

Miller, K. *Ages and stages: Developmental descriptions & activities birth through eight years.* Marshfield, MA: Telshare Publishing Company, Inc.

National Association for the Education of Young Children. (1997). *Principles of child development and learning that inform developmentally appropriate practice.* Retrieved December 17, 2002, from the National Association for Education of Young Children web site: www.naeyc.org/resources/position_statements/dap3.htm

National Council on Family Relations. (1984). *Standards and criteria for certification of family life educators, college/ university curriculum guidelines, and content guidelines for family life education: A framework for planning programs over the life span.* Minneapolis, MN: Author.

Oesterreich, L. (1995). *Ages & stages – newborn to 1 year.* Retrieved December 11, 2002, from the National Network for Child Care web site: www.nncc.org/Child.Dev/ages.stages.new.one.html

Olson, D. H., McCubbin, H., Barnes, H. L., Larsen, A. S., Muxen, M. J., & Wilson, M. A. (1983). *Families: What makes them work.* Beverly Hills, CA: Sage Publications.

Papalia, D. E., & Olds, S. W. (1996). *A child's world: Infancy through adolescence* (7th Ed.). New York: McGraw-Hill.

Piaget, J. (1969). *The mechanisms of perception.* London: Routledge.

Piaget, J., & Inhelder, B. (2000). *The psychology of the child.* New York: Basic Books.

Rettig, K. D. (2009). Family resource management. In D. J. Bredehoft & M. J. Walcheski (Eds.), *Family life education: Integrating theory and practice* (2nd ed.) (pp. 163-172). Minneapolis, MN: National Council on Family Relations.

Rodgers, R. H., & White, J. M. (1993). Family development theory. In P. G. Boss, W. J. Doherty, R. LaRossa, W. R. Schumm & S. K. Steinmetz (Eds.), *Sourcebook of family theories and methods* (pp. 99-116). New York: Plenum.

Santrock, J. W. (2003). *Adolescence* (9th ed.). Boston, MA: McGraw-Hill.

Sroufe, L. A., Cooper, R. G., & DeHart, G. B. (1992). *Child development: Its nature and course* (2d ed.). New York: Knopf.

Walcheski, M. J., Bredehoft, D. J., & Leach, M. K. (2007). *Overindulgence, parenting styles, and parent sense of competence: Executive summary: Study 4.* Retrieved from http://www.overindulgence.info/AboutOurResearch.htm

Whitbourne, S. K. (1986). *The me I know: A study of adult identity.* New York: Springer-Verlag.

主要資源

The American Academy of Child and Adolescent Psychiatry. 3615 Wisconsin Ave., N.W., Washington, DC 20016-3007, Phone: 202-966-7300 or fax: 202-966-2891, website: www.aacap.org/web/aacap/.

American Psychological Association - Division 7 – Developmental Psychology. For Information Contact: Department of Psychology, University of Virginia, 102 Gilmer Hall, Charlottesville, VA 22904, Phone: 804-243-3577 or Fax 804- 982-4694, website: www.apa.org/about/division/div7.html.

Center for Early Education and Development. 215 Pattee Hall, 150 Pillsbury Dr. SE, Minneapolis, MN 55455; 612-625-2898, email: ceed@icimail.coled.umn.edu, website: www.education.umn.edu/ceed/.

National Association for the Education of Young Children, 1509 16th Street, N.W., Washington, DC 20036-1426, Phone: 202-232-8777 or 1-800-424-2460, Fax: 202-328-1846, email: naeyc@naeyc.org, website: www.naeyc.org/.

National Council on Family Relations, 3989 Central Avenue N.E., Suite 550, Minneapolis, MN 55421, Phone 888-781-9331, Fax: 763-781-9348, email: info@ncfr.org, website: www.ncfr.org .

Schubert Center for Child Development. Clark Hall, Room 310, 11130 Bellflower Road, Cleveland, Ohio 44106-7120, Phone: 216-368-2414 or Fax: 216-368-5241, email: schubert-ctr@po.cwru.edu, website: www.cwru.edu/artsci/schubert/.

Society for Research in Child Development. University of Michigan, 505 E. Huron, Suite 301, Ann Arbor, MI 48104-1567, Phone: 734-998-6569 or Fax 734-998-6569, email: srck@umich.edu, website: www.srcd.org.

相關網站

The Children, Youth and Families Education Research Network: www.cyfernet.org/

Cognitive Development Society: www.cogdevsoc.org/

Erik Erikson: psychology.about.com/od/theoriesofpersonality/a/psychosocial.htm

Internet Resources for Special Children: orsaminore.dreamhosters.com/handy/links/uk_various.html

International Society for the Study of Behavioural Development: www.issbd.org/

International Society on Infant Studies: www.isisweb.org/

Jean Piaget: www.psychology.about.com/od/piagetstheory/a/keyconcepts.htm

Jean Piaget Society: www.piaget.org/

Lawrence Kohlberg: www.psychology.about.com/od/developmentalpsychology/a/kohlberg.htm

Overindulgence: www.overindulgence.info/

Sigmund Freud: www.psychology.about.com/od/sigmundfreud/p/sigmund_freud.htm

Society for Developmental & Behavioral Pediatrics: www.dbpeds.org/

關於作者

David J. Bredehoft，博士，合格家庭生活教育人員，明尼蘇達州聖保羅市協同大學社會與行為科學系的教授兼系主任。他是《生命全程家庭生活教育架構》（第二版）的編者，《家庭生活教育：理論與實務的整合》共同編者，同時也是《給孩子多少才夠？》一書的共同作者。E-mail: bredehoft@csp.edu。

Deborah Eckhoff，文學碩士，合格家庭生活教育人員，為聖瑪莉大學（Saint Mary's University）人類發展學程畢業生，並任職於 Ceridian LifeWorks Services。E-mail: deborah.eckhoff@ceridian.com。

Carole Gesme，文學碩士，合格家庭生活教育人員，是一名親職教育者、教師、培訓師，也是幾個治療與教育遊戲及工具的作者及發明者。E-mail: cgesme@compuserve.com。

Chapter *15*

人類性事

Carol Anderson Darling、Stacy Howard 著．張燕滿 譯

許多個體和家庭為了解決與性有關的矛盾紛歧而爭論不休!然而,受到電影、音樂與商業廣告的影響,以及性本身所帶來的誘惑與刺激,新聞節目、公眾政策、學校訊息與父母均傳達出這樣的訊息:伴隨性交而來的是各式各樣的危險和問題。因此,在我們這個矛盾的文化裡,年輕人一定要找到一個屬於他們自己的方式。當媒體高喊:「永遠要說『是』!」卻得到許多成年人的告誡:「只要說『不』!」但是多數人還是選擇沉默以對(Brown & Taverner, 2001)。

性教育是個終身的歷程。藉由性教育的歷程,我們獲得相關訊息並藉此建立態度、信念與價值觀,它可說是性健康的強大根基。大部分的成年人都認為性事對青少年而言是不健康的,然而性事卻不是這麼單純,它可說是相當的複雜。性教育工作者、家庭專業人員與家長都非常關心遭受強制或暴力下所發生的性行為,包括愛滋病(HIV/AIDS)性病傳播與感染,以及青少年的意外懷孕。發生不負責任的性行為、態度、信念,都可能會有不幸的後果。什麼才是健康的性行為?性,在我們的生活中是不可或缺的一部分,在發展中也是一個關鍵性的要素;它不只能協助我們創造新生活,也是我們如

何看待我們自己的一部分，更可以在關係中促進親密、連結與共享愉悅的關係（Satcher, 2001）。健康的性關乎個人的生理與心理健康。能覺察健康就能免除疾病，包括讓個體有能力在生活中整合性事，並從中感受愉悅；如果他們有慾望的話，可以一再重複這樣的行為。無論如何，性教育也包括要有能力認清危險、負責任、後果，以及性交的影響。

統整理論與實務的性教育

　　理論有助於我們了解性行為，藉由各種不同的現象提供合理的解釋。雖然沒有單一理論可試圖解釋宇宙中的每一件事，不過，科學理論可利用一系列的概念來解釋一些特定的現象（Chibucos & Leite, 2005; White & Klein, 2007）。Weiss 列出性理論的 25 個經典之作（1998b），透過他評估發展出的 39 個理論觀點，可以用來從事性事研究，描述無數關於人類性事的概念與該領域相關的跨學科（Weiss, 1998a）。《性研究期刊》（*The Journal of Sex Research*）的一期特刊致力於關於人類性事的議題，以及包含社會建構主義的評論（DeLameter & Hyde, 1998）、性的策略理論（Buss, 1998）、社會交換理論（Spreecher, 1998）、符號互動論（Longmore, 1998）、社會學習理論（Hogben & Byrne, 1998），以及系統理論（Jurich & Myers-Bowman, 1998）。Geer 和 O' Dono-hue（1987）的《人類性事理論》（*Theories of Human Sexuality*）一

課程綱要

人類性事

認識整個生命週期有關性發展的生理面、心理面與社會面，以達到健康的性調適。基於以下知識：

1. 生殖生理學。
2. 生物學的決定因素。
3. 發生性行為的情緒面與心理面。
4. 性行為。
5. 性價值觀與做決定。
6. 家庭計畫。
7. 性反應的生理因素與心理因素。
8. 性功能障礙。
9. 性在人際關係上的影響。

書，廣泛提供14個有關性事領域的取向。因為我們受到孩童時期、家族、性別以及有關我們文化信念社會化經驗的影響，所以統整多元理論是有其必要性的。

　　然而，我們可以從數個理論架構來分析性事（sexuality），因為當它們提供廣泛的角度來分析人類性事時，有幾個地方需要特別加以強調。使用一個整體的觀點，例如生態學觀點，可說是最基本的（Bronfenbrenner, 2005; Bubolz, Eicher, & Sontag, 1979; Bubolz & Sontag, 1993; Darling, 1987）。透過檢視整個有機體，包括個體、家庭或班級，與其環境多面向的互動，包括人類行為、人體構造，以及隨各種監控系統變化的自然環境，對於人類性事的複雜性在一個文化脈絡下就可以得到比較多的了解。一旦應用這個架構進入諸如避孕的主題，學生在做避孕決定時，就能有一個更多元化的思考，包括如生理的、關係的、法律的、教育的、社會文化等等面向。

　　分析人類性事，如果將家庭視為一個系統，則能提供一個很重要的典範（White & Klein, 2007）。理解性事的「代間溝通」，其生理與心理的相關「界限」，以及耦合關係的回饋，親子間的性溝通也一樣，我們就能針對個人與家庭之間的複雜關係，提出精闢的解釋。澄清理論可以從討論界限與有關親子、手足與人際相關次系統的距離調節演變而來，也就是說，在家裡是否有特定不可碰觸的禁忌話題，包括哪些事、哪些時候、相關原因，以及與家庭成員的身體界限為何？討論家庭有關性事的故事、儀式與規則，這些都可以提供相關的理解與含意。

　　當我們試著從變化的觀點了解人類性事，若能結合發展的架構，對個體與家庭雙方都是有幫助的（Serbin & Sprafkin, 1987; White & Klein, 2007）。由於變化永遠存在而且循序漸進，而個體老化以及家庭與社會更是以飛快的速度在改變。受到媒體的影響，生活方式的更迭、生物技術的進步，家庭生活與性事也已經產生進化。為了幫助學生了解人的一生均受其發展的影響，老師可以使用像是烘焙巧克力餅乾的隱喻[1]（J. Maddock，個人通訊，2002年1月

1　譯註：此乃比喻以熟悉的活動帶領學生認識艱澀的概念。

15 日）。大部分的學生都有烘烤巧克力餅乾的經驗，而且也知道一般的食譜。當討論到製作餅乾的過程，便可以發現有一些人會使用不同的簡略方式，混合糖、鹽、堅果、巧克力脆片還有蛋，然後烘烤，並以各種不同的方式存放。如果每個學生同時烘烤一批巧克力餅乾，它們都會很好吃，但是在外觀、質地與味道也許有些異同。採用餅乾的比喻，教育者也可以與他們談論胎兒發展與性別分化；幼兒期的經驗、青少年期的變化、成年期的發展，以及家庭社會化的經驗，這些都會影響個體性行為的發展。

❀ 生命全程的性事

　　以生命週期的方式談論性教育會有比較清楚的脈絡（Bredehoft, 1997, 2001），有些人可能會這麼認為，人類性事在生命中的每個階段都是重要的，不只是在生育年齡，不管是哪個十年或是生命中的任何時候都一樣（De-Lamater & Friedrich, 2002; Satcher, 2001）。依據個人的環境、生命週期的階段、人際關係等等，生命中各種不同時期均可能是影響人類性事的要素；從出生到死亡，人類性事可說是生命中很自然的一部分。它的影響也是立竿見影，當兒童開始學習身體正常發展的新發現，當青少年開始為青少年期而掙扎，當成年人持續尋求並享受性關係，而且它也會一直持續到我們年老。由於人類持續變化，性，以及整個生命週期的相關發展，一些兒童、青少年、成年與老年的相關概念與主題課程因應而生（Erikson, 1968）。

▌兒童期

　　當家庭生活教育人員面對人類性事的議題時，你和學生們了解幼兒性的學習可以透過回想你自己童年時期和青少年時期與性事相關的經驗，這是很重要的。你是如何學習人類性事的？你是如何感覺到它的存在？經過回想這些早期的經驗後，想一想：你要你的孩子或學生知道什麼樣的內容或是經驗？

		人類性事	
兒童期	家庭系統的背景內	• 生理與性發展 • 身體隱私與免於遭受性侵害的保護 • 每個人的獨特性 • 個體性發展的相似性與相異性 • 人類生殖方面——胎兒、生育、青少年期的發展 • 兒童對於人類性事的認識 • 社會與環境條件對人類性事的影響 **多元文化・性別平等・特殊需求覺察**	家庭與生態系統間的相互影響

		人類性事	
青少年期	家庭系統的背景內	• 生理與性發展 • 發展形式間的相互影響 • 身體隱私與免於遭受性侵害的保護 • 人類性事的溝通——個人價值觀與信念、共同做決定 • 對於性行為的抉擇、後果與擔負責任 • 避免性病的傳播與感染 • 人類生殖與概念 • 常態的性感覺與性反應 • 有關人類性事的刻板印象與真實面 • 有關性事家庭與社會信念的變化 **多元文化・性別平等・特殊需求覺察**	家庭與生態系統間的相互影響

		人類性事	
成年期	家庭系統的背景內	• 負責任的性行為——選擇、後果、共同做決定 • 常態的性感覺與性反應 • 人類性事的溝通——個人價值觀與信念、共同做決定 • 避免性病的傳播與感染 • 避孕、不孕、遺傳基因 • 免於遭受性虐待 • 有關性事社會信念的變化 **多元文化・性別平等・特殊需求覺察**	家庭與生態系統間的相互影響

```
                              人類性事
家  老          • 人類性反應與老化                       家
庭  年          • 常態的性感覺與性反應                   庭
系  期          • 身體隱私與免於遭受性侵害的保護         與
統              • 性事的溝通——個人價值觀與信念、共同做決定  生
的              • 老年期的性教育                         態
背              • 老年期的性表達與親密                   系
景              • 覺察成人生活狀況的性需求               統
內              • 有關性事與老化的社會信念、迷思與真實面的變化  間
                                                         的
                    多元文化‧性別平等‧特殊需求覺察        相
                                                         互
                                                         影
                                                         響
```

　　性反應的能力是與生俱來的，男嬰會勃起，女嬰在出生 24 小時即有陰道潤滑的經驗（Masters, Johnson, & Kolodny, 1982）。除此之外，嬰兒也被觀察到撫摸自己生殖器的情形（Martinson, 1994）。兒童期初期，他們社會化是根據其所受到的文化規範而產生性別認同或性別意識（Bussey & Bandura, 1999）。當兒童還小時，他們會參與各種不同的性遊戲，而這些經驗會越來越隱蔽。當兒童知覺到文化規範時，人類性事的經驗會受到隔絕。因為兒童被教導不可以讓別人碰觸他們的身體，而且不可以談論性，於是他們轉向同儕尋求性的資訊。

　　生命初期，兒童透過與環境的互動（特別是與其父母親）學習相關的性事。一出生，兒童便從父母親的談話、衣著的選擇、情感的表達，以及互動與遊戲中學會有關愛、碰觸、關係與相關的性事。通常透過正向的身體接觸，嬰兒與父母親之間會發展並促進依附與連結（Bowlby, 1965）。如果這依附是穩定、安全與滿足的，它可以成為成年期正向的情感依附（Goldberg, Muir, & Kerr, 1995）。

　　性教育經常採正向的觀點協助兒童尋求人類性事的認知，提供資訊與技巧來關注自己健康的性事，並且幫助他們獲得生活中做決定的必要技巧。在生命早期，兒童會好奇他們身體的外觀與功能、嬰兒從哪裡來，以及為何男

女有別（Montfort, Brick, & Blume, 1993）。因此，父母親、老師與照顧者面對孩子成長過程中的問題時，重要的是千萬不要迴避問題，而是要以簡短又真實的方式告訴他們實話；答案如果能符合兒童的需求，他們便不再發問。檢視兒童的認知以判斷他們是否產生任何的誤解，此時澄清也是必要的。在對話當中，回答問題的一方就要變成「擅於提問」的父母或是教育人員。這樣的溝通過程變得比較關鍵，我們要記住，當兒童接收不適合他們年齡的性資訊時，他們就會因受到剝削與虐待而變得越來越脆弱。兒童需要學習談論可被接受的性話題以及相關的提問，發展對身體正向的感覺，對自己感覺良好，正確的認識他們的身體，並且學習負責任。

　　父母或是老師以人類性事為主題來教導兒童，這絕非是一件容易的事。想要正確的解析，因此可以借助玩偶，以及諸如孔雀魚、青蛙、貓咪、小狗等等的動物，這些都可以成為「教育時機」的材料。一系列童書也可以提供給兒童或父母親閱讀，作為促進這些特殊對話的媒介。童書是非常有幫助的，諸如《Bellybuttons 是肚臍》（*Bellybuttons are Navels*）（Schoen & Quay, 1990）、《嬰兒是如何製成的》（*How Babies are Made*）（Andry & Schepp, 1984）、《這是我的身體：教導幼兒如何抵抗不舒服的碰觸》（*It's My Body: A Book to Teach Young Children How to Resist Uncomfortable Touch*）（Freeman & Deach, 1995）、《不可思議的你！》（*Amazing You!* 中文版由小魯文化出版）（Saltz, 2005）、《改變中的你》（*Changing You*）（Saltz, 2007）。在其他國家旅行時，去尋找有關這些主題的兒童繪本，是了解有關「幼兒性社會化的文化差異」非常有意義的資源。

▌青少年期

　　不論青少年是否涉及任何與性互動的行為，他們依舊是非常有性慾的人。遺憾的是，很多成人有「非常清楚他們的哪些行為可能是錯誤」的想法，但是這其中只有少部分是正確的。因此，當試圖要對學生或父母親描述正向性事的範例時，你可能會要求他們發展一些有關青少年性事與性行為的

「性正向」狀態。換句話說，一個正值十幾歲的青少年，其健康的性事與性的正向表達該是如何？

　　青少年期是人類發展上一個奧妙的時期，包括生理、社會與情緒狀態的動態變化，而且是以極不速配的狂飆速度發展。青少年期的性健康是兩性間的自尊與尊重他人；無論如何，兩性的性發展時機具高度變化，它受到基因、健康、營養與生命經驗因素所影響。了解生理變化，諸如噴射式的成長、體毛的變化、初經與夢遺、聲音的變化，以及油脂與汗腺的分泌，這些都有助於青少年期的認識。青少年期的生物學變化可以激發個體對性的興趣。藉由預先知道將來會發生的事，對於即將經驗到身體與感覺的改變，他們就不會過於驚恐或是迷惑了。對青少年而言，越來越多圍繞青少年期打轉的需求吸引無限的關注，因為很多青少年經歷了混亂、焦慮、動盪、興奮與不可避免的恐懼（McCann & Petrich-Kelly, 1999）。

　　青少年期中後期，有更多年輕人會與異性發生性行為。根據疾病管制局（Centers for Disease Control and Prevention, 2006）統計，2005 年，大約有半數的九到十二年級學生有性交經驗（45.7%是女性，46.7%是男性）。這些高中生有 6.2%的第一次性經驗是發生在 13 歲以前，而且有 14.3%的性交對象超過四位以上。這段期間，青少年期也會經驗一些認同方面的衝突，特別是性別認同以及角色混亂；除此之外，他們試著要學習如何管理身體與情感上的親密。利用性的（社會）腳本觀點來統整性關係的對象、事件、時間、地點與理由，可以提供一個十幾歲青少年看待生命改變要素的角度（Gagnon & Simon, 1973; Krahe, Bieneck, & Scheinberger-Olwig, 2007; Simon & Gagnon, 1987）。腳本（scripting）可以變成看待性與社會行為一個具概念化的工具，包括特殊的行為以及與之連結的多重意義。

　　應付同儕壓力與承擔風險（特別是性冒險）的一個教學策略，就是學習使用拒絕的技巧。拒絕的技巧是一門技術，可以用來強化抉擇，並邁向健康、安全、合法以及表現自重與尊重他人。在組成一個評審團後，將教室學生分成三到五個競賽小組。在每個小組面前呈現一系列有關性事壓力界限，

諸如：「如果你還沒有性經驗，我很快就可以讓你有經驗。」「如果你愛我的話，你就要和我發生性關係。」「每一個人都在做這件事。」「第一次性行為後，你並不會懷孕。」「我不想做任何事，我只想躺在你旁邊。」或是「性，可以幫助強化我們的關係。」在每個團體都做出碰觸壓力界限的回應或是拒絕後，評審團予以評論或是記錄每個組別的分數。現在，課堂上要求思考所有可能發生的狀況，並在可能發生的情境下「虛擬」對話。有鑑於青少年在網路聊天室、Myspace 以及其他線上交流網站的廣泛涉入，了解比起實際經驗，同儕壓力可能更常發生在網路上，這是個重要的事實。藉由零威脅性的環境，獲得處理困難情境的一些經驗，諸如提供遊戲般的活動，希望這些學生在非教室的環境下，一旦產生不適切的同儕壓力時能感覺更舒服自在些。

青少年期是一個需要廣泛取得有關性的各樣精確資訊的時期。性取向常在青少年期決定，就算沒有更早，也沒有有效的科學證據證實性取向可改變（American Psychiatric Association, 2000; Haldeman, 1994）。由於我們文化反同性戀的態度，同性戀者可能經常感受到壓力，影響到他們的心理健康，而且可能造成更大的沮喪、自殺、較低的自我接納，以及更可能隱藏他們的性取向（Remafedi, 1998, Russell & Joyner, 2001; Udry & Chantala, 2002）。對於那些在認知上、生理上，或是精神上有障礙的人，也是有其發展、性與人際關係的議題；但是他們的需求卻經常受到忽視。這段變化期間，年輕人為了發展有關個人性健康的價值觀，他們需要有機會提問、探索並且評估性態度與選擇。年輕人也應該從家庭生活與性教育人員那裡得到協助，以發展觀點關注其人際關係，並認識自己與他人的義務與責任。

今日，青少年受到媒體（電視、電影、音樂與網路）的轟炸，出現越來越多對人類性事的描繪（Brown, 2002）。結合社會學習理論（Bandura, 1994），學生可以分析那些受青少年歡迎的公眾角色是如何影響年輕人的選擇，哪些是所謂可以接受的性行為。換句話說，人們觀賞媒體內容，劇情中有吸引人的角色，在他享受性交後，卻很少有負面的後果，這樣將會使人想要有更多親密的行為。雖然有越來越多大眾關心早期未經保護措施的性活動

對健康造成潛藏的危機，大部分的媒體卻很少描述負責任的性行為，亦即所謂的 3C，分別是承諾（Commitment）、避孕（Contraceptives）以及考慮後果（Consequences）（Kunkel et al., 1999）。因此，媒體的影響力竟變成對於性教育人員與父母親的挑戰。

有幾個家庭變項影響青少年性行為與避孕行為（Miller, 2002）。當成年人和青少年談論性事時，如果青少年已經有性經驗的話，他們通常會晚報第一次性交的事實，也更可能使用避孕藥，或是少報性伴侶的個數（Jaccard, Dittus, & Gordon, 1996; Miller, 1998; Resnick et al., 1997; Upchurch, Aneshensel, Sucoff, & Levy-Storms, 1999）。相較之下，父母過多或強制式言語的控制反而會得到負面的效果（Miller, 1998）。當年輕人表達他們父母親可以分享更多有關性方面的資訊給他們時，父母對這樣的角色通常沒有把握或是覺得彆扭（Hutchinson & Coony, 1998）。然而，父母親進行性溝通時需要針對每個孩子的個別化需求，Miron 和 Miron（2002）在書上建議，可以透過運動、生活實例以及提供真實資訊和青少年談論愛、性與人際關係，以協助父母親參與其中的對話。Haffner（2002, 2004, 2008）的書，同樣也設計引導父母親教導孩子擁有健康的性行為。

家庭生活與性教育人員的責任是了解目前年輕人的行動、信念或是態度，不論你是否同意，都不能忽視已有無數青少年參與各種性行為，引發一連串的結果與後果。為了幫助年輕人做出負責的性行為決定，他們需要獲得正確的資訊、價值澄清，以及親職引導。

▌成年期

年輕人首要面對的是親密發展——形成承諾、親密與愛的關係。性成熟的過程在成年期持續著，透過發展任務，諸如學習與伴侶進行有效的親密關係溝通，並且發展能力以做出有關生育或是預防性病傳播與感染的明智決定（DeLameter & Friedrich, 2002）。性生活形式可以是變化的，就像有一些人選擇保持單身、抱持獨身主義、同居或長期一夫一妻關係，或是連續或同時擁

有多重關係。伴侶也可以擁有多樣性活動，除了陰道性交，還包括口交、肛交，以及自慰（Laumann, Gagnon, Michael, & Michaels, 1994）。

　　性滿意度是成年階段在人類性事的一個焦點。滿意度，其實是個難以捉摸的概念，覺察理想與達成程度之間的落差，可能從完全實現到匱乏的程度。因此，個人經驗深深受到其過去經驗、現在期望與未來心願的影響。這樣的結果，導致成年人非常有興趣在學習各種有關性關係的生理與人際互動方面的事。類似主題，諸如回應性高潮，包括男性與女性各種性高潮、男性與女性射精、性高潮形式、性高潮時機，平面媒體因刊出如何增進你們關係的愛的建議而豐富版面。無論如何，大眾媒體文章並非總是有研究基礎。因此，學生閱讀大眾媒體文章後，便涉入潛在的學習經驗；評判這些文章是否具吸引力，在於其是否具有學術根據，而且發現研究性文章可以增強、反駁或是支持其論述。

　　然而，發生在雙方都同意的成年人身上的性活動可說是相當廣泛，討論這些活動與關係議題的相關感覺可以對學生在學習成人發展賦予意義。性健康的成人對於性事是感到舒服的，而且是出於自由意願來選擇他們是否要從事各種不同形式的性行為；一個具有健康性態度的人，依舊可以拒絕性事。然而，人們不應該在性行為這件事上感受到壓力，性態度顯現在其關注伴侶及其關係的程度上。《理解性教育手冊》（*Guidelines for Comprehensive Sexuality Education*）（National Guidelines Task Force, 2004）明白指出促進性健康的四個性教育所應聚焦之處：(1)資訊；(2)態度、價值觀與見解；(3)關係與人際技巧；(4)責任。

▌老年期

　　兒童期與青少年期，除了考慮思索人類性事議題之外，你和學生們可能也想要思考一個人在 20 歲的性生活。然後增加十年、二十年、三十年、四十年，甚至更多年；依上述的例子，思考一個人的性生活樣貌，以及未來可能的樣貌。你的性生活會一直越來越好嗎？還是當你展望未來時，會害怕皺

紋、稀疏與灰白的頭髮，因地心引力導致體型變形成為影響生活的重要因素？不只這些生理與人類性事的變化經常受到誤解，每個人對於性事與老化也具非常不一樣的經驗。大致來說，在我們的社會，老年人對性的興趣與活動是隱而不宣的兩大祕密。

大部分老年人也想要有能力擁有一個有活力且滿意的性生活。當性能力有一些改變時，他們可能想到是「正常老化」的一部分。女性在性能力上通常感覺到一點點失落，主要是發生在陰道外型、彈性與潤滑的改變。這些改變可以追溯到在停經後分泌較少的雌激素所致。而男性的老化則是男性經歷更年期或是減少分泌雄性激素或睪固酮。年紀更老的男性經常注意性功能上較明顯的改變，雖然這些改變因人而異。它可能讓男性必須要花更多時間才能達到勃起，可能不那麼堅挺，也有可能要花更多時間才能再度勃起。而且，射精的量與力道可能更為縮減。

雖然也會因人類的老化而提高疾病與殘疾發生率，甚至更嚴重的疾病，但是這些並不需要特別停止性活動。了解心臟疾病的影響、身體的條件、糖尿病、抽菸、關節炎、子宮切除術、前列腺切除術，以及酒精，皆可能是老年人常見的狀況。一個老年人常關注的議題是勃起障礙，但是這可能是由其他原因所造成，例如疲勞、緊張、疾病、酒精、害怕實際的性無能。因為醫生可以選擇調配藥物，因此，也可以檢驗藥物對性能力的影響；如果可以的話，要先處理高血壓、憂鬱以及其他的健康問題。然而，使用威而鋼或是其他類似的藥物，近期也影響到老年文化，我們可以檢視何時需要以及如何使用照護需求，以及它在伴侶關係中所扮演的角色。

Floyd 和 Weiss（2001）發現在大學生之中，雖然這群年輕人族群他們對於將來老年的性活動保持樂觀，但這當中其實有相當程度的老年歧視。研究者發現大學生的態度偏向認為，比起他們現在，老年人的性行為需要有更多的保護與限制。為了希望避免或是減少這樣的態度，需要教育與溝通有關他們對老年後性行為的認識。因為這些學生是老年人的孩子與孫子，也可能是未來的教育人員與照顧者，他們要有能力了解其性需求以及老年生活最基本的

需求。

　　很多上了年紀的人經常誤解生理與性的改變。因為他們屬於「祕密的一代」，他們並不會與其他人談論與此相關的議題。我們知道性的感覺、需求與活動會出現在整個生命週期裡，但是社會上卻有一些人以為老年人並不需要性，或是對性的教育或促進並不感興趣。這樣的認知落差對老年人造成很大的危害，畢竟他們也有權利擁有性教育、性健康照護、社會化與性表達的機會。老年人本身、他們家人、提供健康照護者，以及其他照顧者均應關注老年人在性感覺、態度與行為方面的教育（Brick & Lunquist, 2003）。這個理由足以令人相信，大部分的男性與女性可以調適老化並維持對性的興趣，持續發現它是滿足感的來源，並製造新鮮感來豐富他們的性生活。

給新進實務工作者的建議

　　儘管一般短期的禁慾或是性教育方案並無法衡量其對青少年的影響，大部分有效的性與 HIV 教育方案的課程有十個共同的特性。這些方案是：

- 將焦點放在降低導致意外懷孕或是受到 HIV/STD 感染的性行為。
- 理論依據取向，可以論證影響其他與健康相關的行為，以及確定具體重要的性前提為目標。
- 傳遞並持續加強一個清楚的訊息，有關避免性活動、使用保險套或是其他避孕的形式。這也顯現了區別有效與無效方案最重要的特色之一。
- 關於青少年性活動的危害性，以及避免性交或是使用保護措施，提供一個基本、精確的資訊，以防止懷孕或是性病（STDs）的方法。
- 包含處理會影響性活動的社會壓力的活動。
- 提供例子供作溝通、協商與拒絕技巧的練習。
- 採用包含參與者為設計理念的教學方法，並讓他們的訊息具個性化。
- 合併這些行為目標、教學方法與教材，使其適合各種學生的年齡、性經驗

與文化。

● 持續一段足夠的時間（超過幾個小時）。

● 選擇相信方案的教師或是同儕領導，然後提供他們足夠的訓練（Kirby, 2001, p. 10）。

新進的實務工作者一定要探索那些經演示獲得有效成果的方法與材料。

某些特質對性教育人員來說是很重要的，諸如進行令人自在的性溝通；具有傾聽、了解問題所在，和評估需求的能力；以及有關人類性事的適當教育與知識。否則性教育人員會因回應學生真實生活而窮於提供協助，而導致頻繁地經驗到挫折、生氣、疲勞與悲傷的情緒。為了真正對年輕人的生活產生影響，要花費超乎限定時間的教學與建立技巧（Shelby, 1998）。性教育人員需要更多的能力、關心、溝通與承諾。

🌿 家庭生活教育人員的未來議題與挑戰

家庭生活教育人員對於未來的挑戰是處理在社區中相對沉默的性議題。然而，社會醜聞與商業管道在娛樂行業熱烈討論人類性事，在相關的性健康與提升負責任的性行為上，我們錯失開放性的對話機會。不開啟性健康議題的對話，其危險遠大於沉默的好處，我們不應再認為沉默是金了。有一些挑戰性的議題，包括性疾病的傳播與感染，以及 HIV、不孕症、女性經由性傳染疾病而罹患的癌症、性功能障礙的人口比例、區別性虐待或是基本的性慾，以及非預期懷孕的程度。我們對這些議題保持沉默的代價是提高對健康的挑戰，造成健康的危機（Ross, 2002）。

為了給予家庭生活教育人員與性教育人員一個為性健康議題發言的機會，他們需要持續更新基本知識，活化教學方法，提醒他們自己為何要這樣做，以及曾做過了哪些努力。根據 Kirby（1997）的研究告訴我們：有效的性教育方案需要由支持這個方案的教學者來教授；他們經過訓練，並以符合預

期的方式傳授。教學者的訓練是方案能否全面成功、社會大眾能否健康的關鍵。

家庭生活教育人員對於未來方案的需求

家庭生活領域的各種專家與性教育人員對於未來方案提出他們的建議（Wilson, 1997）：

● 將焦點放在早期教育上。

● 性教育連結其他種類的教育與服務。

● 檢視學生的生活情況，並彌補學校不足的部分、家庭環境不支持的部分，以及不安全的鄰居。

● 做更佳的培訓教師的工作。

● 積極招募能反映多元化教育的教育人員。

● 付出更多的心力在成年人的性事上。

● 將焦點放在父母親所具備的能力上，使他們在談論性事的相關議題時能更自在。

● 為父母親與老年人設計更好的方案。

● 更加重視學校環境外的達人。

● 有效認識並使用媒體，特別是可以與年輕人進行性溝通的相關媒體。

教授與性事相關的議題是一件複雜的工作，但所有年齡層對此議題都會感到興趣，而且也需要符合他們的需求，以協助整個生命週期的性健康。

參考文獻

American Psychiatric Association. (2000). *Position statement on therapies focused on attempts to change sexual orientation (reparative or conversion therapies).* Washington DC: Author.

Andry, A., & Schepp, S. (1984). *How babies are made.* New York: Time-Life Books.

Bandura, A. (1994). Social cognitive theory of mass communication. In J. Bryant & D. Zillmann (Eds.), *Media effects: Advances in theory and research* (pp. 61-90). Hillsdale, NJ: Earlbaum.

Bowlby, J. (1965). Maternal care and mental health. In J. Bowlby (Ed.), *Child care and growth of love* (pp.18-32). London: Penguin.

Bredehoft, D. J. (Ed.). (1997). The *framework for life span family life education* (2nd ed.) [Poster]. Minneapolis, MN: National Council on Family Relations.

Bredehoft, D. J. (2001). The framework for life span family life education revised and revisited. *The Family Journal, 2,* 134-139.

Brick, P., & Lunquist, J. (2003). New expectations: Sexuality education for mid and later life. New York: Sex and Information Council of the United States.

Bronfenbrenner, U. (2005). *Making human beings human: Biological perspectives on human development.* Thousand Oaks, CA; Sage Publications.

Brown, J. (2002). Mass media influences on sexuality. *The Journal of Sex Research, 39,* 42-45.

Brown, S., & Taverner, B. (2001). *Streetwise to sex-wise: Sexuality education for high-risk youth.* Morristown, NJ: Planned Parenthood of Greater Northern New Jersey, Inc.

Bubolz, M., Eicher, J., & Sontag, M. (1979). The human ecosystem: A model. *Journal of Home Economics, 71,* 28-30.

Bubolz, M., & Sontag, M. (1993). Human ecology theory. In P. G. Boss, W. J. Doherty, R. LaRossa, W. R. Schumm & S. K. Steinmetz (Eds.), *Sourcebook of family theories and methods: A contextual approach* (pp. 419-448). New York: Plenum Press.

Buss, D. (1998). Sexual strategies theory: Historical origins and current status. *The Journal of Sex Research, 35,* 19-31.

Bussey, K., & Bandura, A. (1999). Social cognitive theory of gender development and differentiation. *Psychological Review, 106,* 676-713.

Chibucos, T., & Leite, R. (2005). *Readings in family theory.* Thousand Oaks, CA: Sage Publications.

Centers for Disease Control and Prevention. (2006). Youth risk behavior surveillance-United States, 2005. *Morbidity and Morality Weekly Report, 55,* SS-5.

Darling, C. (1987). Family life education. In M. B. Sussman & S. K. Steinmetz (Eds.), *Handbook of marriage and the family* (pp. 815-813). New York: Plenum Press.

DeLameter, J., & Friedrich, W. (2002). Human sexual development. *The Journal of Sex Research, 39,* 10-14.

DeLameter, J., & Hyde, J. (1998). Essential versus social constructivism in the study of human sexuality. *The Journal of Sex Research, 25,* 10-18.

Erikson, E. H. (1968). *Identity: Youth and crisis.* New York: Norton.

Floyd, M., & Weiss, L. (2001). Sex and aging: A survey of young adults. *Journal of Sex Education and Therapy, 26,* 133-139.

Freeman, L., & Deach, C. (1995). *It's my body: A book to teach young children how to resist uncomfortable touch.* Seattle, WA: Parenting Press, Inc.

Gagnon, J., & Simon, W. (1973). *Sexual conduct: The social sources of human sexuality.* Chicago: Aldine.

Geer, J., & O'Donohue, W. (1987). *Theories of human sexuality.* New York: Plenum Press.

Goldberg, S., Muir, R., & Kerr, J. (1995). *Attachment theory: Social development, and clinical perspectives.* Hillsdale, NJ: Analytic Press.

Haffner, D. (2002). *Beyond the big talk: Every parent's guide to raising sexually healthy teens from middle school to high school and beyond.* New York: New Market Press.

Haffner, D. (2004). *From diapers to dating: A parents guide to raising sexually healthy children from infancy to middle school* 2nd ed. New York: New Market Press.

Haffner, D. (2008). *What every 21st-century parent needs to know: Facing today's challenges with wisdom and heart.* New York: New Market Press.

Haldeman, D. C. (1994). The practice and the ethics of sexual orientation conversion therapy. *Journal of Consulting and Clinical Psychology, 62,* 221-227.

Hogben, M., & Byrne, D. (1998). Using social learning theory to explain individual differences in human sexuality. *The Journal of Sex Research, 35,* 58-71.

Hutchinson, M. K., & Cooney, T. M. (1998). Patterns of parent-teen sexual risk communication: Implications for intervention. *Family Relationships, 47,* 185-194.

Jaccard, J., Dittus, P. J., & Gordon, V. V. (1996). Maternal correlates of adolescent sexual and contraceptive behavior. *Family Planning Perspectives, 28,* 159-165.

Jurich, J. A., & Myers-Bowman, K. S. (1998). Systems theory and its application to research on human sexuality. *The Journal of Sex Research, 35,* 72-87.

Kirby, D. (1997). The impact of the postponing sexual involvement curriculum among youths in California. *Family Planning Perspectives, 29,* 100-108.

Kirby, D. (2001). *Emerging answers: Research findings on programs to reduce teen pregnancy (Summary).* Washington, DC: National Campaign to Prevent Teen Pregnancy.

Krahe, B., Bieneck, S., & Scheinberger-Olwig, R. (2007). Adolescents' sexual scripts: Schematic representations of consensual and nonconsensual heterosexual interactions. *Journal of Sex Research, 44,* 316-317.

Kunkel, D., Cope, S., Farinola, W., Biely, E., Rollin, E., & Donnerstein, E. (1999*). Sex on TV: A biennial report to the Kaiser Family Foundation, 1999.* Menlo Park, CA: The Henry Kaiser Family Foundation.

Laumann, E. O., Gagnon, J. H., Michael, R. T, & Michaels, S. (1994). *The social organization of sexuality: Sexual practices of the United States.* Chicago: The University of Chicago Press.

Longmore, M. (1998). Symbolic interactionism and the study of sexuality. *The Journal of Sex Research, 35,* 44-57.

McCann, F., & Petrich-Kelly, B. (1999). Learning to feel good about yourself: Public education reconsidered. *SIECUS Report, 27,* 24-27.

Martinson, F. M. (1994). *The sexual life of children.* Westport, CT: Bergin and Garvey.

Masters, W., Johnson, V., & Kolodny, R. C. (1982). *Human sexuality.* Boston: Little Brown.

Miller, B. (1998). *Families matter: A research synthesis of family influences of adolescent pregnancy.* Washington, DC: National Campaign to Prevent Teen Pregnancy.

Miller, B. (2002). Family influences on adolescent sexual and contraceptive behavior. *The Journal of Sex Research, 39,* 22-26.

Miron, A. G., & Miron, C. (2002). *How to talk with teens about love, relationships, & S-E-X: A guide for parents.* Minneapolis, MN: Free Spirit Publishing.

Montfort, S., Brick, P., & Blume, N. (1993). *Healthy foundations: The teacher's book: Responding to young children's questions and behaviors regarding sexuality.* Hackensack, NJ: Planned Parenthood of Greater Northern New Jersey, Inc.

National Guidelines Task Force. (2004). *Guidelines for comprehensive sexuality education* (2nd ed, Kindergarten-12th grade). New York: Sexuality Information and Education Council of the United States.

Resnick, M. D., Bearman, P. S., Blum, R. W., Badman, K. E., Harris, K. M., Jones, J., et al. (1997). Protecting adolescents from harm: Findings from the national longitudinal study on adolescent health. *Journal of the American Medical Association, 278,* 823-832.

Remafedi, G. (1998). The relationship between suicide risk and sexual orientation: Results of a population-based study. *American Journal of Public Health, 88,* 57-60.

Ross, M. W. (2002). Sexuality and health challenges: Responding to a public health imperative. *The Journal of Sex Research, 39,* 7-9.

Russell, S., & Joyner, K. (2001). Adolescent sexual orientation and suicide risk: Evidence from a national study. *American Journal of Public Health, 91,* 1276-1281.

Saltz, G. (2007). *Amazing you.* New York: Dutton Children's Books.

Saltz, G. (2007). *Changing you.* New York: Dutton Children's Books.

Satcher, D. (2001). *The Surgeon General's call to action to promote sexual health and responsible sexual behavior.* Retrieved November 29, 2002, from The Office of the Surgeon General's Web site: www.surgeongeneral.gov/library/calls.htm

Schoen, M., & Quay, M. (1990). *Bellybuttons are navels.* New York: Prometheus Books.

Serbin, L., & Sprafkin, C. (1987). A developmental approach: Sexuality from infancy through adolescence. In J. H. Geer & W. T. O'Donohue (Eds.), *Theories of human sexuality* (pp. 163-192). New York: Plenum Press.

Shelby, L. (1998). Youth first: A work in progress. *Educator's Update, 3*, 1-3.

Simon, W., & Gagnon, J. (1987). A sexual scripts approach. In J. H. Geer & W. T. O'Donohue (Eds.), *Theories of human sexuality* (pp. 363-383). New York: Plenum Press.

Spreecher, S. (1998). Social exchange theories and sexuality. *The Journal of Sex Research, 35*, 32-43.

Udry, J., & Chantala, K. (2002). Risk assessment of adolescents with same-sex relationships. *Journal of Adolescent Health, 31*, 84-92.

Upchurch, D. M., Aneshensel, C. S., Sucoff, C. A., & Levy-Storms, L. (1999). Neighborhood and family contexts of adolescent sexual activity. *Journal of Marriage and the Family, 61*, 920-933.

Weiss, D. (1998a). Conclusion: The state of sexual theory. *The Journal of Sex Research, 35*, 100-114.

Weiss, D. (1998b). The use of theory in sexuality research. *The Journal of Sex Research, 35*, 1-9.

White, J., & Klein, D. (2007). *Family Theories* (3rd ed.). Thousand Oaks, CA: Sage.

Wilson, S. (1997). The next 10 years. *Family Life Matters, 32*, 2.

主要資源

Brown, S., & Taverner, B. (2001). *Streetwise to sex-wise: Sexuality education for high-risk youth* (2nd ed.). Morristown, NJ: Planned Parenthood of Greater Northern New Jersey, Inc.

Brick, P. (1998). *The new teaching safer sex.* Morristown, NJ: Planned Parenthood of Greater Northern New Jersey, Inc.

Brick, P., & Taverner, B. (2001). *Positive images: Teaching abstinence, contraception, and sexual health.* Morristown, NJ: Planned Parenthood of Greater Northern New Jersey, Inc.

Cooperman, C., & Rhodes, C. (1992). *New methods for puberty education.* Morristown, NJ: Planned Parenthood of Greater Northern New Jersey, Inc.

Jemmott, L. S., Jemmott, J. B. III, & McCaffree, K. A. (2001). *Making a difference.* New York: Select Media.

Jemmott, L. S., Jemmott, J. B. III, & McCaffree, K. A. (2001). *Making proud choices!* New York: Select Media.

Jemmott, L. S., Jemmott, J. B., III, & McCaffree, K. A. (1999). *Be proud! Be responsible! Strategies to empower youth to reduce their risks for AIDS* (5th ed.). New York: Select Media.

Loftus, M. (2001). The lost children of Rockdale County: Teenage Syphilis outbreak revisited. *SIECUS Report, 30*, 24-26.

Montfort, S., & Brick, P. (2000). *Unequal partners: Teaching about power and consent in adult-teen relationships.* Morristown, NJ: Planned Parenthood of Greater Northern New Jersey, Inc.

Vogelaar, A. (1999). *Talking one-to-one with teens about contraceptive and safer sex decisions.* Morristown, NJ: Planned Parenthood of Greater Northern New Jersey, Inc.

相關網站

Alan Guttmacher Institute: www.guttmacher.org/

Advocates for Youth: www.advocatesforyouth.org

American Social Health Association: www.iwannaknow.org

Coalition for Positive Sexuality: www.positive.org

Go Ask Alice; www.health.columbia.edu/docs/services/alice/index.html

Kaiser Family Foundation: www.kff.org

Network for Family Life Education: www.sexetc.org/

Planned Parenthood Federation of America: hwww.plannedparenthood.org

Sexuality Information and Educational Council of the U.S. (SIECUS): www.siecus.org

Teenwire (Planned Parenthood Federation of America): www.teenwire.com

影片與媒體資源

As time goes by. Fanlight Productions, 4196 Washington Street, Suite 2, Boston, MA, 02131, (800-937-4113).

Bodies, birth, and babies. Planned Parenthood of Greater Northern New Jersey, 196 Speedwell Avenue, Morristown, NJ, 07960, (973-539-9580).

Condom talk. Planned Parenthood of Greater Northern New Jersey, 196 Speedwell Avenue, Morristown, NJ, 07960, (973-539-9580).

Conquering the media maze. United Learning, 1560 Sherman Ave., Suite 100, Evanston, IL, 60201, (800-323-9084).

Man to man: Exploring the myths of manhood. Human Resources Media, 175 Tompkins Ave., Pleasantville, NY, 10570-3156, (800-431-2050).

Men talk sex. Fanlight Productions, 4196 Washington Street, Suite 2, Boston, MA, 02131, (800-937-4113).

Safe sex: Girl chat. Pyramid Media, P.O. Box 1048, Santa Montica, CA, 90406, (800-421-2304).

Self image: The fantasy, the reality, in the mix: For teens by teens. Cambridge Parenting and Family Life, P.O. Box 2153, Dept. K11, Charleston, WV, 25328-2153, (800-468-4227).

Speaking of sex. Focus International, 1160 E. Jericho Turnpike, Huntington, NY, 11743, (800-843-0305).

Talking about sex: Am I normal. United Learning, 1560 Sherman Ave., Suite 100, Evanston, IL, 60201, (800-323-9084).

Tonight's the night: A video on intimacy, sexuality, and aging. Fanlight Productions, 4196 Washington Street, Suite 2, Boston, MA, 02131, (800-937-4113).

What is love? What is sex? Human Relations Media, 41 Kensico Drive, Mount Kisco, NY, 10549, (800-431-2050).

What works: Sexuality education. Media Works Inc., P.O. Box 15597 Kenmore Station, Boston, MA, 02215, (978-282-9550).

關於作者

Carol Anderson Darling，博士，合格家庭生活教育人員，佛羅里達州立大學（Florida State University）人類科學的 Margaret Sanders 教授，從 CFLE 方案成立之初便參與其中，而且過去曾任美國全國家庭關係委員會（NCFR）主席。她從事性學研究與教育已多年，在佛羅里達州立大學與赫爾辛基大學（University of Helsinki）教授大學生與研究生人類的性學。她同時也在佛羅里達州與南韓主持教師的性教育工作坊。E-mail: cdarling@fsu.edu。

Stacy Howard，理學碩士，合格家庭生活教育人員，她獲得路易斯維爾大學（University of Louisville）社會學學士學位，以及佛羅里達州立大學家庭關係碩士學位，目前正修讀博士學位。她任職於早期學習員工創新辦公室機構（Agency for Workforce Innovation's Office of Early Learning）擔任消費者事務經理。E-mail: taboot@comcast.net。

Chapter *16*

人際關係

Amy Olson-Sigg、David H. Olson 著・張燕滿 譯

人際關係可說是人之所以為人的核心。生活在社會上，即使我們不想，每日也不可避免得和配偶、朋友、孩子、家人、鄰居與同事有所互動。個人的人際關係在生活品質與社會中具有關鍵性的作用；我們都知道，人際關係在個體的健康與幸福上扮演著根本性的角色。事實上，從減少心血管疾病的發生，到增加心理的抗壓性與個人的福祉，支持性的人際關係與婚姻都與各種正面的保健結果有所關聯（Baker et al., 2000; Holt-Lunstad, Uchino, Smith, & Hicks, 2007; Kirby, Baucom, & Peterman, 2005; Lamb, Lee, & DeMaris, 2003; Ryan & Willits, 2007; Waite & Gallagher, 2000）。

相反的，不健康（負面）的關係會造成壓力與疾病（Bland, Krogh, Winkelstein, & Travisan, 1991; Newton & Sanford, 2003; Seeman & McEwen, 1996; Waite & Gallagher, 2000）。然而，具支持性的婚姻與較低的心血管疾病和死亡率有關；而具壓力（非支持性）的婚姻卻提高心理壓力與死亡率（Kimmel et al., 2000）；不良的婚姻也會導致更多的憂鬱（Beach, Katz, Sooyeon, & Brody, 2003）。在權力方面，成人與青少年的戀愛關係中不平等的關係也會出現較差的心理健康（Galliher, Rostosky, Welsh, & Kawaguchi, 1999）與婚姻問題

（Olson & Olson, 2000）等狀況。

　　家人間的關係品質不但影響個人，最終還會波及社會。具有品質的親子關係，孩子有較高的學業成就（Luster, Bates, Vandenbelt, & Nievar, 2004）、較少的問題行為（Pearce, 2003），以及在青少年時期出現較少的暴力情形（Knoester & Haynie, 2005）。Lawrence Fisher 發現，健康的家人關係可以改善長期病患的病情（Fisher, 2000）。親子的連結如親近的情感、溝通與涉入，這些都能減少青少年發生暴力行為的可能性（Knoester & Haynie, 2005）。

課程綱要

人際關係

理解人際關係的發展與維持。基於以下知識：

1. 認識自己與他人。
2. 人際溝通技巧，諸如傾聽、同理心、自我揭露、做決定、問題解決與解決衝突。
3. 了解親密、愛與戀愛。
4. 對他人表現關心、尊重、真摯與負責。

　　除了情緒支持與身心健康產生連結外，社會支持對於威脅健康與幸福的生活事件也能發揮緩衝的效果（Fisher, 2000）。我們通常依據大部分所能因應的資源解釋壓力事件；而且，親近的人際關係也是我們所能獲得情緒支持的主要來源。

　　儘管追求健康的關係是絕大多數人的目標，但是為什麼它似乎很難達成？科技日新月異，人類的本質卻還是不變。關於這個證據，超過兩千年前，羅馬大哲學家西塞羅（Cicero, 106 B.C.-43 B.C.），在其大作《人類六大錯誤》（*The Six Mistakes of Man* [*Humans*]）（Lenehan, 1994）即已說明。這個曠世巨作提出令人震驚的確認，即是人類本質是停滯的。

人類的六大錯誤

　　Marcus Tullius Cicero 提到的人類六大錯誤：

　　1. 誤以為個人的利益是藉由摧毀他人來取得。

2. 傾向擔憂那些無法改變或更正的事物。

3. 因為無法達成任務而堅信不可為。

4. 拒絕拋棄瑣碎的個人偏好。

5. 忽視心智的發展與完善，並且無法養成閱讀與學習的習慣。

6. 試圖強迫他人和我們有一樣的想法及生活方式。

　　儘管人類重複兩千年前的錯誤，現在我們似乎知道，為了過更好的生活，我們究竟需要做些什麼。舉例來說，在生理保健方面，當所有的證據都顯示抽菸會危害健康，為什麼還會有人選擇抽菸呢？

　　我們也洞悉健康人際關係的主要特質，包括：良好的溝通技巧，諸如仔細傾聽、適當的問題解決與做決定技巧，有信心與彈性都是快樂婚姻的特質（Ridley, Wilhelm, & Surra, 2001; Olson & Olson, 2000）。儘管複雜的人類本質可能從不允許被徹底改造，但是透過家庭生活教育與建立關係技巧，還是有可能建立更穩固、更健康的關係。這同時也引發一個問題：家庭生活教育人員要如何適當處理生命週期（兒童期、青少年期、成年期與老年期）的人際關係議題？

兒童期的人際關係議題

　　對兒童來說，他們的原生家庭是最有力的學習來源。如果父母親尚未學習正向的關係技巧，他們便沒有機會透過身教與強化技巧來教導孩子。對於家庭生活教育人員而言，教導父母親和兒童一樣都是個挑戰。諸如積極傾聽、做決定、問題解決與解決衝突等技巧的學習與練習，以父母親為參與者的方案，才是最根本的。

　　研究一致顯示，貫穿整個兒童期與青少年期，親職涉入的程度與孩子的學習表現成正相關，社會化發展與影響的軌跡也有同樣的結果。舉例來說，在兒童生命初始前幾年，母親安全地依附他們的孩子，當兒童三歲時，他便能表現較好的社會發展（McElwain, Cox, Burchinal, & Macfie, 2003）。有一個

研究結果也發現家庭溝通與涉入會是個保護性的因素，它能杜絕市區非裔美國人 9 到 15 歲兒童與幫派發生任何瓜葛（Li, 2002）。其他研究也顯示，人際關係在青少年期時若能有越多的親職涉入（溝通與監管的形式），便可望出現越少的行為問題與狐群狗黨的現象（Pearce, 2003; Roche, Ensminger, Chilcoat, & Storr, 2003）。

　　兒童人際關係技巧教育過程的家庭涉入，越早涉入成效越強。幸運的是，親職涉入是早期兒童教育（early childhood education, ECE）與「啟蒙計畫」（Head Start）的重要內容。

　　儘管在家庭環境中塑造孩子健康的人際關係技巧必然是個優勢，但是家庭之外有品質的早期照護與教育（early care and education, ECE）方案，同樣也顯示兒童認知與社會技巧有明顯的進步（Armor, 2003）。儘管以父母為焦點的家庭訪視／父母教育方案為父母帶來了好處；近來的評量結果亦顯示，透過高品質家庭外直接聚焦在孩子身上的 ECE 方案，兒童能達到顯著的進步（Gomby, Culross, & Behrman, 1999）。這些評量顯示，照顧者與兒童之間主要考慮的因素是一個有品質的環境，例如溫暖、敏感及互動回應的程度。對此，可能有人會提出異議，認為健康的人際關係一定存在著絕對因素，它也是所有互動的目標。

　　明尼蘇達式的兒童早期家庭教育（Minnesota-based Early Childhood Family Education, ECFE）就是一個例子，它提供其他父母親支持性的資訊與友誼。ECFE 藉由有經驗的、知識淵博的工作人員引導，提供父母親與其嬰兒和學齡期兒童的親職方案（更多有關 ECFE 的資訊，請參閱 Minnesota Department of Children Family and Learning 網站所列出的相關網站）。當中所發表的議題，包括自尊、發展與行為等議題。

　　「啟蒙計畫」是一個屬於國家級的 ECE（早期兒童教育）方案，它為 0 到 5 歲兒童及其家庭提供發展與社會的服務。它聚焦在一些特定的議題上，包括：教育、社會情緒發展、生理與心理的保健與照護。啟蒙計畫和其他的 ECE 方案，兩者均透過類似學區組織與社區服務組織來進行。啟蒙計畫特別

為低收入家庭而設立，兩個方案都將父母親與孩子納入參與，並提供很大的機會來塑造、培養與支持健康的關係，諸如親子關係與友誼。比起低品質的方案，參與高品質兒童照顧方案的兒童在許多方面都表現較好，包括語言理解與短期記憶（NICHD, 2003）。參與啟蒙計畫的人在 IQ 口語分數上，提高兩分（Armor, 2003）。

可惜的是，在兒童期中期階段似乎缺乏給予兒童與其父母親的方案。我們並未發現有任何針對這個年齡群組提出改進人際關係的國家級方案。

🌿 青少年期的人際關係議題

「青少年期是建立主導正向自我認同的最後階段。那麼，指日可待的未來將變成有意識的人生規劃的部分。」（Erikson, 1963, p. 306）

由於青少年期是一個在認知、生理與情緒最大轉變的時期，因此是一個強化正向自我形象與尊重他人的關鍵時期。McKinley（2002）參考不同的研究者與學者的著作（Erikson、Piaget、Turnbull 等）指出，教學如果只注重智力發展而沒有內在價值，則容易遺漏青少年期最好的「教學機會」。告訴年輕人那些外在知識會抑制他們的心智發展，讓他們只會模仿外在形式；也許模仿才是造成人類本質停滯的主要因素。

McKinley 富有洞察地斷言，藉由達到青少年期更深層的核心（不論是否稱之為精神、意識或是自尊），可以幫助他們發展自己的意識、優先次序與價值觀，而非只是為了因應環境，而後演變成一種制式化的互動。換句話說，我們並不期待青少年（年輕人）養成服從與一致，反而允許並鼓勵他們發展自主。

兒童期

家庭系統的背景內

人際關係

- 尊重自己與他人
- 分享建設性的感覺
- 表達情緒
- 發展、維持與結束關係
- 建立自尊與自信
- 認同與強化個人優勢
- 與他人溝通
- 向他人學習並教導他人
- 分享、朋友、擁有、時間
- 為自己與他人設想
- 和他人一起處理問題

家庭與生態系統間的相互影響

多元文化‧性別平等‧特殊需求覺察

青少年期

家庭系統的背景內

人際關係

- 尊重自己與他人
- 改變並發展個人的想法、態度與價值觀
- 處理成功與失敗
- 為個人行為承擔責任
- 評估並發展個人的能力與天賦
- 溝通訊息、想法與感覺
- 管理並表達情緒
- 開始、維持與結束友誼
- 建立自己與他人的自尊與自信
- 評估人際關係的相容性
- 設想自我與他人的行動
- 理解家庭選擇生活型態的基本原則——價值觀、文化傳承與宗教信念
- 了解約會的需求與動機
- 影響配對選擇，包括社會、文化與個人的因素
- 理解愛與承諾的面向
- 探索婚姻的責任

家庭與生態系統間的相互影響

多元文化‧性別平等‧特殊需求覺察

▌青年方案

　　一直以來，關係技巧的發展都是經由嘗試錯誤或靠運氣的方式留給父母自行應付；不過，目前在全國各地都有各種方案可以教授青年相關的技巧，主要是建立並維繫關係。青年若能擁有知識與關係的技巧，便可以發展有關婚姻的勝任感與自信；同樣的，也可以使用這些技巧在他們和老師、父母親與朋友的關係上。有一些可供青年使用的方案，包括「懂得真愛方案」（Loving Well Project）、「建立友誼」（BUILDING RELATIONSHIPS）、「連結方案」（CONNECTIONS）與「伴侶方案」（PARTNERS），以下簡述這些方案。

▌「真愛的藝術」：今日青少年的品格教育課程

　　「真愛的藝術」（The Art of Loving Well）（Ellenwood, 1996）課程包括文本與教師指南。這個課程以文學呈現愛與關係，幫助青少年發展負責任的社會與性價值觀。「真愛的藝術」教科書包括 41 則不同族裔的文選，歷史悠久的經典之作與現代青少年文學都有。共有三個章節（「早期的愛與失落」、「戀愛」以及「承諾與婚姻」），同樣也包含各種活動，以促進社會與情緒技巧、有效的溝通、批判性思考、做決定、解決衝突以及克制婚前性行為。這個文本強化忠實承諾友誼與婚姻的價值觀。

　　由波士頓大學所發展的「真愛的藝術」，由緬因州、麻薩諸塞州、南卡羅萊納州在英語與健康課程實地測試八、九年級一萬名學生。後來使用在 47 個州七到十二年級學生，學校、社區、教會團體與家裡的場所均可。控制組與實驗組分開評量，確認它對青少年期孩子的態度與行為產生正面的影響。從「真愛的藝術」文本、教師指南與附帶的影片均可進行（非強制性）教師訓練（更多的資訊請參見章末的「主要資源」）。

▌「建立友誼」：發展生活技巧

　　「建立友誼」（Olson, DeFrain, & Olson, 1999）乃是針對 13 到 18 歲的青少年建立約會與人際關係的覺察。「建立友誼」課程包含一本學生教科書、一本教師指南且各章均涵蓋一個有力的觀點（有關如何獲得此課程的更多資訊，請參見章末的「主要資源」）。

　　「建立友誼」的學生文本包含 13 個章節，聚焦更多青少年議題，包括約會、溝通問題、愛與性、原生家庭議題、財務議題、價值觀與信念。文本一開始有 10 題測驗供學生參與學習，讀者會發現他們在每一個章節所讀到的內容均以融入文本的方式出現在測驗中。

　　「建立友誼」以家庭系統理論（Goldenberg & Goldenberg, 2007）、溝通（Whitchurch & Dickson, 1999）以及衝突理論（Sprey, 1999）為基礎，該方案教導自我肯定技巧與積極傾聽，並提出建設性的衝突解決。在學校、教會與社區所等場所教導的教育課程，課程長短不一。全美已有超過 31 州 500 個地區採用「建立友誼」方案；包含使用前測與後測的教材來評估課程效能。

▌「連結方案」系列

　　「連結方案」系列（Kamper, 2004）由兩個方案（「約會與情感」、「關係與婚姻」）組成，教導青少年建立健康與快樂關係的基本技巧。內容是從 PREP 婚姻方案而來，諸如關係守則、迷思與期待，都是這兩個方案最近新增加的計畫。

連結方案：約會與情感（13～17 歲）

　　這個方案幫助較年輕的青少年認識早期關係所發生的挑戰，並幫助他們為將來生活建立堅實的基礎。經由多樣化的練習，青少年學習關係發展的過程、有效的溝通方式、聚焦在挫敗模式（spotting destructive pattern）、處理情緒與其他基本的技巧。

　　一整套訓練課程計畫包含 17 個一小時的課堂、幻燈片和講義教材、活動卡片，以及學生學習工作單；可能需要額外購買學生的學習工作單。

連結方案：關係與婚姻（16～20 歲）

　　青年在關係上面臨巨大與衝突的壓力，尤其是戀愛關係。這個方案提供他們練習的工具，對於關係的了解、經營並做出明智決定。這個方案涵蓋的主題像是自我覺察、認識關係、溝通與衝突……加上「婚姻遊戲」。

　　一整套訓練包括 18 個一小時的課程計畫、幻燈片和講義教材、活動卡片與學生學習工作單，可能需要額外購買學生的學習工作單。另外一個西班牙語的補充教材也適用於「關係與婚姻」方案。學校、青年方案與青年組織，都使用了這個隨時可教的方案。「連結方案」已在全美超過34州、400個地區被使用。無論如何，經過教師培訓，教師、青年工作人員與輔導員接受最低限度的特定準備即可以教授此課程（有關此方案的更多資訊，請參見章末「主要資源」）。

▌伴侶方案：為維護婚姻而設計的課程

　　此方案受美國律師協會家庭法務部（American Bar Association-Family Law Section）贊助，並依循 PAIRS 基金會（American Bar Association, 1999）準則進行。「伴侶方案」是教導學生如何考慮他們的擇偶偏好、溝通和協商技巧、如何管理關係壓力，以及法律系統對於婚姻、家庭與孩子的影響。伴侶方案是為期十週的課程，包括五段 DVD 影帶，以及一個引導教師的互動光碟。這個方案的影片秀出育有一個孩子的一對年輕夫妻，面對各種普遍性的家庭問題。最終，他們之間的差異導致其中一方考慮離婚並找上律師，學生可以從中學習一旦婚姻瀕臨破裂時，他們要如何面對一連串嚴酷的艱難事實。

　　課程講師透過現存的溝通模式幫助學生識別衝突發生時所能得到的實際資源，並指出衝突是如何產生的。然後，透過角色扮演的練習，教導學生可替代的方式，鼓勵學生將他們所學習的溝通技巧應用於日常生活。另外，學生也學習相關的家庭法律，以及它是如何影響他們的生活。

　　任課老師依據「伴侶方案」課程所附的指引概要進行課程與家庭作業的討論。鼓勵當地律師到教室接受諮詢，並澄清離婚、子女監護權、支持和該

州相關家庭法律議題的特定處理方式。

伴侶方案設計適合高中課堂的課程（十一到十二年級），使用影片與教師指引，還需要學生的學習工作單。十週課程裡，當地律師隔週共同領導課程討論；並沒有要求師資訓練（有關此方案的更多資訊，請參見章末「主要資源」）。

🌿 成年期的人際關係議題

▊成年關係

從青少年期到成年期的階段，是以循序漸進但卻比三十年前更複雜的方式發展。有五個表示到達成年期的傳統標記：學業完成、離開家、經濟獨立、結婚、生子。1960 年，美國有 70%的 25 歲女性和 65%的 30 歲男性均已達到這五項標準。到了 2000 年，這樣的標準已大幅下降，分別只有 25%的 25 歲女性和 31%的 30 歲男性達到這幾項標準（Furstenberg, Kennedy, Mcloyd, Rumbaut, & Settersten, 2004）。

從青少年期到成年期，較長的轉換時期發生在各種社會機構，諸如學院與大學、教會與教會團體、軍隊，以及工作環境，這些都是轉變為成年期的一部分。Richard Settersten, Jr. 在他《未成年的成年人》（*On the Frontier of Adulthood*）一書，討論到減少依賴、學習相互依賴，即能達到自給自足一途（Settersten, Furstenberg, & Rumbaut, 2005）。相互依賴是目前的趨勢；青年經歷一段好長的時期，依賴家庭與他人（關係與社會機構）的支持。

▊結婚

成年期，預備結婚與婚姻教育是此生命階段很重要的主題。有越來越多為婚前與已婚者提供的全國性教育方案，這些方案提供夫妻很多機會學習並應用良好的關係技巧，諸如有效的溝通、管理與表達情緒、為我們的行為負

責，以及問題解決，在此不一一列舉。婚前介入已經明顯增加參與者的溝通技巧、衝突管理與一般的關係品質（Carroll & Doherty, 2003; Silliman & Schumm, 2000）。最近的研究結果發現，一個有品質的婚前計畫能降低 30% 的離婚率（Stanley, Amato, Johnson, & Markman, 2006）。

　　這裡提供幾個婚前與婚姻方案，可以幫助夫妻提升其關係品質。我們將簡單介紹五個最重要的方案：「夫妻溝通」（Couples Communication）、「夫妻增能方案」（Empowering Couples）、「婚前關係與促進方案」（PREP）、「婚前／婚後成長課程」（PREPARE/ENRICH），以及「關係強化方案」（Relationship Enhancement）。

▌夫妻溝通方案 I 和 II

　　Miller 與同事（Miller, Nunnally, Wachman, & Miller, 1991）共同開發夫妻溝通方案 I 和方案 II。這兩個建立技巧方案旨在幫助婚前與已婚夫妻增加自己和伴侶的覺察，映射他們的關係，學習對談、傾聽與衝突解決技巧；調整價值觀、目標並管理憤怒。根據溝通系統理論（Whitechurch & Dickman, 1999），夫妻溝通方案 I 和方案 II 透過實驗、教學與手冊，在學習上已有一定的架構（更多的資訊請參見章末的「主要資源」）。

▌夫妻增能方案

　　「夫妻增能方案」（Olson & Olson, 2000）包括一本書和一個提供夫妻建立優勢觀點與婚姻研究的方案。這本書和方案是根據全國性調查研究 21,501 對夫妻確認他們是快樂或不快樂的伴侶。這本書包含 10 題夫妻測驗與夫妻討論和演練。參與者確認他們的優勢並透過技巧訓練與計畫來建立優勢（更多的資訊請參見章末「主要資源」之 Life Innovations）。

▌PREP 方案

　　「PREP 方案」的設計是依據 Markman、Stanley 和 Blumberg（2001）所著

成年期

家庭系統的背景內

人際關係

- 建立個人的自主性
- 建立自我與他人的自尊及自信
- 達成個人建設性的改變
- 有效的溝通
- 管理與表達情緒
- 發展、維持與結束關係
- 關係行使主動權
- 認清與平等關係相關的因素
- 為關係負責並許下承諾
- 評估關係的選擇與可替代性
- 依據考量他人最佳利益的個人信念行事
- 認識關係上自我覺察的效力
- 角色與關係不同的影響力，包括民族、種族、性別、社會與文化
- 親密關係的形式
- 創造與經營自己的家庭
- 婚姻關係隨著時間更迭的變化
- 危機處理

家庭與生態系統間的相互影響

多元文化・性別平等・特殊需求覺察

老年期

家庭系統的背景內

人際關係

- 持續個人的自主性
- 建立自我與他人的自尊及自信
- 了解自我覺察對關係的影響
- 關係行使主動權
- 持續親密的關係
- 認清與平等關係相關的因素
- 為關係負責並許下承諾
- 評估關係的選擇與可替代性
- 依據考量他人最佳利益的個人信念行事
- 婚姻關係隨著時間更迭的變化
- 維持與自己家人的關係
- 有效的溝通
- 管理與表達情緒
- 處理危機與失落
- 角色與關係不同的影響力，包括民族、種族、性別、社會與文化

家庭與生態系統間的相互影響

多元文化・性別平等・特殊需求覺察

的暢銷書籍《捍衛婚姻，從溝通開始》（*Fighting for Your Marriage*，中文版由愛家文化出版）。依據社會學習理論與認知行為理論，PREP 透過各種格式化與便利化的模式，教授溝通、解決衝突、協商技巧、調整期望與提升樂趣（更多的資訊請參見 Center for Marital and Family Studies 網站的網路資源）。

婚前／婚後成長課程

「婚前／婚後成長課程」是 Olson 和其同事所發展的（Olson & Olson, 1999），用以幫助夫妻準備進入婚姻，並強化其婚姻關係。基於經驗，婚前預備（PREPARE）與婚姻成長（ENRICH）方案，旨在促進夫妻在有關其關係中重要議題的對話。首先，第一步是夫妻清單（195 個項目涵蓋 20 個分類）；然後，完成六個夫妻演練，練習關係技巧，諸如自我肯定、積極傾聽與當下議題的衝突解決，並讓他們也預備好解決未來的議題（更多的資訊請參見章末「主要資源」之 Life Innovations）。

關係強化方案

這個夫妻方案是由 Gurney 和同事共同發展的（Cavedo & Guerney, 1999），它的教導教育規則奠基於 Rogers 的主張與學習理論。它教導夫妻九個實務技巧：同理心、表達、問題討論、問題解決、伴侶促進、自我改變、他人改變、一般化，以及維持。這個建立技巧的方案透過教導、電話輔導在家學習、實驗、錄音帶和文字提供學習（更多的資訊，請參見章末「主要資源」之 The National Institute of Relationship Enhancement）。

老年期的人際關係議題

人際關係的重要性持續遍及生命全程。社會支持（和他人之間有一個關係網絡）有助於促進正向的身心健康，並增加對疾病的抵抗力。近年來的研究建議，提供社會支持的一方甚至可能比接受支持的一方獲得更多的益處。

即使控制人口統計學、人格特質、健康、心理健康與婚姻關係變項，老年已婚者提供工具性支持給朋友、親戚、鄰居，能大大的降低死亡率；提供情緒支持給予配偶也有一樣的效果（Brown, Nesse, Vinokur, & Smith, 2003）。退休之後，人們比起以前擁有更多閒暇時間。退休之後聯絡老朋友並開展新朋友的關係網絡是很重要的，因為這樣也可以得到以前從工作上所獲得的人際支持與激勵。

由於老化發生在家庭脈絡裡，家庭生活教育人員呼籲，要比以往更加重視老年的人際關係議題。一般而言，現代的人們活得更長壽也更健康（Recer, 2000）。目前來說，美國 12%的人口超過 65 歲，到了 2030 年，這個人口比例將會達到20%（Armas, 2003）。美國將近25%的家庭需要照顧年老的家人。事實上，整體來說，家庭花費在老年照護的時間與花在照顧孩子的時間一樣長（Flori, 2002）。因為照顧需求提高，超過 40%的照顧者成為「三明治世代」一員——一個用以描述成年人需要同時照顧孩子與其父母親的名詞（Flori, 2002）。

對於家人生理、心理甚至財務來說，照顧年長者是個很大的壓力（Schultz & Beach, 1999）。健康的人際關係可以扮演這些負面壓力的緩衝。研究結果發現，比起那些人際關係滿意度較低的人而言，一旦照顧者的人際關係越強大、越滿意，就越少出現沮喪；對生活越滿意，他的健康問題就越少（Dunkin & Anderson-Hanley, 1998）。給予普及的家庭照護上，家庭生活教育人員應該要熟悉照護現象，要能夠認清照顧者的壓力，而且能夠為老年人與照顧者雙方引入社區資源。

❦ 家庭生活教育人員的未來議題與挑戰

● 教導個體在關係上採取主動積極，而非僅是反應式。成為積極主動，讓個體投資他們的關係並賦予技能，使他們有責任感。我們需要幫助人們學習更有效處理當下的議題，而能引導一個更滿意的生活。

- 關係技巧需持續在整個人生週期，並成為正規與非正規的教育過程。

- 缺乏青年與老年的方案與宣傳。青年需要方案以幫助他們能更成功的轉變到成年期；同樣的，也不能忽略老年人。儘管目前已有各種退休方案，但是大部分都將焦點放在退休財務規劃上。很多退休人員應該可以在這個改變的發展階段上，從關係課程中獲益（由於退休的關係，越來越少的社會互動，因而有更多的閒暇時間，有更多時間和配偶在一起）。

- 銜接關係方案——教授與銜接跨越生命週期的關係技巧。一個家庭生活教育人員重要的挑戰是鼓勵個體持續學習人際關係。人們要了解，發展人際關係技巧是一個需要持續發展的過程。就像人們成長、發展與改變，他們的關係也將會改變。當個體與夫妻參加方案，如果他們繼續參與後續或是連續性方案，其受到的影響力也會增加。在學校中家庭生活的課程與為婚前預作準備的連結課程即是一個例子。另一個連結的例子則是婚前輔導與婚姻增能方案。

　　人際關係是鍛造自我與社會認同的入口與平台。Harville Hendrix 與 Helen Hunt 博士概述關係工作的重要性，他們曾說：「我們生於關係之中，在關係中受傷，亦可在關係中療癒。」（Hendrix, 1988, p. xix）這工作是一個持續性的過程，雖然其功能改變，但是重要性從未改變，就像人類發展一樣持續在變化中。此工作需要自願性、練習並洞察了解我們感覺的複雜性，以及學習關係技巧，以建立健康的個體、家庭與社群。人類的天性可能苦於落後的技術，但是我們有巨大的潛力可資因應。如果我們願意支取目前一小部分的能量在人際關係所指定需要改進的技術上，經過二十年後，再回過頭來看我們的改變；就像今日的社會，如果沒有手機與電腦，孩子的世界會是如何？關係技巧需要持續成為我們生命全程正規與非正規教育的一部分。未來社會的活力與前景，端賴人類關係的品質。

參考文獻

American Bar Association. (1999). *Partners curriculum manual for teachers*. Chicago, IL: Family Law Section of the American Bar Association.

Armas, G. C. (2003). Worldwide population again. In *Annuals Editions: Aging* (Ed.) Cox, H. McGraw-Hill: Guilford, CT.

Armor, D. J. (2003). *Maximizing intelligence*. New Brunswick, NJ: Transaction Publishers.

Baker, B., Paquette, M., Szalai, J., Driver, H., Perger, T., Helmers, K., et al. (2000). The influence of marital adjustment on a 3-year left ventricle mass and ambulatory blood pressure in mild hypertension. *Archives of Internal Medicine, 160*, 3453-3458.

Beach, S. R. H., Katz, J., Sooyeon, K., & Brody, G. H. (2003). Prospective effects of marital satisfaction on depressive symptoms in established marriages: A dyadic model. *Journal of Social and Personal Relationships, 20*(3), 355-371.

Bland, S. H., Krogh, V., Winkelstein, W., & Trevisan, M. (1991). Social network and blood pressure: A population study. *Psychosom Med, 53*, 598-607.

Brown, S. L., Nesse, R. M., Vinokur, A. D., & Smith, D. M. (2003). Providing social support may be more beneficial than receiving it: Results from a prospective study of mortality. *Psychological Science, 14*(4), 320-327.

Carroll, J. S., & Doherty, W. J. (2003). Evaluating the effectiveness of premarital prevention programs: A meta-analytic review of outcome research. *Family Relations, 521*, 105-118.

Cavedo, C., & Guerney, B. G. (1999). Relationship enhancement enrichment and problem-prevention programs: Therapy-derived, powerful, versatile. In R. Berger & M.T. Hannah (Eds.), *Preventive approaches in couples therapy* (pp. 73-105). Lillington, NC: Edwards Brothers.

Dunkin, J. & Anderson-Hanley, C. (1998). Dementia caregiver burden: A review of the literature and guidelines for assessment and intervention. *Neurology, 51* (supplemental), S53-S60.

Ellenwood, S. (1996). *The art of loving well: A character education curriculum for today's teenagers*. Boston, MA: Boston University Press.

Erikson, E. H. (1963). *Childhood and society*. New York, NY: W. W. Norton & Company.

Flori, D. E. (2002 July/August). Clinical update: Caring for the elderly. *Family Therapy Magazine, 1*(4), 36-42.

Fisher, L. (2000). Can addressing family relationships improve outcomes in chronic disease? *Journal of Family Practice, 49*, 561-566.

Furstenberg, F. F. Jr., Kennedy, S., Mcloyd, V. C., Rumbaut, R. G., & Settersten, R. A. Jr. (2004). Growing up is harder to do. *Contexts, 3*, 33-41.

Galliher, R. V., Rostosky, S. S., Welsh, D. P., & Kawaguchi, M. C. (1999). Power and psychological well-being in late adolescent romantic relationships. *Sex Roles: A Journal of Research, 41*, 39-50.

Goldenberg, I., & Goldenberg, H. (2007). *Family therapy: An overview*. Pacific Grove, CA: Brooks/Cole.

Gomby, D., Culross, P. L., & Behrman, R. E. (1999). *Home visiting: Recent program evaluations - analysis and recommendations: Future of children*, (9, No.1). Packard Foundation.

Hendrix, H. (1988). *Getting the love you want: A guide for couples*. New York: Henry Holt.

Holt-Lunstad, J., Unchino, B. N., Smith, T. W., & Hicks, A. (2007). On the importance of relationship quality: The impact of ambivalence in friendships in cardiovascular functioning. *Annals of Behavioral Medicine, 33*(3), 278-290.

Kamper, C. (2004). *CONNECTIONS: Relationships and marriage*, Berkeley, CA: The Dibble Fund for Marriage Education.

Kimmel, P. L., Peterson, R. A., Weihs, K. L., Shidler, N., Simmens, S. J., Alleyne, S., et al. (2000). Dyadic relationship conflict, gender, and mortality in urban hemodialysis patients. *Journal of American Society of Nephrology, 11*, 1518-1525.

Kirby, J. S., Baucom, D. H., & Peterman, M. A. (2005). An investigation of unmet intimacy needs in marital relationships. *Journal of Marital and Family Therapy, 31*(4), 313-325.

Knoester, C., & Haynie, D. L. (2005). Community context, social integration into family and youth violence. *Journal of Marriage and Family, 67*(3), 767-780.

Lamb, K. A., Lee, G. R., & DeMaris, A. (2003). Union formation and depression: Selection and relationship effects. *Journal of Marriage and Family Therapy, 65*(4), 953-962.

Lenehan, A., Ed. (1994). *The best of "Bits & Pieces"*. Fairfield, NJ: The Economics Press.

Li, X. (2002). Risk and protective factors associated with gang involvement among urban African-American adolescents. *Youth and Society, 34*(2), 172-194.

Luster, T., Bates, L., Vandenbelt, M., & Nievar, A. M. (2004). Family advocates' perspective on the early academic success of children born to low-income adolescent Mothers. *Family Relations, 53*(1), 68-77.

Markman, H. J., Stanley, S. M., & Blumberg, S. L. (2001). *Fighting for your marriage.* San Francisco: Jossey-Bass.

McElwain, N. L., Cox, M. J., Bruchinal, M. R., & Macfie, J. (2003). Differentiating among insecure mother-infant attachment classifications: A focus on child-friendly interactions and exploration during solitary play at 36 months. *Attachment and Human Development, 5*(2), 136-164.

McKinley, T. (2002). *The opportunity of adolescence.* Retrieved November 1, 2002 from www.winternet.com/~webpage/adolescencepaper.html

Miller, S. L., Nunnally, E. W., Wachman, D. B., & Miller, P. A. (2006). *Couple communication instructor manual.* Denver-Littleton, CO: Interpersonal Communication Programs.

NICHD, (2003). Does quality of child care affect child outcomes at age 4 and ½. Early Child Care Research Network, *Developmental Psychology, 39*(3), 451-469.

Newton, T. L., & Sanford, J. M. (2003). Conflict structure moderates associates between cardiovascular reactivity and negative marital interaction. *Healthy Psychology, 22,* 270-278.

Olson, D. H., DeFrain, J., & Olson, A. K. (1999). *Building relationships: Developing skills for life.* Minneapolis: Life Innovations, Inc.

Olson, D. H., & Olson, A. K. (1999). PREPARE/ENRICH program: Version 2000. In R. Berger & M. T. Hannah (Eds.), *Preventive approaches in couples therapy* (pp. 196-216). Lillington, NC: Edwards Brothers.

Olson, D. H., & Olson, A. K. (2000). *Empowering couples: Building on your strengths.* Minneapolis: Life Innovations, Inc.

Pearce, M. J. (2003). The protective effects of religiousness and parent involvement on the development on conduct problems among youth exposed to violence. *Child Development, 74*(6), 1682-1696.

Recer, P. (2000). Study: Elderly enjoying more vigorous old age. *In Annual Editions: Aging.* (Ed.) Cox, H. McGraw-Hill: Guilford, CT.

Ridley, C. A., Wilhelm, M. S., & Surra, C. A. (2001). Married couples' conflict responses and marital quality. *Journal of Social and Personal Relationships, 18*(4), 517-534.

Roche, K. M., Ensminger, M. E., Chilcoat, H., & Storr, C. (2003). Establishing independence in low-income urban areas: The relationship to adolescent aggressive behavior. *Journal of Marriage and Family, 65*(3), 668-680.

Ryan, A. K., & Willits, F. K. (2007). Family ties, physical health, and psychological well-being. *Journal of Aging and Health, 19*(6), 907-920.

Schulz, R., & Beach, S. (1999). Caregiving as a risk factor for mortality: The caregiver health effects study. *Journal of the American Medical Association, 282,* 2215-2219.

Seeman, T. E., & McEwen, B. S. (1996). Impact of social environment: Characteristics in neuroendocrine function. *Psychosom Med, 58,* 450-471.

Settersten, R.A. Jr., Furstenberg, F. F. Jr., & Rumbaut, R. G. (2005). *On the frontier of adulthood: Theory, research and public policy.* Chicago, IL: University of Chicago Press.

Silliman, B., & Schumm, W. R. (2000). Marriage preparation programs: Literature review. *The Family Journal, 8,* 128-137.

Sprey, J. (1999). Family dynamics: An essay on conflict and power. In M. B. Sussman, S. K. Steinmetz & G. W. Peterson (Eds.), (pp. 667-686). *Handbook of marriage and the family* (2nd Ed.), New York: Plenum Press.

Stanley, S. M., Amato, P. R., Johnson, C. A., & Markman, H. J. (2006). Premarital education, marital quality, and marital stability: Findings from a large, random household survey. *Journal of Family Psychology, 20*(1), 117-126.

Waite, L. J., & Gallagher, M. (2000). *The case for marriage: Why married people are happier, healthier and better off financially.* New York: NY: Doubleday.

Whitchurch, G. G., & Dickson, F. C. (1999). Family communication. In M. B. Sussman, S. K. Steinmetz & G. W. Peterson (Eds.), (pp. 687-704). *Handbook of marriage and the family* (2nd ed.), New York: Plenum Press.

主要資源

The American Bar Association Section of Family Law, 750 N. Lake Shore Drive, Chicago, IL 60611 (312-988-5145 or www.abanet.org/family/partners/).

Brophy, E. H., & Honig, A. S. (1996). *Talking with your baby: Family as the first school.* Syracuse, NY: Syracuse University Press.

Kamper, C. (2004). *CONNECTIONS: Relationships and marriage.* Berkely, CA: The Dibble Fund for Marriage Education.

Interpersonal Communication Programs, Inc., 30772 Southview Drive, Suite 200, Evergreen, CO 80439, USA. For more information: (800-328-5099 or www.couplecommunication.com).

Edinberg, M. (1987). *Talking with your aging parent.* Boston, MA: Shambhala.

Furman, E. (1998). *Relationships in early childhood: Helping young children grow.* Madison, CT: International Universities Press.

Life Innovations, Inc. P.O. Box 190, Minneapolis, MN 55440-0190 (800-331-1661 or www.prepare-enrich.com/).

The Loving Well Project. Nancy McLaren, Boston University, School of Education, 605 Commonwealth Ave., Boston, MA 02215 (617-353-4088 or www.bu.edu/education/lovingwell/).

The National Institute of Relationship Enhancement. 4400 East-West Hwy., Suite 28, Bethesda, MD 20814-4501 (800-432-6454 or www.nire.org/).

Oberlander, J. R. (2000). *Slow and steady, get me ready: A parent's handbook for children from birth to age 5.* Fairfax Station, VA: Bio-Alpha, Inc.

Shames, S., Wolf, G., Wolf, K. G., & Rosenblatt, R. (1997). *Pursuing the dream: What helps children and their families succeed.* New York, NY: Aperture.

Siegler, A. (1998). *The essential guide to the new adolescence: How to raise an emotionally healthy teenager.* New York: Plume.

Unell, B. C., & Wyckoff, J. L. (2000). *The eight seasons of parenthood: How the stages of parenting constantly reshape our adult identities.* New York, NY: Times Books.

Wycott, J. L., & Unell, B. C. (1995). *20 teachable virtues.* New York: Perigee Press.

相關網站

The American Psychological Association Help Center: www.apahelpcenter.org

Administration on Aging: www.aoa.dhhs.gov

Center for Research on Families and Relationships: www.crfr.ac.uk

The Coalition for Marriage, Family and Couples Education: www.smartmarriages.com

Family Caregiver Alliance: www.caregiver.org

Family Support America: www.familysupportamerica.org

Head Start: www.acf.hhs.gov/programs/hsb

Parenthood.com: www.parenthoodweb.com

Search Institute: www.search-institute.org

Well Spouse Foundation: www.wellspouse.org

關於作者

Amy Olson-Sigg，婚姻與家庭治療實習師，婚姻輔導機構 Life Innovations 研究人員。合著的著作包括：《愛情保健：檢視愛侶關係》（*The Couple Checkup*，中文版由匯美書社出版）、《共創活力的婚姻》（*Empowering Couples: Building on Your Strengths*，中文版由愛家文化出版）與《建立關係：發展生活技巧》（*Building Relationships: Developing Skills for Life*）。E-mail: aolson@prepare-enrich.com。

David H. Olson，博士，明尼蘇達大學家庭社會科學系退休教授，並在明尼蘇達州明尼亞波利斯市擔任 Life Innovations 機構的主席。他的著作超過 100 篇期刊文章，20 本書，包括《婚姻與家庭：多元化與優勢》（*Marriage & Family: Diversity and Strengths*, 6th ed）。E-mail: dolson@prepare-enrich.com。

Chapter *17*

家庭資源管理

Kathryn D. Rettig 著．張燕滿 譯

❧ 何謂家庭資源管理？[1]

　　家庭資源管理（family resource management）涉及假設家庭是共同領導，並構想一個可能的理想未來；為促使家人邁向未來而且能主動協調解決問題、做決定以及行動；能適應經常變化的家人，以及環境的機遇與要求。這些動態的管理過程包含需要確認和面對日常生活的實際問題；思考可替代的策略來解決問題；以及動員包括個人、社會、經濟與自然的資源組合，以便協助完成預定的改變。

　　問題的出現是挑戰，而非負面事件。所謂的問題（problem）可以是真實

---

1 管理是有意識的創新生活機會，並且深思熟慮地適應內部改變與環境需求，透過問題解決與做決定，以調動資源的方式來滿足人類的需求、實現價值、達成重要目標，以及豐富生活品質。在協調人力上，一旦出現競爭性的價值觀與目標，「家庭」資源管理要求使用上述的心智過程；以及在有關如何創造並使用人力與非人力資源上要做許多決定，以意識到與良好生活相衝突的想法。這對任何一個有遠見的領導者來說，都是很大的挑戰。

情況與理想狀況之間的差距（Tallman, 1993），該理想狀況受到價值觀、目標與標準所形塑；而實際問題則是以價值觀為基礎，何者該做，或是在特殊情境下何者才是唯一的最佳解決方式。實際問題也會一再重複出現在世代之間，因為它與人類本質息息相關（Brown & Paolucci, 1979）。

▍面對日常生活的實際問題

實際問題的挑戰可說是包羅萬象，諸如：我們應該結婚嗎？應該生養孩子嗎？要如何教育孩子面對一個未知的未來？什麼才是提供青少年保護性監控最好的方式？應該如何平衡花在工作、休息、休閒與家庭之間的時間與精力？什麼才是協助或照顧年長雙親的最好方式？要如何才能對未來退休規劃做最佳準備，同時還能滿足目前的財務需求？要如何善用休閒時間？希望對社會有何貢獻？一生當中，我們想要開發什麼樣的財富？要如何平衡財力、物力與人力（財務、物質、人力、社會與文化的資本）等不同種類的財富？以及我們要如何轉換財務、物質與文化資產到下一世代（University of Minnesota Extension Service, 2001）？

課程綱要

家庭資源管理

了解個體與家庭在開發與分配資源所做的決定（例如：時間、金錢、重大資產、精力、朋友、鄰居與空間），以滿足他們的目標。基於以下知識：

1. 認識諸如目標、資源、計畫、做決定與執行的概念。
2. 理解改變家庭資源管理與家庭生命週期有關，而且因不同家庭結構種類而異。

與其他小團體相較之下，家庭是獨特的，因為日常生活遭遇多樣化的挑戰，而且同時存在各種問題，更有數個持續性卻仍待解決且需要多元化取向因應的議題（Rettig, 1998; Weick, 1971）。家庭問題可能來自家庭內外部，而且依據其定位（成長、預防、補救的）、概括性（技術的、本質的、整合的），以及其內容（組織、分配、政策與相互作用）而有所不同（Liston, 1966）。

Tallman（1988, 1993）對家庭問題採用不同的分類與建議，除了確認問題來源（內部或是外部），也可以依其任務要求與結果控制來組織問題，而產生適合家庭生活的 144 種問題類型。很多實際的家庭生活問題同樣也牽涉到倫理議題或道德困境（Leichtentritt & Rettig, 1999），這些在稍早的問題類型中是未歸類的。

解決實際問題

若沒有很多種類的資源，將無法完成實踐推理的思考過程（Thomas & Laster, 1998），特別像是時間、動機、專注與精力的人力資源。實踐推理需要幾個交替與同步的過程（Knippel, 1998），涉及了：(1)闡釋情境脈絡（環境與個人的需求）；(2)制定珍視且所欲尋求的目的（價值觀、目標、標準）；(3)發現關於達成珍視目的（資源）可能的意義與策略資訊；(4)考慮替代行動的結果，並做判斷（做決定）；(5)經判斷後才行動（決定執行）（Fedje, 1998）。換句話說，實踐推理過程要覺察需求或是想要的改變（感覺）、依據為自己或他人的反應（思考），以及促動決定（行動）（Rettig, 1993）。實踐推理過程需要一種生態觀點（Bubolz, Eicher, & Sontag, 1979; Bubolz & Sontag, 1993; Darling, 1987），因為人一定要注意因應環境變化所要求的反應、可能的替代性，以及可改變環境的行動。

調動資源

在家裡解決問題與做決定的各種行為，包括感覺、思考與行動，都與資源有關，如生產、消費、節約、分配、分布、投資、交換、轉讓與管理。資源是為實現預期結果的手段。為了達成預期結果，讓資源成為有用，它必須是可存取的（所有權效力）、在需要的時機（時間效力）、在需要的場所（空間效力），以及有用的方式（形式效力）（Rettig, Rossmann, & Hogan, 1993）。

人力資源可說是任何問題解決情境最重要的部分，而且包括像是動機與

熱情的**情感**品質；創造與專注的**認知**品質；如溝通與電腦能力的**心理運動**品質；如時間取向的**時序**品質（Rice & Tucker, 1986）。家人進一步提供**服務**，供應其他家人的需求與享受，這便是所謂的服務效力（Fitzsimmons, 1951）。家庭**團體**也有像是信任與合作的額外資源。個體的健康與慰藉，以及家庭生活品質也非常依賴自然資源，例如空氣、水、食物補給的品質；以及獲得電力與石化燃料的能源。舉例來說，停電十五天將改變每個家人的活動，角色關係也一樣受到影響。

▌需要做各種決定

解決任何實際發生的問題，依據所呈現的價值衝突與特殊資源需求，可以有不同的決定、**不同的決策過程**（技術性、經濟、社會道德、法律以及政治過程）（Diesing, 1962）。每個決定情況均強調特定的價值觀與要求特定的人力資源。每個決定的形式包括理性決策的獨特定義，換句話說，一個理性決策可能具備許多不同的定義（Diesing, 1962; Rettig, 1993），取決於其存在的挑戰與所需的資源。日常生活中需要做決定的種類五花八門，例如父母調解手足之間的糾紛（法律性決定），以及為了要建立與維持權力，成人經常發展家人間的聯盟（政治性決定）。

經濟性決定的情況包括現存欲達成的目標太多，但是資源卻明顯太少（Diesing, 1962）。決定過程需要視目標的優先次序，與決定何者才是他們可以保留、何者是要犧牲的；然後，分配僅有的資源在最重要的目標上。為新的年度計畫使用家庭收入是一種挑戰，或是試圖計算可以進行幾次不同的活動，這些都是經濟性決定情況的例子。最大化的價值就是在強調分配有限資源時如何做出最佳決定。

當兩個或更多人必須一起做決定，便產生社會性（整體的、倫理的）決定（Diesing, 1962）。一旦彼此的價值、目標、標準或是角色產生衝突，我們一定要發現重新界定問題的新方式，協商普世的價值觀（Kidder, 1994），或是尋找新的目標。為了滿足各方需求，一定要有創新的解決問題方式，這些

決定過程需要重新換個角度看待情況，而且需要協調與合作。Kirchler、Rodler、Holzl 和 Meier（2001）進行了一項有關日常做決定的人際衝突研究。

兒童期	家庭系統的背景內	**家庭資源管理** • 關心所有權 • 分擔家庭責任 • 學習安排時間與日程 • 學習選擇 • 賺錢、花費與儲蓄 • 了解空間與隱私 • 發展天資與能力 • 選擇與消費——食物、衣著、娛樂 • 使用並節省人力與非人力資源 • 影響消費決定——個人價值觀、成本、媒體、同儕 **多元文化・性別平等・特殊需求覺察**	家庭與生態系統間的相互影響

青少年期	家庭系統的背景內	**家庭資源管理** • 分配工作、學校與休閒時間 • 協商隱私與自主 • 選擇資源以滿足個人需求——食物、衣著、娛樂 • 使用個人資源 • 賺錢、花費與儲蓄 • 為決定負責 • 開發休閒興趣 • 以價值觀作為選擇的基礎 • 選擇長程與短程的目標 • 探索生涯選擇 • 評估個人與家庭資源的改變 • 影響消費決定——個人價值觀、成本、媒體、同儕 **多元文化・性別平等・特殊需求覺察**	家庭與生態系統間的相互影響

▍運用多元化管理取向

　　家庭資源管理過程一直以來被描述為：個人有意圖、有意識的思考與行動，以及在兩個或更多人間有明確的商議（Deacon & Firebaugh, 1988; Fitzsimmons, 1951; Goldsmith, 2005; Gross, Crandall, & Knoll, 1980; Melson, 1980; Moore & Asay, 2008; Paolucci, Hall, & Axinn, 1977; Rice & Tucker, 1986）。然而，研究已經揭露了多元化的管理形式。開放性、封閉性、隨機或是同步的家庭系統，其做決定的過程截然不同（Conastantine, 1986）。家庭系統中搜尋目標的行動是複雜的，而且可能超出參與者的意識知覺，要不然就是家人很少或是根本沒有共同的目標（Broderick, 1993）。

　　個體所面對的問題種類可能影響其思考形式的需求（Rettig, 1998; Rettig & Schulz, 1991）與涉及的人力資源（Pecchioni, 2001; Tam & Rettig, 1999）。Sillars 和 Kalbflesch 指出夫妻共同決定的形式有所不同，「從直接、明確、有組織與積極，到間接、隱性的衝動與漸進式的連續性」（1989, p. 180）。夫妻做決定的形式如果是直接、明確的，對問題就會有更多的前瞻性，而非回顧性的覺察；要是精熟面對問題的取向，而不是用壓抑的方式來接受不想要的處境；要參與而非迴避衝突；要明確協議勝於沉默布局；要積極主動勝於漸進計畫；要以詳盡的語言進行明確溝通，傳達精確的意思。換句話說，夫妻明確做決定的方式，運用不同種類的人力資源，可以協助他們人生的管理過程。

❧ 為什麼家庭資源管理很重要？[2]

　　家庭資源管理是家庭日常生活的基本活動。家庭資源管理的品質也會影

2　對社會而言：家庭創造人力資源，並大量投注人力資本，以塑造具有能力與生產力的工作者，以及有效力的領導能力。對家庭而言：深思熟慮的問題解決，帶來較少分裂性的變化、減少緊張、解決成員間的衝突，並保持家庭團體優勢與協同作用，可以讓生活更滿意。對個體而言：藉由思考「這是什麼意思？」與「如何分配個人的時間」，以實踐價值、達成目標，以及提高生活品質。

響社區與社會。家庭資源管理是家庭生活教育的基本，因為它需要思考日常生活所牽涉到的一切，依據 Arcus（1993）所言：「處理問題，避免問題，並開發潛力」，此為影響家庭生活教育發展的三個理由（p. 230）。透過理性決定，資源管理與家庭生活教育的意義是善用家庭優勢，並豐富個體與家庭的福祉（Arcus, Schvaneveldt, & Moss, 1993）。

涉及資源管理教育的教育人員，隨時隨地協助他人思考生活時注入越多的心思，越少的漫不經心（Langer, 1989）。這個教育包含協助他人面對問題時採取主動性；在其道德考量的情況，確認在其信念下所隱含的價值觀（Leichtentritt & Rettig, 2001）；以及在社會考量的情境，用語言表達他們的價值觀、目標和角色衝突（Leichtentritt & Rettig, 2000）。解決道德方面的問題時，我們可以鼓勵他人採取透視價值優先次序的角度來做判斷，這是一個重要的過程（Leichtentritt & Rettig, 1999）。

在面臨做經濟決定的情況下，目標優先次序是很重要的，因為時間、金錢、人力與自然資源等經濟資源，經常無法達成所有的目標（Tam & Rettig, 1999）。教育人員主動促進個體對資源的覺察，以腦力激盪的方式修改浪費性的消費模式，並鼓勵保護自然資源（Cerna & Davis, 1997）。最重要的是，教育人員可以形塑這個明確的思考過程，在教授家庭教育的其他內容領域也是如此。希望這樣的結果，能帶領協助學習者更有能力在日常生活主動且有意識的解決問題與做決定。

家庭資源管理在家庭生命全程上顯得特別重要，因為它是**整體性的**題材，需要所有領域內容與跨越生命階段的教育（Arcus, 1987）。問題解決、做決定與溝通是日常生活的主要過程，它已經涵蓋了生命全程家庭生活教育架構所有的內容領域（Bredehoft, 2001）。家庭資源管理增加很多家庭教育人員所強調的社會心理學與哲學，提醒大家，在家庭生活的學習上，經濟學的觀點也是同樣重要的。每個決定以及所伴隨而來的行動，需要時間資源（一個極度稀少的資源）；在匱乏的情況下，所做的決定與經濟狀況息息相關（Blau, Ferber, & Winkler, 2006）。

成年期

家庭系統的背景內

家庭資源管理

- 人類能量的擴展
- 發展個人資源
- 透過生涯選擇，發展個人資源
- 以價值觀為選擇的基礎
- 開發休閒興趣
- 因家人隱私與自主而有不同需求
- 運用資源滿足家庭基本需求——食物、衣著、住所
- 使用家庭資源的不同觀點
- 建立長程與短程的目標
- 財務計畫
- 資源消耗與保存——物質與非物質
- 平衡家庭與工作角色
- 影響消費決定——個人價值觀、成本、媒體、同儕
- 退休規劃

家庭與生態系統間的相互影響

多元文化・性別平等・特殊需求覺察

老年期

家庭系統的背景內

家庭資源管理

- 以價值觀為選擇基礎
- 如果不能勝任，依照意願與生活意願，規劃分配資源的計畫
- 運用個人資源
- 拓展休閒興趣
- 在退休生活模式與有子女的工作角色之間取得平衡
- 因家人隱私與自主而有不同需求
- 資源消耗與保存——物質與非物質
- 運用資源滿足家庭基本需求——食物、衣著、住所
- 使用家庭資源的不同觀點
- 建立長程與短程的目標
- 退休後財務資源管理
- 影響消費決定——個人價值觀、成本、媒體、同儕

家庭與生態系統間的相互影響

多元文化・性別平等・特殊需求覺察

有助於新進實務工作者的想法 [3]

接下來的段落可提供新進實務工作者一些想法，當他們教授生命全程家庭生活教育架構的其他內容領域時，希望能有明確的家庭資源管理過程與內容。特別強調的是人力資源甚於時間與金錢資源，因為人力資源通常是不容易看得到的（Fox & Bartholomae, 2000; Muske & Winter, 2001）。

社會脈絡中的家庭與個人

家庭資源管理最重要的目的是產出有能力的人，並維持他們的身心健康（Rettig, 1993）。家庭是社會最重要的**經濟單位**（機構），所謂的經濟單位是擁有共同的目標、為其成員的共同利益（Diesing, 1962）。家人參與所有經濟單位的經濟活動，包括生產、消費、保存、分配、分布、替代、投資、交換、轉讓，以及人力、經濟與物質的管理。

由於能生養小孩，家庭是社會唯一**生產**人力資源的經濟單位。家庭社會化的過程深深影響在勞動力市場提供領導與工作的人類未來世代的品質。此外，家庭透過休息、休閒活動、情感與工具性支持，皆有助於更新人力資源。許多相關的家庭教科書將家庭描述為一個消費單位，而忽略了家庭在社會中最重要的生產角色，就是**以有能力的人與支持性的社會團體的形式創造資源**。就社會層面而言，這些人力與社會資源，即稱為人力資本與社會資本（Bubolz, 2001; Hogan, 2001）。

我們可以從社會觀點學習價值觀，以個體觀點也一樣可以學習價值觀。由密西根大學社會學研究所進行的「世界價值觀調查」（World Values Survey），這是一個為期二十年的研究，檢視 65 個社會團體的態度、信念與價值

3　當教授所有生命全程家庭生活教育架構的其他領域內容時，要建立明確的家庭資源管理過程與內容。

觀（Inglehart & Baker, 2001）。其研究結果指出，與富裕的社會相比，低收入者有不同系統的世界觀。Inglehart 和 Baker（2001）提供一個有趣的價值觀分類地圖：傳統對照世俗—理性價值觀，以及生存對照自我表達的價值觀。

▌親職教育與指引

任何事物一旦產出，都需要成本，尤其是孩子。建立人力資源需要時間、金錢與密集的勞動。它需要的直接成本包括多年的社會化、受訓練、上學、大量的金錢，以及當成年人因擔負照顧家人的責任而失去工作或是財務機會的間接成本（金錢損失）（Folbre, 2001）。透過資源管理觀點有助於親職教育，協助他人更深入了解家長在兒童身上的支出（Lino, 2006），特別是教養孩子的間接成本（Rettig & Leichtentritt, 2000）。美國有幾個州已設立一些教育課程計畫協助離婚或分居的父母親，滿足養育孩子的財務需求（University of Minnesota Extension Service, 2000）。

許多育有幼兒的父母親需要抉擇他們是要留在家裡照顧孩子，或是繼續待在職場工作。擁有較高收入的父母親，採**資源替代**的決定──以金錢替代時間。他們選擇使用金錢資源尋求保母市場換取照顧孩子，就像替代時間密集的生產方式──運用自己的時間來照顧家庭。經濟學家可能將此稱為「替代生產」（Peters, 1995）。其他成人會做「替代消費」的決定，藉由選擇不要有小孩（享樂），以及從另一種方式獲得滿足，諸如從事兒童工作，或是和別人家的孩子一起玩樂（Bennetts, 2007; Peters, 1995）。

低收入的父母親在滿足他們孩子的需求上會遭遇比較大的挑戰，儘管他們精打細算且有效的管理資源。《使收支平衡》（*Making Ends Meet*）（Edin & Lein, 1997）以質性分析的方式記錄個人回顧，切實描寫低收入單親媽媽，以及他們**找到資源**維持最低限度的生存方法。另一本書展現一低收入戶家庭的智慧：《挖溝者的女兒：一個黑人家庭成功的故事》（*The Ditchdigger's Daughters: A Black Family's Astonishing Success Story*）（Thornton & Coudert, 1996）。這些和其他研究皆表明，在引導多元文化家庭做決定與行動策略上

價值觀的重要性（Dilworth-Anderson, Burton, & Turner, 1993; Furstenberg, Cook, Eccles, Elder, & Sameroff, 1999）。

▍家庭的內部動力

移民父母有可能是（也有可能不是）低收入家庭，但是他們確實要面對很多挑戰，特別是在新舊文化價值取向差異相當大的情況中（Paolucci et al., 1977）。有一些文化價值取向的向度可以在電影《屋頂上的提琴手》（*Fiddler on the Roof*）前半小時就顯露無疑。與傳統穩定價值觀對比的各種變化，以及與時間取向對比的強調過去與現今，更甚於現今與未來（Rettig, 1993）。這樣的對比情形也呈現在家庭權力動態上，一旦年輕成年人要求參與更多的民主，那麼階級、獨裁決策的慣例便會受到威脅（Xiong, 2000; Xiong, Detzner, & Rettig, 2001; Xiong, Rettig, & Tuicompepee, 2006）。

Heitritter（1999）的研究概述索馬利亞的家庭有關家庭優勢與努力維持動力在團結上的意義。Allen、Burnett、Epstein 和 Rankin-Esquer（2001）指出了問題解決的權力動力；大約在同時也描述苗族美國人（Hmong-American）家庭問題解決的相互影響（Xiong, 2000）。Yang（2001）記錄韓裔美國人的家庭動力，特別是當母親試著要青少年子女實現學業成功的價值觀（Yang & Rettig, 2004），對比文化價值觀產生的緊張（Yang & Rettig, 2003）。Yang 同時描述到韓裔美國人的家庭動力，男性如果已經失業，家人便與之一起努力保全面子（Yang, 2002）。近來，Danes（2006）檢視隨著時間的推移，非移民家庭家族企業中夫妻的緊張程度。以上的這些研究已概要敘述社會做決定的過程，以及大量人力資源致力於解決目前價值衝突的需求。

▍人際關係

有效的管理經常可以減少親近關係的緊張，例如參與並計畫滿足飢餓與睡眠需求的行動，可以促進更多契合的談話、社會活動與創新的問題解決。資源充足的家庭系統也應避免因應最後一刻的壓力與所缺乏的物質，成為壓

垮駱駝的最後一根稻草。對低收入家庭而言，未雨綢繆更是困難，父母親一定要更多關注日常生存所需。當資源充足，不需要為今日食物在哪裡而煩惱時，便更能實現選擇的自由度、多元的替代性以及長程的計畫。

資源理論（Foa & Foa, 1980），是個思考有關管理與人際關係有趣的理論。該理論認為家庭是發生資源**交換**範圍最廣的團體，而且是最有可能滿足個人需求之處。依據該理論，人類有愛與情感（愛）、尊重與自尊（狀態）、安慰與幫助（服務）、有意義的溝通（資訊）、個人物品的所有權（物品），以及可供個人使用的金錢（金錢）的資源需求（Rettig & Leicht-entritt, 1999）。

資源理論假設個人滿意程度受到人際之間對於上述資源交換結果的影響，交換策略與資源屬性因人而異（特定或普世的價值觀、象徵意義或具體表現）。此外，滿意與否也因人而異，牽涉到交換者與其關係（是否親近與長久）；以及個人是否為施予者、接受者，或是兩者皆是，或是皆不是。最高層次的滿意可能是資源的接受者，以及可能在一個長久關係裡交換到最特別的資源——愛、身分與服務（Rettig, Danes, & Bauer, 1993），也有可能同時是資源的施予者與接受者。給有需要的人替代性的資源（提供服務，但不是無條件的愛），便會導致低滿意度。

🌿 家庭生活教育人員未來的挑戰 [4]

如果家庭系統要生存的話，在某些形式與方式，家庭資源管理是家庭生活所必需。因此，它是有前途性的，不論是否需要一個教育機構或是方案提供明確與連貫的內容，它總要協助學習者以更主動與更有意圖的方式思考與生活相關的一切事務。有一些事務會維持穩定。問題的中心概念、價值觀、

4　教育人員的挑戰包括：協助家人面對逐漸升起的人際與道德問題；學習參與做決定，並獲得可行的協同解決方案；學習影響家人生活改變的相關法律與政策；以及調適全球資源匱乏與充足的議題。

目標、標準、資源、決定與計畫在日常生活中總是重要的，而溝通、問題解決、做決定、選擇與執行決定的過程也是一樣重要（Rettig, 1993）。

　　家庭所要面臨的問題與所能獲得的資源一直在改變，未來也許會以更快的速度發生變化。科技發展與醫學研究日新月異，未來的家庭資源管理除了先前已討論過的那些內容領域，也特別適用在家庭教育中**倫理、家庭法律與政策**的內容（Daniels, Rettig, & delMas, 2006; Rettig, 2007; Folbre, 2008）。

倫理、法律與家庭政策議題

　　複製與幹細胞方面的研究（Weiss, 2008），以及潛在影響生殖與醫學治療結果，充分挑戰我們的倫理標準與個人的價值系統。而且，類似的研究比公共政策與法律更迅速的向前邁進。紐約哈斯丁中心（The Hastings Center）與喬治城大學肯尼迪倫理學研究中心（Kennedy Institute of Ethics at Georgetown University）這兩個中心，分別針對生命倫理學議題發表文章與出版書籍，以及提供關於衝突、做決定、倫理與所需要政策的會議與短期課程。其所附帶的資源會在《家事法庭評論》（*Family Court Review*）或《家庭法律季刊》（*Family Law Quarterly*）上刊出。

　　這些刊物凸顯倫理議題，包括許多家庭不能迴避的抉擇；包括那些心理疾病、延長壽命、協助死亡、臨終護理（Stum, 2007）、胚胎與胎兒的保健、器官與組織的捐助與採購。一個小孩可以有五個潛在的父母親——有兩個基因上的父母親、代孕媽媽，或兩個具收養關係的父母親；一旦發生法律糾紛，父母親的優先權為何？倫理、家庭法律以及政策都是家庭生活教育人員需要更深入學習的專業學科，以便思考未來方案的需求。

　　有時候以視覺化圖表或是個案研究方法教授家庭資源是比較容易的。由於孩子處於複雜的家庭環境，因此，在 1999 年親子鑑定與支援案例促使發展可視覺化圖表，透過家系圖與生態地圖，幫助我們了解每個孩子的人力、社會與財務的資源（Rickert & Rettig, 2006）。個案研究在教授面對離婚議題時的經濟取向上（Rettig & Leichtentritt, 2000）；以及子女贍養令的結果方面也是很

實用的（Rettig & Watters, 2006）。

▌資源充足

　　有許多其他未來影響家庭資源的顧慮，包括醫療保健、社會保險、醫療保險政策，這些對於大眾健康與經濟福祉都極為重要，特別是在供水出現危機而且水質不斷惡化的一個時代。Brown、Gardner 和 Halweil（1999）討論全球人口增長，以及我們正處於 16 種危險地帶的生活空間，包括糧食生產、耕地、淡水、海洋漁獲量、肉類生產、休閒區、森林、生物多樣性、氣候變遷、能源、浪費、工作、收入、住所、教育，以及城市化。在北美高耗能的生活方式，產生了過量廢棄物與有害廢棄物。擁有安全的生活更顯得困難，因為核廢料、水銀溫度計、手機與電腦，這些都是危害人類的元件。家庭教育人員需要強調資源守恆原理，省思、減少、重複使用、回收再利用、修復，使每一戶家庭都能減少浪費。

　　資源理論（Foa & Foa, 1980）假設人類如果可以更容易存取特別的資源——愛、尊重與服務（個人的照料），那麼，他們對物品與金錢就能擁有較低的需求。大量資源製造需使用金錢購買物品與服務，而非發展親近關係與支持性的社會團體，如此一來，便降低人類的滿意度，並傷害滋養他們的自然環境。沒有自然環境的滋養，人類將無法存活。

參考文獻

Allen, E. S., Burnett, C. K., Epstein, N., & Rankin-Esquer, L. A. (2001). Decision-making power, autonomy and communication in remarried spouses compared with first-married spouses. *Family Relations, 50*, 326-334.

Arcus, M. E. (1987). A framework for life span family life education. *Family Relations, 36*, 5-10.

Arcus, M. E. (1993). Looking ahead in family life education. In M. E. Arcus, J. D. Schvaneveldt & J. J. Moss (Eds.), *Handbook of family life education: Foundations of family life education, Vol. I* (pp. 229-246). Newbury Park, CA: Sage.

Arcus, M. E., Schvaneveldt, J. D., & Moss, J. J. (1993). The nature of family life education. In M. E. Arcus, J. D. Schvaneveldt & J. J. Moss (Eds.), *Handbook of family life education: Foundations of family life education, Vol. I* (pp. 1-12). Newbury Park, CA: Sage.

Bennetts, L. (2007). *The feminine mistake: Are we giving up too much?* New York: Hyperion.

Blau, F. D., Ferber, M. A., & Winkler, A. E. (2006). *The economics of women, men, and work* (5th ed.). Upper Saddle River, NJ: Prentice-Hall.

Bredehoft, D. J. (2001). The framework for life span family life education revised and revisited. *The family Journal, 9*(2), 134-139.

Broderick, C. F. (1993). *Understanding family process: Basics of family systems theory.* Newbury Park: Sage.

Brown, L. R., Gardner, G., & Halweil, B. (1999, February). 16 Impacts of population growth. *The Futurist, 33*(2), 36-41.

Brown, M. M., & Paolucci, B. (1979). *Home economics: A definition.* Washington, DC: American Home Economics Association.

Bubolz, M. M., Eicher, J. B., & Sontag, M. S. (1979). The human ecosystem: A model. *Journal of Home Economics, 71*, 28-30.

Bubolz, M. M., & Sontag, M. S. (1993). Human ecology theory. In P. G. Boss, W. J. Doherty, R. LaRossa, W. R. Schumm & S. K. Steinmetz (Eds.), *Sourcebook of family theories and methods: A contextual approach* (pp. 419-448). New York: Plenum.

Bubolz, M. M. (2001). Family as source, user, and builder of social capital. *Journal of Socio-Economics, 30*, 129-131.

Cerna, E., & Davis, D. (Executive Producers). (1997, September 15). *Affluenza: A medical alert* [Television broadcast]. KCTS/ Seattle and Oregon Public Broadcasting.

Constantine, L. L. (1986). Family paradigms: *The practice of theory in family therapy.* New York: The Guilford Press.

Danes, S. M. (2006). Tensions within family business-owning couples over time. *Stress, Trauma, and Crisis, 9*(3-4), 227-246.

Daniels, K. C., Rettig, K. D., & delMas, R. (2006). Alternative formulas for distributing parental incomes at divorce. *Journal of Family and Economic Issues, 27*(1), 1-28.

Darling, C. A. (1987). Family life education. In M. B. Sussman & S. K. Steinmetz (Eds.), *Handbook of marriage and the family* (pp. 815-833). New York: Plenum.

Deacon, R. E., & Firebaugh, F. M. (1988). *Family resource management: Principles and applications* (2ⁿᵈ ed.). Boston, MA: Allyn & Bacon, Inc.

Diesing, P. (1962). *Reason in society: Five types of decisions and their social conditions.* Westport, CT: Greenwood Press.

Dilworth-Anderson, P., Burton, L., & Turner, W. L. (1993). The importance of values in the study of culturally diverse families. *Family Relations, 42*, 238-242.

Edin, K., & Lein, L. (1997). *Making ends meet: How single mothers survive welfare and low-wage work.* New York: Russell Sage Foundation.

Fedje, C. G. (1998). Helping learners develop their practical reasoning capacities. In R.G. Thomas & J. F. Laster (Eds.), *Inquiry into thinking* (pp. 29-46). Peoria, IL: Glencoe/McGraw-Hill.

Fitzsimmons, C. (1951). *The management of family resources.* San Francisco: W. H. Freeman.

Foa, U. G., & Foa, E. B. (1980). Resource theory: Interpersonal behavior as exchange. In Gergen, M. S. Greenberg & R. Willis (Eds.), *Social exchange: Advances in theory and research* (pp. 77-94). New York: Plenum.

Folbre, N. (2001). *The invisible heart: Economics and family values.* New York: The New Press.

Folbre, N. (2008). *Valuing children: Rethinking the economics of the family.* Cambridge, MA: Harvard University Press.

Fox, J. J., & Bartholomae, S. (2000). Economic stress and families. In P. C. McKenry & S. J. Price (Eds.), *Families and change: Coping with stressful events and transitions* (pp. 250-278). Thousand Oaks, CA: Sage.

Furstenberg, F. F., Cook, T. D., Eccles, J., Elder, G. H., & Sameroff, A. (1999). *Managing to make it: Urban families and adolescent success.* Chicago: University of Chicago Press.

Goldsmith E. (2005). *Resource management for individuals and families* (2ⁿᵈ ed.). Minneapolis, MN: West Publishing.

Gross, I. H., Crandall, E. W., & Knoll, M. M. (1980). *Management for modern families* (4ᵗʰ ed.). Englewood Cliffs, NJ: Prentice-Hall, Inc.

Heitritter, D. L. (1999). *Meanings of family strength voiced by Somali immigrants: Reaching an inductive understanding.* Unpublished doctoral dissertation, University of Minnesota, St. Paul.

Hogan, M. J. (2001). Social capital: Potential in family social science. *Journal of Socio-Economics, 30,* 129-131.

Inglehart, R., & Baker, W. E. (2001, March-April). Modernization's challenge to traditional values: Who's afraid of Ronald McDonald? *The Futurist, 35,* 16-21.

Kidder, R. M. (1994, July-August). Universal human values: Finding an ethical common ground. *The Futurist, 28,* 8-13.

Kirchler, E., Rodler, C., Holzl, E., & Meier, K. (2001). *Conflict and decision-making in close relationships: Love, money, and daily routines* (European Monographs in Social Psychology). Philadelphia, PA: Taylor & Francis, Inc.

Knippel, C. (1998). Practical reasoning in the family context. In R. G. Thomas & J. F. Laster (Eds.). *Inquiry into thinking* (pp. 16-28). Peoria, IL: Glencoe/McGraw-Hill.

Langer, E. J. (1989). *Mindfulness*. New York: Addison-Wesley Publishing Company.

Leichtentritt, R. D., & Rettig, K. D. (1999). My parent's dignified death is different from mine: Moral problem solving about euthanasia. *Journal of Social and Personal Relationships, 16*, 385-406.

Leichtentritt, R. D., & Rettig, K. D. (2000). Elderly Israelis and the family members meanings toward euthanasia. *Families, Systems & Health, 18*, 61-78.

Leichtentritt, R. D., & Rettig, K. D. (2001). Values underlying end-of-life decisions. *Health and Social Work, 26*, 150-159.

Lino, M. (2006). Expenditures on children by families, 2000. *Family Economics and Nutrition Review, 14*(1), 25-42.

Liston, M. I. (1966). *Management in the family group, syllabus and sourcebook*. Unpublished manuscript, Iowa State University at Ames, Iowa.

Melson, G. F. (1980). *Family and environment: An ecosystem perspective*. Minneapolis, MN: Burgess Publishing Company.

Moore, T. J., & Asay, S. M. (2008). *Family resource management*. Thousand Oaks, CA: Sage.

Muske, G., & Winter, M. (2001). An in-depth look at family cash-flow management practices. *Journal of Family and Economic Issues, 22*, 353-372.

Paolucci, B., Hall, O. A., & Axinn, N. W. (1977). *Family decision-making: An ecosystem approach*. New York: John Wiley & Sons.

Pecchioni, L. L. (2001). Implicit decision-making in family caregiving. *Journal of Social and Personal Relationships, 18*, 219-237.

Peters, H. E. (1995). An economic approach to the study of child well-being: Gary Becker on altruism and household production. *Journal of Family Issues, 16*, 587-608.

Rettig, K. D. (1993). Problem-solving and decision-making as central processes of family life: An ecological framework for family relations and family resource management. *Marriage and Family Review, 18*, 187-222.

Rettig, K. D. (1998). Families as contexts for thinking. In R. G. Thomas & J. F. Laster (Eds.), *Inquiry into thinking* (pp. 101-121). Peoria, IL: Glencoe/McGraw-Hill.

Rettig, K. D. (2007). Divorce injustices: Perceptions of formerly wealthy women of the stressors, crises and traumas. *Journal of Loss and Trauma, 12*(3), 175-198.

Rettig, K. D., & Leichtentritt, R. D. (1999). A general theory for perceptual indicators of family life quality. *Social Indicators Research, 47*, 307-342.

Rettig, K. D., & Leichtentritt, R. D. (2000). Family economic issues across time. In S. J. Price, P. C. McKenry & M. J. Murphy (Eds.), *Families across time: A life course perspective* (pp. 160-172). Los Angeles, CA: Roxbury Press.

Rettig, K. D., Danes, S. M., & Bauer, J. W. (1993). Gender differences in perceived family life quality among economically stressed farm families. In U. G. Foa, J. M. Converse, Jr. & E. B. Foa (Eds.), *Resource theory: Explorations and applications* (pp. 123-155). San Diego: Academic Press.

Rettig, K. D., Rossmann, M. M., & Hogan, M. J. (1993). Educating for family resource management. In M. E. Arcus, J. D. Schvaneveldt & J. J. Moss (Eds.), *Handbook of family life education: the practice of family life education, Vol. II* (pp. 115-154). Newbury Park, CA: Sage.

Rettig, K. D., & Schulz, C. (1991). Cognitive style preferences and financial management decision styles. *Financial Counseling and Planning, 2*, 25-54.

Rettig, K. D., & Watters, S. C. (2006). The consequences of child support policy for family financial well being. *Journal of Divorce and Remarriage, 44*(1/2) 1-28.

Rice, A. S., & Tucker, S. M. (1986). *Family life management* (6th ed.). New York: Macmillan.

Rickert, D., & Rettig, K. D. (2006). Family support eco maps: Visual portrayals of resources for children. *Journal of Divorce and Remarriage, 26*(1/2), 86-106.

Stum, M. S. (2007). Financing long-term care: Risk management intentions and behaviors of couples. *Financial Counseling and Planning, 17*, 79-89.

Sillars, A. L,. & Kalbflesch, P. J. (1989). Implicit and explicit decision-making styles in couples. In D. Brinberg & J. Jaccard (Eds.), *Dyadic decision making* (pp. 179-215). New York: Springer-Verlag.

Tallman, I. (1988). Problem solving in families: A revisionist view. In D. M. Klein & J. Aldous (Eds.), *Social stress and family development* (pp. 102-126). New York: The Guilford Press.

Tallman, I. (1993). Theoretical issues in researching problem solving in families. *Marriage and Family Review, 18*, 155-186.

Tam, V. C., & Rettig, K. D. (1999). Decision making of mothers in Hong Kong on the occasional use of alternative child-care arrangements. *Journal of Family and Economic Issues, 20*, 163-190.

Thomas, R., & Laster, J. (Eds.). (1998) *Inquiry into thinking: Family and consumer sciences teacher education Yearbook 18.* Peoria, IL: American Association of Family and Consumer Sciences and Glencoe/McGraw-Hill.

Thornton, Y. S., & Coudert, J. (1996). *The ditchdigger's daughters: A black family's astonishing success story.* New York, NY: A Plume Book.

University of Minnesota Extension Service (2000). *Parents forever: A curriculum for divorcing and separating parents.* St. Paul, Minnesota: Minnesota Extension Service Distribution Center.

University of Minnesota Extension. (2001). *Who gets grandma's yellow pie plate? A guide to passing on personal possessions.* Retrieved October 10, 2002 from http://www.yellowpieplate.umn.edu/indexB.html

Weick, K. (1971). Group processes, family processes and problem solving. In J. Aldous, T. Condon, R. Hill, M. Straus & I. Tallman (Eds.). *Family problem solving: A symposium on theoretical, methodological, and substantive concerns* (pp. 3-32). Hinsdale, IL: Dryden Press.

Weiss, R. (2008, January 18). Scientists clone human embryos from adult cells. *Saint Paul Pioneer Press,* p. 1A.

Xiong, Z. B. (2000). *Hmong-American parent-adolescent problem-solving interactions: An analytic induction analysis.* Unpublished doctoral dissertation, University of Minnesota, St. Paul.

Xiong, Z. B., Detzner, D., & Rettig, K. (2001). Southeast Asian immigrant parenting practices and perceptions of parent-adolescent conflicts. *Journal of Teaching in Marriage and Family, 1*(1), 27-48.

Xiong, Z. B., Rettig, K., & Tuicompepee, A. (2006). Parent adolescent conflicts and adolescent adjustments in Hmong immigrant families in the United States. In D. M. Devore (Ed.), *Parent-child relations: New research* (pp. 65-82). Nova Science Publishers, Inc.

Yang, S. (2001). *Korean-American mothers' meanings of academic success and their experiences with children in American schools.* Unpublished doctoral dissertation, University of Minnesota, St. Paul.

Yang, S. (2002). "Chaemyoun-saving (face saving)" due to Korean job loss: Listening to men's voices. *Journal of Comparative Family Studies, 33*(1), 73-95.

Yang, S., & Rettig, K. (2003). The value tensions in Korean-American mother-child relationships while facilitating academic success. *Personal relationships, 10*(3), 349-369.

Yang, S., & Rettig, K. (2004). Korean American mothers' experiences in facilitating academic success for their adolescents. *Marriage and Family Review, 36*(3/4), 53-74.

主要資源

Brown, L. R. (2002, March-April). The eco-economic revolution: Getting the market in sync with nature. *The Futurist, 36*(2),23-32.

Cetron, M. J., & Davies, O. (2001, March-April). Trends now changing the world: Technology, the workplace, management, and institutions. *The Futurist, 35*(2), 27-42.

相關網站

American Association of Family and Consumer Sciences: www.aafcs.org

American Council on Consumer Interests: www.consumerinterests.org

Association for Financial Counseling and Planning Education: www.afcpe.org

Consumer Expenditures: www.bls.gov/cex

Consumer Price Index: www.bls.gov/cpi

Joint Center for Poverty Research: www.jcpr.org

關於作者

Kathryn Rettig，博士，合格家庭生活教育人員，明尼蘇達雙城大學（University of Minnesota Twin Cities）家庭社會科學系教授。Rettig 博士教授家庭經濟與資源管理、家庭生活的法律─經濟學的爭議、綜合研究講座與家庭生活的倫理議題及道德困境。她已在各領域專業期刊出版許多相關主題的文章，並且擔任兩項研究計畫「法院判決對明尼蘇達州家庭的影響」與「美國婦女的變化樣貌：工作、家庭與個人議題」的首席研究員。E-mail: krettig@umn.edu。

Chapter *18*

親職教育與指引

Arminta L. Jacobson 著・張燕滿 譯

父母親在承擔親職教育一職時，通常需要指引與支持，才能負起兒童與青少年發展的責任。我們將「親職教育」界定為提供父母親與照顧者的一些方案、支持性服務與資源，以支持或增強他們在提升養育健康孩子的能力與信心（Carter, 1996）。在廣大範圍的情境，各種模式透過團體與個別的取向均應強調增強親職的能力。一旦父母親有特殊需求與關注時，家庭系統與更大範圍的生態系統可提供親職教育所關心的親職樣貌〔參見 National Council on Family Relations（NCFR）Curriculum Guidelines, 1984〕。隨著家庭生命全程的更迭，有關親職的興趣與需求也會跟著改變（參見 Framework for Family Life Education, Bredehoft, 1997）。家庭發展的議題會隨生命全程的階段更迭而變得較複雜，而且指引所關注的也會跟著改變。當個體與家庭生命週期不同時，其親職教育指引與其他議題也隨之改變，甚至也會因文化與環境而有差別。育有嬰兒與兒童的家庭，所凸顯關注的議題是基本的保護、照顧以及社會化等議題。兒童進入學齡期與青少年期，父母開始將關注的重點放在鼓勵並引導孩子學習自己做決定，學習與家庭分離的關係（Hamner & Turner, 2001）。

　　有效親職教育與指引的主要知識需求包括親職過程的知識（跨越生命全程的父母親角色與親子關係）、有效的親職與指引、跨越生命全程的人類發展、家庭發展與關係動力學、不同文化的知識、家庭的特殊需求，以及跨越生命全程的學習歷程（Jacobson & Hirschy, 2000）。

　　親職教育人員的行為會因為他們自身親職經驗，及其教學與學習歷程的經驗和知識而有所不同。親職教育人員誠摯的鼓勵，以激勵他人學習並開發建立個人與家庭優勢。當他們提供父母親一個典範，大量的教導、引導與影響其兒童與青少年時，便要將父母親納入活動中，使之成為主動學習的參與者與夥伴，並發展信任與增能的感覺（Dunst, Trivette, & Johanson, 1994）。示範並教導父母親熟練互動、雙向溝通與解決衝突的技巧，以形塑親職的應對技巧，同時也將這些技巧教導給他們自己的孩子。

　　對於人類發展、關係、親職以及親職實踐的變化，親職教育人員所抱持的假設與態度將是父母親增能與強化的關鍵要素。這些假設與態度的基礎是肯定他人親職的優勢、知識、經驗與敏感性（Jacobson & Hirschy, 2001），以及練習自我反省與評量。

　　美國全國家庭關係委員會（NCFR）《生命全程家庭生活教育架構》（Bredehoft, 1997, 2001），將家庭生活教育概念化為從兒童期到老年期的終身過程。該「課程綱要」（NCFR, 1984）有關親職教育與指引的中心概念，包括了解父母親如何教導、引導和影響兒童與青少年，基於以下知識：(1)親職是一個過程；(2)親職的權利與責任；(3)生命週期的親職角色；(4)親職實踐的變項。透過經驗與直接教導，兒童、青少年與成年人均可獲得基本知識，並了解有關親職與養育他人的發展。

　　孩子藉由被養育的過程，學習

課程綱要

親職教育與指引

了解父母親如何教導、引導與影響兒童與青少年。基於以下知識：
1. 親職是一個過程。
2. 親職的權利與責任。
3. 生命週期的親職角色。
4. 親職實踐的變項。

有關家人的責任、照顧與不同的親職取向。諸如 Heath（1995）的課程方案《學習如何照顧：親職教育》（*Learning How to Care: Education for Parenting*），透過直接教學與觀察訪問教室裡父母親與嬰兒的經驗，教導孩子的親職與照顧。當孩子學習親職的相關責任與不同形式時，便會學習到有關嬰兒與學步兒的需求。教導養育兒童與青少年是《親職計畫：預備成為明日的父母親》（*The Parenting Project: Preparing Tomorrow's Parents Today*）的目標，這是一個國家性的計畫，和《建置中的父母親》（*Parents Under Construction*）一樣，都是在德州休士頓所研發培訓（更多的相關計畫請參見章末「相關網站」）。此計畫教導公立學校幼兒園到十二年級學生，透過互動式學習，結合知識與建立技巧，加強學習親職是一個過程的概念；透過諸如「四健會」[1]和女童軍的青年組織提供保母課程，提供機會教導兒童與青少年有關親職（照顧）的責任與角色，滿足兒童在不同年齡的安全需求。學生學習何時與如何尋求幫助，是保母課程的主要特色。

　　在全國各地中學教授「家庭與消費者科學」課程，提供課室教學並引導學生親身體驗兒童發展、親職與兒童照顧。公立學校為青少年父母（主要是母親）所設計的方案是教授親職並提供支持與資源。透過社區組織，諸如衛生所、YWCA，以及家庭資源中心，也可以滿足青少年的親職教育需求。青少年的父親時常忽略親職教育，而這正是地方性方案與全國性父職組織所關注的焦點。所有針對青少年的家庭生活教育，應該將其發展性納入考量，而且在關係與做決定方面都要結合道德準則，以道德價值觀與規則為實務考量的基本要件。

　　親子溝通、衝突解決、滿足兒童發展的需求，以及教養孩子的實際做法，都包括在成人親職教育的重要主題內。統整《生命全程家庭生活教育架構》的「課程綱要」與概念，需要一個完整的過程，包括親職教育人員聚焦

1　譯註：四健會（4-H club）是美國農業部的農業合作推廣體系管理的非營利性青年組織。

在評估親職需求；方案與課程計畫；透過團體、家訪與媒體來執行親職教育；最後是評量。

親職教育的經驗會決定這些父母或是準父母將成為什麼樣的父母親，對親職教育的需求也會因承諾與理解而有不同。他們參加親職教育方案，廣泛了解關於照顧和培育兒童與青少年發展的角色及責任的知識。造成父母之間差異的例子，包括親職情況、環境對親職的影響、教育程度與學習偏好。評估兒童與父母的發展、親職目標、資訊與資源的需求，以及家庭優勢等等，都是家庭生活教育人員在計畫親職教育時可採用的方式。如此認可親職是過程的取向，顯然將家庭生活教育人員視為夥伴，一起分享認知〔進一步對家庭生活教育人員（FLE）方法論的討論，請參見 Clarke & Bredehoft, 2009〕。

課程的選擇需要符合方案的目標與目的，再加上參與者的需求考量，有以下幾點要求：(1)評估地方性方案與參與者的需求和興趣；(2)敏感於宗教與文化的獨特性；(3)教學者／協助者的認知與技巧或訓練為其必備條件；(4)可資運用的資金。選擇課程的其他考慮因素，包括內容、教學計畫品質，以及合適的教學過程（Duncan & Goddard, 2005）。

課程設計要能符合兒童年齡與發展階段，確認兒童和父母透過可預測的發展階段有同步，來創造家庭系統內的改變（Galinsky, 1987）。舉例來說，以家庭生命週期開始發展的階段，其課程與方案的設計，包括「出生到三歲」（Birth to Three）與「父母就是老師」（Parents as Teachers）。幼兒早期「STEP」〔有效的親職系統化訓練（Systematic Training for Effective Parenting）〕，以及「學齡前幼兒的家庭教學」（Home Instruction for Parents of Preschool Youngsters, HIPPY）〕，都是以育有學齡前幼兒的父母親為對象的課程與方案的例子（本章末附有更多有關這些方案的線上資訊）。有關生命全程親子互動的生物社會面向上的知識，對於親職教育會有很大的影響力，特別是目前強調的依附、氣質，以及大腦發展（Kuczynski, 2003）。

為育有學齡兒童的父母親而設計的方案與課程，其主題包括親職、溝通與行為管理。這些可能是地方性的發展方案，也可能是透過全州公立學校或

其他組織的發展方案，例如「實際親職教育」（Practical Parent Education）的
發展。在德州，「實際親職夥伴關係」（Practical Parenting Partnerships）是第
一個地方性發展的方案，是透過密蘇里州學區提供家庭資源／親職教育的方

親職教育與指引

兒童期

家庭系統的背景內

- 兒童安全
- 父母親的責任
- 不同類型的照顧者
- 未與子女同住的父母親
- 為人父母之回報與要求
- 滿足兒童不同發展階段的需求
- 不同親職的類型與行為
- 兒童的責任
- 父母親的資源——家庭、鄰居與社區
- 家庭暴力、虐待、忽視的問題

家庭與生態系統間的相互影響

多元文化・性別平等・特殊需求覺察

親職教育與指引

青少年期

家庭系統的背景內

- 親子溝通
- 滿足孩子不同發展階段的需求
- 回應孩子的個別差異
- 為人父母之回報與要求
- 認識婚姻與親職角色
- 決定是否或何時成為父母親的考量
- 實際養育孩子
- 教導孩子生活技巧——自給自足、安全、做決定
- 家庭衝突與解決衝突
- 家庭暴力、虐待、忽視的問題
- 父母親的資源——家庭、鄰居與社區
- 不同的親職情況——單親、繼親、收養照顧殘疾兒童
- 影響親職的形式——倫理、種族、性別、社會、文化

家庭與生態系統間的相互影響

多元文化・性別平等・特殊需求覺察

親職教育與指引

成年期

家庭系統的背景內

- 決定是否或何時要成為父母親的考量
- 預備生養孩子
- 改變親職責任，如孩子變得獨立
- 親子溝通
- 教養孩子的實務、指引與親職策略
- 不同生命週期親子關係的變化
- 親職溝通在實際教養孩子的重要性
- 提供孩子安全的環境
- 教導孩子生活技巧——自給自足、安全、做決定
- 為人父母之回報與要求
- 不同的親職情況——單親、繼親、收養、照顧殘疾兒童、高齡父母
- 父母親的資源——家庭、鄰居與社區
- 家庭暴力、虐待、忽視的問題
- 影響親職的形式——倫理、種族、性別、社會、文化

家庭與生態系統間的相互影響

多元文化・性別平等・特殊需求覺察

親職教育與指引

老年期

家庭系統的背景內

- 晚年親子關係的改變——與成年子女協商成年關係
- 為人祖父母之獎賞與要求，包括撫養與照顧孫子女的可能性
- 親職溝通的重要性，關於父母與祖父母之間親職類型與價值觀的差異性
- 祖孫溝通
- 祖父母的資源——家庭、鄰居與社區
- 家庭衝突與解決衝突
- 家庭暴力、虐待、忽視的問題
- 適應複雜的多元化親職情況——混合家庭、單親、繼親、收養、照顧殘疾兒童、成年子女返家

家庭與生態系統間的相互影響

多元文化・性別平等・特殊需求覺察

案。「家庭與學校一起來」（Families and Schools Together, FAST）針對家庭優勢的目的與父母親的涉入，幫助孩子成功適應學校與生活。聚焦在學校成功的商業課程也可以適用於此。積極主動親職的**家長委員會**即是一例。地方性方案的成果可能包括親子共同參與學習活動的「家庭學習之夜」，或是「如何」協助孩子在家學習的會議。青少年「STEP」（STEP/Teen）與「青少年的 Active Parenting 親職方案」（Active Parenting of Teens）都是聚焦在教養青少年課程的例子（透過本章末的「相關網站」，便會發現更多有關這些方案的線上資訊）。教會與其他社區組織贊助的地方性方案，父母親和其青少年期的孩子一起參加工作坊，練習溝通技巧或是學習人類的性事。

　　個體所擁有的親職經驗（例如：經驗、心理健康、文化）、孩子的特質，以及教養孩子的環境，可以解釋為何在教養孩子方面會採取不同的取向（Luster & Okagaki, 2003）；為忙於工作的父母親所設計的課程（例如：「午餐與學習」，以視頻為主的 Active Parenting 親職方案），為離婚父母而設計的親職方案（例如實際親職教育的 For Kids Sake 與明尼蘇達大學推廣的「永久親職」）；為預防以及介入兒童虐待與忽略所設計的方案〔例如「培育方案」（The Nurturing Program）與夏威夷「健康開始方案」（Healthy Start）〕。這些例子都是聚焦在個體議題與父母和孩子需求的課程，就像在環境中與環境和情境相關的課程一樣。

　　倫理、種族、性別、社會、文化對親職的影響包括各種不同的取向，以及專業課程，諸如為西班牙裔父母所設計的「進階方案」，以及**翻譯自 STEP**教材（使用本章末所列的相關網站，了解更多線上資訊）。但是方案是否成功，得視家庭生活教育人員的敏感與承諾。家庭生活教育人員可以教導強化親職基本知識與技巧，提供對話並尊重親職價值觀與實務上的差異取向。促進親職教育的團隊取向，團隊成員包括具代表性的性別、社會背景，與倫理、文化、語言等，有助於建立信賴，以及更有效率的教育過程。

　　滿足青少年與成年父親需求及興趣的方案，強調更多涉入的挑戰是，包括「合作推廣模式」，諸如明尼蘇達州的「爸爸有所作為」（Dads Make a Difference），以及在德州的「父親天天閱讀」（Fathers Reading Every Day, FRED）。地方性成效的例子像是為父親舉辦的「玩耍的日子」（Play Days），而他們的孩子則由來自德州奧斯丁的「成功父親中心」的代表所帶領，還有學校所辦的「父親和甜甜圈」（Dads and Donuts）早餐聚會。

當祖父母在晚年生活為孩子擔負親職責任，成為主要照顧與支持者，在老年時期便有致力追求親職知識與支持的需求。面對角色與關係的改變，世代之間的溝通與解決衝突便是家庭生活教育所強調的親職概念。尤其是第一代移民的祖父母與育有殘疾兒童的家庭，特別有教育與支持上的需求。

給新進實務工作者的提醒

評量與評估的提醒

設立評量的目標較能了解參與者對於親職的興趣與需求、文化與生態脈絡，以及學習需求與偏好。讓所有夥伴（父母親、青少年、教師、社會服務專家）主動參與整個過程（更多有關評量與評估家庭生活教育的討論，請參見 Treichel, 2009）。評估「父母親覺知」的過程中不要有任何的設限；同樣的，在結束方案的程序，以及記錄評估的形式上也是一樣，不要加以設限。為了確定和父母親工作的合適性與效力，我們可以使用各種不同的方法，例如以父母親非語言反應測量父母及孩子之間的行為與關係的改變。使用兒童發展、親職及家庭功能的標準化測量，這些對於方案與參與者的評量和評估都是有其價值的（參見 Reppucci, Britner, & Woolard, 1997；或是 Buros 心理測驗年鑑，可從線上圖書館取得）。

多元化的提醒

有關父母親影響你的成功與失敗的假設（Curran, 1989），我們應該致力尋求並了解潛藏在這些差異底下的信念與功能，而非假設與自己家庭親職方

式相左的背景與特質。抱持有目的的觀察和傾聽，並誠摯的提問，透過越來越多的理解來發展跨文化的能力。一旦知覺到與我們相左的親職角色、責任和指引，便要保持彈性與開放（更多對家庭生活教育的想法與多元性，請參見 Allen & Blaisure, 2009）。

▋整體性的提醒

　　幫助父母親了解親職就像是一個多世代的發展歷程。在成年期與老年期，加強父母親此概念時，發展並鼓勵個體成為導師的角色與支持系統。在課堂與活動推廣上納入大家庭的成員與案例，持續並支持多代同堂。我們可以透過實際的做法、伴隨大量回饋與支持的互動式學習策略，幫助父母親統整其經驗與知識；在發展與情境的需求和議題上，也一樣採用此方式。教導父母親實務的技巧，讓他們可以幫助兒童與青少年孩子更加了解親職角色與責任。

🌿 家庭生活教育的未來議題與挑戰

　　親職教育取向是多變的，包括方案或介入的理論假設、模式與策略、目的，以及長度與密集度；其強調的範圍從特殊引導模式到初期識字的親職涉入。一旦需要一種特定的親職教育，例如「遠距親職」（parenting at a distance），則必須以研究發現為基礎，進一步定義整體的親職能力。

　　公眾身分與專業認可都是家庭生活教育人員的挑戰。國家認證可為明尼蘇達州提供「幼兒早期的家庭教育」，以及在密蘇里州為教育及支持父母親而注入全州的努力（參見「父母就是老師」、「實際親職夥伴關係」，以及「親職連結」（ParentLink 的相關網站章節）都是認可家庭生活教育與其在親職教育角色上成功的例子。美國全國家庭關係委員會（NCFR）、美國家庭協會與消費者科學都是專業協會的例子，他們都視專注於家庭生活教育為一種職業。此領域更進一步成長的證據是協同合作與網絡發展，諸如「國家親職

教育網絡」，德州註冊的「親職教育人員網絡」，以及「田納西大學親職中心」。繼之而來的議題是家庭生活與親職教育人員在持續性訓練、實務與督導標準化的需求。

　　大部分本質上相關的調查研究，主要分隔成小樣本的特殊方案模式。然而，有一些研究顯示親職教育的有效性（Knapp & Deluty, 1989; Webster-Stratton, 1992），有一些研究則檢視相互影響與因果影響對親職行為及孩子行為結果的改變，以多加了解親職過程與親職教育。科學委員會（National Research Council & Institute of Medicine, 2000）出版了《從神經細胞到社會成員》（*From Neurons to Neighborhoods*）提問：「什麼方式足以使親職行為發生改變，改善孩子的行為結果，特別是那些高風險的父母親與多元文化的家庭？」一般而言，在親職的多元性中，跨越文化與環境的哪些方面是親職在最有利於兒童與青少年發展的關鍵考量因素？在親職發展上也需要研究合適的理論來傳遞親職能力、動機與支持。

　　父母親會尋找教養孩子的資訊。父母親常常發現在搜尋所需資訊時遇到困難，他們並無法全盤了解或是完全得到解釋，甚至可能因此摧毀其自信心（Goodnow, 1995）。確認並幫助父母親克服有關親職的學習屏障，這是親職教育人員的責任。《從神經細胞到社會成員》（NRCIM, 2000）提到，界定介入兒童初期的概念為機會、約束與挑戰，同樣的概念也適用於親職教育，包括以下幾點：(1)消除學習屏障，增加管道與參與；(2)確保更高品質的控制；(3)達到文化競爭力；(4)識別與反映獨特的次群體；(5)介入（親職教育）後對環境的衝擊影響；(6)優化贊助與提供親職教育的基礎能力養成。

❧ 未來方案的需求

　　家庭生活教育人員對未來方案的需求包括發展課程與方案，例如：(1)統整生命全程取向；(2)包含自我評量與評估親職與家庭生活教育人員的能力；(3)利用最新科學知識與教育過程；(4)統整自我學習。這些方案均顯現親職是

一個跨越生命全程、共同的，以及發展的過程，並建立評量機制供父母親與照顧者使用，以此考慮接續適合的課程與方案。課程發展應該要有計畫的將父母親納為夥伴關係，例如焦點團體（Lengua et al., 1992）；以及包括系統化的同儕觀點，依據更廣泛的專業標準確認課程品質標準。課程品質標準，包括跨越更大範圍的父母角色，以及依據生命全程發展的親職內容與資源；包括有關教導兒童與青少年的一些資訊，例如基本的親職權利、責任與角色。而評估的策略，可能評估課程所有組成部分的過程，以及家庭生活教育人員的知識與表現的標準，親職知識、態度與技巧的改變也一樣依此標準來評估。根據職前與在職的專業評量、評估與引導反思，家庭生活教育人員應該依據決策標準考量其需求，以尋求更多知識與技巧的訓練。為了使課程更有效，方案的發展應該要包括家庭生活教育人員的職前訓練與最新的線上資源，以及在職訓練機會。理想情況是這個課程／方案系列要在有豐富經驗的導師與督導的專業系統下發展與傳遞，引領家庭生活教育人員的初學者。

🌿 結語

親職教育與指引的目標是促進心理健康，使兒童與青少年能有良好的發展，以及家庭能獲得強大的資源。統整的「課程綱要」能支持家庭生活教育人員，並且藉由兒童、青少年，以及多元化家庭的親職知識，從「家庭生活教育架構」中獲得概念，就像透過協同合作、網絡以及與其他專業人員分享想法也一樣可以獲得相關的概念。親職教育的喜悅與挑戰就是能夠透過仔細的計畫、準備，而且以開放的心樂於接受新的資源與想法，在親職教育上獲得動態的改變。

參考文獻

Allen, W., & Blaisure, K. R. (2009). Family life educators and the development of cultural competency. In D. J. Bredehoft & M. J. Walcheski (Eds.), *Family life education: Integrating theory and practice* (2nd ed.) (pp. 209-219). Minneapolis, MN: National Council on Family Relations.

Bredehoft, D. J. (Ed.). (1997). *The framework for life span family life education* (2nd ed.) [Poster]. Minneapolis: National Council on Family Relations.

Bredehoft, D. J. (2001). The framework for life span family life education revised and revisited. *The Family Journal, 9*(2), 134-139.

Carter, N. (1996). *See how we grow: A report on the status of parenting education in the United States*. Philadelphia: Pew Charitable Trusts.

Clarke, J. I., & Bredehoft, D. J. (2009). Family life education methodology. In D. J. Bredehoft & M. J. Walcheski (Eds.), *Family life education: Integrating theory and practice* (2nd ed.) (pp. 199-206). Minneapolis, MN: National Council on Family Relations.

Curran, D. (1989). *Working with parents: A guide to successful parent groups*. Circle Pines, MN: American Guidance Service.

Duncan, S. F., & Goddard, H. W. (2005). *Family life education: Principles and practices for effective outreach*. Thousand Oaks, CA: Sage.

Dunst, C. J., Trivette, C. M., & Johanson, C. (1994). Parent-professional collaboration and partnerships. In C. J. Dunst, C. M. Trivette & A. G. Deal (Eds.), *Supporting & strengthening families: Methods, strategies & practices* (pp. 197-211). Cambridge, MA: Brookline.

Galinsky, E. (1987). *Six stages of parenthood*. Reading, MA: Addison Wesley.

Goodnow, J. J. (1995). Parents' knowledge & expectations. In M. H. Bornstein (Ed.), *Handbook of parenting: Status & social conditions of parenting, Vol. 3* (pp. 305-332). Mahwah, NJ: Erlbaum.

Hamner, T. J., & Turner, P. H. (2001). *Parenting in contemporary society* (4th ed.). Boston: Allyn & Bacon.

Heath, H. (1995). *Learning how to care: Education for parenting*. Haverford, PA: Conrow Publishing.

Jacobson, A. L., & Hirschy, S. (2000). *Core knowledge for parent educators and professionals who work with families* [Brochure]. Denton, TX: University of North Texas, Center for Parent Education.

Jacobson, A. L., & Hirschy, S. (2001). *Choosing a parent educator* [Brochure]. Denton, TX: University of North Texas, Center for Parent Education.

Knapp, P. A., & Deluty, R. H. (1989). Relative effectiveness of two behavioral parent training programs. *Journal of Clinical Child Psychology, 18*(4), 314-322.

Kuczynski, L. (Ed.). (2003). *Handbook of dynamics in parent-child relations*. Thousand Oaks, CA.: Sage.

Lengua, J. L, Roosa, M. W., Schupak-Neuberg, E., Michaels, M. L., Berg, C. N., & Weschler, L. F. (1992). Using focus groups to guide the development of a parenting program for difficult-to-reach, high-risk families. *Family Relations, 41*, 163-168.

Luster, T., & Okagaki, L. (2003). Multiple influences on parenting: Ecological and life-course perspectives. In T. Luster & L. Okagaki, L. (Eds.), *Parenting: An ecological perspective* (pp. 227-250). Hillsdale, NJ: Erlbaum.

National Council on Family Relations. (1984). *College and university curriculum guidelines. NCFR Committee on Standards and Criteria for Certification of Family Life Educators*. Minneapolis: Author.

National Research Council & Institute of Medicine. (2000). *From neurons to neighborhoods: The science of early childhood development*. Washington, DC: National Academy Press.

Reppucci, N. D., Britner, P. A., & Woolard, J. L. (1997). *Preventing child abuse & neglect through parent education*. Baltimore, MD: Brookes.

Treichel, C. (2009). In the best interests of children and their families: Merging program development and program evaluation. In D. J. Bredehoft & M. J. Walcheski (Eds.), *Family life education: Integrating theory and practice* (pp. 221-231). Minneapolis, MN: National Council on Family Relations.

Webster-Stratton, C. (1992). Individually administered videotape parent training: "Who benefits?" *Cognitive Therapy & Research, 16*(1), 31-52.

主要資源

Arcus, M. E., Schvaneveldt, J. D., & Moss, J. J. (Eds.). (1993). *Handbook of family life education (Vols. 1-2).* Newbury Park, CA: Sage

Baumrind, D. (1971). Harmonious parents and their preschool children. *Developmental Psychology, 4*(1), 99-102.

Belsky, J. (1984). The determinants of parenting: A process model. *Child Development, 55,* 83-96.

Bornstein, M. H. (Ed.). (2002). *Handbook of parenting: Vols. 1-5* (2nd ed.). Mahwah, NJ: Erlbaum.

Buss, A. H., Chess, S., Goldsmith, H. H., Hinde, R. A., McCall, R. B., Plomin, R., Rothbart, M. K., & Thomas, A. (1987). What is temperament: Four approaches. *Child Development, 66,* 55-68.

Bronfenbrenner, U. (1994). *Ecological models of human development. In International encyclopedia of education: Vol. 3* (2nd ed., pp. 1643-1647). Oxford, England: Elsevier Sciences.

Campbell, D., & Palm, G. F. (2004). *Group parent education: Promoting parent learning and support.* Thousand Oaks, CA: Sage.

Family Support America. (2001). *Guidelines for family support practice* (2nd ed.). Chicago: Author.

Fox, G. L., Bruce, C., & Combs-Orme, T. (2000). Parenting expectations and concerns of fathers and mothers of newborn infants. *Family Relations, 49,* 123-131.

Hitch, E. J., & Youatt, J. P. (2002). *Communicating family and consumer sciences: A guidebook for professionals.* Tinley Park, ILL: Goodheart-Wilcox Publisher.

Holden, G., & Miller, P. (1999). Enduring and different: A meta-analysis of the similarity in parents' child rearing. *Psychological Bulletin, 125*(2), 223-254.

Isabella, R. A. (1993). Origins of attachment: Maternal interactive behavior across the first year. *Child Development* (64), 605-621.

Kramer, J. M., Arbuthnot, J., Gordon, D. A., Rousis, N. J., & Hoza, J. (1998). Effects of skill-based versus information-based divorce education programs on domestic violence and parental communication. *Family & Conciliation Courts Review, 36*(1), 9-31.

Maccoby, E. E. (1992). The role of parents in the socialization of children: An historical overview. *Developmental Psychology, 28,* 1006-1016.

McDermott, D., Heath, H., & Palm, G. (Eds.). (2006). Parenting Education and Support: Advances in Theories, Research, and Practice [Special Issue]. *Child Welfare, 85*(5).

Powell, L. H., & Cassidy, D. (2007). *Family life education: Working with families across the life span* (2nd ed.). Mountain View, CA: Mayfield.

Roberts, T. W. (1994). *A systems perspective of parenting: The individual, the family, and the social network.* Pacific Grove, CA: Brooks/Cole.

Scarr, S. (1992). Developmental theories for the 1990s: Development and individual differences. *Child Development, 63,* 1-19.

Seitz, V., Rosenbaum, L. I., & Apfel, N. H. (1985). Effects of family support intervention: A ten-year follow-up. *Child Development, 56,* 376-391.

Smith, C. A. (Ed.). (1999). *The encyclopedia of parenting theory and research.* Westport, CT: Greenwood.

Smith, C. A., Cudaback, D., Goddard, H. W., & Myers-Walls, J. A. (1994). *National extension parent education model of critical parenting practices.* Manhattan, KS: Kansas State University.

Stafford, L., & Bayer, C. L. (1993). *Interaction between parents and children.* Newbury Park: Sage.

Thomas, R. (1996). Reflective dialogue parent education design: Focus on parent development. *Family Relations, 45,* 189-200.

相關網站

Active Parenting: www.activeparenting.com

Avance: www.avance.org

Birth to Three: www.birthto3.org

Boys Town Press: www.girlsandboystown.org/scripts/default.asp

Cooperative Extension System's National Network for Child Care: www.nncc.org/Guidance/guide.disc.page.html

CYFERnet: www.cyfernet.org/

Dads Make a Difference program: www.dadsmakeadifference.org/

Families and Work Institute: www.familiesandwork.org

Families and Schools Together: www.familiesandschools.org

Film Ideas Inc.: www.filmideas.com

Hawaii's Healthy Start: hawaii.gov/health/family-child-health/mchb/programs/hs.html

Home Instruction Program for Preschool Youngsters: www.hippyusa.org.

Injoy Videos: www.injoyvideos.com

Insight Media: www.insight-media.com

Learning Seed: www.learningseed.com

National Parenting Education Network: www.npen.org

The Nurturing Parenting Programs, Family Development Resources: www.nurturingparenting.com/

ParentLink: www.outreach.missouri.edu/parentlink

Parents as Teachers National Center: parentsasteachers.org

Parents Under Construction: www.childbuilders.org

Practical Parent Education: www.practicalparent.org

STEP: www.agsnet.com

Theory and Practice Database: www.gwu.edu./~tip/theories.html

The Parenting Project: www.parentingproject.org

Practical Parenting Partnerships: www.pppctr.org.

The University of North Texas Center for Parent Education: www.cpe.unt.edu

University of Minnesota Extension www.parenting.umn.edu

關於作者

Arminta L. Jacobson，博士，合格家庭生活教育人員，合格家庭與消費者科學人員，北德州大學（University of North Texas）親職教育中心主任和家庭研究與發展學系教授。E-mail: arminta.jacobson@unt.edu。

Chapter 19

家庭法律與公共政策[1]

Karen Bogenschneider 著 · 潘維琴 譯

公共政策在支持家庭為其成員及社會所展現的重要功能上，扮演什麼樣的角色？而對於家庭生活教育人員而言，了解政策如何影響家庭，以及他們能做些什麼來影響家庭政策又是何等重要？

為了說明這些問題的意義，本章內容將從幾個真實故事開始，這些故事來自日常生活受政策影響的家庭，及有關政策是如何支持或阻撓家庭生活教育人員在協助家庭上所做的努力之真實案例。作為提供讀者的背景資料，本章會定義家庭政策並檢視美國在政策制定上呈現的特性：即政策是否聚焦在個人上或聚焦在家庭上比較多，以及家庭焦點方法之成效。接著，將探討政策是否是家庭生活教育人員的責任，如果是的話，他們能扮演的角色為何。最後，針對有志於教導或積極想成為家庭政策工作者的人，本章列出了家庭生活教育人員的資源清單作結。

---

1 本文是根據 2007 年 9 月發表在美國全國家庭關係委員會 *Report* 通訊中的一篇文章 "Policy—No Better Way to Spend a Life" 所摘錄的文章內容。

課程綱要

家庭法律與公共政策

對法律議題、政策與影響家庭福祉的法律之理解。基於以下知識：

1. 相關法律的歷史發展。
2. 與婚姻、離婚、家庭支持、兒童監護、兒童保護及權利及計畫生育相關法律。
3. 對家庭產生影響的公共政策，包含稅賦、公民權、社會安全、經濟支持法律與規則條例。

1998 年的夏天，我收到兩封電子郵件，寄件者都是最近剛生產完的朋友，一個住在美國而另一個在歐洲。我的美國朋友儘管家中有兩名學齡前兒童且丈夫必須兼兩份工作好讓家庭收支相抵，在結束兩個月產假返回工作崗位後，她立即面臨須強制加班的處境。這和我瑞士的朋友在懷孕及生產期間的經驗截然不同，她有 16 週的休假而且這期間內禁止勞動，否則會被罰款；而產假結束之後，還有 18 個月的育嬰假可以申請。

凱西剛完成高一新生課程的前兩個月，她的父母瑪莉與史帝夫正期待親師座談會以了解凱西的適應情形，以及他們在家裡能提供何種協助。座談會每年舉辦一次，並且只提供一個晚上 5 點到 8 點的時間。瑪莉與史帝夫雙方協調好工作早退以準時 5 點到達學校。教師們的教室外已經大排長龍，所以他們分開去排不同教師的隊伍。儘管如此，只有一個孩子的他們在座談會結束前也無法跟每位教師完成會談。

愛琳參與費城市中心一個公共住宅計畫，72 歲的她是一名有孫子要養育的祖母。當她的孫子涉及一樁毒品交易時，她被提醒可能因此失去公寓的居住權。公益律師（pro bono legal counsel）以「毒品交易發生在二哩之外，恰好超出法定的限制」的提證幫助愛琳保住了家。

　　這些真人實事證明了政策在家庭生活中不可否認的力量——即創造情境讓家庭得以運用優勢盡其所能的力量——灌輸了美國建國及未來將憑恃之責任與承諾。政策如何形塑家庭生態的例子大量存在著，譬如：沒有了政策，我們不會有自 1965 年實施以來促進 2,200 萬名兒童就學準備的「啟蒙計畫」（Head Start）；不會有國家兒童健康保險計畫（SCHIP），此計畫在 2006 年讓全國660萬名兒童受益；也不會有2004年的薪資所得租稅減免制度（Earned Income Tax Credit），其讓有兒童的家庭平均抵免了 2,200 美元的稅金。在一個擁有支持性政策的環境下，所有家庭都會有比較好的表現，舉例來說，學校主動尋求家長參與、雇主認同員工同時也是家庭的一員，機構與組織以家庭中心為哲學並據以運作，而法律支持家庭成員擔任雇員、父母、夥伴及照護者的角色。就如以上例子所述，政策形塑可以讓家庭發揮功能的環境，由此作為形塑人類與家庭的發展，一如其他專業所致力的。

　　誠如政策形塑能讓家庭發揮功能的環境，同時也形塑家庭生活教育人員運作的環境。無論家庭生活教育人員決定尋找他們可以形塑政策的職業與否，他們的職業也會受政策形塑。試著將你自己置於家庭生活教育人員常面臨的處境如下：

● 想像你是個家庭生活教育教師，且發現某些學生是餓著肚子上學的，無論你怎麼嘗試，都無法讓你的班級在午餐前進入認真學習的狀態。你明知不可能但仍會持續盡最大的努力教學？還是你會訴諸政策領域為那些太餓無法學習的兒童採取行動？

● 想像你在美國艾佛瑞鎮（Everytown）的家庭資源中心工作，且遇到幾個因現階段政策而處於弱勢的家庭案例。例如，有特殊需求兒童的家庭讓你了解社會服務所提供的眾多方案讓他們難以適從；你遇到負擔不起健康保險的家庭卻愛莫能助，因為國家兒童健康保險計畫僅讓兒童受益，而非他們的父母；你的工作對象是照護親人的高齡者，他們卻無法觸及自己最需要的服務，即喘息服務，以讓他們從 24 小時不間斷的照護工作獲得短暫的休

息。

　　你會因為家庭所面臨的政策限制太複雜、太具爭議及太慎審而不願涉入嗎？你會貿然進入政治舞台，或者會衡量金錢與後果所扮演的角色後從政策的爭辯離開？你會致力於鼓勵政策制定者去檢視政策在家庭福祉上的效用，或是會主動教導其他人將家庭衝擊觀點帶入政策制定嗎？思考家庭生活教育人員在家庭政策能扮演的角色所踏出的第一步，便是了解哪些是家庭政策，哪些不是，以及哪些是家庭觀點在政策制定上可以達到的（Bogenschneider, 2006）。

何謂家庭政策？政策制定中的家庭觀點為何？

　　本章主要聚焦在家庭政策（如影響家庭的立法是如何制定並通過的），而非家庭法律（如法規如何解釋及應用）。回到這個領域的根本，Kamerman 和 Kahn（1978）為針對家庭設計以達成特定目標的顯性（explicit）政策，及非特定或主要意圖影響家庭卻有間接影響的隱性（implicit）政策做出清楚的區別。比較之下，家庭政策是由顯性及隱性名詞定義出來，兩者均建立在政策的廣泛定義之上，如一個計畫的制定及執行，或透過法律、規則、法規或其他公私領域的機制來實現一項行動方針。

　　顯性家庭政策聚焦在四個主要的家庭功能上：(1)家庭產物（如結婚或離婚、養育或領養小孩、提供寄養照顧）；(2)經濟支持（如家庭成員基本需求之滿足）；(3)孩童養育（如領養孩童、提供收養照顧）；(4)家庭照護提供（如為身心障礙、患病、虛弱及老年人提供協助）。很顯然，家庭也提供其成員愛並傳遞文化與宗教價值，然而這些親密功能只在牽涉到家庭四個主要功能時才對政策有意義（Ooms, 1990）。

　　相對於顯性政策，以政策制定中的家庭觀點作為隱性家庭政策，說明了

家庭考量在大範圍的政策議題上能扮演重要的角色（Kamerman & Kahn, 1978; Ooms, 1990）。不論政策是否明確針對家庭，政策制定中的家庭觀點分析任何政策或方案對家庭福祉的影響（如家庭穩定、家庭人際關係及實踐家庭責任的能力）。為了闡明這些名詞，家庭政策含括的議題圍繞在家庭的四個功能內，如孩童照顧、孩童支持、薪資所得租稅減免制度（EITC）、離婚、家庭暴力、青少年犯罪、長期照護及青少年懷孕等議題（Ooms, 1990）。兒童照顧租稅減免的創立或婚姻罰款之減少等稅制規定會被歸類為家庭政策。然而即使大部分的個人生活在家庭裡，降低個人稅金的稅法改革不會被視為家庭政策。其他像健康照護、住宅、貧窮、物質濫用及失業等議題由於並非主要以家庭為目標，也不會被視為家庭政策。雖然如此，這些議題無疑會從家庭觀點中得到益處，因其檢視家庭如何處理問題、如何受問題影響及是否需要尋求解決方式等。

顯性與隱性定義兩者的中心在於關鍵性的家庭要素，其超越個人至兩個或兩個以上由血緣、法定關係或家庭功能展現維繫在一起的個人所組成的關係，這個基本的區別常被政策圈忽視。舉例來說，兒童或婦女政策常常被錯置為家庭政策，即使其目標對象為個人而非家庭關係。當政策辯論提到家庭時，典型象徵著家庭內某些關係而非全部的關係。例如，在極少甚至沒有提到父親（Blum, 1993）或祖父（Henderson, 2004）的狀況下，**家庭**可以是指母與子的暗語。**單親家庭**這個常用的名詞掩蓋了沒有婚姻關係的伴侶及監護人在兒童生命中扮演的角色（McLanahan, Garfinkel, & Mincy, 2001; Walsh, 1995）。家庭資源中心基本上處理親子關係，卻常常忽略婚姻或伴侶關係，除非有白紙黑字證明這些關係對親職品質產生影響。即使祖父母通常被視為擴展家庭的成員，法庭保障的是親生父母及養父母扶養小孩的權利，而只准予祖父母少數權利（Henderson, 2004）。

從家庭觀點將政策概念化，可為美國政策制定帶來一些獨特的特質。例如：因為家庭包含了從搖籃到墳墓的關係，家庭政策將生命全程方向本質地帶入政策制定（見頁 334-335 表中的生命全程概念）。聚焦在家庭也為美國的

兒童期	家庭系統的背景內	**家庭法律與公共政策** • 理解並尊重法律 • 受法律與政策影響的家庭 • 兒童的法定權利 • 對有兒童的家庭產生影響之公共政策，包含稅賦、公民權、社會安全、經濟支持的法律及條例 **多元文化・性別平等・特殊需求覺察**	家庭與生態系統間的相互影響
青少年期	家庭系統的背景內	**家庭法律與公共政策** • 尊重所有人的公民權 • 了解法律定義及受法律影響的家庭 • 個人與家庭之法定保護、權利及責任 • 與結婚、離婚、家庭支持、兒童監護、兒童保護與權利、家庭計畫相關的法律 • 家庭成員的衝突及法定保護 • 家庭與正義系統 • 法律與政策對家庭的衝擊 • 對有青少年的家庭產生影響之公共政策，包含稅賦、公民權、社會安全、經濟支持的法律及條例 **多元文化・性別平等・特殊需求覺察**	家庭與生態系統間的相互影響
成年期	家庭系統的背景內	**家庭法律與公共政策** • 傳遞有關教育、正義及法律的價值 • 理解並影響法律與政策 • 與結婚、離婚、家庭支持、兒童監護、兒童保護與權利、家庭計畫相關的法律 • 家庭成員的衝突及法定保護 • 對家庭產生影響之公共政策，包含稅賦、公民權、社會安全、經濟支持的法律及條例 **多元文化・性別平等・特殊需求覺察**	家庭與生態系統間的相互影響

```
                    家庭法律與公共政策
家                                                              家
庭   ● 傳遞有關教育、正義及法律的價值                           庭
系                                                              與
統   ● 理解並影響法律與政策                                     生
的   ● 保護所有人的公民權                                       態
背                                                              系
老  景   ● 與結婚、離婚、家庭支持、弱勢個人之保護與權利、資產、遺  統
年  內      囑、遺權規劃、生前遺囑相關的法律                     間
期       ● 對家庭產生影響之公共政策，包含稅賦、公民權、社會安全、  的
            經濟支持的法律及條例                                 相
                                                                互
                                                                影
              多元文化．性別平等．特殊需求覺察                    響
```

政策制定帶來一個沒有其他機構或利益團體能做到的遠景——即對他人的承諾。家庭教導對他人承諾與連結的有力道德課程，即使這樣的行動需付出個人成本。政策制定的家庭觀點有潛力反對由倡導者、利益團體及政治行動會議所推動的狹隘、自利及個人主義議程。在一個常常聚焦於「獲取更多」（getting more）的社會裡，家庭觀點將焦點重新改變為「給予更多」（giving more）。在一個建國前提為賦予每個人民一定程度不可剝奪權利的國家裡，家庭觀點警示了這些權利是伴隨責任而來。在一個常常使用金錢及物質所有權為價值象徵的文化裡，家庭價值來自於從難以歸因於金錢價值的行動，到諸如每人為其他人所做的承諾及自我犧牲。

此家庭訊息在所有人類社會都是重要的，但也許像在美國這樣的國家是特別重要，以幫助對抗個人主義文化的自利、市場經濟的唯物主義壓力，及小型社會安全網政府救助之貧乏（Bogenschneider, 2000）。諷刺的是，這些讓家庭承諾顯得如此重要的情況，同時構成了制定透過生命全程強化並支持家庭的政策之明確障礙。這個主題將在下一段討論。

美國的政策制訂多聚焦在個人或家庭？

從歷史背景來看，美國是世界上沒有在憲法提到「家庭」的國家之一。

對家庭保持緘默（silence on family）（Rice, 1977）並非偶然，而是建國元老們挖空心思，要避免以財富或是英國君主政體血統為主的賦權系統遭到反對者的反對。相反地，美國政府是建立在個人主義原則上，其以開國元老可能沒有事前處理或蓄意的方式滲透政策制定。舉例來說，一直到 1981 年家庭（family）一詞才被使用在美國國會一個小組委員會內（Jacobs, Little, & Almeida, 1993）。即使到了今日，美國（及其促進國家利益所有的部會，如農業、國防、能源、健康、勞工與運輸）沒有一個聯邦機構監督家庭議題並對家庭投入獨有的關注（Eshleman, 1991）。在州的層級，大約過半數的州立法機關設有處理家庭議題的特別委員會或考察團，但許多州並沒有設立（State Legislative Leaders Foundation, 1995）。

聯邦政府及州政府都沒有顯性的家庭政策，所以政策制定者通過零碎的立法以反映特殊個人需求，卻鮮少納入家庭考量或為家庭提供明確的願景（Elrod, 1999）。在此提出四個例子來描述家庭在職場政策以及州與聯邦法律之關如。

● 在近期一個女性雇用期望的實驗研究中，雇主被要求挑選履歷，儘管她們的履歷在任何條件都達到一致，具母親身分的求職者比起非母親身分求職者少了 47% 獲得面試的機會（Correll, Benard, & Paik, 2007）。

● 類似國家兒童健康保險計畫（SCHIP）的方案資格標準，傳遞了關於組成社會可接受行為之信號（Marshall & Sawhill, 2004），例如，在威斯康辛州，如果一位母親及一位父親與他們的小孩同住，不論結婚與否，他們即符合 SCHIP 的健保資格。如果父母親之一與伴侶（不是小孩的雙親之一）及小孩住在一起，除非有婚姻關係，伴侶不會被涵蓋在受益範圍內。然而，一旦他們結婚，他們的收入加在一起卻可能超過計畫規定的收入標準（Normandin & Bogenschneider, 2005）。

● 保母符合社會安全信用（Social Security credits）及勞工給付資格，但除非母親在外面另有工作，否則不符資格（Crittenden, 2001）。

● 薪資所得租稅減免制度（EITC）是國家最有效的抗貧計畫之一，卻不利於
雙薪家庭。2008 年實施的 EITC 改革將去除收入低於貧窮線 200% 的同居伴
侶之婚姻罰款。然而，對於收入介於 20,000 至 30,000 美元的同居伴侶則面
臨一大筆的婚姻罰款，每年平均有 1,700 美元稅收抵免的損失（Berlin,
2007）。

　　當然，政府並非全然未涉入家庭或保持中立，不少政策支持相關家庭功
能，如教育、健康照顧、兒童少年照顧、老人及身心障礙等。但一項關於美
國政策的審慎研究說明了政策制定者的目標對象不成比例地為個人（兒童、
青少年、婦女、退伍軍人、老人、身心障礙及貧窮者），而家庭則被貶至政
策發展、執行及評估的邊緣地帶（Moen & Schorr, 1987）。所以，如果政策制
定者承認並將家庭考量納入決策會有關係嗎？如果他們將焦點放在家庭多過
於個人，政策是否會更有效力？

⚜ 在政策制定中，以家庭為中心的方案如何產生效用？

　　這題目沒有明確的答案。以家庭焦點方案來制定政策的最佳證據出現於
聚焦在以家庭為基礎的介入，與聚焦在個人的介入之比較性實驗研究。兩個
研究潮流被特別提出說明：一邊聚焦在社會問題、青少年犯罪等，而另一邊
則聚焦在家庭支持方法及家戶訪視。

▌青少年犯罪

　　在近期一項統合分析（meta-analysis）中，華盛頓州公共政策研究所處理
了一個目標為預防犯罪及減少罪犯的矯治計畫成效回顧，矯治計畫在調查的
目標青少年身上得到極佳回饋（Aos, Miller, & Drake, 2006）；其中五個最具成
效的復原計畫及一個最有效的預防計畫，刻意地與家庭一起合作。這些家庭

方案的效用不令人意外，因為沒效能的親職是青少年犯罪最強的預測指標。顯然這些實證基礎計畫所使用的方法是可靠的，即重建發揮功能的家庭生活之強大的社會化力量（Anderson & Bogenschneider, 2007）。

▌家戶訪視

　　儘管評估結果尚無定論，家戶訪視已吸引政策制定者相當多的注意力（Gomby, Culross, & Behrman, 1999）。然而從 Old 使用可靠的方法論並長期進行調查的護理人員家戶訪視計畫來看，已產生了振奮人心的成果。護理人員在小孩出生前至 2 歲這段期間對低收入母親進行訪視，這些母親很多是未婚的青少女。相對於只接受交通及發展篩檢服務的家庭，護理人員家戶訪視的結果有利於檢測兒童的行為及母親的生命進程達十五年之久。在後續的追蹤研究裡，護理人員訪視的低收入母親所生的 15 歲子女受到兒童虐待及疏忽的報告低於 46%，有不到 56%的人遭受拘捕。接受護理人員訪視的母親則平均有69%以下的人被逮捕；領取食物券少於 37 個月、接受失依兒童家庭救助（AFDC）低於 30 個月；接受醫療救助（Medicaid）低於 23 個月；少於五分之一的母親再次生育及超過 28 個月的間隔才生育下一胎（Olds et al., 1997, 1998）。

▌小結

　　綜觀而言，這些研究提供了潛在家庭焦點方案例子的比較，然而就如預防青少年懷孕評估（Kirby, 1997）及兩代福利計畫（St. Pierre, Layzer, & Barnes, 1996）的評估所顯示，並非所有家庭方案都是這麼激勵人心的。對政策制定者誇大家庭方案的效用可能適得其反，但忽視它們展現出來的潛力則似乎顯得短視。

家庭政策是家庭生活教育人員的責任嗎？

當我們問家庭政策是否應該為家庭生活教育人員的職責時，簡短的答案為「是」。依據調查，只有 6%的父母認為現在政府給予他們極大的幫助，但47%的父母則認為政府可以有很大的幫助（Hewlett & West, 1998）。家庭明白地承認其需求，有人說「家庭是眾人所關切，卻沒有人負責任」（Ooms, 1990, p. 77）。因此，為家庭發聲這件事可能就落到我們這些家庭生活教育人員身上，因為少數團體一貫性地代表家庭利益，但鮮有持續致力從家庭觀點分析政策。

需求已經很明顯，對家庭的益處也是顯而易見的。我的願望是政策不因其臭名（不道德、關說、一切向錢看的過程）而被家庭生活教育人員放棄。當然，在政策過程中有政策勝過科學的例子，而當對的資訊、在對的時間提供給對的政策制定者時，科學也會動搖政策決定。我們從來不能（也不應該）將政策從政策制定中取出，我們的政治系統被設計成非專家決定，而是由被推選、有不同觀點利益的代表，透過公開場合進行公民辯論做決策的系統（Weiss, 1999）。

以筆者二十五年參與政策的經驗，我已找到前途光明、努力工作及承諾要做出改變的民意代表。我認為「politics」（政治）近似於其來源的希臘字「polis」（城市），是與他人一起朝著共同目的努力的意思。家庭生活教育人員需要涉入去監督此共同目的是否將私利及貪婪置於優先，並犧牲了家庭幸福及公共福祉。

家庭生活教育人員扮演的政策角色為何？

政策工作並不侷限在州議事廳或國會發生的事情，重要的政策決議也於會議室、市政廳、法院等環境及社會服務計畫做出決定。再者，政策角色不

必然須與政策制定者直接接觸。家庭生活教育人員可以催化並傳播政策相關、家庭敏感的研究與評估；當政策被發展並執行以檢視家庭福祉的影響時，家庭生活教育人員能進行對家庭影響的分析；家庭生活教育人員能夠教育家庭政策專業人員的下一世代、使社區公民參與政策制定，並鼓勵大學介入家庭政策的範疇。Bogenschneider（2006）評論了家庭專業人員可以扮演的九個角色，以 26 個個案研究說明，試圖捕捉投入政策領域的刺激與面臨的挑戰。

　　簡單的說，有兩種典型的家庭生活教育人員是被需要的：即政策智者（policy wise）及政策書呆子（policy wonk）（Bogenschneider, 2007）。一些家庭生活教育人員奉獻自身，從事同時改變學生或家庭的光榮重要志業，然而他們的成效取決於他們政治智者的程度。例如，本文開頭的故事並非虛構以證明我的論點，而是家庭生活教育人員在真實世界面臨的實際情況。當一名家庭研究所學生獲知挨餓學童的消息，她從她的研究抽出時間與一個聯盟合作，成功遊說州政府基金提撥 820,000 美元以供應貧窮學童牛奶早餐。一名在其所居住的州其中一個經濟最不利的郡工作的推廣家庭生活教育人員（Extension Family Living Educator），她進行了 6 至 13 歲學童之調查以評估營養需求，面對 45%的兒童餓著肚子上學的數據，她與一個由關心公民組成的團體合作，為地方學校董事會執行一個政策教育計畫，最後這個計畫建立了郡內第一個學校早餐計畫（Bogenschneider, 2006）。面對取代而非強化家庭的政策與計畫的幾個例子，明尼蘇達大學的家庭專業人員教導大眾為何透過家庭觀點檢視政策是重要的，以及如何處理政策與計畫的家庭影響分析（Bogenschneider, 2006）。這些專業人員是政策智者型，當看見政策可以解決的家庭需求，他們照常從工作業務出發，並使政策部分與家庭結合他們的工作。

　　我們同樣也需要家庭政策書呆子的新世代，他們的工作是以使社區、州或全國無數個家庭受益的方式來改變政策。由於多數的政策課程及預防計畫聚焦在個人而非家庭，因此我們需要在諸如大學或學院、合作推廣、非營利及私人部門、慈善組織、預防及介入計畫等機構工作，能將政策置於工作第

一優先的家庭政策書呆子。由於家庭政策不具經濟或環境政策的地位與合法性，我們需要家庭生活教育人員為允諾報告政策的單位注入家庭觀點，如倡導組織、評估機構、政府貿易組織、無黨派立法服務機構、政策導向組織、公共政策學系、研究與評估公司及智庫等。政策制定者習慣考量經濟或環境的立法影響，卻鮮少考量對家庭的衝擊，所以無論政策在何處被制定，不只在州議會及美國國會，也在無數的城市、郡、學校及整個國家的其他地方管轄權之處，我們都需要精通家庭影響分析的家庭生活教育人員。家庭政策智者及家庭政策書呆子在上演著大量政策相關活動的寬廣競技場工作，以下分四點敘述。

▌引領家庭影響分析

　　家庭影響分析批判地檢視家庭穩定、家庭關係及家庭成員負責能力之政策、計畫或服務過去、現在及可能的未來影響（Ooms & Preister, 1988）。鑑於評估研究典型聚焦於計畫之陳述性目標或目的是否被滿足，家庭影響分析在檢視計畫目標是否可能由於對家庭有時以不經意的方式產生負面的影響而適得其反。家庭的影響分析可以用來回顧章程、立法或法律；評估計畫、服務與機構或組織的運作程序；協助為聽證會、委員會會議或公共論壇準備問題或證詞（Ooms & Preister, 1988）。

　　有幾項工具已經被發展出以判斷政策、計畫或機構是否幫助或傷害、強化或削弱家庭生活。其他專門的檢核表則設計用來診斷特殊環境（如社區與學校）及服務（如青少年處遇中心、早期療育教育方案及州兒童與家庭服務計畫）對家庭的影響。家庭影響分析的工具與程序可以參考此連結：http://www.familyimpactseminars.org/index.asp?p=2&page=impact。

　　由於家庭影響分析如同環境影響分析一樣是技術性的操練，最好由受過家庭訓練與專門技術的專家來處理。因此，家庭生活教育人員已做好準備去協助機構或組織，處理哲學、方案、服務及程序對家庭產生的影響之自我評估；評估這些努力的成果可以跟追蹤組織為了對家庭有更多敏感度及支持度

所做的改變一樣簡單。

促使公民參與家庭政策制定

　　家庭生活教育人員的另一個角色是讓家庭參與政策制定，藉此讓公民為了家庭利益而合作，進而擴充政府現行政策之不足以涵蓋公共問題的解決。一個引人注目的例子來自明尼蘇達州 Wayzata 的一個家長團體及社區領袖，他們在爭取關於子女生活的影響力以避免其他壓力，成效遠比多數個別家長強大（Doherty, 2000）。這些家長發現自己和子女在一個過度忙碌、過度安排、過度商業化的社會裡與時間賽跑，便組織了起來。舉例來說，他們相信對 11 到 12 歲的孩子（preteen）進行積極的衣著行銷已搶先父母取得子女的衣著選擇之影響力，其影響可以到 7 歲的兒童。強調運動犧牲了家庭時間則是另外一例，家長抱怨那些即使在假日也威脅運動員只要練習缺席就調去坐冷板凳的教練。

　　在這個明尼蘇達社區裡，為了讓家庭生活成為優先，家長們發起一個稱作「家庭生活至上」（Family Life 1st）的草根運動（Doherty, 2000）。「家庭生活至上」運動藉由公開表彰在地家庭生活擁護者並引起傳媒注意而獲得政策的影響力。此外還頒發「家庭生活至上」獎章給予那些個人與組織，他們試圖創造在家庭外的活動與家庭內的關係達到一個更好的平衡，以示嘉許。若要更進一步了解家庭生活教育人員如何幫助社區開始他們自己的「家庭生活至上」倡議，請見本書第 26 章及網址 http://www.puttingfamilyfirst.org。

建立同儕協助網絡

　　家庭生活教育人員另一個潛在的政策角色是家庭政策之實施，因為政策如何實施可能與何種政策被制定是相同重要的。例如，「福利同儕救援網絡」（Welfare Peer Assistance Network, WELPAN）是由喬伊斯基金會（Joyce Foundation）贊助，其聯合了七個中西部州的高階福利官員來分享實施 1996 年《福利改革法案》（welfare reform law）的經驗。依據引導師（facilitator）

Tom Corbett 與 Jennifer Noyes，此同儕輔導技巧相當簡單。取代由專家對相關領域人員宣導其研究自上而下的方式，WELPAN 使用橫向策略聯合類似情境的同儕，他們面臨共同的挑戰以討論彼此的經驗，並分享在各自環境中哪些產生作用（參見 http://www.irp.wisc.edu/initiatives/outreach/welpan.htm）。這個網絡不僅形成了一些共同的解答以分享問題，且出現了比起從事福利改革者更容易從學習或教導福利改革者身上看到新覺察及新視界。舉例來說，2004年關於聯邦福利法再授權的辯論中，WELPAN 聲明國家擁有更多自由以提供協調及整合的家庭服務之必要性；為了跨系統合作需要的國家彈性應被含括在行政機關的提案及眾議院議案內。

　　此同儕輔導策略的意涵遠遠超出福利改革，例如，你那裡的兒童照顧提供者多常有機會可以互動？個人與家庭支援中心間存在什麼樣的對話機會？雇主與有興趣在職場發展家庭友善津貼的人力資源經理人是否有任何對話？無論是在個別組織內或是跨組織合作，家庭生活教育人員可以集中家庭服務提供者、促進討論並記錄改善家庭服務之創新想法。

▌組織家庭影響研討會

　　政策制定者不會不問其經濟或環境衝擊就考慮通過一條法案。家庭生活教育人員可以組織地方或國家家庭影響研討會（Family Impact Seminars）以鼓勵政策制定者例行調查政策是如何影響家庭，及如果家庭參與解決方案時，政策是否會更有效？家庭影響研討會是為國家政策制定者包括立法委員、立委助理、政府幕僚、無黨派立委研究助理及國家機構代表所做的一系列發表、討論及簡報報告。專家研討會在家庭議題如矯治政策、幼兒照護與教育、健康照護及醫療救助上提供高品質、無黨派的研究。

　　專家研討會的形式由一群首要研究者、計畫督導、政策分析家的發言所組成，伴隨以簡單扼要的形式總結議題內政策相關研究之背景簡報。

　　直至今日，家庭影響研討會的組織已為州政策制定者在 24 個州政廳及哥倫比亞特區辦理 135 場專家研討會（參見 http://www.familyimpactseminars.org/

index.asp?p=2&page=site）。除此之外，威斯康辛大學推廣部家庭生活教育人員（Extensions family living educators in Wisconsin）已為地方政策制定者舉辦超過 30 場的專家研討會。依據評價，政策制定者回應過去的專家研討會以形塑公共政策發展及制定的方式增加了他們在家庭議題研究的知識，並改變他們對於研究價值及家庭觀點的態度。州立法委員則回應使用討論會資訊以起草新法、評估代決法案、結合演說、行使決定權及分享給同僚和選民（Bogenschneider, Olson, Linney, & Mills, 2000）。

結語

　　家庭固然屬私領域，卻免不了受公共政策影響。家庭生活教育人員在公共領域可以做的一件重要貢獻為：當需要公共政策的回應以提出改變時，幫助政策制定者看見家庭議題。家庭生活教育人員是獨特被安置在傳遞家庭對他人承諾之訊息以供政策制定的位置上，是一種有力的概念區別，藉由提升每個公民對更大的社會及集體利益所承擔的責任以緩和私利及貪婪的力量。

　　我們之中這些投入家庭政策的人並不簡單。政策工作需要耐心與堅持，其通常是讓人挫折、有時是不合理的，而且不保證付出的時間會有結果；只有極少數人的努力能讓主要的政策改變。但家庭生活教育人員受隨機的政治議題合法列入議程之次數激勵，且他們能對一項在未來幾年能持續提供給無數家庭的政策之通過有所貢獻。家庭生活教育人員具備知識與技巧以替家庭建立更具支持性的政策環境，其使用的幾個方式如下：

- 促使我們的同僚及服務對象參與審查政策與計畫對家庭福祉的影響。
- 培力家庭組成團體以發展常見問題的共同解決方式。
- 激發服務提供者去討論執行較以家庭為中心之政策與慣例的方式。
- 告知政策制定者家庭問題通常不僅是個人的事情，而且是社會的責任。

　　家庭生活教育人員了解如何建立家庭政策，但套句歌德（Goethe）的話來說，這需要的不只有知識。

光知道是不夠的，我們必須加以應用；

空有意願是不足的，我們必須起而行。

參考文獻

Anderson, C., & Bogenschneider, K. (2007). A policymaker's guide to effective juvenile justice programs: How important are family approaches? In K. Bogenschneider & H. Normandin (Eds.), *Cost-effective approaches in juvenile and adult corrections: What works? What doesn't?* (Wisconsin Family Impact Seminar Briefing Report No. 25, pp. 25-33). Retrieved February 23, 2008, from http://www.familyimpactseminars.org/s_wifis25report.pdf

Aos, S., Miller, M., & Drake, E. (2006). *Evidence-based public policy options to reduce future prison construction, criminal justice costs, and crime rates.* Olympia, WA: Washington State Institute for Public Policy.

Berlin, G. L. (2007, May). *Investing in parents to invest in children.* Paper presented at the National Summit on America's Children, Washington DC.

Blum, R. (1993). Critical issues for the family research agenda and their use in policy formulation. In G. E. Hendershot & F. B. LeClere (Eds.), *Family health: From data to policy* (pp. 110-112). Minneapolis, MN: National Council on Family Relations.

Bogenschneider, K. (2000). Has family policy come of age? A decade review of the state of U.S. family policy in the 1990s. *Journal of Marriage and the Family, 62*(4), 1136 - 1159.

Bogenschneider, K. (2006). *Family policy matters: How policymaking affects families and what professionals can do* (2nd ed.). Mahwah, NJ: Erlbaum.

Bogenschneider, K. (2007, September). Policy—No better way to spend a life. *NCFR Report, 52*(3), F11-F12.

Bogenschneider, K., Olson, J. R., Linney, K. D., & Mills, J. (2000). Connecting research and policymaking: Implications for theory and practice from the Family Impact Seminars. *Family Relations, 49*(3), 327-339.

Correll, S. J., Benard, S., & Paik, I. (2007). Getting a job: Is there a motherhood penalty? *American Journal of Sociology, 112*(5), 1297-1338.

Crittenden, A. (2001). *The price of motherhood: Why the most important job in the world is still the least valued.* New York: Henry Holt.

Doherty, W. J. (2000). Family science and family citizenship: Towards a model of community partnership with families. *Family Relations, 49*(3), 319-325.

Elrod, L. D. (1999). Epilogue: Of families, federalism, and a quest for policy. *Family Law Quarterly, 33*(3), 843-863.

Eshleman, R. (1991). *The family: An introduction.* Boston: Allyn Bacon.

Gomby, D. S., Culross, C. L., & Behrman, R. E. (1999). Home visiting: Recent program evaluations—analysis and recommendations. *The Future of Children, 9*(1), 4-26.

Henderson, T. L. (2004). Grandparent visitation rights: Successful acquisition of court-ordered visitation. *Journal of Family Issues, 20*(3), 1-31.

Hewlett, S. A., & West, C. (1998). *The war against parents: What we can do for America's beleaguered moms and dads.* New York: Houghton-Mifflin.

Jacobs, F. H., Little, P., & Almeida, C. (1993). Supporting family life: A survey of homeless shelters. *Journal of Social Distress and the Homeless, 2*(4), 269-288.

Kamerman, S. B., & Kahn, A. J. (1978). Families and the idea of family policy. In S. B. Kamerman & A. J. Kahn (Eds.), *Family policy: Government and families in fourteen countries* (pp. 1-16). New York: Columbia University Press.

Kirby, D. (1997, March). *No easy answers: Research findings on programs to reduce teen pregnancy* [Summary]. Washington, DC: National Campaign to Prevent Teen Pregnancy.

Marshall, W., & Sawhill, I. V. (2004). Progressive family policy in the twenty-first century. In D. P. Moynihan, T. M. Smeeding, & L. Rainwater (Eds.), *The future of the family* (pp. 198-230). New York: Russell Sage Foundation.

McLanahan, S., Garfinkel, I., & Mincy, R. B. (2001, December). *Fragile families, welfare reform, and marriage* (Welfare Reform and Beyond Brief No.10). Washington, DC: The Brookings Institution

Moen, P., & Schorr, A. L. (1987). Families and social policy. In M. B. Sussman & S. K. Steinmetz (Eds.), *Handbook of marriage and the family* (pp. 795-813). New York: Plenum Press.

Normandin, H., & Bogenschneider, K. (Eds.). (2005, October). *Medicaid: Who benefits, how expensive is it, and what are states doing to control costs?* (Wisconsin Family Impact Seminar Briefing Report No. 22). Retrieved Feb. 23, 2008, from http://www.familyimpactseminars.org/s_wifis22report.pdf

Olds, D., Eckenrode, J., Henderson, C. R., Jr, Kitzman, H., Powers, J., Cole, R., et al. (1997). Long-term effects of home visitation on maternal life course and child abuse and neglect: 15-year follow-up of a randomized trial. *Journal of the American Medical Association, 278,* 637-643.

Olds, D., Henderson, C. R., Jr., Cole, R., Eckenrode, J., Kitzman, H., Luckey, D., et al. (1998). Long-term effects of nurse home visitation on children's criminal and antisocial behavior: 15-year follow-up of a randomized controlled trial. *Journal of the American Medical Association, 280*(14), 1238-1244.

Ooms, T. (1990). Families and government: Implementing a family perspective in public policy. *Social Thought, 16*(2), 61-78.

Ooms, T., & Preister, S. (1988). *A strategy for strengthening families: Using family criteria in policy making and program evaluation.* Washington, DC: Family Impact Seminar.

Rice, R. M. (1977). *American family policy: Content and context.* Milwaukee: Family Service America.

St. Pierre, R. G., Layzer, J. I., & Barnes, H. B. (1996). *Regenerating two-generation programs.* Cambridge, MA: Abt Associates.

State Legislative Leaders Foundation. (1995). *State legislative leaders: Keys to effective legislation for children and families.* Centerville, MA: Author.

Walsh, F. (1995). From family damage to family challenge. In R. H. Miskell, S. H. Lusterman & S. H. McDaniel (Eds.), *Integrating family therapy: Handbook of family psychology and system theory* (pp. 587-606). Washington, DC: American Psychological Association.

Weiss, Carol H. (1999). Research-Policy Linkages: How much influence does social science research have? *World Social Science Report.* Paris: UNESCO.

主要資源

Anderson, E., Skinner, D. A., & Letiecq, B. L. (2004). *Teaching family policy: A handbook of course syllabi, teaching strategies and resources* (2nd ed.). Minneapolis, MN: National Council on Family Relations.

Bellah, R. N., Madsen, R., Sullivan, W. M., Swidler, A., & Tipton, S. M. (1996). *Habits of the heart: Individualism and commitment in American life.* Berkeley: University of California Press. (Original publication 1985).

Bogenschneider, K. (2006). *Family policy matters: How policymaking affects families and what professionals can do* (2nd ed.). Mahwah, NJ: Erlbaum.

Bogenschneider, K. (2000). Has family policy come of age? A decade review of the state of U.S. family policy in the 1990s. *Journal of Marriage and the Family, 62*(4), 1136-1159.

Bogenschneider, K., & Ittig, M. (2006). *Family policy matters: How policymaking affects families and what professionals can do* [Instructor's manual]. Mahwah, New Jersey: Erlbaum.

Bogenschneider, K., Olson, J. R., Mills, J., & Linney, K. D. (2006). How can we connect research with state policymaking? Lessons from the Wisconsin Family Impact Seminars. In K. Bogenschneider, *Family policy matters: How policymaking affects families and what professionals can do* (2nd ed.) (pp. 245-276). Mahwah, NJ. Erlbaum.

Doherty, W. J. (2000). Family science and family citizenship: Towards a model of community partnership with families. *Family Relations, 49*(3), 319-325.

National Council on Family Relations. (2000). *Public policy through a family lens: Sustaining families in the 21st century.* Minneapolis, MN: Author.

Gross, E., Bogenschneider, K., & Johnson, C. (2006). How to conduct a family impact analysis. In K. Bogenschneider, *Family policy matters: How policymaking affects families and what professionals can do* (2nd ed.) (pp. 305-311). Mahwah, NJ: Erlbaum.

Smith, J. A. (1991). *The idea brokers: Think tanks and the rise of the new policy elite.* New York: Free Press.

Skinner, D. (n.d.). *Teaching family policy.* Retrieved February 24, 2008, from http://www.familyimpactseminars.org/index.asp?p=2&page=teachingfamilypolicy

Zimmerman, S. L. (1988). *Understanding family policy: Theoretical approaches.* Newbury Park, CA: Sage Publication.

相關網站

The Policy Institute for Family Impact Seminars; www.familyimpactseminars.org

Putting Family First: www.familylife1st.org

WELPAN: www.irp.wisc.edu/initiatives/outreach/welpan.htm

關於作者

Karen Bogenschneider，博士，威斯康辛大學麥迪遜分校（University of Wisconsin-Madison）人類生態學的 Rothermel Bascom 教授、威斯康辛大學推廣部家庭政策專家及家庭影響研討會政策機構（Policy Institute for Family Impact Seminars）常務董事。E-mail：kpbogens@wisc.edu；網頁：www.familyimpact seminars.org。

【本文部分內容出現在作者 2006 年所出版的 *Family Policy Matters. How Policymaking Affects Families and What Professionals Can Do* 一書中，經 Informa 公司旗下 Taylor and Francis Group 授權同意轉載。】

Chapter **20**

專業倫理與實踐

Glen Palm 著・潘維琴 譯

位教導家庭生活教育課程的中學教師安排不同家庭結構之簡報介紹單親家庭、混合家庭及同性戀家庭,一名學生問老師她對同性戀家庭的看法;這位教師對於同性戀者生活方式之不道德抱持強烈的宗教信念。她已在課程內嘗試教導接納家庭的差異,然而其個人信念系統與此價值產生衝突,她該如何回應學生的問題呢?

一名年輕的女性正在應徵社會服務機構的一份工作,其服務對象為安置在受虐婦女庇護所的家庭。她剛完成家庭研究的學士學位並已申請臨時性的合格家庭生活教育人員(CFLE)證明,她已完成學步兒父母支持團體的實習,但服務家庭的工作經驗有限。其他的工作人員沒有一個人具有執行親職教育的經驗,而她可能會負責為婦女及其子女建立親職教育計畫。她著實需要一份工作而這聽起來是個不可多得的機會,然而她不確定她擁有能與特定父母及子女之團體一起工作的技術及經驗,她該怎麼做呢?

在你的親職教育團體裡,一名育有三歲兒的母親告訴團體,當她丈夫因

出差不在時，她用了管教孩子的新策略。她應丈夫的要求購買了一個木製的短槳，並告訴孩子如果他不乖的話，爸爸回家時就會用短槳打他。她認為這個新技巧非常有效，作為一名親職教育者，你會如何回應？

　　家庭生活教育人員有可能三不五時遭遇到前面敘述的倫理困境，家庭生活教育領域已努力建立倫理指標以指導面臨上述情況的實務工作者（Powell & Cassidy, 2006; Brock, 1993; Leigh, Loewey, & Lester, 1986; Kerchoff, 1964）。實踐家庭生活教育的專業人員可能接收到不同專業團體如家庭研究學研究者、幼兒教育或諮商的倫理資訊。諮商及家族治療領域已透過不同的專業組織發展倫理規範（American Counseling Association, 2005; American Association for Marriage and Family Therapy, 2001），而幼兒教育者也已定義倫理規範（National Association for the Education of Young Children, 2005）。透過美國全國家庭關係委員會（NCFR）合格家庭生活教育人員（CFLE）計畫所培育出的家庭生活教育人員，被期望為倫理思維及實踐發展出批判性技巧，這個團體已採納了明尼蘇達家庭關係協會（MCFR）《倫理思維及實踐指標》（*Guidelines for Ethical Thinking and Practice*）（MCFR, 2009）；這些指標及倫理決定過程將是為當代家庭生活教育人員探索倫理思維及實踐問題的基礎（見章末「相關網站」）。所檢視的議題包含：倫理對家庭生活教育人員（FLE）的重要性；家庭生活教育倫理決策指標的理論依據；倫理決策作為一種過程；給新進家庭生活教育實務工作者的提示；以及倫理融入家庭生活教育實踐之未來議題與挑戰。

課程網要

專業倫理與實踐

理解人類社會行為之特性及品質，與當牽涉到專業實踐時檢視倫理問題及議題的能力。基於以下知識：

1. 了解社會態度及價值之形成。
2. 認識及尊重多元社會價值差異及價值選擇之複雜性。
3. 有系統及客觀地審查價值系統與意識型態。
4. 了解價值選擇之社會影響。
5. 認識社會及科技的變遷之倫理意涵。

🌿 家庭生活教育的倫理思維及實踐的重要性

邁入 21 世紀時，基於一些重要的原因，倫理思維與實踐對發展中的家庭生活教育領域特別有關係。

家庭生活教育領域的成長與成熟代表天真無邪的年代過去了，家庭生活教育實務工作者必須承認他們也會造成傷害。Doherty（1995）在他有關家庭介入的概念架構中，描述了家庭生活教育人員與家庭一起工作時可能遭遇的不同層級介入。隨著教育者從提供資訊的第二級移動到以更直接的方式解決情緒性家庭問題的第三級，或短暫性家庭系統干預的第四級時，對家庭成員造成傷害的可能性也增加了（進一步的討論見第 24 章）。

當家庭生活教育人員與更多不同的家庭及複雜的家庭系統進行工作時，他們將遭遇不同的家庭價值觀與親職實踐，其更有可能與非虐兒親職實踐之現行理解互相衝突。多元化的信念及實踐分歧的增加會導致倫理困境，原則間的衝突將挑戰實務工作者（Palm, 1994）。

社會可為家庭生活教育人員提供更專業、可靠的家庭介入；新興的專業精神將對於家庭生活教育人員效能與實務工作者之道德操守更嚴格的審查，並趨向擔負教育計畫更大的責任。

方案數量的增加（Carter, 1996）伴隨著家庭生活教育的強度與複雜性，為我們的道德行為要求更明確的標準，一如家庭生活教育領域的倫理思維與實踐之公共與專業對話。

🌿 倫理理論及家庭生活教育

倫理是哲學複雜的分支，其已產生許多關於如何定義道德思維及行為的不同理論（Freeman, 2000）。明尼蘇達家庭關係協會（MCFR, 2009）發展的現行倫理指標，代表一個不同倫理理論之獨特整合。MCFR 倫理思維與實踐的

文件結合了三個不同理論傳統的概念，包含原則取向、關係倫理及德行倫理（Freeman, 2000）。不同的方法被整合成一個有創造性張力的模型，平衡絕對與相對的傾向；此整合包含倫理兩難討論之決定過程（MCFR, 2009）。

倫理守則的規範已是專業團體用以清楚表達及監控倫理行為最盛行的方式，例如明尼蘇達教學委員會（Minnesota Board of Teaching, 1997）、美國婚姻及家族治療協會倫理規範（American Association of Marriage and Family Therapy Code of Ethics, 2001）。倫理規範透過

> **倫理決策過程**（MCFR, 2009）
>
> 步驟1：關係的辨識
> 步驟2：原則的應用
> 步驟3：矛盾／緊張的辨識
> 步驟4：可能解決之道的辨識
> 步驟5：行動的選擇
>
> 註：更多與此過程相關的細節，請見第24章「親職與家庭生活教育人員倫理思考與實務」。

大原則之敘述審慎定義專業行為；規範在倫理兩難的面向上不會總是提供清楚的方向，倫理兩難指的是兩個規範內的原則相互衝突，或當規範傾向反映一個專業過去的問題（Corey, Corey, & Callanan, 1988）。倫理規範的優點在於細心描述對專業行為的期望並反映重要專業價值觀。可惜的是，多數規範沒有理論作基礎，且由於規範也許沒有定期被使用，專業人員常常不熟悉規範。

倫理有兩種不同取向，第一個是強制性倫理（mandatory ethics），其含括了對法律的順從與職業道德行為的特別規範；第二個是期望倫理（aspiration ethics），其超越對法律的順從與倫理規範，期望倫理鼓勵個人敏感於對他人福利之干預效果。這兩個方法在實務上致力於遵循一組理想的標準，MCFR（2009）指標的設計精神則是期望倫理對抗強制性倫理。

MCFR 指標所使用的三種倫理理論架構之一為倫理原則取向。由數個家庭生活實務工作者之工作坊採用歸納法，區辨倫理兩難之一般性原則而導出其特殊原則。該指標所敘述的是一種實踐的理想層次，藉由確認一組特定原則以反映重要的專業價值觀。透過清楚陳述專業行為之期待與願望，此舉提供了倫理規範的優勢。不過，此倫理取向缺少一個專業團體的強制執行為其最大的限制。

　　第二個理論架構為關係倫理（relational ethics），這也成為MCFR（2009）方法的組織倫理原則之基礎。「關係倫理之使用對進行個人及家庭的工作是關鍵的。關係倫理的原則形成理解特定倫理兩難的基礎，並首要指導關懷的發展與所有家庭成員的尊重關係之實務。」（MCFR, 2009, p. 4）

　　MCFR倫理指標對關係的關注與女性主義者倫理類似（Freeman, 2000），同樣聚焦在來自「關懷的女性取向 vs.男性取向」之道德判斷，即強調正義。關係也是女性主義倫理思維的精神（Gilligan, 1982; Noddings, 1984），MCFR的發展關懷及尊重的關係指標被概述為發展性的過程。關係取向定義了關係內容以了解如何應用與解釋倫理原則。結合這兩個不同的倫理取向，其中原則取向較有絕對論者傾向，而關係取向則較有相對論者傾向，在這兩者之間則提供了創造性張力。

　　第三個被整合入 MCFR 版本倫理思維及實踐的理論為德行倫理（virtues ethics），德行倫理聚焦在家庭生活教育人員的人本身及其道德能力上（Doherty, 1991）。專業行為最常聚焦在技術能力上，道德能力或德行被解釋作「為對的理由做對的事之傾向」，其更加難以評估或測量。德行由家庭生活教育實務工作者歷經無數個工作坊而鑑定出，將 MCFR 倫理委員會的原始工作轉換成細目德行清單。這個團體決定聚焦在與當今社會環境中家庭生活教育實踐最相關的三個特定德行：

● **關懷**（caring）：讓家庭成員成為生活中的主人，以增進其家庭成員福祉之傾向。
● **審慎或實踐智慧**：了解複雜情況下競爭需求之能力，並依據同儕的回饋及諮詢做決定。
● **希望／樂觀**：聚焦在家庭成員與個人的力量及正向潛力之傾向；在差異面向中維持正向態度之傾向。

　　德行倫理的整合是對關係倫理的補充，並識別與家庭生活教育人員有關的重要內在道德特徵。三個不同的倫理理論以創新的方式被合併，其幫助平衡絕對論與相對論的一般趨勢。

		專業倫理與實踐	
兒童期	家庭系統的背景內	• 為行動負責任 • 為自己及他人行動的後果 • 發現靈性 • 對所有人的尊重 • 隨著年齡獲得新權利及責任 • 所有人的權利	家庭與生態系統間的相互影響
		多元文化・性別平等・特殊需求覺察	

		專業倫理與實踐	
青少年期	家庭系統的背景內	• 發展個人道德準則 • 探索個人靈性 • 個人自主及社會責任 • 權利與義務的關係 • 倫理原則作為一種價值 • 倫理價值作為人類社會行為之指引 • 倫理選擇及決定之複雜性與困難 • 社會及科技變遷的倫理意涵	家庭與生態系統間的相互影響
		多元文化・性別平等・特殊需求覺察	

		專業倫理與實踐	
成年期	家庭系統的背景內	• 建立生命的倫理哲學 • 依據對他人關心之個人信念行動 • 持續個人靈性之成長 • 個人自主及社會責任 • 權利與義務的關係 • 倫理原則作為一種價值 • 倫理價值作為人類社會行為之指引 • 倫理選擇及決定之複雜性與困難 • 強調倫理觀念及他人行為之形成 • 社會及科技變遷的倫理意涵	家庭與生態系統間的相互影響
		多元文化・性別平等・特殊需求覺察	

專業倫理與實踐

- 個人自主及社會責任
- 持續個人靈性之成長
- 依據對他人關心之個人信念行動
- 權利與義務的關係
- 倫理原則作為一種價值
- 倫理價值作為人類社會行為之指引
- 強調倫理觀念及他人行為之形成
- 倫理選擇及決定之複雜性與困難——生命議題之品質、生命議題之結束
- 社會及科技變遷的倫理意涵

老年期

家庭系統的背景內

家庭與生態系統間的相互影響

多元文化・性別平等・特殊需求覺察

 # 倫理決策

　　專業倫理其中最大的挑戰之一就是對決策創造一個實用及相關的方法，領域內的個人可以使用已被定義為道德實踐指南的倫理原則。然而，原則本身並無法解決倫理兩難，倫理兩難是一個至少兩個不相上下的原則出現直接衝突的困難情況，這是倫理決策成為最重要及有意義的時刻。倫理原則可視作階級排序，在衝突發生的情況下，依原則的次序或優先性解決衝突。舉例來說，傷害兒童會被視為比保護父母自身訓誡風格的權利更為重要。MCFR（2009）倫理決策方法牽涉到一個含括關係考量、德行及原則之過程，以創造對諸多因素考慮周延、敏感的解答。此過程已被用來幫助個別實務工作者對如何解決倫理兩難做深思熟慮的決定；藉著同儕對問題解決困境的支持及澄清想法帶來確定原則之專業智慧。

🌱 給新進專業人員的提示

　　倫理的介紹通常是透過如諮商等專業倫理課程，某些個案研究的實務有助於為新進專業人員發展技術。接下來的提示，是以凸顯新進家庭生活教育專業人員在實務上運用專業倫理時可能遭遇的常見議題來呈現。

　　檢視倫理議題時，很難去區分情況是真實的倫理兩難還是透過良好的專門技術就可解決的議題；當新進專業人員開始琢磨教學的專門技術及團體帶領技巧時，這對他們來說是特別困難的。一個真正的倫理兩難情況僅靠良好的專門技術是無法解決的，了解倫理兩難的道德能力與良好專門技術的結合是著手處理困難局面的最好辦法。例如，幫助移民家庭了解在其傳統文化，使用體罰兒童手段作為有效維持紀律之問題是不被美國社會接受的。這個例子基於文化的差異及保護兒童免於受傷害，其兩難在於尊重父母的價值觀與選擇間的衝突；在沒有理解上述局面之倫理層面的狀況下，具有優秀專門技術之實務工作者的行動是被削弱的。

　　在處理困難的倫理狀況時，法律對倫理的關係也可能會是個問題。家庭生活教育人員很可能將法律義務視為良好行動的終極決定。倫理原則及法律規定會產生衝突，而此衝突需要仔細審查。舉例來說，家庭生活教育人員是兒童虐待及忽視的義務通報者，遵循法律規定的原則也許會與尊重家庭文化價值與監督兒童行為之不同意見原則產生衝突。通常，遵守法律會導致正確的行動，但是與法律有衝突的其他原則不應該自動地被漠視或被摒除。在尊重法律的過程中，仍必須尋找對其他原則展現理解與尊重的方法。

　　困難的倫理狀況需要時間去處理和解決問題。在處理倫理兩難時，教育者務必要考慮不同行動的意義及不同的關係背景。大多數實務工作者有直接進入問題解決模式的傾向。MCFR（2009）文件內敘述的決策過程，提供在一個同儕團體環境內考慮周到的原則與關係意見之好處。如果你不了解原則間的原始衝突，且不考慮所有與解決問題有關的關係，速成的解答會製造非預

期中的問題。

🌿 家庭生活教育人員的未來挑戰及下一步

　　不同團體（如心理學家、社會工作者、家庭治療師及人類服務輔助性專業人員）的家庭生活教育實務引起了倫理實踐之混淆，在此處境要建立清楚的實務與倫理責任界限一直很困難。當領域透過家庭與親職教育的特定標準變得較明確時，描述實務與專業倫理指標的清楚界限也會比較簡單。對和其他專業協同影響之較佳理解，同樣有助於家庭生活教育的倫理思維及實踐。

　　如家庭讀寫能力計畫（St. Pierre, Layzar, & Barnes, 1995）及父職方案等改變中的服務模式影響了服務深度與實務工作者的介入層次（Doherty, 1995），家庭讀寫能力計畫中的親職與家庭教育是計畫變遷的最好例子。家庭讀寫能力計畫服務的群體可能包含了教育與英文程度有限的新移民家庭，或有多重需求試著擺脫世代貧窮及文盲的美國家庭。家庭生活教育人員將遇到不同價值觀與家庭結構，其製造了倫理挑戰以及對新知識與專門技術的需求。家庭讀寫能力計畫的服務深度，也讓親職及家庭教育人員與家庭一個月有數小時的接觸，包含以中心為主的服務及家戶訪視。服務的深度說明更高層次的介入（Doherty, 1995）以及與其他專業人員如家族治療師、成人教育者及幼兒教育者合作之需求。介入的層次、深度與複雜度創造更多倫理議題及潛在兩難的機會。

　　家庭生活教育人員的第三個挑戰是讓管理者提供時間、資源及領導促進倫理思維及實踐作為計畫預期的一部分；在一套指標已被界定後，保持倫理認知的活躍是一項不間斷的挑戰。美國幼兒教育協會（National Association for the Education of Young Children, NAEYC）已成為優良典範，其透過固定文章的出版保持倫理活躍，文章以困難的倫理狀況與早期教育者針對這些狀況所做的不同回應為特色（Feeney & Freeman, 1999; NAEYC Ethics Panel, 1998; Feeney, Freeman, & Morevick, 2000）。MCFR 倫理委員會也使用刊登在 *Views* 的個案研

究（Palm, 1999），以報告特定倫理兩難決策過程之應用。

　　家庭生活教育的最後一個議題是實施，現行的倫理取向應該漸漸發展成由 MCFR 的一個官方團體實施的倫理規範嗎？比起倫理行為之自我監測，具有一套正式實施系統的優勢為何？決策過程是否能滿足需要，或是讓專業處理困難的倫理狀況是最好的辦法？

　　總而言之：

● 倫理是一種習慣、一種滲透我們與家庭成員及其他專業人員互動的根深柢固思考方式。它是我們品行的一部分，幫助我們成為有道德及有效能的專業人員。

● 倫理是活的進化過程。它不是刻在石頭上或僅能辨認明顯不道德實踐以避免的行為守則。還必須隨著演變的家庭需求、變化的實務界限、家庭研究之擴展與有效能的家庭生活教育實務等進行改變。

● 透過對重要價值及原則之專業思維，倫理為成為道德家庭生活教育人員共識提供支持。透過從一套專業倫理指標而來的智慧及權威，個別道德責任得以被支持。

● 倫理是一群專業人員處理困難局面以產生洞察力和道德策略。除了個別道德責任之外，此法帶來倫理決策之專業協同效應與創造力。

參考文獻

American Association for Marriage and Family Therapy. (2001). *AAMFT code of ethics*. Washington, DC: Author.

American Counseling Association. (2005). *ACA code of ethics: 2005*. Washington, DC: Author.

Brock, G. (1993). Ethical guidelines for the practice of family life education. *Family Relations, 42*(2), 124-127.

Carter, N. (1996). *See how we grow: A report on the status of parenting education in the U.S.* Philadelphia, PA: The Pew Charitable Trusts.

Corey, G., Corey, M. S., & Callanan, P. (1988). *Issues and ethics in the helping professions* (3rd ed.). Pacific Grove, CA: Brooks/ Cole Publishing Co.

Doherty, W. J. (1991, Winter). Virtue ethics: The person of the therapist. *AFTA Newsletter*, 19-21.

Doherty, W. J. (1995). Boundaries between parent and family educator and family therapy: The levels of family involvement model. *Family Relations, 44*(4), 353-358.

Feeney, S., & Freeman, N. (1999). *Ethics and the early childhood educator: Using the NAEYC code*. Washington, DC: National Association for the Education of Young Children.

Feeney, S., Freeman, N., & Morevick, E. (2000). *Teaching the NAEYC code of ethical conduct*. Washington, DC: National Association for the Education of Young Children.

Freeman, S. J. (2000). *Ethics: An introduction to philosophy and practice*. Belmont, CA: Wadsworth.

Gilligan, C. (1982). *In a different voice*. Cambridge, MA: Harvard University Press.

Kerckhoff, R. K. (1964). Family life education in America. In H. T. Christiansen (Ed.), *Handbook of marriage and family* (pp. 881-911). Chicago: Rand McNally.

Kipnis, K. (1987). How to discuss professional ethics. *Young Children, 42*(4), 26-30.

Leigh, G., Loewey, I., & Lester, M. (1986). Caveat emptor: Values and ethics in family life education and enrichment. *Family Relations, 35*, 573-580.

Minnesota Board of Teaching. (1997). *Code of ethics*. St. Paul, MN: Minnesota Department of Education.

Minnesota Council on Family Relations. (2009). *Ethical thinking and practice for parent and family educators*. Minneapolis, MN: Ethics Committee, Parent and Family Education section.

National Association for the Education of Young Children Ethics Panel. (1998). What would you do? Real-life ethical problems early childhood professionals face: How do you know if you should suspect child abuse? *Young Children, 53*(4), 52-54.

National Association for the Education of Young Children. (2005). *Code of ethical conduct and statement of commitment*. Washington, DC: Author.

Noddings, N. (1984). *Caring: A feminine approach to ethics and moral education*. Berkeley, CA: University of California Press.

Palm, G. (1994, Winter). Developing ethical guidelines for family educators. *Views*, 12-13.

Palm, G. (1999, Spring). Ethical dilemma: Culture and gender issues in the early childhood classroom, *Views*, 18-21.

Powell, L. H., & Cassidy, D. (2007). *Family life education: An introduction* (2nd ed.). Long Grove, IL: Waveland Press.

St. Pierre, R., Layzer, J., & Barnes, H. (1995). Two generation programs: Design, cost, and short-term effectiveness. *The future of children: Long term outcomes of early childhood programs, 5*(3), 76-93.

主要資源

Doherty, W. J. (1996). *Soul searching: Why psychotherapy must promote moral responsibility*. New York: Basic Books.

Feeney, S., & Freeman, N. (1999). *Ethics and the early childhood educator: Using the NAEYC code*. Washington, DC: National Association for the Education of Young Children.

Feeney, S., & Kipnis, K. (1998). *Code of ethical conduct and statement of commitment*. Washington, DC: National Association for the Education of Young Children.

Feeney, S., Freeman, N., & Morevick, E. (2000). *Teaching the NAEYC code of ethical conduct*. Washington, DC: National Association for the Education of Young Children.

Freeman, S. J. (2000). *Ethics: An introduction to philosophy and practice*. Belmont, CA: Wadsworth.

Minnesota Council on Family Relations. (2009). *Ethical thinking and practice for parent and family educators*. Minneapolis, MN: Ethics Committee, Parent and Family Education section.

Noddings, N. (1984). *Caring: A feminine approach to ethics and moral education*. Berkeley, CA: University of California Press.

Powell, L. H., & Cassidy, D. (2007). *Family life education: An introduction* (2nd ed.). Long Grove, IL: Waveland Press.

相關網站

American Association for Marriage and Family Therapy: ww.aamft.org/resources/LRM_Plan/Ethics/index_nm.asp

American Counseling Association: www.counseling.org/Resources/CodeOfEthics/TP/Home/CT2.aspx

American Psychological Association: www.apa.org/ethics

Code of Ethics for Minnesota Teachers: www.revisor.leg.state.mn.us/rules/?agency=188

National Association for the Education of Young Children: www.naeyc.org/about/positions/PSETH05.asp

National Education Association: www.nea.org/code.html

關於作者

Glen F. Palm，博士，合格家庭生活教育人員，聖克勞德州立大學（St. Cloud State University）兒童與家庭研究教授與系主任，亦為明尼蘇達州合格親職教育人員。E-mail: gfpalm@stcloudstate.edu。

Chapter *21*

家庭生活教育方法論

Jean Illsley Clarke、David J. Bredehoft 著・潘維琴 譯

親愛的珍與大衛：

　　你們可能不記得我了，不過我是你們幾年前共同帶領親職課程的學生。當時的我正試著學習如何成為兩名幼兒的母親，然而就如額外的獎勵般，你們啟發了我重回大學取得學位，並且成為了一名家庭生活教育人員。

　　不久之後我將負責帶領自己的家庭生活教育團體。我知道自己已做足了準備，但擔心自己會不知該怎麼做！兩位是否可以提供我一些有用的建議呢？

誠摯的

春田市的困惑者

親愛的困惑者：

　　得知你即將成為家庭生活教育人員讓我們感到興奮，也知道你擁有許多才能可以橫跨完整的生命全程分享給學員。是的，我們有一些具體的想法可以幫助你開始，及當你成為這個領域有歷練的專家時應記住的一些事情。當你閱讀時請考慮哪些內容是你現階段可

以運用的，而哪些內容則是在你成為更資深人員時能利用的。

真摯的

合格家庭生活教育人員

Jean Illsley Clarke 與 David J. Bredehoft

規劃並執行家庭生活教育方案

謹記「家庭是系統」（Burr, Day, & Bahr, 1993; Day, Gilbert, Settles, & Burr, 1995; Satir, 1988），而且有效能的家庭生活教育人員總是設想，家庭是伴隨著依據年齡與家庭階段而變化的需求移動跨越生命全程的系統。「家庭生活教育架構」（Bredehoft, 1997, 2001）隨著每個家庭年齡及階段的需求、壓力及要求展現家庭生命週期，這個模型有助於為計畫或評估你的家庭生活教育（FLE）方案鋪設背景。請牢記，有品質的家庭生活教育之規劃與設計就像建築施工時所建造的穩固地基，接踵而來的每件事都依靠它，好的計畫是沒有替代品的。

規劃輪

我們建議你使用**規劃輪**（The Planning Wheel）（Clarke, 1998）這個方法，你會發現這個以六步驟規劃、帶領及評估學習經驗的方法非常有幫助，因為規劃輪在計畫發展的同時兼顧了評估與基本價值。這是一個圓形的模型，評估是內建的而非添加的（見圖 1 的規劃輪模型及圖 2 的應用範例）。

方案成效及家庭生活教育素材評估

結合規劃輪，你可能也想使用更多的家庭生活教育評估技術（Weiss & Jacobs, 1988; Cooke, 1991; Powell & Cassidy, 2007; Treichel, 2009）。舉例來說，Weiss 和 Jacob（1988）的方案評估五層次取向（Five-Tiered Approach to Program Evaluation）可能被整合進來以增進較佳的評估特異度（這個模型的進一步討

步驟 1	**我相信（I believe that）**：想通你個人及機構的基本價值觀。	
步驟 2	**我想要的（what I want）**：以概括方式確認你所希望達成的及需求評估結果所代表的。	
步驟 3	**目標產物（end product）**：確認你預計獲得的特定行為成果、辨別工具性目標及成果目標。	
步驟 4	**如何執行（how to do it）**：決定要提供的學習經驗。	
步驟 5	**實施計畫（carry out the plan）**：執行——帶領工作坊、教課、進行專案。	
步驟 6	**評估（evaluate）**：評估成果。	

藉由回到步驟 1 繼續這個過程。請注意每次你從一個步驟進到下個步驟時所做的價值判斷；每一個步驟之後都要確實執行。

© Jean Illsley Clarke, 1998，經同意後使用。

圖 1　規劃輪模型

論請見 Treichel 於 2009 年發表的內容）。Patton（1987）所記述關於特定的評估問題也有幫助：(1)「誰是評估的目標對象？」「誰是利害關係人？」(2)「關於這個計畫，我們需要知道什麼？」(3)「我們要怎麼去做評估？」(4)「我們將如何確定蒐集的資訊所代表的意義？」(5)「我們要如何使用評估的結果？」

不要華而不實

對新進專業人員來說，家庭生活教育素材與資源的評估及選擇通常是充滿挑戰的，我們學到

課程綱要

家庭生活教育方法論

對有關規劃、實施與評估家庭生活教育方案能力之家庭生活教育一般哲學及大原則的理解。基於以下知識：

1. 規劃並執行家庭生活教育計畫。
2. 評估家庭生活教育素材、學員進展及計畫效用。
3. 在呈現家庭生活教育計畫時使用多樣化的教育技術。
4. 對他人的敏感度以強化教育效能。
5. 對社區關懷及價值的敏感度，及對公共關係過程的了解。
6. 了解個人價值觀／信念及家庭生活教育領域間的關係。

為養父母辦理一個六小時的工作坊

1. 我相信
(1)養父母與養子女是重要的。
(2)養父母的職責就是提供子女可以茁壯成長的環境。
(3)我所擁有的一些資訊能幫助養父母支持孩子的社會及情感發展，如：發展階段的情感面、建立自尊的方式、處理管教、憤怒與性的方式。
(4)養父母比我更了解他們的需求。
(5)養父母可以從彼此身上學習到很多。

我從步驟 6 學到了什麼能幫助規劃下一次的工作坊？

為工作坊設定目標**最好**的方法就是詢問聘雇單位及養父母希望我提供哪些內容。（他們選擇發展階段及憤怒處理。）

6. 評估
(1)請每個參與者填答依據步驟 3 設計的評估問卷。
(2)三個月後，請機構工作者進行訪談，訪問關於養父母及養子女辨認有益於子女社會及情感發展之父母行為改變。

2. 我想要的
我要每個參加的養父母：
(1)傾聽每個階段情感需求及適當憤怒表達之回顧。
(2)有機會專注在每個發展階段處理憤怒可選擇的方式，並分享他們的經驗。
(3)選擇是否他們要做出自己認為將幫助養子女的行為改變。

如果工作坊是**值得**去執行的，就**值得**評估其直接效果及長期效果。

達到總體目標**最好**的辦法就是為每個發展階段演示一個活動，並邀請學員踴躍參與。

5. 實施計畫

3. 目標產物
什麼（what）：關於六個發展階段的資訊、對每個人的肯定、適當與不適當的憤怒表達。
多少（how much）：六個階段中每個階段的資訊。
何時（by when）：六小時工作坊結束時。
由誰（by whom）：由每個選擇參與的養父母。

每個人有**權利**經驗他（她）所欲專注的發展階段。細心地計畫任務並平均分配時間。

既然有些人藉由聽講、有些人透過實作，而有些人則靠眼見學習效果**最好**，提供這三種機會是很重要的。

4. 如何執行
I. 介紹及個人目標設定
II. 六個發展階段的每個階段：
(1)閱讀並分發情感發展、責任、憤怒及肯定的資訊。
(2)針對每階段處理憤怒可選擇的方式進行角色扮演。
(3)針對學習、認知、對特殊養子女新行為的計畫進行小團體討論。
III. 結束及評估

© Jean Illsley Clarke, 1998，經同意後使用。

圖 2　規劃輪的應用

的一件事就是「不要華而不實」。計畫的價值在於內容及過程，而非包裝。
圖 1 的規劃輪可幫助你藉由詢問以下的問題，決定是否使用課程資源。

步驟 1：支持這個課程的基礎價值／理論為何？你了解課程的哲學基礎嗎
（Morgaine, 1992; Heath, 2000）？

步驟 2：這個課程的顯性與隱性目標為何？

步驟 3：呈現的特定素材滿足群體（多樣性）的需求嗎？過程符合你認為
合適的介入層次嗎（Doherty, 1995）？具有實證支持嗎？

步驟 4：過程與目標一致嗎？

步驟 5：方向清楚具體足以讓你呈現課程嗎？

步驟 6：此課程充分滿足你的需求嗎？

敏感度──成功的必要成分

▍對社區關懷及價值之敏感度

有時候社區關懷是具體並高度可見的，一場颶風或使多人失業的一筆生
意之結束能影響的不僅是經濟，也影響了整個社區的情緒氣氛。因種族歧視
引發的攻擊不只提高情緒議題，也激發人們去思考社區的價值。其他的社區
關懷則較不明顯，青少年飲酒作樂也許不會成為報紙頭條，卻可能引起部分
或整個社區關懷的暗流。

有智慧的教師會意識到並選擇如何正視這些問題。一個關注存在的確
認？藉由會議的部分提案提供一些有利的策略以納入考量？召開單次會議或
一系列會議以直接解決問題？或是利用一連串的媒體訊息？提供網路資訊？

▍對他人的敏感度以提高教育成效

學習環境中對人們的敏感度也牽涉到可見及不可見的境遇（visible and in-
visible situations）兩者。

　　可見的境遇比較簡單。認真地堅持與重複引用基本規則（Clarke, 1998）能讓你安全地邀請一位熱情開朗的人物來分享慶祝活動（Clarke, 1997）；你留意到一名面色沉重的遲到夥伴，如果他願意的話，找個時間安靜的私下詢問。由於你已表現出對差異的溫暖接納及對個別需求的一致尊重，人們對你的邀請能感到自在地說「是」或「不」。

　　文化和個別差異的某些部分（參見 Allen & Blaisure, 2009）並不明顯，那些較少看見的因素挑戰著我們以持續注意自己的偏見及傲慢。倘若那是整個群體的反映，要考慮參加你課程的是哪些人。在一個 10 人的團體內，你可以概略的預計：

3 人與酗酒有直接關係

2 人曾收養、被領養的或已放棄孩子

2 人曾被性虐待

4 人經歷過身體或精神虐待

3 人有閱讀障礙

4 人受離婚直接影響

1 人具極左或極右的政治或宗教觀點

1 人是在外國出生

1 人為男同性戀者或女同性戀者

2 人最近搬家

這個清單加起來超過 10 個人，但一個人可以符合超過一個分類。這些形象從各種來源綜合而成，除此之外，你可能遭遇剛失業或甫獲得新工作的人，抑或專注在計畫家庭慶祝活動的人。可能會有 1 到 3 個人是混血兒、是退役榮民、是某個憂鬱的或罹患精神疾病的、悲傷的，或深感羞愧的人。膚色不能告訴你誰曾被留在營地裡或誰曾受折磨。

　　你的工作就是尊重每個個體，讓人們對你感到足夠的自在而願意傾聽具挑戰性的內容；規避可能因為冒犯某個人而改採「讓大家感到舒適」的素材則不是你的工作。

　　少量的個人揭露可以使團體放心並讓他們模仿對他人敏感的技巧，例如，你可能會說由於你的協同領導者正擔心著某個生病的親戚，你將比以往負責更多的領導工作；或是既然你才剛得到某個特別的表彰，所以邀請團體和你一起做個簡短的慶祝；此亦塑造了一個模式，即共享慶祝活動與關懷通常能在一小段時間內尊重地達成。

　　成為家庭生活教育人員（且不論我們成為家庭生活教育人員多久，我們都這麼覺得）其中一個最令人興奮的部分，就是使我們的能力不斷增長以接受多元學習風格的挑戰。

🌿 檢查你的工具箱

▌尊重學習風格偏好

　　列出你知道的理論及技術，並確認你所使用的。我們希望你熟悉成人教育學的理論（Knowles, Holton, & Swanson, 2005）與經驗學習圈（Experiential Learning Cycle）（Kolb, 1983）。你知道**空間安排**的重要性（Hall, 1990），在每次會談張貼基本原則與目標為父母親塑造在家張貼規定的重要性，而且此舉給予了**視覺型**學員尊重。清楚的語言有助於**聽覺型**學員，而與運動有關的活動則幫助那些**動覺**偏好的學員將學習帶入肢體內；你也要清楚是否正使用**工具性目標**或是**成果目標**，以及是否要透過**時鐘時間**還是**任務時間**來執行活動（Clarke, 1998）。

　　你的清單可能會包含**歸納型**及**演繹型**學習偏好、**內向**及**外向**性格風格（Barron-Tieger, Tieger, & Ellowich, 1997），與 Gregoric 模型之**抽象**、**具體**、**序列**、**隨機**偏好的學習風格（Tobias, 1994）。你也可透過高效能教育者的 5P：**保護**（Protection）、**許可**（Permission）、**潛力**（Potency）、**實踐**（Practice）與**理解力**（Perception）認識自己的長處（Clarke, 2000a, 2000b, 2001a, 2001b, 2001c, 2001d）。

你可能已精通於成為人們從外在世界進入學習環境的**橋樑**，並從一部分內容連結到另一部分。從你的學習經驗來看，你可能敏銳地注意到創造**間接學習**經驗的需求（Clarke, 2000c）和以支持特定學習目標的方式運用**科技**的需求。科技僅是達到目的的手段，而非目的。一個比較統計的 PowerPoint 簡報呈現會是有助益的，但是沒有東西可以取代歌唱作為學習一首歌的方式；影片可以展示有挑戰性的素材，然而只有**個人內省**（introspection）或安全的**分享**能為個人製造空間以連接概念與真實生活經驗。你越致力於團體動力的基本原則，學習越蓬勃發展。

▌加入你的工具箱

整合關於團體動力的新研究，是許多有經驗的家庭生活教育人員感興趣的挑戰，比如團體大小的研究（Dunbar, 1996; Clarke, 2002b）。在《哈拉與抓虱的語言》（*Grooming, Gossip and the Evolution of Language*，中文版由遠流出版）一書裡，Dunbar 標註許多建議每一種大小的團體有其特殊功能的研究；這個資訊可以幫助團體領導者規劃有效的學習經驗，也可以協助參與者建立或增強其支持系統。

▌兩兩以配對

不論是建立與維持一個運作中的人際關係、一段友誼或一份愛的承諾，「2」是重要的配對數字。許多人感覺不到與更大團體的連結，直到他們在團體內建立至少一個滿意的兩人關係。

▌三個或四個以對話或討論

「4」被認為是對話時最有功能的數字，在 Dunbar 的觀點裡，對話對於建立友誼、結盟與支持人們來說是極度重要的。那是人們試探彼此並判斷是否可信賴的基本方法。由三個人進行對話也是不錯，但 Dunbar 註解說明當第五個人加入對話時，通常有一個人會被邊緣化，或是有兩個人另起對話。請留

意在一個較大的團體裡，四個人有多常支配討論。

▋六個以完成任務

「6」是工作團體的一個理想的數字，六個人可以輕易的分工；如果超過六個人，往往會在同意行動方針上耗費太久時間。

▋十個或更多以腦力激盪

6 提供足夠的多樣性以完成任務，但 10 個或者 10 個以上的人能為有生產力的腦力激盪時段提供充分多元的思考。

▋十二個可進行團體工作或產生同理

12（或 10～15）似乎是人們建立強大團體連結以達成共同目標之理想數字，運動團體及陪審團就是最好的例子。而 12（或 10～15）也是 Dunbar 所認為人們在每個人自身的「同理團體」中常見的人數，這是人們的親密內圈（close inner circle），人們尋求支持、忠誠及親密最信任的人數。他們是一群感受到強大連結的朋友。

當我們限制自己演講的長度，並製造許多辦法讓人們以兩個、三個、四個、六個及十二個人數的團體進行互動時，我們即提供了人們機會去為他們個人的「同理團體」尋找朋友，並為稱作「社團」（community）的更大團體（也許 150 人）抑或有 1,500 到 2,000 人的「擴展團體」增加人數。

既然我們不再生活於簡單、彼此間有自然連結的部落社群裡，我們每個人必須盡力組成自己的同理團體及社區團體。家庭生活教育人員不僅要記得讓人們彼此直接對話，更要確認他們戴了名牌，名牌幫助人們將名字和臉孔對應起來，尤其是那些視覺型學習風格的學員；對於近期才搬遷或行動被限制的人而言，與他人連結的機會是建立支持系統特別重要的方法。

▌新知識

　　在學習新技術的當下，你也正在增加內容的新範圍，例如學習大腦如何運作的爆炸性知識。隨著知識變得更廣更深時，你要抗拒想把自己知道的一切都拿出來教的誘惑。要記得一旦你一次呈現五個項目，因為有九個向量在作用，所以學員會被連結到所有項目（或感覺無法負荷）（Clarke, 2002a）。向量（vector）指的是學員導向的每個事實或相關意見之「能量」（energy）。比起一次提出五個項目，更好的辦法是當你在連結兩個項目（一個向量）時，請學員將其他三個項目先置於一旁，然後加入第三個項目（三個向量），再加入第四個項目（六個向量），最後則是第五個項目（九個向量）。

　　我們建議你一次探索一個或兩個技術，當得心應手時，再多增加一、兩個。完善的事前計畫是不可替代的，在學習情境下也應該有彈性，就像是個技術裝備良好的工具箱。然而，不論使用多少優秀的技術，你所帶給學員最好的禮物就是你自己，所以記得好好照顧自己。

❧ 個人價值觀／信念與家庭生活教育間的關係

　　誠如 Powell 和 Cassidy（2007）所指：「為了成為有效能的教育者，他們（家庭生活教育人員）必須徹底細想他們的信念所在」（p. 41），以及「觸及自身的情感、偏見或兩者兼具」（p. 39）。為了幫助你完全理解自身價值信念與家庭生活教育之間的關係，請思索以下內容：

● 你的價值觀、信念及家庭生活教育的哲學為何（Cherington, 2000）？由於每位參與者有著獨一無二的生命旅程，他們將擁有不同的價值觀及信念。

● 了解自己：你的學習風格偏好為何？當你教學時，你會在自己與其他的學習風格中取得平衡嗎？

● 專業界限：何種程度的自我揭露是有效且適宜的（Doherty, 1995）？

- 個人價值觀決定你的過程、基礎理論及內容選擇（Heath, 2000）。
- 自我照顧：作為一個教學者，就更廣泛的意義而言及每次學習活動之前，你是否有照顧好自己？
- 你如何回應迥異於你的價值觀與信念？要尊重不同的價值觀及信念（Duncan & Goddard, 2005）。清楚每個人必須遵守的法律與價值的區別；幫助人們了解支配行為的非正式規範（Payne, 1998）。
- 你作為家庭生活教育人員的倫理準則為何（Palm, 2009; Adams, Dollahite, Gilbert, & Keim, 2001）？

結語

親愛的春田市困惑者：

　　我們有信心你將會以對自己有用的方式採納我們的建議，持續學習與成長，別忘和我們分享成功的教學！

祝福你

合格家庭生活教育人員

Jean Illsley Clarke 與 David J. Bredehoft

參考文獻

Adams, R. A., Dollahite, D. C., Gilbert, K. R., & Keim, R. E. (2001). The development and teaching of the ethical principles and guidelines for family scientists. *Family Relations, 50*, 41-48.

Barron-Tieger, B., Tieger, P. T., & Ellowich, M. E. (1997). *Nurture by nature: Understanding your child's personality type – and become a better parent.* New York: Little Brown & Co.

Allen, W., & Blaisure, K. R. (2009). Family life educators and the development of cultural competency. In D. J. Bredehoft & M. J. Walcheski (Eds.), *Family life education: Integrating theory and practice*(2nd ed.) (pp. 209-219). Minneapolis, MN: National Council on Family Relations.

Bredehoft, D. J. (Ed.). (1997). *The framework for life span family life education* (2nd ed.) [Poster]. Minneapolis, MN: National Council on Family Relations.

Bredehoft, D. J. (2001). The framework for life span family life education revised and revisited. *The Family Journal, 9*(2), 134-139.

Burr, W. R., Day, R. D., & Bahr, K. S. (1993). *Family science.* Pacific Grove, CA: Brooks/Cole.

Cherington, M. (2000, November). The subtleties of inclusion in parent education. In *Family information services professional resource materials* (p. 57). Minneapolis, MN: Family Information Services.

Clarke, J. I. (1997). *Growing up again: Leader's guide*. Seattle, WA: Parenting Press, Inc.

Clarke, J. I. (1998). *Who, me lead a group?* Seattle, WA: Parenting Press, Inc.

Clarke, J. I. (2000a, November). The importance of being positive – the five p's. In *Family information services professional resource materials* (pp. 54-56). Minneapolis, MN: Family Information Services.

Clarke, J. I. (2000b, September). Facilitation skills that build self-esteem: Offering protection. In *Family information services professional resource materials* (pp. 42-43). Minneapolis, MN: Family Information Services.

Clarke, J. I. (2000c, May). Facilitation skills that build self-esteem: Indirect learning. In *Family information services professional resource materials* (pp. 42-43). Minneapolis, MN: Family Information Services.

Clarke, J. I. (2001a, January). How you know what you know. In *Family information services professional resource materials* (pp. 1-3). Minneapolis, MN: Family Information Services.

Clarke, J. I. (2001b, March). Permission to think. In *Family information services professional resource materials* (pp. 13-15). Minneapolis, MN: Family Information Services.

Clarke, J. I. (2001c, May). The perfect way to learn: Practice. In *Family information services professional resource materials* (pp. 27-28). Minneapolis, MN: Family Information Services.

Clarke, J. I. (2001d, September). Perception – what is really going on here? In *Family information services professional resource materials* (pp. 39-40). Minneapolis, MN: Family Information Services.

Clarke, J. I. (2002a, March). Vectors: How many ideas at once? In *Family information services professional resource materials* (pp. 1-3). Minneapolis, MN: Family Information Services.

Clarke, J. I. (2002b, Winter). What size group do you belong to? In *CFLE Network: 14*(1), 4, 10. Minneapolis, MN: National Council on Family Relations.

Cooke, B. (1991, March). Family program evaluation basics. In *Family information services professional resource materials* (pp. 10-14). Minneapolis, MN: Family Information Services.

Day, R. D., Gilbert, K. R., Settles, B. H., & Burr, W. R. (1995). *Research and theory in family science*. Pacific Grove, CA: Brooks/Cole.

Doherty, W. J. (1995). Boundaries between parent and family education and family therapy. *Family Relations, 44*, 353-358.

Dunbar, R. (1996). *Grooming, gossip and the evolution of language*. Boston, MA: Faber and Faber Publishing.

Duncan, S. F., & Goddard, H. W. (2005). *Family life education: Principles and practices for effective outreach*. Thousand Oaks, CA: Sage.

Hall, E. T. (1990). The hidden dimension. New York: Anchor.

Heath, H. (2000). *Using your values to raise your child to be an adult you admire*. Seattle, WA: Parenting Press, Inc.

Knowles, M. S., Holton, E. F., & Swanson, R. A. (2005). *The adult learner: The definitive classic in adult education and human resource development* (6th ed.). New York: Butterworth-Heinemann.

Kolb, D. (1983). *Experiential learning: Experience as the source of learning and development*. Upper Saddle River, NJ: Prentice Hall.

Morgaine, C. A. (1992). Alternative paradigms for helping families change themselves. *Family Relations, 41*, 12-17.

Palm, G. (2009). Family life educators and the development of cultural competency. In D. J. Bredehoft & M. J. Walcheski (Eds.), *Family life education: Integrating theory and practice* (2nd ed.) (pp. 191-197). Minneapolis, MN: National Council on Family Relations.

Patton, M. Q. (1987). *How to use qualitative methods in evaluation*. Thousand Oaks, CA: Sage Publications.

Payne, P. K. (1998). *A framework for understanding poverty* (rev. ed.). Highlands, TX: RFT Publishing.

Powell, L. H., & Cassidy, D. (2007). *Family life education: Working with families across the life span* (2nd ed.). Long Grove: IL: Waveland Press, Inc.

Satir, V. (1988). *The new peoplemaking*. Palo Alto, CA: Science and Behavior Books.

Tobias, C. (1994). *The way they learn*. Colorado Springs, CO: Focus on the Family Publishers.

Treichel, C. (2009). In the best interests of children and their families: Merging program development and program evaluation. In D. J. Bredehoft & M. J. Walcheski (Eds.), *Family life education: Integrating theory and practice* (2nd ed.) (pp. 221-231). Minneapolis, MN: National Council on Family Relations.

Weiss, H. B., & Jacobs, F. H. (1988). *Evaluating family programs*. New York: Aldine de Gruyter.

主要資源

Bredehoft, D. J. (Ed.). (1997). *The framework for life span family life education* (2ⁿᵈ ed.) [Poster]. Minneapolis, MN: National Council on Family Relations.

Clarke, J. I. (1998). *Who, me lead a group?* Seattle, WA: Parenting Press, Inc.

Clarke, J. I. (1998). *Growing up again: Leader's guide.* Seattle, WA: Parenting Press, Inc.

Family Information Services. 12565 Jefferson St, NE, Suite 102, Minneapolis, MN, 55434; 800-852-8112 (in U.S.), 763-755-6233 or Fax: 763-755-7355, e-mail: staff@familyinfoserv.com, website: www.familyinfoserv.com/

Heath, H. (2000). *Using your values to raise your child to be an adult you admire.* Seattle, WA: Parenting Press, Inc.

Knowles, M. S., Holton, E. F., & Swanson, R. A. (2005). *The adult learner: The definitive classic in adult education and human resource development* (6ᵗʰ ed.). New York: Butterworth-Heinemann.

Parenting Press Inc. *Parent Educator Resource Shelf.* P.O. Box 75267, Seattle, WA 98125, 800-992-6657, FAX: 206-364-0702, website: www.parentingpress.com

相關網站

CFLE Certification: www.ncfr.com/cert/index.asp

Children, Youth and Family Consortium: www.cyfc.umn.edu/

Family Information Services: www.familyinfoserv.com/

The Gottman Institute: www.gottman.com/

Life Innovations, Inc: www.lifeinnovations.com

National Parent Information Network (NPIN): www.fcps.net/fcs/?prcItem=160

How Much is Enough? Homepage: www.overindulgence.info

Zero to Three: www.zerotothree.org

關於作者

Jean Illsley Clarke，博士，合格家庭生活教育人員，也是親職教育人員、教師培訓師；《自尊：一件家事》一書的作者，合著有：《再次成長：教養我們自己、教養我們的孩子》（*Growing Up Again: Parenting Ourselves, Parenting Our Children*）、《給孩子多少才夠？》、《給孩子多少才夠？帶領人手冊》。E-mail: Jiconsults@aol.com。

David J. Bredehoft，博士，合格家庭生活教育人員（CFLE），明尼蘇達州聖保羅市協同大學社會與行為科學系的教授兼系主任。他是《生命全程家庭生活教育架構》（第二版）的編者，《家庭生活教育：理論與實務的整合》的共同編者，同時也是《給孩子多少才夠？》一書的共同作者。E-mail: brede-hoft@csp.edu。

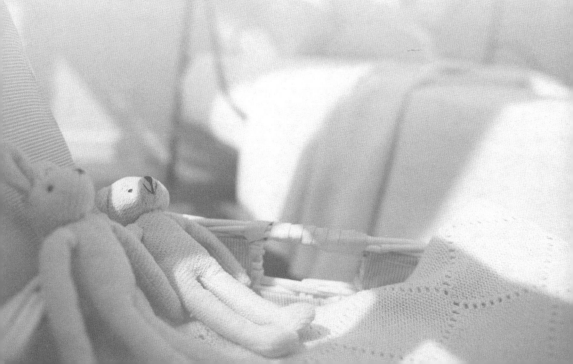

第三部分

Part Three

家庭生活教育之
教學與實務資源

Chapter 22

家庭生活教育人員與
文化能力之發展

William D. Allen、Karen R. Blaisure 著．潘維琴 譯

本文探索文化多樣性（cultural diversity）是如何逐漸成為家庭生活教育（FLE）課程及規劃的關鍵成分。首先，作者將區分三個有關文化能力（cultural competency）和與家庭生活教育人員的重要假設；其次，為讀者定義重要關鍵術語；第三則是示範如何將多元的視框（diversity lens）應用於家庭生活教育；最後文章將以在家庭生活教育領域中繼續邁向文化能力的旅程之建議做結尾。

❧ 回應多樣性

　　為反映美國人口中增長的族群、社會經濟與結構之多樣性，家庭生活教育人員、研究者及實務工作者正摒棄單一僵化或普遍性的家庭生活觀念，並正追求對家庭背景的理解及與家庭的協同實踐（Demo, Allen, & Fine, 2000; Dilworth-Anderson, Burton, & Turner, 1993; Dilworth-Anderson & McAdoo, 1988; Myers-Walls, 2000; Thompson, 1995）。例如，理解家庭中種族之重要性已經在一些書中被強調，如 *Family Ethnicity: Strength in Diversity*（McAdoo, 1999）、

Black Families（McAdoo, 2007），以 及 *Ethnicity and Family Therapy*（Mc-Goldrick, Giordano, & Garcio-Preto, 2005）。

家庭生活教育人員正不斷增加注意力在教育實務（Allen, 1995; Berke & Wisensale, 2005; Lewis, 1995; S. Marks, 1995; Thompson, 1995）與臨床實務（Bean, Crane, Russell, & Lewis, 2002; McGoldrick, 1998）中的種族、性別及性取向上。教育實務讓人們開始注意家庭經驗，其受家庭結構、過程、性別、種族、族群、文化、社會階級及這些因素之組合所形塑；家庭生活教育人員的個人經驗則反過來影響研究、理論構成及實務（Demo, Allen, & Fine, 2000）。現今已有若干資源可供教育人員及家庭生活實務工作者探索，以便將家庭多樣性觀點整合到他們的工作中（例如，美國全國家庭關係委員會少數族群部門已提供針對家庭多樣性的一系列課程大綱，請參見 www.ncfr.org 網站）。

🌿 有關文化能力與家庭生活教育人員之假設

本文是以幾個有關文化能力與家庭生活教育人員的重要假設為基礎：

一、鑑於家庭生活日益增長的複雜性，家庭生活教育人員在促進 21 世紀的家庭福祉上具有關鍵角色。

二、當社會中的家庭變得越來越多樣化時，家庭生活教育人員必須獲得讓自己得以有效能且合乎倫理地工作之技術與知識。

三、文化能力是家庭生活教育專業知能的必要元素，家庭生活教育人員必須能夠在日趨多樣化的機構中有效並合乎倫理地發揮功能。

要對這些假設訂定操作型定義有多種方式，其中一種方法即是結合第二版《生命全程家庭生活教育架構》（Bredehoft, 1997, 2001）所討論到的「多元

的視框」。此架構指導家庭生活教育人員變得文化多元、性別平等並覺察特殊需求；在此模式裡，「多元的視框」成為「生命階段磚塊間的水泥」，是所有家庭生活教育中不可或缺和極其重要的部分。在防止過度簡化的同時，家庭生活教育人員將家庭特徵（如：生命階段、組成與文化背景）整併到對所服務對象之理解，此方法要求細心考量「要教導的內容、被教導的對象，以及教導的方式」（Myers-Walls, 2000; Myers-Walls, Dunn, & Myers-Bowman, 2003）。

　　女性主義家庭理論也可以是引導家庭探索與家族經驗多樣性的組織化原則，持女性主義觀點的家庭生活教育人員將之歸因於對所有家庭之平等與尊重的價值、社會正義與行動、自決、個人信念之責任與這些信念之蘊含（Bubolz & McKenry, 1993）。Walker、Martin 和 Thompson（1988）為家庭生活教育鑑定出六個女性主義方法指標：「文化背景的認可、對弱勢的響應、參與及平等、多樣性之頌揚、看待問題與問題解決之當事者觀點、當事者的增能賦權」。（p. 18）促進對話、運用個人經驗、提供選擇、從事個人相關的活動及任務等女性主義教學法實務，激勵了那些專注於認識文化束縛假設與偏見、家庭生活多重性及個人責任的人（Blaisure & Koivenun, 2003）。已有幾位作者描寫了如何將女性主義方法與價值觀運用至教育環境（如 Allen & Baber, 1992; Baber & Murray, 2001; MacDermid, Jurich, Myers-Walls, & Pelo, 1992; Walker, 1996）。

　　有效的家庭生活教育必須由具文化能力及反思能力的實務工作者辦理，他們會從全球觀點及環境背景來思考。這樣的期望樹立了個人及這門專業的動機，而這樣的追求也是畢生的職志（Talbot, 1996）。對多樣性與文化形塑家庭之探索也是個動態的過程，有效能的家庭生活教育藉由避免依賴羅列團體特徵的靜態清單來確認（他們自身與其他家庭的）家庭生活中的多樣性，使用清單取得的資訊不完整還算好的結果，最糟的情況是冒著刻板化家庭經驗之風險。因此，要成為有效能的家庭生活教育人員必須持續操練文化能力。下一節將定義我們在家庭生活教育環境中常用來探索文化能力的專有名詞。

🌱 名詞定義

　　缺乏有關多樣性的語言一致性，常常阻礙了有效的規劃和介入的理解與發展，像種族（race）、文化（culture）與族群（ethnicity）這些專有名詞常被交互使用，導致理解多樣性並與其同工時的不必要困擾。因此，為了探討將多樣性納入家庭生活教育結構中之益處等富有意義的討論，務必要定義幾個關鍵術語（族群、文化、家庭及文化能力）。

▌族群

　　為了本文的企圖，我們會在族群與文化間做個區分。「族群」被定義為認同之內在感受或與所意識到和自身相似的人之連結，可以是「共同祖先起源」（common ancestral origin）或建立在一個或更多民族或文化特徵基礎上（Sue et al., 1998, p. 10）。舉例來說，美國許多非洲裔的人民認為自己是**非裔美國人**（African American）或**黑人**（Black），而許多本土美國印第安人（Native American Indians）認同他們集體被稱為**印第安人**（Indian）。族群也可產生於來自共同信念系統之認同共享感，耶穌基督的追隨者會稱自己為**基督徒**，而跟隨伊斯蘭信仰的人則稱自己為**穆斯林**。因為在歷史遺產或原生國家之案例上，將這些團體聯繫在一起的就是歷史共享感或共同命運。

　　所以，族群可以被視作在特定團體內所察覺到的共通性，其塑造他們對世界的知覺與在團體內的互動；共通性可能來自生理特徵如膚色，或者來自個體或集體所產生的共同身分之其他共享特質。雖然有些人將此**社會建構**（social construct）歸類為「種族」（race），不少學者已建議迴避種族這個名詞，因其意味著人類中不存在的**遺傳**差異（有關使用「種族」一詞之固有天性的問題討論，參見 Marger, 1997; Banton & Harwood, 1975; J. Marks, 1995; Montagu, 1974）。

　　共享認同的認知或族群團體成員間的共通性，也可能塑造團體外成員的

知覺甚至行為，通常，在自己團體知覺與周遭人的差異，說明了團體對待彼此方式的差異（如制度性種族主義的例子）。一個關於族群最後但重要的提醒是：族群團體內及彼此之間典型有著相同的多樣性，因此族群團體絕對不應該被視為單一性或是完全同質。

▌文化

在本文中，「文化」有別於族群，文化被定義為「人類行為的一種整合型態，包含思想、溝通、行動、習俗、信念、價值觀與種族、族群、宗教或社會團體之制度」（Cross, Bazron, Dennis, & Isaacs, 1989, p. iv）。如果族群是共享認同之**內在**感受，文化則是個別或團體認同之**外在**反射；文化可能也是其他人口屬性之反射，比如社經地位、地理、性別或世代（例如青少年）。

以食物或音樂為例，食物或音樂可能是許多人和自己相近的人所感到內在認同的表現。因此，雷鬼（reggae）與騷莎（salsa）音樂可以是西印第安美國移民或波多黎各美國人的文化反射，而他們顯然不是唯一欣賞這些特殊類型音樂的群體。的確，這些群體的成員可能根本不喜歡這些音樂類型，這提供了集體內歧異的例子。然而，雷鬼與騷莎音樂可以典型被看作每個共享認同的群體知覺之外顯表達。

就如上面所敘述音樂的例子，食物、服裝甚至說話模式也可以是較深入的個別或團體識別文化表現。好比音樂，這些表達不是單獨靠族群而判定的，在這裡有一個很重要的區別是：不像族群趨向於相對靜態的（一個人的出身地不會改變），文化是更動態及典型的主體，隨著時間推移而逐步形成。因此當個人年老時往往經過不同的文化階段：兒童期、青少年期、青年期、中年期與老年期等文化；服裝與食物的選擇、藝術與表達的喜好常常會隨著他們進入不同階段而有所改變；性別、婚姻狀況與社會經濟也形塑人們生活的文化背景環境。此外，當多數個人發展出自己是誰的一體感時（如族群認同），一般是在各種文化背景下同時作用。因此，認同自己為亞裔美國人的人也許同時可能會愛好披薩、《屋頂上的提琴手》音樂劇及饒舌音樂。

　　個人與家庭之多樣性是在一個近乎無止盡的交叉社會範疇（social category）陣列中被經驗的。預測這些人口屬性如何能塑造獨特的個人整體認同、自我覺察及行為，縱非不可能也是很困難的；此困難不僅是因為可能促成因素之純粹數字，但也是生物素因（biological predisposition）與心理社會因素間可能的相互影響。家庭科學領域正超越被過分簡化的概念，即任何特定族群文化團體或其他人口範疇（如性別）的成員資格是足夠強大以完全讓家庭成員不是彼此結合起來，就是和其他族群團體產生密切關係。甚至，家庭外的社會與文化影響可能逐漸損壞（或要不就是強化）家庭內的族群與文化連結；舉例來說，Marks 和 Leslie（2000）提議：「種族認同與結盟可能被性別或社會階級差異所掩蓋……（而）對抗認同……可能輕易地蓋過作為女性分享認同之感受。」（p. 407）

家庭

　　「家庭」的定義是一個要從多元的視框考慮的明顯且核心之主題，家庭的定義眾說紛紜而且定義的意涵影響人們的日常生活。現今，家庭由何組成之定義可以決定誰可以或不能結婚、家庭如何形成、誰能繼承財富或誰可持有所愛之人的就醫診療發言權。Myers-Walls（2000）辨識出一種與家庭之「空泛定義」有關聯的危險，基本上家庭生活教育人員冒著倚賴家庭「預設規範」（default norm）之風險，此舉排除了所有那些不屬於無意識個人定義範疇的人。Marks 和 Leslie（2000）提出警告：「處理『家庭』的學科必須具有含括一切的可及範圍，並對被我們如何看待並定義社會現實時遺漏了哪些人這個問題時刻保持警覺。」（p. 403）他們提出（至少暗示）了所有家庭生活教育人員處理的問題：什麼是「家庭不可少的——如果不存在的話，將為我們每個人標誌非家庭地位的一個必要元素」？然而這個必要元素可能在家庭生活教育彼此間有所不同，「對被我們如何看待並定義社會現實時遺漏了哪些人這個問題時刻保持警覺」（p. 403）這個需求仍是保留的。例如，家庭生活教育的家庭定義可能影響對下述事宜的程度：同居的異性或同性父母哪

一個受親職課程歡迎？抑或是伴侶教育方案是否對同居伴侶或那些處於其他非傳統關係的人開放？

文化能力

　　最後，「文化能力」（cultural competency）這個專有名詞描述反映對不同族群文化背景之理解及欣賞的實踐，與此等多樣性帶進我們生活及工作的價值。在 Benjamin 和 Benjamin（個人通訊，2002 年 4 月 4 日）對領導角色在促進平等的討論中，他們追溯這個概念到喬治城大學（Georgetown University）文化能力資源委員會（Cultural Competence Resource Committee）在 1980 年代的工作（亦參見 Cross, Bazron, Dennis, & Issacs, 1989），他們將文化能力定義為：「在制度、機構內或專業人員間共識的一套一致的行為、態度及政策……（使他們能夠）在跨文化處境下有效能地工作」，並詳述能力（competence）這術語為：「……意味著具備接受能力（capacity）以有效發揮功能。」

　　具文化能力的組織旨在滿足文化特殊（以及普遍有利）需求之服務的發展與實施變得具有一致性，Cross 等人（1989）進一步建議有效關懷的具文化能力制度：

　　1. 整合文化之重要性。
　　2. 評估跨文化關係。
　　3. 認識文化差異引起的動力。

　　文化能力一詞有時以暗示這些實踐能臻於完善的方式被誤用了，這是有問題的，因為社會中逐漸增加的多樣性使上述的「完善」變得極度不可能。基於相同理由，實務工作者因參與單一課程或工作坊就能「獲得」（achieve）文化能力是不太可能發生的。本文作者提倡，文化能力是更精確被視作激發實務工作者與組織對其努力成果保持積極主動以發揮效用，並且含括家庭最廣泛範圍的一個過程。

多元的視框之應用

在進行家庭生活教育時採用多元的視框的意義為何？如何以敏感於個人與家庭能彼此迥異的各式方法並給予尊重的方式實踐家庭生活教育？

幾名理論家已透過研究（Dilworth-Anderson, Burton, & Turner, 1993）、教育（Myers-Walls, 2000）與實務（McGoldrick, 1998）探究更佳文化能力的途徑。Wiley 和 Ebata（2004）為了使文化能力融入家庭生活教育人員的工作，提供了許多實用的構想，包括提升自覺性、課程發展、方案輸出、投入與宣傳策略。本節則聚焦於將多元的視框運用在橫跨多種背景的家庭生活教育。

Sue、Arredondo 和 McDavis（1992）為了讓實務工作者移往更高層次的文化能力，詳細制定了一個有系統的方法，其涉及建立包含覺察面向、在不同文化發揮功能及適應多樣文化的理解力與技巧等多元文化諮商「能力與標準」。關鍵要素涵蓋個人自身族群與文化背景之自我覺察探究、他人背景理解力之取得，及適當切題介入策略之習得。他們也將多元文化能力實踐應產生的三個向度理論化：(1)信念與態度；(2)知識；(3)技能（見表1）。

就如早先本文的建議，鑑於美國社會日益多樣化，單一實務工作者可以成為在所有可能文化環境中工作的專家是令人懷疑的。我們相信一個更務實的方法是讓家庭生活教育人員藉由取得 Sue 等人（1992）闡述的三個背景中之理解力和技能來發展文化能力；此過程需要小心謹慎獻身於對個別實務工作者個人與專業發展之倫理重要性，也要求家庭

表1　跨文化諮商能力之概念架構

諮商員自我假設與價值之覺察
• 信念
• 知識
• 技能
了解文化差異案主的世界觀
• 信念
• 知識
• 技能
發展適宜的介入策略與技術
• 信念
• 知識
• 技能

資料來源：節錄自 Sue、Arrendando 和 McDavis（1992）。

生活教育人員在其背景下所滿足對世界觀、價值及家庭領域期盼的理解與尊重。

🌱 實踐反思

　　邁向文化能力的第一步就是能覺察個人假設、偏見、價值、習得偏見及關於差異之恐懼是如何影響專業實踐（Sue et al., 1998）。**反思**是家庭生活教育人員探索他們與工作的連結之工具以使其工作更有效能；是一種能知覺一個人與其自身文化經驗的過程，其涵蓋了有關個人與家庭多樣性的自我思維與感受。反思也促進對心理與情感過程如何發展之理解，以及為信念、感受與行為對他人造成的影響承擔責任之意願（Allen & Farnsworth, 1993）。彰顯個人經驗而不必概化個人經驗給他人；彰顯他人的經驗，也不否認我們自身的經驗。目標是去了解自己，及我們是如何得到一套獨特的族群文化背景。

　　Bennett（1993）在 Model of Cultural Competency 一文中鼓勵藉由「覺察行為、價值與認同作為建構真實的過程，減少絕對性、中心性及通常伴隨絕對性而來的普遍主義等之具體化與假設」（p. 66），以在發展文化內敏感度時實踐反思。Bennett 的六個階段從族群中心主義（ethnocentrism，即拒絕、防禦、最小化）移至族群相對主義（ethnorelativism，即接納、適應、整合），順著這些階段促進反思與運動的策略可以整合進家庭生活教育之實踐。

　　舉例來說，讓一個人接觸文化多樣性事件及訓練，可以促進從拒絕（即：未察覺他人之差異、良性的刻板印象、刻意疏遠）到防禦（即：當差異被經驗成威脅時）之變遷。建立文化自尊、接受平衡的文化自豪、強調文化的優點並利用團體活動等，可以協助從防禦移動到下個階段——最小化〔即：當對相似性的重視超過歧異時，會導向差異的平凡化與所有應該是（或是）與主流群體相稱之隱含假設〕。在彼此文化基礎間影響行為與可能的不一致之文化因素知覺，促進邁向族群相對主義第一階段——接納。

　　透過與各種不同的成員參與正在進行的團體之實踐接納促進往適應階段

發展，在接下來的階段，適應透過同理心與多元性被論證（即在背景內了解他人之承諾並成功運作於其他文化），且透過生活在另一個文化裡相當長的時間被培養。不過，對一種文化的敏感度也許不能轉化成另一種文化，因此提供個人對同理心與其他文化適應之轉換等成長機會也許是有用的。處於整合階段的那些人則挑戰自我與其他文化更精深的經驗，且可能投身於國際主義或多元文化主義。整合階段是我們擁有但依然展望可能性的發射點。

那些經驗過壓迫（oppression）及來自主流團體的人可能會有不同的進行階段。例如，那些已體驗過壓迫的人並非典型地處於已遭受壓迫的階段。然而，對這個群體而言，壓迫的經驗可能概化成脆弱死板的期待，而最糟的是徒勞無功（Pinderhughes, 1989）。當跨文化執行業務時，家庭生活教育人員必須採取所有那些對活動有效的可能性。

此模型是以下述假設為基礎：文化理解力透過接觸產生；一種文化可以僅透過檢視其他文化被了解；及「文化差異既不好也不壞，只是不一樣，縱使某些文化行為在特定環境條件可能比其他行為更能被適應」（p. 46）。差異未如威脅一樣被察覺，但通常是愉快地被經驗且是被追捧的，引出一種「好奇總好過敵意」（p. 48）之反思立場。

以上所述共同適用於組織（譬如事務所與教育機構），個人亦同。組織也得對自身歷史與現行營運做反思，塑造組織發展的因素也影響家庭生活教育的設計、實施與評估。如同個人的情況，組織只能藉由認識自身所處的社會與文化背景來了解委託人逐漸增加的多樣性。

取得理解力與技能以發揮功能，並適應於不同文化

Sue 等人（1998）的過程第二步驟是讓家庭生活教育人員開始學習他人的文化背景，此過程包含培養對他人世界觀、文化實踐、價值觀、歷史與背景的知識及理解力（Dilworth-Anderson, Burton, & Turner, 1993; McAdoo, 1999）。當同時

挑戰褊狹（insularity）和種族中心主義時，培養對其他族群與文化團體的理解力與賞識能增進對他人的同理心。探究多樣性的過程是意識到團體內部存在差異性，並將之與所習得的一切屬性加以協調。團體內存在的多樣性通常跟團體間的多樣性一樣多，牢記這一點是有幫助的。

　　此理解力被轉變成**技能**以尊重與有益的方式互動，以建立並利用文化適當的技術與策略實施合適的家庭生活教育計畫。人際技能務必傳達文化的尊重與知識，例如，以恰當的次序稱呼家庭成員；使用（或避免）眼神接觸；分配適當時間以透過一般對話建立關係等，可能全會因依據的族群或文化背景而有所不同。了解特定團體喜好的互動模式與正在服務的對象是成功的關鍵。一份文化指南或許對有效能的工作是必要的，包括建立信任與信譽（如：庇護與移民家庭、家庭信奉的宗教不為家庭生活教育人員所熟悉）。在某些案例裡，只有同屬團體成員的家庭生活教育人員可能被接納。然而，多數不同的團體已在與其他族群或文化團體同工或接受其服務上顯示了高度容忍力。

　　概念化技能使家庭生活教育人員適應後設議題（meta-issue），好比學習型態、教育者角色與範例。將資訊運用於 McCarthy（1996）所描寫的學習型態上，Myers-Walls（2000）建議家庭生活教育人員確認自身偏好的學習型態，接著實踐並對其他型態感到自在，然後將之整合入一個已知的情況。從教育者角色方面來說，家庭生活教育人員在執業時也可認定為「專家」、「協力者」（collaborator）或「催化者」（facilitator）的角色。這些角色讓呈現於家庭生活教育中的不同範例成為平行：工具的／技術的、詮釋性的與解放的（Morgaine, 1992）。**專家**具備資訊與技能供欲改善生活品質的參與者學習；家庭生活教育人員作為協力者則是分享規劃的責任給參與者；詮釋性典範指導家庭生活教育人員探索家庭經驗的個人、家庭與文化意義；作為催化者，家庭生活教育人員如同供應給參與者的資源般產生效果，並且在認定目標是幫助參與者運用自身知識以改變外在條件時，藉由團體歷程提供協助。當服務對象與狀況有所需求時，對這些典範及教育者角色感到自在，能讓家

庭生活教育人員彈性地運用它們。

🌱 情境性與全球性的思考

　　日常工作反映自我認知的獲得、對其他文化背景的了解，以及所取得的人際與概念性技能。「思考全球化，行動在地化」這個句子可以應用於家庭生活教育，所有的計畫與實務是在地的、必須被套疊在地方情境內或是在其中發展以應付人口需求。為了行動在地化，家庭生活教育人員一定要了解並熟悉在地文化；這項能力也許需要靠研究或家庭生活教育人員在體驗不同族群與文化經驗及傳統上刻意的努力（Sue et al., 1998）。

　　全球意識對文化能力而言是極為重要的，塑造美國的歷史力量知識與諸如遷移模式之國際化歷程亦為關鍵屬性。沒有這些的話，未獲得情報的實務工作者就像還不會走路的學步兒企圖撐竿跳。家庭生活教育人員代表性的工作對象為難民、移工、跨國際擴展的家庭、移民與家有未就業成員的家庭，如果家庭生活教育人員不能擴展其思維至全球化層次，他們可能無法領會當地家庭所生活的環境背景。這些涵意的背景正變得日益全球化且具備社會政策面向，賦予家庭更大的流動性。

　　譬如，2001年9月美國恐怖攻擊之後，許多在美國的阿拉伯裔美國人家庭害怕出入公共場合，惟恐過度激進的個人或團體可能的報復。他們的恐懼合理的被賦予國家層級的悲痛與仇外情緒，這個困境也間接影響從世界其他地區來的穆斯林家庭，及習俗可能被知覺為「阿拉伯」或「穆斯林」的非穆斯林者。在許多的案例中，影響全美的慘劇與緊張替這些家庭創造了獨特、額外的壓力；家庭的其他群體亦感受到相同的壓力，如那些有成員在軍隊服役的家庭。不過也有很多報導提到關於阿拉伯裔美國人收到鄰居、同事與雇主表達支持和關心的訊息，留意到這一點也是很重要的。

　　光是知道恐怖攻擊不足以幫助這些家庭重拾平衡狀態與混亂時期的能動感知（sense of agency），依其社會經濟與族群文化定位而定，實務工作者可

能需要運用創新的方法作為選擇或是參與非傳統的結盟。了解引發事件及遍布全國的家庭所抱持的世界觀範圍之宗教與族群影響，可促進家庭生活教育人員的努力成果以幫助特定家庭。

在討論 Sue 等人（1992）的第三步驟時，考慮民族性（national character）的屬性是有用的，民族性可能會幫助或阻礙發展文化適宜介入策略的過程，其中的正向屬性是在科學（如：太空探索、醫藥）與藝術（如：搖滾樂、爵士樂）方面以促進成就發展之創意與創新精神，這些可以幫助減少對「未知」的恐懼，此未知遏止了許多實務工作者奮勇擁抱周遭的多樣性。

而關於潛在負向屬性方面，美國主流文化的屬性並不總是對人們具有容忍度，對複雜問題要求快速、簡潔解答之慾望往往導致更深層、更拖延問題的發展。與這些過失相關的是對二分法思維的傾向，二分法思維常妨礙可替代選擇之認定；其造成的緊張則是無法分辨團體間共同點或是了解不同團體內多樣性的元凶。對一些優勢團體（如：白種人、異性戀者或是富人）的成員而言，罪惡感、憤怒或無助感可能抑制成長（Helms, 1992），承認這些感受是正常的並拒絕屈服於自我譴責之麻痺感，可以幫助重新開始發展的動機；克服這些問題的實務工作者能夠發展出能力以幫助其單位所服務的家庭。

繼續旅程

在這個文化能力的旅程裡，家庭生活教育領域接下來將面臨什麼呢？此領域會受益於文化能力在四個方面的繼續發展：實證依據與報告、應用、組織發展與專業期望。

增進文化能力

首先，家庭生活教育領域受益於持續聚焦在家庭生活教育人員如何成功地增加他們的文化能力，此領域的實證根據與報告為家庭生活教育人員如何

將多元的視框整合入工作，並如何在多元文化直覺、理解與技能上得到個人成長等事宜提供洞察力。從這個領域的實務所學到教訓是什麼？

各方都正朝此方向努力，例如美國農業部下設各州的合作研究、教育及推廣服務局（United States Department of Agriculture Cooperative State Research, Education and Extension Service）。賓州合作推廣部為其專業人員出版了《多樣性的議題》（*Diverse Issues*）季刊已經連續超過兩年，內容包括下列五項固定的特別報導：

- 人群之多樣性〔例如阿米希人（Amish）、農村／城市／郊區、男同性戀與女同性戀家庭、養育孩童之實踐是如何跨越人口變化〕。
- 工作場所之多樣性（強調與互異的人共事）。
- 多樣性活動（用在青年或成人團體以激發多樣性知覺）。
- 多樣性資源（評論為多元化團體所準備的教材、剪貼畫與網頁）。
- 全州的多樣性（強調推廣部專業人員多樣性活動之努力）。

三分之一的季刊訂閱者指出他們使用季刊作為個人發展之用，其餘則用作郡內的通訊、媒體與推廣部會議之內容（Ingram & Radhakrishna, 2002）。家庭生活教育人員可受益於家庭生活教育專業人員日常多樣性實踐之深入研究；研究者藉由使用人種誌與深入訪談研究法，得以用文件證明推廣專業人員針對所在地區人口工作時的有效能實踐。

Bean、Perry 和 Bedell（2002）的著作提供了在治療計畫所學習課程之範例，他們記錄了結合文獻回顧與個人發展，是如何幫助非非裔美國人治療者有效能地服務非裔美國人的個案；此方法描述了使用從 Sue 等人（1998）的過程中前兩個步驟所獲得的洞察力之價值，以塑造文化適宜之介入。Bean、Perry 和 Bedell（2002）的十五條準則中的幾條準則，假定實務工作者將成功反映在他們自身的族群文化背景上，此彈性也讓實務工作者避免心理防衛並克服與個案一同加入對雙方而言可能均為新方法之恐懼。

本文呼應整個從 Bean、Perry 和 Bedell（2002）準則所訂定之觀點（例如

像是將「維持家庭廣泛的定義」並納入家庭架構與角色），另一個例子則是這些作者建議臨床工作者為所服務家庭按特性處理「種族主義與其作用」對生活之影響的議題。隨著不再強調人為權力動力（即臨床工作者大於患者）與願意盡可能讓家庭在其自身環境獲得滿足，此方法提升了尋求跨越文化界限實務工作者之可信度。

▋應用

　　可供家庭與家庭生活教育人員使用的教材日益增加，包括英文、西班牙文及其他語言之線上資源（例如：www.cyfernet.org；www.clas.uiuc.edu；http://osu.orst.edu/dept/ehe/；http://extension.missouri.edu/parentlink/index.htm；www.extension.umn.edu/topics.html?topic=3）。以多樣性為題的例子有《各式各樣的家庭：給父母的指南》（*Families of All Kinds: A Guide for Parents*）（Olsen, 1994）與《給帶領者的指南》（*A Guide for Leaders*）（Olsen, 1995）。更多的說明文件是現階段成果所必需，以提供家庭提高文化能力與上述成果效用的資源與計畫。

　　有幾名家庭生活教育人員開發了適合特定族群與文化社群的教材，舉例來說，Blackman（2002）已研發非裔美國人婚姻充實計畫（African American Marriage Enrichment Program），是組成非裔美國人家庭生活教育計畫（African American Family Life Education Program）的兩個實證基礎實務模型之一。此婚姻充實計畫運用文化能力的取向幫助伴侶培養健康關係之技巧，並已在諸如聰明婚姻研討會（Smart Marriages Conference）等國家論壇裡被廣泛介紹（Blackman, 2007）。第二個模型則聚焦在親職教育，非裔美國人家庭生活教育計畫代表合格家庭生活教育人員與若干社區利益相關者彼此合作的優良例證，在此案例裡有印第安那大學社會工作學院、兩個地方機構（Wishard 健康服務與馬丁路德金恩中心）與一個地方信仰團體（Robinson社區非洲種族衛理公會教會）（亦參見 www.aafle.org 網站裡關於非裔美國人家庭生活教育計畫之描述）。

　　隸屬喬治亞大學家庭研究中心的教師與工作人員，持續研究鄉村非裔美國人社區內促進健康與正向發展的背景因素，他們的研究導致回應家庭與社區優勢預防計畫的發展，包含強健非裔美國人家庭與強健非裔美國人婚姻計畫（Strong African American Families and the Program for Strong African American Marriage）（www.cfr.uga.edu; Brody et al., 2004; Hurt et al., 2007）。

　　「祖父母資源場所倡議」（Grandparent Resource Site Initiative）是家庭生活教育人員、以家屬照料為前提服務家庭的地方機構，與 Kellogg 基金會合作，全國已經設立了十個祖父母資源中心，由中心內的工作人員與諮詢團體合作，提供祖父母及他們所扶養的孫子女具文化敏感度之服務（Dannison & Smith, 2003; www.wmich.edu/grs）。

　　針對較高教育程度的家庭生活教育人員，來自家庭科學領域（例如早先所提到的工作）或相關領域諸如高等教育（參見 www.diversityweb.org）的最新師資描述，為多樣性課程提供了實踐策略與模型。卡內基教學促進基金會（Carnegie Foundation for the Advancement of Teaching；參見 www.carnegief-oundation.org）提供方向和資源給 K-12 學校，以及承諾培養教學與學習學位的高等教育機構。

▌組織裡的文化能力

　　第三，家庭生活教育人員可以促進自身任職及擔任志願服務單位的組織文化能力，就如早先所建議，尋求協助組織增加文化能力的家庭生活教育人員應該發現 Sue 等人（1998）的研究成果很有助益，他們整合各種來源提出了多元文化能力組織的六種特徵：

1. 組織重視員工與客戶的多樣性，因此，認知到價值觀、行為、溝通方式與態度會有所差異；團體內與團體間的差異是被承認的。當歐裔美國人的團體特徵被尊重為許多可能的認同之一時，此團體特徵將不被用作評斷其他團體的標準。

2. 組織能夠進行自我評估與文化審核。關於系統如何受文化因素影響，

以及未經檢驗的偏見、假設與價值是如何需要被探索，組織內的成員認知到對於這兩點具備較佳理解力的重要性。評估可能包含了組織的服務、產品、過程與背景。

3. 組織有清楚的願景，員工知道並分享共同的願景，此願景指的就是文化能力。

4. 組織了解在往文化能力方向移動時可能發生的動力。例如，當兩個或兩個以上的團體企圖對彼此有更佳的了解，並致力於消除種族主義、性別歧視、異性戀中心主義與其他形式的壓迫，衝突可能會出現。當員工成為變革的先鋒時，領導者需要有創意、靈活地回應並允許犯錯。

5. 組織允許文化知識滲入職場所有部門及職務，每個人都能在自己的工作上獲得並使用文化知識。

6. 組織持續適應多樣性，一旦接受服務者改變，組織藉由發展並執行額外的文化適宜服務來因應。

在這些步驟之上可能是一個機構的「操作型假設」之必要轉變，以便文化特定（culturally-specific）服務與計畫從地方社區的世界觀顯露出來（Uttal, 2006）。組織要成為文化特定，其可能會被要求從案主中心定位轉變至社區基礎定位，特別是當地方社區無法從社區發展、社會支持與個別發展中區別出來時，Uttal 主張如此的轉變需要若干的實踐。

1. 在設計計畫時，人員需要自主權與支持以承認服務對象的文化及物質環境。

2. 重新設計計畫教材以符合服務對象的知識。

3. 替課程加上趣味性的主題（例如一個有一大群移民家庭的團體可能需要移民資訊，此資訊包含即使看不出來與計畫有連結的標題在內）。

4. 依靠對話互動而不是說教互動，以對參與者的世界觀有更好的理解，並以此方式對計畫做必須的變動。

5. 鼓勵組織內所有不同層級的工作人員檢查計畫性改變如何確實幫助滿足組織較廣泛的目標。

▎專業期望

　　最後，文化能力應繼續被併入為合格家庭生活教育計畫的一個正式部分（更多成為合格家庭生活教育人員的資訊，請參見 www.ncfr.org），文化能力的訓練應包含研究、訓練與實踐的所有方面，以鼓勵持續致力於增加自身文化能力、能自省的實務工作者。當學術計畫為家庭生活教育人員認證教育十個家庭生活教育內容領域的學生（NCFR, 1984），多樣性與文化能力的自覺整合是必需的。

　　舉例來說，在專業實踐的倫理課程裡（十個內容領域之一；NCFR, 1984），講師可以探究個人反思、理解力與技能對文化能力發展的重要性；可以將倫理、性別、性別認同發展與文化能力發展模型併入人類成長與發展、倫理學或家庭生活教育方法學課程中。作為家庭生活教育認證過程的一部分，申請人可以展現工作的執行，變得更具文化能力。

　　隨著《生命全程家庭生活教育架構》中「多元文化—性別平等—特殊需求覺察」之納入在此領域取得了進展，忙於架構之未來修訂的家庭生活教育人員可能希望考慮用「特定需求」（particular needs）或其他專有名詞代替「特殊需求」（special needs），以更能代表所有家庭都有需求，而不是在需求與特殊需求中間製造二分法。舉例來說，歷史上的優勢地位家庭被認為是典範或內定（default）家庭，相對其他家庭則是被接受判定與研究的。然而在一個生動的描述中，Marks（2000）將家庭優勢與權限「問題化」（problema-tize），並主張將其列入研究議程。優勢與權限既沒有要求多樣性的認知或對多樣性的注意，也沒有要求對改變壓迫狀況的責任。家庭可以使偏見與孤立永久存在，不僅是其他家庭的損傷也是對其成員的損傷。家庭優勢與權限不僅可以成為研究的主題，也可以成為對家庭生活教育人員關注之議題。沒有一個個人或家庭單單符合一項或是某些分類（即完全優勢或完全不利），而要體驗好處與壞處的獨特交集，留意到這一點是很重要的（Marks & Leslie, 2000；亦參見 Collins, 1990; Lorde, 1984）。

❧ 結語

文化能力是家庭生活教育工作的中心，隨著美國人口持續多樣化，實務工作者必須有效地跨越文化界限以變得有效能。因此，與其變得稀少或偶然出現，這些交會的形式將會逐漸界定個人與組織兩者哪個會是 21 世紀引導與培力家庭的有意義角色。

發展文化能力之指導可從家庭生活教育領域內與其他學科兩者中獲得，有一個方法是運用「多元的視框」以建立跨文化理解，另一個方法則是從發展個人覺察與自省開始。這些方法合併他人知識與價值觀，以及促進了解的跨文化技能習得，此覺察、知識與技能的綜合體是文化能力的精髓。

本文作者企圖證明，家庭生活教育人員與實務工作者如何能藉由欣然接受這些原則來豐富他們的工作，透過慎重關注多樣性許多形式的過程，家庭生活教育人員可以邁向文化能力與專業卓越的更高層次；然而，帶來的好處遠超過工作的改善。最終，那是生命被我們接觸到、受到對多樣性的關注培力的家庭；倘若我們的工作是驗證並彰顯家庭和其根基，我們能共同建立一個未來世代將彼此的差異視為強化社區的健康資源之希望願景。

參考文獻

Allen, K. R. (1995). Opening the classroom closet: Sexual orientation and self-disclosure. *Family Relations, 44*, 136-141.

Allen, K. R., & Baber, K. M. (1992). Starting a revolution in family life education: A feminist vision. *Family Relations, 41*, 378-384.

Allen, K. R., & Farnsworth, E. B. (1993). Reflexivity in teaching about families. *Family Relations, 42*, 351-356.

Baber, K. M., & Murray, C. L. (2001). A postmodern feminist approach to teaching human sexuality. *Family Relations, 50*, 23-33.

Banton, M., & Harwood, J. (1975). *The race concept.* New York: Prager.

Bean, R. A., Crane, D., & Lewis, T. L. (2002). Basic research and implications for practice in family science: A content analysis and status report for U.S. ethnic groups. *Family Relations, 51*, 15-21.

Bean, R. A., Perry, B. J., & Bedell, T. M. (2002). Developing culturally competent marriage and family therapists. *Journal of Marital & Family Therapy, 28*, 153-164.

Bennett, M. J. (1993). Toward ethnorelativism: A developmental model of intercultural sensitivity. In R. M. Paige (Ed.) *Education for the intercultural experiences*, pp. 21-71. Yarmouth, ME: Intercultural Press.

Berke, D. L., & Wisensale, S. K. (Eds.). (2005). *The craft of teaching about families: Strategies and tools*. Binghamton, NY: Haworth Press.

Blackman, L. C. (2002). The African American Marriage Enrichment Program©: How to make your good thing better. *Social Work Today, 2* (3), 14–18.

Blackman, L. C. (2007, June/July). *African American marriage enrichment*. Presented at the 2007 Smart Marriages Conference. Denver, CO.

Blaisure, K. R., & Koivenun, J. (2003). Family science faculty members' experiences with teaching from a feminist perspective. *Family Relations, 52*, 22-32.

Bredehoft, D. J. (Ed.). (1997). *The framework for life span family life education* (2nd ed.) [Poster]. Minneapolis: National Council on Family Relations.

Bredehoft, D. J. (2001). The framework for life span family life education revisited and revised. *The Family Journal: Counseling and Therapy for Couples and Families, 9*, 134-139.

Beitin, B. K., & Allen, K. R. (2005). Resilience in Arab American couples after September 11, 2001: A systems perspective. *Journal of Marital and Family Therapy, 31*, 251-268.

Brody, G. H., Murry, V. M., Gerrard, M., Gibbons, F. X., Molgaard, V., McNair, L., et al (2004). The strong African American families program: Translating research into prevention programming. *Child Development, 75*, 900-917.

Bubolz, M. M., & McKenry, P. C. (1993). Gender issues in family life education: A feminist perspective. In M. E. Arcus, J. D. Schvaneveldt & J. J. Moss (Eds.), *Handbook of family life education: Foundations of family life education Vol. 1.* (pp. 131-161). Newbury Park, CA: Sage.

Collins, P. H. (1990). *Black feminist thought: Knowledge, consciousness, and the politics of empowerment (Perspectives on Gender, Vol. 2)*. Cambridge, MA: Unwin Hyman.

Cross, T., Bazron, B., Dennis, K. & Isaacs, M. R. (1989). *Towards a cultural competent system of care: A monograph on effective services for minority children who are severely emotionally disturbed, Volume I*. Washington, DC: CASSP Technical Assistance Center, Georgetown University Child Development Center.

Dannison, L., & Smith, A. (2003). Custodial grandparent community support program: Lessons learned. *Children and Schools, 25*(2), 87–95.

Demo, D., Allen, K. R., & Fine, M. A. (Eds.). (2000). *Handbook of family diversity*. New York: Oxford University Press.

Dilworth-Anderson, P., Burton, L. M., & Turner, W. L. (1993). The importance of values in the study of culturally diverse families. *Family Relations, 42*, 238-242.

Dilworth-Anderson, P., & McAdoo, H. P. (1988). The study of ethnic minority families: Implications for practitioners and policymakers. *Family Relations, 37*, 265-267.

Helms, J. (1992). *A race is a nice thing to have: A guide to being a white person or understanding the white persons in your life*. Topeka, KS: Content Communications.

Hurt, T.R., Beach, S. R. H., McNair, L. D., Fincham, F. D., & Murry, V. M. (2007, November). *Dissemination of couples' interventions: Experiences from ProSAAM*. Paper presented at the annual conference of the National Council on Family Relations, Pittsburgh, PA.

Ingram, P. D., & Radhakrishna, R. (2002). Evaluating a diversity educational resource in cooperative extension. *Journal of Extension, 40*(1). Retrieved May 5, 2002, from http://www.joe.org/joe/2002february/iw2.html

Lewis, E. A. (1995). Toward a tapestry of impassioned voices: Incorporating praxis into teaching about families. *Family Relations, 44*, 149-152.

Lorde, A. (1984). *Sister outsider*. Trumansberg, NY: The Crossing Press.

MacDermid, S. M., Jurich, J. A., Myers-Walls, J. A., & Pelo, A. (1992). Feminist teaching: Effective education. *Family Relations, 41*, 31-38.

Marger, M. (1997). *Race and ethnic relations: American and global perspectives* (4th ed.). Belmont, CA: Wadsworth.

Marks, J. (1995). *Human biodiversity: Genes, race, and history*. New York: Aldine de Gruyter.

Marks, S. (1995). The art of professing and holding back in a course on gender. *Family Relations, 44*, 142-148.

Marks, S. (2000). Teasing out the lessons of the 1960s: Family diversity and family privilege. *Journal of Marriage and the Family, 62*, 609-622.

Marks, S. R., & Leslie, L. A. (2000). Family diversity and intersecting categories: Toward a richer approach to multiple roles. In D. H. Demo, K. R. Allen & Mark A. Fine (Eds.), *Handbook of family diversity* (pp. 402-423). New York: Oxford University Press.

McAdoo, H. P. (1999). *Family ethnicity: Strength in diversity* (2nd ed.). Newbury Park, CA: Sage.

McAdoo, H. P. (2007). *Black families* (4th ed.). Thousand Oaks, CA: Sage.

McCarthy, B. (1996). *About learning.* Schaumburg, IL: Excel.

McGoldrick, M. (Ed.). (1998). *Re-visioning family therapy: Race, culture, and gender in clinical practice.* New York: Guilford Press.

McGoldrick, M., Giordano, J., & Garcio-Preto, N. (Eds.). (2005). *Ethnicity and family therapy* (3rd ed.). New York: Guilford.

Montagu, A. (1974). *Man's most dangerous myth: The fallacy of race* (5th ed.). New York: Oxford University Press.

Morgaine, C. A. (1992). Alternative paradigms for helping families change themselves. *Family Relations, 41,* 12-17.

Myers-Walls, J. A. (2000). Family diversity and family life education. In D. H. Demo, K. R. Allen & Mark A. Fine (Eds.), *Handbook of family diversity* (pp. 359-379). New York: Oxford University Press.

Myers-Walls, J. A., Dunn, J., & Myers-Bowman, K. S. (2003). *Cultural Characteristics Questionnaire: What does your target population look like?* In D. J. Bredehoft & M. J. Walcheski (Eds.), *Family life education: Integrating theory and practice* (pp. 186-188). Minneapolis, MN: National Council on Family Relations.

National Council on Family Relations. (1984). *Standards and criteria for the certification of family life educators, college/ university curriculum guidelines, and content guidelines for family life education: A framework for planning programs over the life span.* Minneapolis: Author.

Olsen, C. S. (1994, December). *Families of all kinds: A guide for parents.* Manhattan, KS: Cooperative Extension Services, Kansas State University.

Olsen, C. S. (1995, April). *Families of all kinds: A guide for leaders.* Manhattan, KS: Cooperative Extension Services, Kansas State University.

Pinderhughes, R. (1989). *Understanding race, ethnicity, and power: The key to efficacy in clinical practice.* New York: Free Press.

Sue, D. W., Arredondo, P., & McDavis, R. J. (1992). Multicultural competencies/standards: A pressing need. *Journal of Counseling and Development, 70,* 477-486.

Sue, D. W., Carter, R. T., Casas, J. M., Fouad, N. A., Ivey, A. E., & Jensen, M. (1998). *Multicultural counseling competencies: Individual and organizational development.* Thousand Oaks, CA: Sage.

Talbot, D. M. (1996). Multiculturalism. In S. Komives & D. Woodard (Eds.) *Student services: A handbook for the profession* (3rd ed.). San Francisco, CA: Jossey-Bass.

Thomas, J. (1995). Toward inclusive curriculum: Identifying bias and exclusivity in family life education curriculum material. In D. J. Bredehoft (Ed.), *Family life education curriculum guidelines,* (2nd ed., p. 15). Minneapolis: National Council on Family Relations.

Thompson, L. (1995). Teaching about ethnic minority families using a pedagogy of care. *Family Relations, 44,* 129-135.

Uttal, L. (2006). Organizational cultural competency: Shifting programs for Latino immigrants from a client-centered to a community-based orientation. *American Journal of Community Psychology, 38,* 251-262.

Walker, A. (1996). Cooperative learning in the college classroom. *Family Relations, 45,* 327-335.

Walker, A. J., Martin, S. S. K., & Thompson, L. (1988). Feminist programs for families. *Family Relations, 37,* 17-22.

Wiley, A. R., & Ebata, A. (2004). Reaching American families: Making diversity real in family life education. *Family Relations, 53,* 273-281.

關於作者

William D. Allen，博士，執業婚姻與家庭治療師（L.M.F.T.），為明尼蘇達州明尼亞波里私人診所 Healing Bonds 的執業婚姻與家庭治療師及負責人。除了與社會服務機構及政府合作之外，亦進行家庭研究，同時也是明尼蘇達大學家庭社會科學系的兼任師資。E-mail: ballen@umn.edu。

Karen Blaisure，博士，合格家庭生活教育人員，執業婚姻與家庭治療師，西密西根大學家庭與消費者科學系教授，其研究領域涵蓋分離雙親（separating parents）的團體與線上教育學程，也推廣伴侶方案及家庭生活與軍隊之週末課程。E-mail: karen.blaisure@wmich.edu。

Chapter 23

兒童與其家庭之最佳利益：
方案發展與評鑑之融合

Christa J. Treichel 著．潘維琴 譯

「**實**施家庭生活教育方案有什麼差別嗎？」方案評鑑過程要具備合適的設計與資料蒐集方法，也為這個問題提供了解答的依據；對大眾、資助者、決策者與學術研究界——許多對上述問題的意義有不同詮釋的利益相關者而言，這是一個很重要的問題。評鑑對那些致力提供滿足家庭需求有價值、有效服務的實務工作者也很重要。本文將證明，評鑑過程如何產生滿足家庭生活教育人員（FLEs）與其他家庭生活教育專業人員豐富兒童與其家庭的生活的資訊。

🌿 評鑑是多樣化與擴展中的領域

評鑑的方法在過去幾十年如雨後春筍般湧現（Chelimsky & Shadish, 1997; Stufflebeam, 2001），評鑑技術成長的原因之一是因其被數量日益增加的機構所應用，我們之中許多人熟悉方案評鑑在社會工作、公共衛生、教育、青少年發展或家庭生活教育領域的應用，不過，評鑑現在也被運用在其他較不熟悉的機構裡。舉例來說，企業評鑑員工協助服務的價值（Maiden,

1988）；警察使用評鑑結果以判定社區警務方案是否改善公眾對警察的認知
（Sadd & Grinc, 1994）；環保組織研究以改善水質為重點的新專案之效用；當
代藝術博物館評鑑自身成果以透過各種倡議吸引不同的群體；基督宗教團體
（ecumenical religious group）審查特定地理區域內可負擔的住宅專案之可能
性。出席美國評鑑協會（American Evaluation Association）並與世界銀行、美
國國防部、美國國會會計總署、國家科學基金會、聯合國或是世界衛生組織
的評鑑人員碰面也很常見。儘管這門學科多樣化有其優勢，對於發現方案評
鑑現在已成為方案描述一部分的家庭生活教育人員而言，也在勢不可擋的方
法及專門術語廣度上置入了挑戰——或至少令他們感到困惑。

　　這導向了本文的三個意圖，第一個意圖是幫助實務工作者了解評鑑與研
究之間的差異與相似性。第二個意圖則是建議執行家庭教育方案的人員在家
庭生活的早期就加入實施可評鑑性評量（evaluability assessment）的過程。可
評鑑性評量是一種讓評鑑人員與方案工作人員合作以為方案評鑑做好準備的
過程（Patton, 1997），其提供了珍貴的資訊讓實務工作者透過方案的組成、如
何發揮功能、方案如何豐富兒童與其家庭的生活等來思考。第三個意圖是主
張評鑑過程與方案發展之融合，為此，Jacobs 的評鑑五層次方法是為了讓實務
工作者用在家庭生活教育方案工作上而發表的工具，他的模型各階段連結了
方案發展與相應的評鑑任務。上述三種意圖提供家庭生活教育人員評鑑的廣
泛圖像、規劃和執行過程之連結，以及解答有關家庭生活教育益處等問題時
的價值。

🌱 評鑑的定義以及與研究的區別

　　何謂評鑑？答案取決於你所詢問的對象。美國教育評鑑標準聯合委員會
（Joint Committee on Standards for Educational Evaluation, 1981. pp. 12-13）所出版
的《教育方案、專案與教材評鑑標準》（*Standards for Evaluations of Educa-
tional Programs, Projects, and Materials*）一書將評鑑定義為：「……對某些『對

象』（objective）的價值或功績之系統性調查」，此「對象」指的是方案
（program）、專案（project）或教材（material），方案被解釋為無定限期間
提供的教育活動（如大學繼續教育方案）；而專案是較短期間所提供的活動
組成；教材評鑑則是將焦點放在學習書籍、課程、影帶、工具書或學習指
南。

　　評鑑的定義與方案、專案與教材的區分到今天依然實用，Patton（1997）
透過聚焦於評鑑是如何被使用來詳細說明這個具發展性的定義，他敘述道：
「方案評鑑是關於方案活動、特性與成果的資訊之系統性蒐集，以對方案做
出判斷、改善方案效能，或告知有關未來方案設計的決策。」（1997, p. 23）
Patton 提議，做出判斷可能不是實施評鑑最終的結果或是唯一理由，此外，他
挑戰利益相關者去了解為何某件事正被研究，而據此所做出的判斷將會完成
什麼事。聚焦在評鑑應用之實際企圖，提高了區別研究與評鑑這項需求的重
要性。

　　研究（research）與評鑑（evaluation）這兩個專有名詞常常被當作同義
詞，儘管爭論這兩個詞的差異可能像是一場字義的訓練，但是文字的確影響
我們的行動。例如，比起參與評鑑活動，有些參與研究活動的家庭生活教育
人員會感受到來自資助者、督導者或同僚的壓力。許多人的印象是：完成使
用複雜抽樣方法的縱向實驗研究是他們的責任（例如負責一項參與者為 22 名
母親及其子女的家庭訪視方案）。除此之外，他們認為有義務讓執行研究得
到的結果與發現能夠推廣到所有的家庭研究，而研究結果簡化之後，就會像
是「我們的家庭訪視方案導致兒童虐待與忽視的發生率減少」這樣的陳述，
相信上述研究結果的陳述是自身責任的家庭生活教育人員，通常會感到惶
恐、不知所措或是沮喪，他們的專業經驗告訴他們，在上述狀況所得到的方
案科學研究成果並不可行。

　　當我們對呼籲研究的家庭生活教育領域還有諸多疑問時，較小型非營利
組織的資源與專長常常不足以進行「基礎研究」（pure research）（Pietrzak,
Ramler, Renner, Ford, & Gilbert, 1990）。此外，研究結果對於實務工作者理解

哪些方案有利於家庭的程度、協助改善方案的程度，或決定有關下個月應執行事項的程度不會有幫助（Patton, 1997）。

　　以我和實務工作者一起工作的經驗來看，區分研究與評鑑的相異性與相似性一直是有幫助的。評鑑結果是與其背景脈絡綁在一起的，只能用在特定的情境，將結果推論到更大的人口群體通常不是其目的。方案評鑑傾向於提供實務工作者所需要的實務資訊以便做出方案決策與改善方案，且通常具有相當迅速的成果轉變。實務工作者需要回答類似下述的問題：「家長會傾向由同儕還是專業人員當團體帶領者？」或「家長從我們的討論學到了什麼？」或「家長對公共護士進行居家健康訪視會比較自在，還是他們寧願來診所？」總之，當現實議題驅動問題，而結果會被用來做決策並改善方案之時，評鑑結果對實務工作者而言就具有很大的價值。

　　從另一方面看，研究是一個導向不同結果的調查過程，科學研究的過程可以產生協助研究者驗證理論或法律的資訊，產出資訊以幫助他們得到結論，並允許他們將研究發現推論到其他未被直接研究的人或情境（Worthen & Sanders, 1987）。Patton（1997）藉由說明研究的目標是產生知識與真理，而評鑑則提供支持行動的資訊，替研究與評鑑的相異性與相似性做了總結。

　　研究與評鑑確實在某些部分有共同點，兩者均為嚴謹形式的探究，且是系統性的資料蒐集與分析方法。研究人員與評鑑人員共享相同的方法——訪談、文件審查、調查或觀察，本質可能為質性或量化的方法。在兩者的探究過程中，研究人員與評鑑人員都使用資訊或數據作為研究的基礎（Patton, 1997; Worthen & Sanders, 1987）。

　　我相信所有的家庭生活教育方案都應該被評鑑，參與方案的家庭可能因為有危機而被招募，或者他們只是認為方案將有益於家庭所以想要加入活動。不管理由為何，實務工作者想要滿足這些需求，而方案評鑑則提供了確保達到預期效益之過程。

🌿 開始起步：可評鑑性評量

　　發展家庭生活教育方案是一件嚴肅的工作，家庭生活教育人員渴望讓兒童、青少年、父母親在生活或家庭裡產生正向改變，因而規劃方案，目的或許包括為了幫助家庭獲得新資訊、改變信念系統、得到新技能，或改善家庭生活環境。

　　評鑑領域裡有一種被稱作「可評鑑性評量」（Wholey, 1977）的過程，不論計畫目的為何，可評鑑性評量幫助家庭生活教育人員強化其方案的概念設計，並增加家庭從活動中獲得益處之可能性；亦可預防資源之誤導運用，避免組織過早進行評鑑研究。

　　當一個組織進行可評鑑性評量時，得自問並回答幾個問題。我們（在規劃或服務方面）要提供什麼給家庭？我們希望家庭從這個經驗得到什麼？我們提供的方案活動如何將家庭導向所預期的成果？我們的想法看似合理嗎？要如何提出證據證明我們的方案將會成功？我們準備好採納應用評鑑研究的結果了嗎？為了回答這些問題，本文下一段會將評鑑過程拆分為四個步驟：(1)建立方案理論；(2)建立邏輯模型；(3)區分結果與指標；(4)評鑑機構對總結性評鑑活動之準備度。

🌿 闡明改變理論

　　為了開始可評鑑性評量的程序，實務工作者投入時間發展「改變理論」（有時被稱作一種行動的理論）（Jacobs, Kapuscik, Williams, & Kates, 2000）。改變理論解釋方案如何運作以對家庭（兒童、青少年或成人）產生效益；由於改變理論迫使實務工作者必須清楚知道，一旦參與者參與方案服務或活動時，我們期待它促使參與者清楚所期待的改變是如何發生的，而使得改變過程顯得一目了然。當評鑑被執行來研究方案效益卻沒有先發展改變理論，就

會導致「黑箱」（Chen, 1990）。黑箱的發生，在於家庭生活教育人員能藉由參與者的家庭經驗分辨方案結果，卻不明白結果是為何或如何產生的狀況下。此外，黑箱法無法幫助家庭生活教育人員了解方案是否按照原本設計的執行；再者，假使方案的結果是正向的，在家庭生活教育人員無法確定當初結果是怎麼產生時，他們如何能再現這個成功的結果？

相對於黑箱，Killion（2002）的解釋是：發展改變理論會創造出「玻璃箱」（glass box），或是清楚的方案描述。當為方案結果與操作連結的方式提供合理、合邏輯的解釋時，玻璃箱就能對方案的執行與效益有所啟發。在方案評鑑使用 Killion 的「玻璃箱」方法時，家庭生活教育人員更有可能：

1. 為改善方案產生有用的洞察。
2. 澄清方案重要成分。
3. 了解成功的必要條件。
4. 了解方案限制。
5. 避免方案滑移、稀釋或惡化。
6. 提供有效計畫方法之領域知識。
7. 透過反饋協助同僚。

在《社區倡導評鑑的新取向》（*New Approaches to Evaluating Community Initiatives*）一書中，Kagan（1989）為使用改變理論及對實務工作者與評鑑人員的好處做了總結：

> 首先，改變理論取向在掌握方案之非線性與反覆性本質這方面和家庭支持（家庭生活教育）是一致的，與其冀望明確和靜態的介入，此取向接受介入的多樣性與變異本質；其認為重要背景因素不若理論性侵擾，卻是同樣要被理解及審查的重要變數。至於背景脈絡（context）的角色，改變理論取向讚賞而不只是容忍場域內部及跨場域的變異——這正是家庭生活教育的關鍵要素；其回應多元而非單一面向的介入，正是在多數家庭支持方案所發現的介入類型。

但也許改變理論取向最吸引人的地方，在於其對方案工作人員與評鑑人員的協助是相同的，透過精確思考對各種活動的企圖與結果，建立改變理論的過程，強迫方案人員去檢視他們自身有關什麼可行、為誰及在何種條件下的假設與信念。有了評鑑人員與參與者的出現，可以鑑別出可能與不可能產生預期結果的活動，而方案也因此而更為完善。從這個觀點來看，過程才是提供者重視的。（pp. 115-116）

改變理論之邏輯模型藍圖

也許改變理論最好是以視覺方式透過邏輯模型來呈現（見本章末的「邏輯模型資源附錄」），邏輯模型是方案的心智地圖（mental map）。在發展邏輯模型時，家庭生活教育人員進行盤點所提供的資源、辨識家庭參與的活動，並連結資源、方案活動，及他們期望的結果範圍，並把上述資訊彙整作為參與成果（理想是列在一張紙上）。有些家庭生活教育人員非常熱衷於這個主意，並藉由說明影響家庭的情境因素來繪製詳細的圖示，但此已超出了方案的基本組成與結果了。有些家庭生活教育人員使用一系列的「如果……那麼」語句，以幫助邏輯模型的讀者了解某些活動與結果之間的關係，而其他人則藉著製作看似流程圖的地圖來試著表現方案的動態本質。

邏輯模型是有效的溝通工具，因其提供某位不熟悉方案的人（資助人、董事會成員或新進員工）熟悉必要要素、參與者突破方案的方式，及家庭應該要體驗的成果。邏輯模型在組織評鑑的過程中也是不可或缺的，其提醒家庭生活教育人員與評鑑人員，要如同注意成果般關注方案的過程。蒐集不同時段的資料可以呈現方案改變理論下一步的發展，所以它是家庭生活教育人員的一種學習工具。以此方式來運用，邏輯模型對於方案的內部成員及外部人士都是有用的。

解釋如何發展邏輯模型並非本文的意圖，因為有許多優良資源可供實務

工作者使用（見「邏輯模型資源附錄」）。除此之外，很多評鑑人員提供此服務作為諮詢工作的一部分。然而，為提供讀者對基本邏輯模型樣貌之理解，我們利用表 1 呈現了邏輯模型的範例。

表 1　邏輯模型範例

方案對象	長程預期結果	中程成果	短程結果	家庭支持計畫	所需資源
為其設計家庭支持方案的一群人	社會或經濟狀況或地位改變	對改變情況並達到長期成果的必要實踐改變或行為採納	採取行動並達成中期結果所必要的參與者投入，及知識、態度、行為與志向的變化	被期望帶來預期結果之服務、介入或活動	需要實現所規劃的方案之財務、人力與物質
無監護權的父親，年齡 18 至 25 歲。	爸爸們將會是參與的家長，並支持其子女的健康成長與發展。 爸爸們將展示基本親職技能。	爸爸們將展現有效溝通與衝突解決技巧。 爸爸將重視共親職。 爸爸們與媽媽們將同意共親職。 爸爸們將建立合法父職。 爸爸們將進行監護權／探視權協議。 爸爸們將投入時間給自己的寶寶。	**參與結果** 爸爸們了解參與嬰兒生活的重要性。 爸爸們將會接受幫助。 爸爸們將會出席方案。 爸爸們將會同意與法律制度合作以建立父親角色。 爸爸們將會同意與嬰兒的母親調解以促成共親職。 爸爸們將會完成方案。 **學習結果** 爸爸們將具備兒童發展與合適教導方法的知識。 爸爸們將具備建立合法父職過程的知識。 爸爸們將具備共親職的知識。 爸爸們將擁有溝通與衝突解決過程與技能的知識。	法律服務 親職教育 調解服務 交通 食物	律師 親職教育人員 調解人員 親職教育課程 會議空間 工作人員的辦公空間 食物 交通 嬰兒補給品 轉介網絡 財務資源

註：本案例的格式由 FRIENDS 國立資源中心（FRIENDS National Resource Center）為社區基礎家庭資源與支持方案（Community Based Family Resource and Support Programs）所發展。

邏輯模型之行銷成果與指標的發展

成果（outcome）是改變理論及相應邏輯模型的必要成分，但評鑑人員還沒有持續使用這個名詞。結果（result）、績效測量（performance measure）、利益（benefit）、里程碑（milestone），標竿（benchmark）、標的（target）、目的（goal）、影響力（impact）、指標（indicator）與目標（objective）這些名詞全被交替使用，而這些名詞和成果（outcome）不同，成果會分成：直接的、短期的、初始的、中間的，或長期的。在工作群之間建立對這些術語的共同理解，要比決定使用哪個名詞更重要。

美國家庭支持機構（Family Support America, 2005）將「成果」定義成「兒童、家庭與社區福祉之期望條件」，「成果」是從「我們要給參與方案的兒童及家庭什麼？」這個問題衍生而來。完成可評鑑性評量階段並且發展了評鑑設計之後，評鑑人員與家庭生活教育人員接著產出指標，指標是幫助量化結果表現的測量，區辨指標的產生是基於下述問題：「我們如何知道我們是否在此成果有所進展？」「有什麼證據引導我們相信自己正邁向正確的方向？」

在家庭生活教育領域內，行銷成果與指標的發展是比較新的趨勢，這種趨勢是因為對家庭採取優勢觀點及增能取向進行工作而出現（Dunst, Trivette, & Deal, 1988; Garbarino, 1982; Rappaport, 1981, 1897; Zigler & Berman, 1983）。這些取向取代了把家庭視為需要被修復的問題取向，而將家庭視為具有優勢，並且將此優勢帶入家庭生活教育人員與家庭成員所形成的關係之中。儘管家庭生活教育人員與家庭的互動可能正在改變中，但是用來描述我們希望從家庭看到的成果，與蒐集以繪製進度（指標）圖表的資料之結果卻慢半拍。

藉著 Robert Wood Johnson 基金會的贊助，美國家庭支持機構（Family Support America, 2005）與各州合作參與其倡議專案（States Initiative Project），以進一步在聯邦、州及地方層級使用行銷結果與指標。表 2 提供了行銷成果與指

標，和傳統成果與指標比較之範例。有趣的是，這個表呈現出大規模資料蒐集系統被用來測量兒童、青少年、家長與社區是如何失敗的，卻沒有多少被用作來測量存在於不同人口的優勢。

表2　行銷的與傳統的成果與指標對照

行銷的成果與指標	傳統的成果與指標
成果：在學校成功的兒童 **指標**：父母主動參與子女的學習與教育的百分比	**成果**：在學校失敗的兒童 **指標**：兒童在標準化測驗表現不佳、參與聯邦方案（如Title I），或輟學的百分比
成果：青少年發展 **指標**：為青少年設定清楚的期望、規則與後果的家庭百分比	**成果**：問題青少年 **指標**：涉入青少年司法制度、未成年懷孕，或藥物使用的比率之青少年百分比
成果：穩定的家庭 **指標**：有人可以倚靠（一個支持網絡）的父母百分比	**成果**：不穩定的家庭 **指標**：經歷沮喪或進入心理衛生系統的父母百分比
成果：支持性社區 **指標**：在社區參與志願服務的民眾百分比	**成果**：不健康的社區 **指標**：犯罪率、貧困率、失業率、房屋空置率

資料來源：Family Support America (2005). Evaluation and family support: Promotional outcomes and indicators. Chicago, IL: Family Support America.

在闡明改變理論時，常會發現家庭生活教育人員並沒有分享彼此有關方案運作的共同信念，因為家庭生活教育人員往往沒有機會明確表達其信念。信念分歧發生的原因很多，有時候導因於工作人員在方案工作的時間長短不同（他們因經驗的不同而對方案運作的看法有所差異）；有時候分歧的信念來自當工作人員分別在不同的地點提供直接參與的服務，而且他們沒有時間聚在一起培養方案運作方式的共識；或者是補助案撰寫人因截止日迫在眉睫，而在沒有讓方案執行必要的參與者參與的情況下制定出方案與其預期結果。對家庭生活教育人員來說，投入時間去檢視可評鑑性評量所得到的多重效益是很重要的。

　　在發展改變理論、詳細規劃邏輯模型，並確定行銷成果及指標之後，家庭生活教育人員已經到達可評鑑性評量的最後階段。在這個時間點，工作人員或許想要決定是否要繼續規劃與回應評鑑任務，如果他們選擇向前邁進，Jacobs（1988）的評鑑五層次取向提供了指導評鑑過程下個階段的重要架構。

評鑑的五層次取向

　　五層次取向（Five-Tiered Approach, FTA）原本就是和家庭生活教育方案一起創造出來的，無論方案是小型及比較新的，或是大型且較完善的，家庭生活教育人員會發現此模型之所以成為受歡迎的評鑑方法的原因很多。第一，Jacobs（1988）從廣義的觀點切入評鑑的概念，FTA 模型包括需求評鑑評量、形成性評量與總結性評量。第二，FTA 以反映方案如何隨著時間逐步形成的發展性取向來呈現評鑑活動。第三，當方案成熟時，Jacobs 建議家庭生活教育人員隨著時間使用更深層級的評鑑，以提供方案增加資助的證據，此模型假定方案發展時，組織必須提供各種資源（時間、金錢與技能）以解決日益增加的評鑑任務。第四，雖然各層次間的進展似乎是連續的，Jacobs 承認，在方案執行的現實世界裡有必要變通，他建議使用 FTA 的實務工作者將可能合併一個層次以上的評鑑活動，透過層次循環或者在社區隨著時間改變時，回到第一個層次並重新評鑑優勢與需求。第五，Jacobs 鼓勵實務工作者採納評鑑是過程而非事件的看法。藉由將評鑑任務連結到方案發展各階段，FTA 清楚表明方案發展與評鑑是應該被整合的兩條平行路徑。

　　Jacob 的五層次取向包括：(1)需求評量；(2)監控與績效責任；(3)品質審查與方案澄清；(4)取得結果：(5)建立影響力（參見表3）。接下來的段落將探討每個層次的細節。

▌層級一：預備執行層

　　在執行一項方案之前，需要先確定這方案對目標對象是正當、可行且合

適的；評量（assessment）通常被組織採用作為蒐集證據以提供資助者或社區有利的論點的工具。在 FTA 的層級一裡，Jacobs 概述了家庭生活教育人員可能使用的幾種評量類型：前瞻性評量（prospective assessment，於方案建立或修訂前執行）、追溯性評量（retrospective assessment，於方案執行後辦理），與可評鑑性評量（本文前面已述及）。

　　許多學者（Kretzmann & McKnight, 1993; Rossi & Freeman, 1993）會去區辨三種可能在方案預備執行階段期間被運用的前瞻性評量：需要評量（needs assessment）、必要評量（demand assessment），或以資產為基礎（asset-based）的社區發展方法。

　　多數實務工作者熟悉的評量種類應該是**需要評量**，Rossi 與 Freeman 將之定義為一種研究類型，是他人（經常是家庭生活教育人員）描述其認為別人（經常是因某些問題而被認為是「高度風險」的一群人）所需要的事物。第二個類型被稱為**必要評量**（Rossi & Freeman, 1993），牽涉到潛在參與者形容什麼是他們想要或需要的，及他們最可能使用的支持種類。Kretzman 和 McKnight（1993）則是以批判社會趨勢的第三種評量為前提，聚焦在人們的需要、問題與匱乏，他們提出**以資產為基礎的社區發展方法**，相信強而有力的社區，是透過仔細規劃公民與當地鄰里層級機構之資產、技能與能力的過程而建立的。以上說明的三種前瞻性評量的類型並不會相互排斥，預備執行研究可能會採納這三種形式各自最好的部分，把它們融合在一起。

　　全面進行前瞻性評量通常是耗費時間的，在資助者或政策領導人想要快速行動的狀況下，可能沒有時間這麼做。這種情況將家庭生活教育人員丟進了艱困的局面——同時有了資金及政策意願的支持，但卻欠缺規劃設計完善的方案所需要的資訊。有一種可能的選擇就是先執行計畫，然後再進行追溯性評量（Jacobs, Kapuscik, Williams, & Kates, 2000）。追溯性評量可讓實務工作者在方案執行後很快地審查需要、必要或資產的過程；在追溯性評量期間所蒐集的資訊可以讓家庭生活教育人員再次進行計畫階段，也讓他們可以蒐集未來進行評鑑效力基準線時所需的資料。

表 3　以五層次取向進行方案評鑑

評鑑層級	評鑑的目的	對象／受眾	任務	要蒐集與分析的資料類型
層級 1 執行層	1. 為用文件證明社區內對特定方案之需求 2. 為證明社區需求與擬議方案之適配度 3. 為了提供「資料數據基礎」	1. 潛在資助者 2. 社區／公民團體	1. 擬議方案的詳細基本特徵 2. 處理社區需求評鑑以支持此類方案之建立 3. 修正協調評鑑需求之擬議方案	1. 從本地取得的服務人口和需求統計數據（包括不提供方案之大眾／個人成本） 2. 與社區領袖針對問題嚴重性進行訪談 3. 預期參與者的訪談或調查資料
層級 2 績效責任層	1. 為了用文件證明方案的： (1)利用率 (2)確立 (3)滲透目標人口 2. 為了證明當前的支出 3. 為了增加支出 4. 為了建立客群	1. 資助者、捐贈人 2. 社區領袖、媒體	1. 準確描述方案參與者與提供的服務 2. 提供服務每單位成本之準確的資訊	1. 當事人特定的監測資料 2. 服務特定的監測資料 (1)個案素材 (2)與象徵當事人需求與回應的當事人訪談獲得的資料 (3)社區（非使用者）對方案的反應
層級 3 方案澄清層	1. 為了提供資訊給方案工作人員以改善方案	1. 方案工作人員 2. 方案參與者	1. 提問基本假設：為誰及由誰辦理何種服務？ 2. 澄清並重申方案的使命、目的、目標與策略	1. 工作人員會議、監管會議與人員訪談的內容 2. 方案活動人員和人員流程的觀察 3. 事先蒐集的人員與服務資料 4. 針對方案期望效益對家長進行的訪談資料 5. 當事人滿意度資訊

表 3　以五層次取向進行方案評鑑（續）

評鑑層級	評鑑的目的	對象／受眾	任務	要蒐集與分析的資料類型
層級 4 朝向目標進展層	1. 為了提供資訊給方案工作人員以改善方案 2. 為了證明方案效能	1. 工作人員 2. 方案參與者 3. 資助者 4. 其他方案	1. 審查成果（短期）目標 2. 為成果目標的多數獲得成功可度量的指標 3. 決定資料分析程序 4. 評鑑個別當事人間不同的效能 5. 評鑑個別當事人間的社區知覺	1. 有關當事人目標進度之訪談素材 2. 當事人標準化測驗分數（可實施的地方） 3. 來自標準參照工具之當事人特定資訊 4. 當事人滿意度資料 5. 社區對方案的支持／反對之證據
層級 5 方案影響層	1. 為了促進兒童發展、家庭歷程、組織理論等實質領域的知識發展，與（或）評鑑實踐之細微區別 2. 為了產生可替代方案方法中不同效能的證據 3. 為了提議值得複製的方案模型	1. 學術與研究界 2. 聯邦、州與地方層級的決策者 3. 一般大眾、透過傳媒 4. 潛在方案指導者與資助者	1. 描述要達成的具體影響目標，大致是透過短期目標成功的增加 2. 辨認可評鑑參與者間持久及（或）生活方式變化的基準 3. 發展評鑑者、方案工作人員、立契約者（假使與方案不同）間反應共識的評鑑方案	1. 可計量的當事人特定資料，包含隨著時間蒐集的標準化測驗結果（長期當事人資料） 2. 控制組資料或對照組標準 3. 質性當事人資料，包含紀錄回顧、當事人訪談等 4. 成本效益資訊，對規劃方案的複製是必需的

資料來源：取自 "The Five-Tiered Approach to Evaluation: Context and Implementation" by F. H. Jacobs (1988) in H. B. Weiss and F. H. Jacobs, *Evaluating Family Programs*. Copyright 1988 by Aldine de Gruyter，經作者授權同意轉載。

▌層級二：績效責任層

在層級二裡，方案已經進行，而評鑑提供資訊給家庭生活教育人員以監控方案的實施狀況。在此階段，執行方案的家庭生活教育人員應該能夠對參與者、方案活動與人員配置，及提供服務的成本等提出清楚的敘述。

為了描述方案參與者，需要依據方案種類、資助要求與家庭生活教育人員所想要並需要知道的資訊，將大量的家庭特徵以文件的形式加以記錄。舉例來說，在一個為嬰兒與母親設計的方案裡，了解所招募的母親與嬰兒人數、年齡，可能是重要的，其中也許有些資訊是關於母親的教育背景、收入、就業情形或家庭狀況。在一個以家有特殊需求子女家長為對象的方案中，所要蒐集的資訊可能大多是和其子女有關的，包括：特殊需求類型、家庭用來協助照顧其子女的支持性服務。服務移民或難民的家庭生活教育人員，可能對其他種類的資訊有興趣，例如這個家庭的母國是哪裡？這個家庭是從母國直接來到美國或是在難民營待了一陣子？這個家庭已經在目前所在地以及美國住了多久？這個家庭使用哪種語言？

蒐集資訊以描述方案參與者的人口資料有幾個企圖。首先，可以讓家庭生活教育人員確定他們是否和預期參與方案的對象群體接觸到了；其次，當工作人員迅速並精確回應有關參與者的調查時，這證明了組織這部分是健全的；第三，對目標對象有清楚的認識，可以讓其他實務工作者更容易建立網絡。

除了描述參與者，能明確描述說明活動規劃以及參與提供活動的人員，對家庭生活教育人員而言也是有價值的。同樣地，在方案實際得到資助及被執行之前，家庭生活教育人員常需要先規劃有哪些人會參與方案工作，以及將會提供給家庭的服務有哪些。但是，從寫出資金提案的時間點，到活動開始提供的這段時間，方案活動與人員編制上可能會有戲劇性的改變，有時候這種改變是人員流動率的結果，或是由於原本的計畫野心太大而需要被縮減；有的時候則是計畫要求的經費額度未被全數核定給組織，而方案得重新

設計以符合現有可用的資金；抑或是在不同地方提供相同方案的實務工作者，可能為了更加符應家庭的需求而量身訂製方案（意即在 A 地是單親家庭，而在B地則是混合式家庭）。不論改變的原因是什麼，一定要釐清當前方案的運作和人員編制，是否能讓家庭生活教育創造出 Killion（2000）所要求用以敘述並解釋成果（層次四蒐集的資料）如何達成或未能達成的「玻璃箱」。

　　大部分家庭生活教育人員知道提供一整個方案所需要的成本，但是有些人說不出以個人或每戶為單位的成本。身為專業人員，我們具備了對以家庭為服務對象的一些方法的合理成本觀念，但是對其他服務對象並沒有。派遣一名公共護士訪視農業縣市每戶有新生兒家庭的成本是多少？使用彈性費用標準來看，雙親家庭參加一年期的親職教育及支持團體需要支付多少錢？針對有行為問題兒童所提供的早期療育設施或家族治療，哪一個成本效益比較好？

　　為什麼要為提供的方案記錄經費開銷？通常計畫或服務的成本資訊，會以某種方式連結到這些成本是否產出應有的效益。把成本與效益議題分開來看，是從更高的角度來理解問題的一種方式，也就是：哪種方案對哪些家庭能達到最大效益；決策者想要知道這個問題的答案，因為這是與方案複製有關的重要議題。

　　家庭生活教育方案應追蹤哪些成本資訊？組織至少應該努力監督下述四項涉及成本決定的要素：

1. 方案接受的財政支持（補助、契約、補償）金額。
2. 因籌募基金活動（資本活動、委員會募款、出版物銷售）而得的金錢數目。
3. 間接或實物支持（志願服務時間或捐贈物資）。
4. 方案運作成本（人事、經常費用、營運或必需品）（Jacobs et al., 2000）。

▌層級三：方案澄清層

　　層級三所蒐集的是用以提供家庭生活教育人員改善方案的資訊，在這個層級工作的方案工作人員將繼續聚焦在蒐集形成性資料，並重新審視之前在層級一、二的提問。然而，實務工作者需要更深入去看待層級三的問題，幸運的是，因為方案已經建立了一段時間，實務工作者通常有更多經驗與資料來進行這一層級的工作。例如，層級二的任務之一是描述參與方案的家長之人口資料，實務工作者大概會聰明的開始蒐集和家長的經驗有關的資訊。家長是如何從參與的方案得到（或沒有得到）益處？家長相信他們值得花時間參與方案嗎？家長滿意這個方案嗎？

　　除了從家長那裡蒐集資訊，家庭生活教育人員可能在方案一開始執行時就進行觀察，例如在工作人員會議裡帶領方案運作的討論，或和工作人員與管理者審查從層級二、三蒐集到的監測資料的結果。在層級三詢問更深入的問題，不僅對進行中的方案具有監控的功能，也讓工作人員有機會重新審視他們對方案的某些基本假設。例如，對這些家庭而言，這是正確的套裝服務（package of services）嗎？理想上，這層次的資料蒐集提供家庭生活教育人員可以改善方案的資訊。

▌層級四：朝向目標進展層

　　在層級四，方案已經執行了更長的一段時間，且家庭生活教育人員開始把注意力從形成性評鑑轉移到總結性評鑑的任務。當仍需蒐集資訊來改善方案時，家庭生活教育人員應當也準備好檢視其方案的效能。在這個層級，方案中聘雇的家庭生活教育人員常常會被要求去蒐集關於趣聞軼事之外的方案成功資料，外部受眾（external audience，包括資助者、立法者，以及本領域的家庭生活教育人員）常常期望這一層次的方案應該要能提供其成效的證據。

　　證明研究方案效能的方式之一，包含蒐集參與者在計畫中，或他們邁向目標的進展過程中，所經驗到和目標有關的改變資料（Jacobs, 1988）。蒐集

總結性評鑑資料，促使家庭生活教育人員利用前面幾個層次所完成的全部評鑑工作。假如在方案實行前就進行了評量，這個層級的目標會是在進行基準線資料的比較。家庭生活教育人員能夠精確描述家庭的人口特徵、其所供應的服務，並且能夠準備和提供方案給家庭所需的服務成本有關之準確資料；機構工作人員要熟悉上述資訊，並且再補上從家庭蒐集到有關方案效益、對服務的滿意度等資訊。有了適當的資料作基礎，把方案短期成果視為邏輯模型其中一部分的研究才有意義。研究這些成果是由回答：「我們有帶來任何不同嗎？」這個問題開始。

　　家庭生活教育人員第一次可能會找外部評鑑人員就設計並進行專案評鑑提供諮詢；評鑑顧問可以協助家庭生活教育人員識別有哪些指標能夠提供參與者是否達成預期成果的證據。機構工作人員可能請求顧問在蒐集資料的過程中協助設計蒐集方法（假使現行工具無法使用或不適當）、資料的分析、報告與發表等任務。熟練的評鑑人員和敬業熱情的家庭生活教育人員共同合作，能夠回應外部受眾層級四類型的問題：「為何有些家庭實現成果而其他卻沒有？」「為何住在郡某個地區的家長參與率比其他地區的家長高？」「為何某些家長對方案比較不滿意？」

▌層級五：方案影響層

　　與層級五有關的評鑑任務相當精密複雜，並且可能持續好幾年，先前所有的評鑑努力會在這個層級開花結果。根據 Jacobs（1988）的觀點，有少數規模較小的組織因為方案需求而做到這個評鑑層次。在這個層級裡，較常見的是全國性複製型方案和大學院校學術人員或大型研究公司合作進行方案影響研究；這種方案研究，例如佩里學前教育專案（Perry Preschool Project）（Berrueta-Clement, Schweinhart, Barnett, Epstein, & Weikart, 1984）、父母就是老師（Owen & Mulvihill, 1994）、兒童身心全面發展計畫（Comprehensive Child Development Program）（St. Pierre, Layzer, Goodson, & Bernstein, 1999）或護理人員家戶訪視計畫（Nurse Home Visitation Program）（Olds, Henderson, Kitzman, Eckenrode, Cole, & Tatelbaum, 1999）等等都是層級五評鑑方案的例子。

　　層級五的評鑑企圖和其他層級不同，就某種意義上來說，評鑑與研究之間的界限在這個層級開始變得模糊。在其他層級蒐集的評鑑資訊，對組織與其家庭生活教育人員是實用的，而本層級的評鑑成果則是更直接針對外部受眾。舉例來說，聯邦或州層級的決策者可能使用層級五所蒐集的資訊來決定何種方案最值得資助（例如是要針對特定對象或所有家戶進行訪視計畫，或者是要安置受到不當管教兒童或是提供重聚服務）。非營利管理者可能使用成果來幫助自己選擇未來要實施的方案，學術人員或研究者蒐集並使用方案影響資料來回答「這個地區性方案可以複製到更廣泛的層級了嗎？」這個問題；資助者使用這些研究的結果來選擇符合他們「以研究為基礎」的標準之有效方案；而最後，家庭支持領域則依賴這些研究以提升家庭生活教育人員的工作。

🌿 關於評鑑過程的總結性思考

　　許多家庭生活教育人員重視 Patton 在評鑑成果利用的實作重點。「（評鑑是）……關於方案活動、特性與成果資訊之系統性蒐集，以對方案做出判斷、改善方案效能，及（或）告知有關未來方案設計的決策」（1997, p. 23）。不過，Preskill 和 Torres（1999）把 Patton 的哲學套用到下一個層級，並認為評鑑的目的應該也需要「……發展一個能夠每天查核自身進展，並運用學識提升自己與組織的實務工作者社群」（p. xix）。

　　上述哲學支持評鑑結果的務實利用，但也認為討論不應該就停在這一點。Preskill 和 Torres 相信評鑑調查過程應聚焦在質疑並辯論組織內所做的事之價值，為個人與組織的學習整合計畫與評鑑、使用評鑑結果改善方案，並利用評鑑調查過程作為工具，是一個崇高的目標，而家庭生活教育人員則是因為站在兒童與其家庭之最佳利益上，而融入方案發展與方案評鑑。

參考文獻

Berrueta-Clement, J. R., Schweinhart, L. J., Barnett, W. S., Epstein, A. S., & Weikart, D. P. (1984). *Changed lives: The effects of the Perry Preschool Program on youths through age 19.* Ypsilanti, MI: High/Scope Educational Research Foundation.

Chelimsky, E., & Shadish, R. (1997). *Evaluation for the 21ˢᵗ century: A handbook.* Thousand Oaks, CA: Sage.

Chen, H. (1990). *Theory-driven evaluations.* Newbury Park, CA: Sage.

Dunst, C., Trivette, C., & Deal, A. (1988). *Enabling and empowering families.* Cambridge, MA: Brookline Books.

Family Support America. (2005). *Evaluation and family support: Promotional outcomes and indicators.* Chicago, IL: Author.

Garbarino, J. (1982). *Children and families in the social environment.* New York: Aldine Publishing.

Jacobs, F. H. (1988). The five-tiered approach to evaluation: Context and implementation. In H. B. Weiss & F. H. Jacobs (Eds.), *Evaluating family programs* (pp. 37-68). Hawthorne, NY: Aldine de Gruyter.

Jacobs, F. H., Kapuscik, J. L., Williams, P., H., & Kates, E. (2000). *Making it count: Evaluating family preservation services.* Medford, MA: Tufts University.

Joint Committee on Standards for Educational Evaluation. (1981*). Standards for evaluations of educational programs, projects, and materials.* New York: McGraw Hill.

Kagan, S. L. (1989). Using a theory of change approach in a national evaluation of family life education programs. In. K. Fulbright-Anderson, A. C. Kubisch & J. P. Connell (Eds.), *New approaches to evaluating community initiatives: Vol. 2. Theory, measurement, and analysis* (pp. 113-122). Washington, DC: The Aspen Institute.

Killion, J. (2002). *Assessing impact: Evaluating staff development.* Oxford, OH: National Staff Development Council.

Kretzman, J. P., & McKnight, J. L. (1993). *Building communities from the inside out: A path toward finding and mobilizing a community's assets.* Evanston, IL: Center for Urban Affairs and Policy Research, Northwestern University.

Maiden, R. P. (1988). Employee assistance program evaluation in a federal government agency. *Employee Assistance Quarterly, 3*(3/4), 191-203.

Olds, D. L., Henderson, C. R. Kitzman, H. J., Eckenrode, J. J., Cole, R. E., & Tatelbaum, (1999). Prenatal and infancy home visitation by nurses: Recent findings. In R. E. Behrman (Ed.), The Future of Children, *Home visiting: Recent program evaluations* (pp. 44-65). Los Altos, CA: David and Lucile Packard Foundation.

Owen, M. T., & Mulvihill, B. A. (1994). Benefits of a parent education and support program in the first three years. *Family Relations, 43,* 206-212.

Patton, M. Q. (1997). *Utilization-focused evaluation: A new century text.* Thousand Oaks, CA: Sage.

Peisher, A., Sewell, M., & Kirk, R. (2001). *Outcome accountability for family life education programs* (Vol. 2) [Workbook and Instruments]. Chapel Hill, NC: FRIENDS National Resource Center for Community Based Family Resource and Support Programs.

Pietrzak, J., Ramler, M., Renner, T., Ford, L., & Gilbert, N. (1990). *Practical program evaluation: Examples from child abuse prevention.* Newbury Park, CA: Sage.

Preskill, H., & Torres, R. T. (1999). *Evaluative inquiry for learning in organizations.* Thousand Oaks, CA: Sage.

Rappaport, J. (1981). In praise of paradox: A social policy of empowerment over prevention. *American Journal of Community Psychology, 9,* 1-25.

Rappaport, J. (1987). Terms of empowerment/exemplars of prevention: Toward a theory for community psychology. *American Journal of Community Psychology, 15*(2), 121-128.

Rossi, P. H., & Freeman, H. E. (1993). *Program evaluation: A systematic approach.* Newbury Park, CA: Sage.

St. Pierre, R. G., & Layzer, J. I., Goodson, B. D., & Bernstein, L. S. (1999). The effectiveness of comprehensive case management interventions: Evidence from the national evaluation of the Comprehensive Child Development Program. *American Journal of Evaluation, 20(1),* 15-34.

Sadd, S., & Grinc, R. M. (1994). Innovative neighborhood-oriented policing: An evaluation of community policing programs in eight cities. In P. O. Rosenbaum (Ed.*), The challenge of community policing: Testing the promise* (pp. 27-52). Thousand Oaks, CA: Sage.

Stufflebeam, D. (2001). Evaluation models. *New directions for evaluation, 89 (Spring),* 7-98.

Wholey, J. S. (1977). Evaluability assessment. In L. Rutman (Ed.), *Evaluation research methods: A basic guide* (pp. 41-56). Beverly Hills, CA: Sage.

Worthen, B. R., & Sanders, J. R. (1987). *Educational evaluation: Alternative approaches and practical guidelines.* White Plains, NY: Longman, Inc.

Zigler, E., & Berman. W. (1983). Discerning the future of early childhood intervention. *American Psychologist*, *38*, 894-906.

邏輯模型資源附錄

朋友—以社區為主的國家兒虐預防資源中心（FRIENDS-National Resource Center for Community-Based Child Abuse Prevention）。評量工具包資源（Evaluation Toolkit Resources）。2008 年 1 月 14 日，取自 www.friendsnrc.org/resources/print.htm

United Way of America（1996）。《測量方案成果：實務取向》（*Measuring Program Outcomes: A practical approach*）（0989）。2008 年 1 月 14 日，取自 www.unitedwaystore.com

W. K. Kellogg 基金會（1990）。《W. K. Kellogg 基金會邏輯模型發展手冊》（*W. K. Kellogg foundation logic model development guide*）。2008 年 1 月 14 日，取自 www.wkkf.org/default.aspx?tabid=101&CID=281&CatID=281&ItemID=2813669&NID=20&LanguageID=0

關於作者

Christa J. Treichel，博士，是評鑑諮詢公司 Cooperative Ventures 的總裁，該公司與社區非營利組織、學校、政府、醫院及文化組織組成夥伴關係，以改善兒童、青少年和家庭計畫。E-mail: treic004@umn.edu。

Chapter *24*

親職與家庭生活教育人員
倫理思考與實務

Ethics Committee, Minnesota Council on Family Relations 發展
Ada Alden、Betty Cooke、Glen Palm 修訂・林淑玲 譯

親職與家庭教育人員每天都會面對倫理困境議題,包括可能傷害到兒童的教養行為、回應父母親對於其伴侶的評論,或者和其他機構的專業人員分享有關某個家庭的訊息。部分上述情境,也許透過和一位同事一起檢視良好實務的一般原則就可以解決,但是其他的,可能就真的是兩難的倫理困境了。

親職與家庭生活教育人員,是在一個複雜的家庭系統、多元的信念與價值系統,以及變動的社會機構和單位中工作。在這個新興領域,許多人面對這些議題時,孤立無援,所獲得的指導也有限。這份倫理實務文件的發展,是用以提供一份審慎與平衡的取向,來了解倫理原則以及使用時的具體程序,以因應倫理難題及兩難困境。

🌿 歷史

本章所描述的倫理資訊,是由明尼蘇達家庭關係會議(Minnesota Council on Family Relations)的倫理委員會(Ethics Committee)所發展的。這個團體從

1992 年起研究和親職與家庭生活教育人員有關的倫理思考和行為。這段歷程包括一項對明尼蘇達州親職與家庭教育人員的前置需求評估、辦理許多工作坊，以發展和實地測試一項推理歷程，來確認適用於親職與家庭教育人員的方針與道德，並諮詢其他領域專業人員。這個程序產生了對倫理新的了解，並發展出多元觀點取向。明尼蘇達大學家庭社會科學系教授 William Doherty 博士在會議中主張混合傳統德行倫理原則取向和關係倫理取向，他把德行和關係倫理應用到家族治療領域。這三種取向，提供了了解倫理實務三種相異卻能並存的角度；也為親職與家庭生活教育提供了一個獨特的倫理取向。

　　第二組工作坊的辦理目的在測試及修訂這三種取向的整合，微調個案研究的歷程，以歸納出倫理思考與解決方案。這裡所呈現的方針和個案研究歷程是工作坊的許多實務工作者於 1995 到 1997 年之間，在個案研究中應用這些方針的結果。倫理委員會使用了工作坊的這些資料去編輯和修訂這些原則。1997 到 2002 年之間，透過地區性工作坊及全國性會議與州及全國民眾說明分享倫理歷程。NCFR 也出版這些訊息，作為家庭生活教育人員資源手冊內容的一部分。

　　2007 年，CFLE 方案開始改以測驗作為認證的新指標。這時候，採納一份官方的 CFLE 倫理守則成了問題，MCFR 原來版本的倫理守則文件，這時候被認為符合 CFLE 的需要。當 CFLE 方案持續開展並獲得認同，倫理規範提供了CFLE 方案額外的專業化指標。這份文件被視為是 CFLE 倫理規範的基礎，必要的時候可以被採納與修訂。

🌱 整合三種倫理取向

　　關係倫理取向（relational ethics approach）提供了做倫理決定時，理解脈絡關係的一個起點。這個觀點讓親職與家庭生活教育人員在面對多元的關係時，可以審慎的檢視以作為應用原則的一個步驟。親職與家庭生活教育專業人員也把它視為是行動的指引。在所有的專業互動中為關懷關係而努力，是

關係倫理的目標。關係倫理為眼下關係的狀態，以及建立關懷關係的目標，提供清楚的理解。同時提供了倫理行為的歷程和內涵。關係倫理的段落中，列出了與家庭成員發展關懷、尊重關係的一般原則。

經由組織關係概念有關的原則，把**原則取向倫理**（principles approach to ethics）和關係倫理取向連結在一起，引導親職與家庭生活教育人員在與不同族群互動時，像個團體一樣去實踐重要的原則，目的在指導親職與家庭教育人員的每日決策與行動。

倫理思考的第三種取向，是含有更多個人視野的**德行倫理**（virtues ethics）。它嘗試填補現在界定專業行為傾向聚焦於技術能力，而不重視道德特質的情形。家庭生活教育的良好實踐，應該和內在的高標準以及外部行為有關。德行是「為了對的理由去做對的事的傾向」。

德行可以從兩個層次來界定。第一個層次區辨的是每一種專業都需要的核心德行，包括公正、深思熟慮以及勇氣。它們的執行會因時間及特定的專業而異。第二個層次包括實踐現行社會親職與家庭生活教育倫理必要的那些德行。

經過討論之後，倫理委員會成員及實務工作者提出三項德性：

1. **關懷**：讓家庭成員成為自己生活的主人，以增進其福祉的傾向。
2. **審慎或實踐智慧**：透過反映和諮詢，了解不可兼得的各種需求和決定的能力。
3. **希望／樂觀**：看到家庭成員和其他個人的優勢力，以及看到他們在和家庭生活有關的情境中的正向潛力。

這些德性傾向讓家庭生活教育人員擁有內在優勢力，能以合乎倫理的態度去思考和表現。

多元觀點取向的優勢，所依靠的不只是有不同的觀點，也在絕對主義和相對主義之間保持一種平衡的動態張力。這種取向的創造性張力包括：(1)在具有動態本質的關係，以及更傾向靜態本質的原則之間，取得平衡；(2)在關係脈絡中的個人，以及對重要原則深思後的反應之間，取得平衡；(3)從過去

的智慧，到現在的學習，以至於奮力尋求未來的美好之間，取得平衡。這種
張力讓倫理思考持續透過反映與淬煉逐漸取得動態平衡。

🌿 關係倫理簡介

　　在對家庭的工作中，關係倫理的運用是很重要的。首先，關係倫理原則
是了解特定倫理兩難困境和引導實務的基礎，進而與所有家庭成員發展出最
重要的關懷與尊重的關係。支持家庭生活教育人員達到這個目的的重要原則
包括：

1. 親職與家庭生活教育人員和個別家庭成員、同儕及社區的關係，同時
   是倫理思考和行動的內容及接觸點。這表示，親職與家庭生活教育人
   員在了解倫理議題的時候會聚焦於關係，並根據所發展的關懷關係來
   導向倫理的行動。

2. 親職與家庭生活教育人員負有主動建立信任、關懷及理解關係的主要
   責任。所有的關係都是雙向互動的，親職與家庭教育人員不能保證所
   有的關係都是正向的。但是親職與家庭生活教育人員在追求一種彼此
   尊重和關懷的關係時，會先對家庭成員和同儕示範接納、關懷與理
   解。

3. 所有關係的發展都有可預測的階段。親職與家庭生活教育人員會根據
   他們對於關係狀態及階段的理解來調整實務工作。

4. 親職與家庭生活教育人員會帶著對兒童與青少年、親職、家庭與社區
   系統的知識，和家庭成員分享。親職與家庭生活教育人員將會以合作
   的方式，和父母一起去了解這些原則如何應用於個別家庭成員和情
   境。

5. 親職與家庭生活教育人員將會為他們和家庭成員的關係設限，也要為
   踰越界限可能對照顧造成的負面影響負起責任。關係的張力會改變，
   但是好的家庭生活教育人員會警戒於她（他）的責任，以助長家庭成

員與其他社區系統間的互賴。

　　親職與家庭生活教育人員和家庭成員所建立的關懷與尊重關係，可以用很多方式類推到健康的親—子關係上。親職與家庭生活教育人員需要承擔建立健康關係的主要責任，並且要去維繫這樣的關係。在許多案例中，和成人的關係會很快地被假設為一種彼此尊重和理解；在其他的案例裡，可能有很多的阻礙讓這種關係更難以建立在平等與尊重的關係上。親職與家庭生活教育人員必須持續發展對關係歷程的了解，以及如何好好促進家庭成員、同事和他們自己之間的健康關係。

親職與家庭生活教育人員倫理守則

I. 與父母及家庭的關係

1. 我們將會覺察我們對父母及家庭關係的影響。
2. 我們會努力理解將家庭視為複雜的、互相影響的系統，在其中，父母對子女要負起教育者、養育者，以及設限者的主要責任。
3. 我們將尊重文化信念、背景和差異，並投入敏銳覺察多元子女養育價值和目標的實務工作。
4. 我們將幫助父母及其他家庭成員認識他們的優勢，和他們一起為自己、他們的子女及他人設定目標。
5. 我們將尊重與接納父母及其他家庭成員本有的樣貌，認知到他們的發展階段和環境。
6. 我們將支持和挑戰父母，讓他們持續成長，以及有關親職及他們子女發展的學習。
7. 我們將以尊重及清楚的方式與所有的家庭成員溝通。
8. 我們將以開放和真誠的方式溝通有關所提供服務的性質及範圍。
9. 我們將透過認識及檢視能支持健康家庭關係的另類親職做法，來支持多元家庭價值。
10. 我們在進行和方案設計及實施有關的問題解決及決策時，會將父母／其他家庭成員納入。
11. 我們將一開始就聲明兒童輔導原則和教養原則，並鼓勵非暴力的子女教養。
12. 我們將創造尊重家庭成員的資料隱私和保密守則，並保護他們的合法權益。
13. 我們將提供一個對所有家庭成員都是安全與豐富的方案環境。

14. 我們將保證所有的家庭成員會接觸到並被鼓勵去參與家庭教育。

15. 我們將鼓勵家庭成員去做決定、使用資源以滿足家庭的需求。

16. 我們將支持所有家庭成員之間的健康人際關係。

17. 我們將鼓勵家庭成員去探索他們的價值，並促進他們家庭內健康的性關係。

II. 與兒童及青年的關係

1. 我們會以尊重對待兒童及青年，並敏感覺察他們身為發展中的人的需要及權力。

2. 我們將努力從兒童及青年的家庭脈絡來了解他們。

3. 我們不傷害兒童及青年，並堅持不讓其他人傷害他們。

4. 當我們和父母及其他家庭成員一起工作的時候，我們鼓吹兒童與青年的最佳利益。

5. 我們將提供尊重兒童及青年的環境，並敏銳覺察他們的發展性需求及個別需求。

6. 我們支持所有的兒童和青年都有獲得平等的教育、健康和社區資源的權力。

III. 與同事及專業的關係

1. 我們將珍惜並促進所有工作同仁的多元性。

2. 我們將在工作同仁和家庭成員、同事及其他人處理艱難情境的時候提供政策及支持系統。

3. 我們將遵循符合法律標準並基於尊重所有家庭成員觀點的資料隱私政策。

4. 我們將以尊重和審慎的態度遵循家庭內施虐行為強制通報的命令。

5. 我們將會界定自己的角色是親職與家庭生活教育人員，並在我們的能力範圍內執行業務。

6. 在我們的專業互動當中，我們將認知到個人的和專業的價值之間的差異。

7. 我們將支持引導我們成為更符合倫理及有效能的實務工作的知識基礎持續發展。

8. 我們將承諾持續專業發展以促進我們的知識和技能。

IV. 與社區／社會的關係

1. 我們將知道社區的資源，並進行與接受非正式、適當的轉介。

2. 我們將覺察我們實務工作的界限，並知道何時及如何使用其他的社區資源讓家庭成員獲得利益。

3. 我們將與其他的方案／機構清楚且合作地溝通，以最符合家庭的需求。

4. 我們將倡導反映我們改變中的知識基礎，以及父母、家庭和社區的最大利益之法律及政策。

5. 我們將尊重並維護與我們親職和家庭生活教育人員有關的法律及政策，並基於專業的知識提供法定官員專業知能。

歷程簡介

　　這個歷程是提供給親職與家庭生活教育人員小組，謹慎地使用前面描述的取向檢視倫理兩難困境的一種具體方法。要做到對原則和歷程都很熟悉，關鍵在於要用這種具體態度去練習倫理思考。這個步驟可以作為員工會議的一部分，大約一個小時可以完成。

歷程步驟

　　步驟一到步驟四著重在倫理思考。這很重要，需要多花一點時間。實務工作者傾向於還沒有完全了解這套歷程之前，就跳躍到腦力激盪出可能的行動或解決之道。

步驟一、關係的辨識：辨識情境中的重要關係，以教育人員的角色作為主要的焦點。

1. 關係的範圍為何──這個個案所有可能的關係為何？
2. 在這個個案中，教育人員需要去處理的基本關懷關係為何？（例如教育人員對家庭成員、教育人員對團體、教育人員對其他的工作同仁。）
3. 我們對這個關係所知為何──品質、發展階段等等？

步驟二、原則的應用：仔細檢查以確認清單上用在這個情境的重要關係上的原則。決定哪些原則或許和引導倫理行為有關聯，有其他的原則可以應用嗎？關係最密切的三到四種原則是什麼？為什麼？（在進行小組討論前，先花點時間選擇這些原則。）

步驟三、矛盾／緊張的辨識：相關的原則內部或者之間，是否有些潛在／實際上的矛盾或緊張對立？

步驟四、可能解決之道的辨識：把關係、相關的原則，以及德行放在心裡──由親職與家庭生活教育人員腦力激盪出可能的行動。

步驟五、行動的選擇：選擇使用一種或結合數種可以反映堅守倫理原則的行動。所有的原則都是重要的，應該要以深思熟慮及尊重的態度來處理。

🌿 將歷程應用到真實生活兩難困境／個案研討

　　下列所呈現的真實生活倫理兩難困境，是一群親職與家庭生活教育人員、早期教育人員和行政人員在個案研討過程中討論之用。這個情節描述了個案研討歷程在面對倫理挑戰時，如何用以做出深思熟慮的決策。

案例：學前教育班級中的文化與性別議題

　　一位母親在兒子四歲的時候加入一項學前家庭教育（CEFE）課程。他們來自索馬利亞。這位母親的英語能力有限，但是在參與親職課程時能全心認真的聽，當被問到一個問題的時候，經過一段長時間，最後也能夠表達。在親子互動的時間，她都是靜靜的和兒子在一起。她的兒子很喜歡兒童室，他熱切地參與在房間裡的大多數角落，尤其對扮家家酒的區域有強烈的興趣與明顯的偏好。在親子時間裡，當她的兒子進入廚具區的時候，她有點訝異的退了幾步。

　　在家訪時，親職教育人員與父親及其他手足碰面。情況很清楚，只有父親與親職教育人員談話，而母親只有簡短的說聲「哈囉」。他們以尊重及正向的方式對待親職教育人員。父親表達對於兒子參與這項課程的謝意，他希望兒子能繼續學習英語、字母以及數字。

　　幾週之後，這位父親捎來一份訊息表明他的兒子不要再在廚具區玩耍。扮家家酒並不是男孩該玩的，在索馬利亞，男性也不會從事這類的活動。在家訪的時候並沒有討論到扮家家酒角的議題。

▎工作人員的討論

　　小組討論很快的就跳到建議策略，但是又被引導回到歷程。當工作人員在討論一項倫理兩難困境時，常見的是想要很快的就解決問題或立刻找到一個解答或者行動。一個真正的倫理兩難困境並沒有快速或者容易的解答，因為這些重要的倫理原則本身是有衝突或者彼此對立的。

步驟一：辨識重要關係

　　小組確認與母親、父親及這個孩子的關係是重要關係。和母親以及和這個孩子的關係因為參與 ECFE 課程而建立得更為密切。和父親的關係雖然是正向的，但僅止於在家訪時見過一面而已。父親顯然是家裡的決策者，所以和他維持正向的關係會是重要的。

步驟二：辨識相關的倫理原則

　　工作人員確認在第一部分提到這個情境的相關原則：與父母及家庭的關係：

I.2.　我們會努力理解將家庭視為複雜的、互相影響的系統，在其中，父母對子女要負起教育者、養育者，以及設限者的主要責任。

I.3.　我們將尊重文化信念、背景和差異，並投入敏銳覺察多元子女養育價值和目標的實務工作。

I.10. 我們在進行和方案設計及實施有關的問題解決及決策時，會將父母／其他家庭成員納入。

I.13. 我們將提供一個對所有家庭成員都是安全與豐富的方案環境。

在第二部分：與兒童及青年的關係，要確認三個原則。

II.4.　當我們和父母及其他家庭成員一起工作的時候，我們鼓吹兒童與青年的最佳利益。

II.5.　我們將提供尊重兒童及青年的環境，並敏銳覺察他們的發展性需求及個別需求。

II.6.　我們支持所有的兒童和青年都有獲得平等的教育、健康和社區資源

的權力。

步驟三：原則間矛盾／緊張的辨識

　　原則 I.3 是第一個假設，尊重文化信念會是最重要的。很多人會低聲附和。接著，顯然這個原則和原則 II.5——提供尊重兒童及青年的環境，並敏銳覺察他們的發展性需求及個別需求——是相互衝突的。沒有成員同意把廚具區從環境中移除，或者當其他人有選擇自由的時候去禁止這個孩子。在討論這些原則的時候提出了許多重要的問題：

● 這個家庭想要美國化到什麼程度？

● 他們會永久居留或只是來一、兩年？

● 我們能讓媽媽自己去限制這個孩子嗎？

● 扮家家酒角是重要的角落，且對其他家庭來說也是文化價值的一種嗎？

● 戲劇遊戲角也是這樣嗎？

　　小組也討論到男性基於自我照顧以及性別平等的觀點，也應該被教導學習烹飪和清潔工作。兒童可以透過在扮家家酒角的戲劇性遊戲學到很多。在這個情境中，工作人員可以幫助父親去看到提供給他和他兒子的廚房遊戲區的學習效益。

　　工作人員感到兩難的是有關文化尊重的概念以及界限。來自其他文化的人，應該要適應美國文化並尊重扮家家酒角就是美國學前環境和課程中的重要部分嗎？如果美國的兒童上日本學校，我們會期望他們脫鞋以表示對文化的尊重嗎？有人提到在美軍的托兒中心裡面，沙箱裡常有坦克、飛機和「軍人」。這類的遊戲和文化有關，但是當被問到時，大多數參與討論的工作人員表示他們不會讓自己的小孩去就讀一個有「槍枝角」或者學習角落裡有槍枝的方案。學前教育環境和活動中內含的文化價值成為討論的重點。顯然，對這些工作人員來說，有些價值是重要的，例如平等、尊重家務工作和尊重文化差異，而這些議題在這個特殊的情境中出現衝突或對立。

　　這些問題幫助小組看到原則之間潛在的矛盾與對立。許多工作人員想要

表達：保護文化是最重要的原則。他們對於人們被迫否認自己的文化這個議題相當敏感。他們珍視多元並尊重家庭的差異性，但是，當他們必須為單獨使用原則 I.3——尊重文化多元——這個策略辯護時，他們發現自己必須要達成的基本目標是提供兒童一個多元且能回應的環境。這包括允許兒童自由選擇、回應兒童的興趣並教導兒童什麼是「真實生活」。了解這兩個原則之間的對立，也就進入考量可能解決方案的階段。

步驟四：可能解決之道的辨識

在工作人員討論策略及含意時，下列問題也浮現出來：如果我們沒有辦法支持這個家庭對我們的課程感到自在，表示我們採取了一個立場，選擇甘冒讓這個孩子退出方案的風險嗎？

以下是建議的策略：

- 與這個家庭討論孩子在扮家家酒角學到什麼。指出這個角落一直都會有最多的社會互動，這對於他們兒子的語言學習可能特別有用。
- 強烈陳述我們的目標在於尊重家庭文化。讓這家人知道工作人員絕對不會堅持要他們的孩子在那個角落遊戲。
- 詢問父母他們對於解決這個問題有沒有任何想法。
- 告訴父母，將會觀察他們的兒子在扮家家酒角裡對什麼最感興趣，然後會試著提供不同的遊戲設施以滿足這樣的興趣。
- 告訴父母，廚具區不會永遠都在教室裡。工作人員覺得可以接受廚具區在一年裡消失三分之一或二分之一的時間。
- 謝謝父母帶來這樣的兩難議題，讓工作人員有機會去思考這個議題。向他們解釋這是所有的工作人員學習了解不同文化價值的經驗。

步驟五：選擇一種行動

這個案例引導到要選擇許多經過確認的選項來執行。第一個是告訴父母這個議題，並看他們對於解決策略有什麼想法。學前教育教師會加入新的戲劇性遊戲，轉移扮家家酒角，提供兒童多樣化的不同戲劇性遊戲機會。工作

人員最後會採取的步驟是和父母討論兒童透過戲劇性遊戲學到什麼，以及為什麼扮家家酒角會是教室環境的一部分。

實際案例研究

下列所呈現的兩個案例是給實務工作者練習他們自己歷程用的。

▌案例一：母親、女兒、父親的兩難困境

在為學步兒及其父母開設的課程中，你的班上有一對母女，這位學步兒有很多發展上的遲緩，而母親也有一些。母親暗示父親曾經施虐。經過和其他曾與這個家庭一起工作過的人談，你覺察到父親對家庭的主宰。你要如何支持這位母親和女兒，不要因為家庭的關係而變得沮喪？有人告訴你，如果這位父親覺得受到威脅的話，就會拒絕任何對家庭的支持。一個「好」的家庭教育人員該做些什麼？

▌案例二：雙胞胎兩難困境

身為幼兒家庭教育的親職教育人員，你和學前特殊教育的同事碰面，他告訴你有關一個雙胞胎家庭的事情。雙胞胎其中的一位有典型的發展性需求；另一個則是唐氏症的孩子。學前特殊教育的工作人員覺得有唐氏症的那個孩子最好是由特殊教育工作人員提供在家服務。工作人員認為對這個孩子的最佳做法是提供他們的專業知能、特殊教育。特殊教育工作人員建議母親只帶那個有典型發展需求的孩子到班上。

你同意對這位唐氏兒的最好服務是在家服務。你也認為這位母親應該可以帶這兩個孩子到一般的 ECFE 親職教室。特殊教育工作人員認為這是不必要的。但是，你認為家庭是一個系統，並且認為應該從有兩個孩子的母親，以及一家四口的角度來思考。一個「好」的家庭教育人員該怎麼做？

參考文獻

Doherty, W. J. (1992). Virtues ethics: The person of the therapist. *AFTA Newsletter*, 19-21.

Feeney, S., & Kipnis, K. (1985). Public policy report: Professional ethics in early childhood education. *Young Children*, *40*(3), 54-58.

Kipnis, K. (1987). How to discuss professional ethics. *Young Children*, *42*(4), 26-30.

Radomski, M. A. (1986). Professionalization of early childhood education. *Young Children*, *41*(5), 20-23.

Palm, G. (1994, Winter). Developing ethical guidelines for family educators. *Views*, 12-13.

Palm, G. (2003). Ethics. In D. J. Bredehoft & M. J. Walcheski (Eds.), *Family Life education: Integrating theory and practice* (2nd ed.) (pp. 125-130). Minneapolis, MN.

明尼蘇達家庭關係會議倫理委員會成員

Ada Alden，教育博士，合格家庭生活教育人員；**Dawn Cassidy**，教育碩士，合格家庭生活教育人員；**Betty Cooke**，博士，合格家庭生活教育人員；**Marietta Rice**，藝術碩士；**Glen Palm**，博士，合格家庭生活教育人員；**Joyce Schultenover**、**Kathy Zanner**，理學碩士，執業婚姻與家庭治療師；**Anne Stokes**，教育博士；以及 **Sue Stoner**，藝術碩士

【這份文件是美國全國家庭關係委員會（NCFR）合格家庭生活教育人員（CFLE）方案的倫理思考與實務方針。】

Chapter *25*

家庭科學人員倫理守則與
方針的發展與教學

Rebecca A. Adams、David C. Dollahite、
Kathleen R. Gilbert、Robert E. Keim 著・張燕滿 譯

比起以前來說，目前的社會更多元、步調更快而且多變。家庭角色與結構不斷演變，對於家庭議題、價值觀以及「家庭」本身的定義即具深度分歧。由於家庭的複雜性、敏感性與具個人特質，家庭專業人員與社會之間有一獨特的關係。不像電話推銷或二手車的銷售員，他們的座右銘可能是「讓買家小心上當」；家庭專業人員被期待是可信賴的、有能力的，以及具倫理規範的（Arcus, 1999; Keith-Spiegel & Koocher, 1985; Leigh, Lowen, & Lester, 1986）。

過去，家庭生活沒那麼複雜，家庭專業人員對於倫理規範的情操需求似乎特別高。然而，家庭學者卻表明越來越普遍、有力的使用心理教育在家庭教育與促進上的介入，可能是有害的（Brock, 1993; Doherty, Lester, & Leigh, 1986）。舉例來說，教育人員教授有關家庭教育時，可以帶領學生探索他們個人的生活方式，帶領他們往正面的成長與發展。然而，這樣的互動同時也可能揭開尚未痊癒的情緒傷痕。同樣的，治療師諮商個案與家庭，以及研究人員從個案與家庭蒐集資料，都可能深深地影響個案與研究參與者的情緒

福祉。

　　文獻也指出，大學教授在教導家庭課程關於價值觀與富情感內容時，發現其中有嚴肅的倫理義務，並且經常經歷複雜的倫理困境（Allen & Crosbie-Burnett, 1992; Knaub & Meredith, 1991; Quoss, 1993; Swartzlander, Pace, & Stamler, 1993）。舉例來說，當老師在一個正式教育環境下教授家庭生活課程時，凸顯一個獨特的倫理議題，這是一個潛在不安的組合，因為它具有高度個人化及富價值觀的訊息，但卻要以此來評比學生的表現（Brock, 1993; Lee, Weber, & Knaub, 1994）。當今家庭具有複雜的文化與結構，很多家庭專業人員發現他們自己尚未準備好適當回應倫理困境（Knaub & Meredith, 1991; Quoss, 1993）。為了回應可以引導成員專業操守倫理規範不斷增長的需求，美國全國家庭關係委員會（NCFR）家庭科學組掌管發展倫理規範的任務。文章中提到以下幾點：(1)描述美國全國家庭關係委員會「家庭科學人員倫理守則與方針」（*Ethical Principles and Guidelines for Family Scientists*）的發展過程，其在 1998 年 4 月董事會會議一致通過；(2)回顧倫理教育文獻，以及從其他學科到家庭科學方面的適用原則；(3)勾畫屬於他們自己的倫理原則與方針（參見本章附錄）。

倫理守則與方針的發展

　　1938 年，美國全國家庭關係委員會（NCFR）尚屬非正式組織，「從一個大型、有紀律的、超然的組織到我們大部分的人都隸屬的一個受歡迎的救助單位」（Walters & Jewson, 1988, p. iii）。成員跨越各學科領域並包括諸如法律、社會學、宗教、家庭經濟、婚姻諮商、心理學、醫學與教育領域的參與者。

　　章程有其發展歷程，但是倫理規範卻不需要經歷這樣的歷程。回想起來，可能是因為不需要這樣的規範，組織目的如同其章程所定義：「為了個體益處與國家實力，目前主要透過家庭關係便可確保促進文化價值。」（Wal-

ters & Jewson, p. 1）那時詢問以下問題的時機尚未成熟：文化價值為何？家庭
結構是什麼？

在當時，並不只有美國全國家庭關係委員會缺乏倫理原則。美國心理學
會（APA）在 1938 年成立倫理委員會，但是直到 1953 年才採納官方的規範
（Keith-Spiegel & Koocher, 1985）。

一直到 1960 年代以前，大家對於美國全國家庭關係委員會的看法依舊是
一個非正式的組織，Jessie Bernard 認為：「美國全國家庭關係委員會是一個專
業人員協會，但卻不是一個具專業性的專業人員協會……。它的成員一起思
考相關難題，彼此教導，彼此學習。」（Bernard, 1964, p. 29）。很多 NCFR 成
員同時也隸屬其他專業組織，諸如 APA、美國社會學協會、美國婚姻與家庭
治療協會。每個協會都有屬於它自己的倫理規範，並作為其成員主要的所屬
專業組織。

Bernard 同時也主張美國全國家庭關係委員會非為專業組織，只對日顯增
長的專業性感到興趣。舉例來說，在 1964 年成立家庭生活教育人員標準與認
證委員會，關注於教授有關家庭的專業能力。儘管在《婚姻與家庭手冊》
（*Handbook of Marriage and the Family*）的某一個章節（Kerckhoff, 1964），雖
敦促家庭生活教育領域應發展其倫理規範，但是卻關注其他專業化的議題，
反而沒有提出會員的倫理守則（Walters & Jewson, 1988）。

1982 年美國全國家庭關係委員會年會，Wesley Burr 主席報告：「在家庭
領域裡的傳統主義者內心造成恐怖襲擊。」（Walters & Jewson, 1988, p. 115）
他提出建議，儘管家庭研究是個新興學科，但是它應被視為獨立的學科。他
也建議，一個新興學科要被視為獨立學科的考量，應該需要符合七項標準中
的五項（Burr & Leigh, 1983）。儘管回應 Burr 的建議褒貶不一，很多家庭學者
與實務工作人員開始思考他們自己是一門新興學科與專業的一員，而且家庭
紀律組（現在稱之為家庭科學組），也是從美國全國家庭關係委員會所制定
而來的。

1992 年，美國全國家庭關係委員會年會，家庭科學組成員經表決通過，

為其成員發展與改編一套倫理規範為其當務之急。家庭組主席 Kathleen R. Gilbert 任命 Rebecca A. Adams 主持新成立的倫理規範委員會，David C. Dollahite 與 Robert E. Keim 為其委員會成員。

接下來的一年，委員會研究倫理規範，家庭科學組成員進行專業論壇，與其他專業學科與協會討論其研究專業倫理規範價值觀，並開始為家庭科學人員制定可能的倫理聲明。就像其他委員會成員所討論的發展中文件，他們將之視為「活的文件」，極具彈性足以回應這個隨時出現的倫理關注。它也決定應該考慮一套「倫理守則與方針」，而不只是一個個的「倫理信條」，因為家庭科學人員呈現多元的專業性活動，而且該文件原意是教育性與敏感性的，更甚於具強制性的法律規範。

隨著「活的文件」的概念最初的草稿，該組業務在未來一年收到了良好的回應。為了得到組內所有成員最大化的投入，1995 年 12 月在「美國全國家庭關係委員會報告」的議題草案（Adams, Keim, & Dollahite, 1995），郵寄給組內所有成員以示回饋。接著修改文件，並在 1996 年提交組別會議，組內成員又額外投入一年的時間修訂。隨著相關變化的組別條例，然後透過該組成員的郵寄投票，最後的草稿通過核可後，成為家庭科學組之倫理守則與方針。

當文件還在審查的過程，委員會成員與組別主席接受眾多有關美國全國家庭關係委員會遠景的調查研究；整體而言，是採納該方針的。美國全國家庭關係委員會主要的執行董事 Mary Jo Czaplewski，提供貫穿整個發展歷程的廣泛回饋。組內成員接受方針更廣泛的應用，只是由於缺乏有興趣的機構定期關注修訂文件，不得已只好放棄監管。因此，他們當時允許組別主席 Rebecca A. Adams 提出方針交付董事會的建議，該組為其永續發展保持持續的回應。

1997 年 4 月，NCFR 召開董事會議，全體董事會對於大局都抱持正向。該方針再度列在「美國全國家庭關係委員會報告」中（Adams, Keim, & Dollahite, 1997），並邀請整個 NCFR 會員投入。除此之外，1997 年 11 月年度會議的組務會議，NCFR 組別主席要求討論包括倫理守則與方針，而且要求 NCFR 律師

再審賠償責任的相關問題。令人驚訝的是，有幾次些微修訂是經由一般會員、組別主席與律師提出的建議。對於針對原則與方針而提出的建議，大多數成員覺得充分解決各種疑慮是重要的。經過包括依據所建議的些微修訂的這些努力，在 1998 年 4 月，NCFR 董事會議上一致通過「家庭科學人員倫理守則與方針」。

　　總計八條倫理原則與五十一條特定的倫理方針，打算應用在**所有** NCFR 成員，其身分像是家庭生活教育人員、治療師、研究人員、專業人員、機構員工，以及社區公民。當然，NCFR 成員與學生也同屬其他專業協會的成員，同樣受到該組織的倫理規範所約束。舉例來說，NCFR 合格家庭生活教育人員（CFLE）的親職與家庭教育人員，便也應該遵守 33 條親職與家庭教育人員的倫理方針。NCFR 的 3,800 名成員當中，不到 20%同時也是合格家庭生活教育人員（個人通訊，Dawn Cassidy，CFLE計畫總監，2000年5月）。我們鼓勵許多實踐家庭生活教育的 NCFR 成員但非 CFLE 者，能在 NCFR 辦公室取得一些標題為「在家庭生活教育上倫理思考與實務的工具」的文件，並將這些倫理方針融入他們的工作中。（除了「親職與家庭教育人員倫理方針」，這些小冊子包含關係倫理相當精采的討論，一篇由 William Doherty 探討涉入程度的文章，以及「個案研究歷程」可以幫助教育人員教授倫理學，還有一套由韋伯州立大學所籌劃具倫理含意的「家庭生活教育人員能力」。）

倫理教育的意涵

　　後現代主義已彰顯亟需注意承認並頌揚家庭生活變化的重要性。一個後現代主義意想不到的負面後果是，一些學生納悶是否有**任何**合法的道德、責任或倫理專業行為標準，能容忍其他所有人的選擇與條件的趨勢。教授倫理守則與方針，奠定學生以倫理的方法思考與行動，家庭專業人員可以幫助他們減低這些意想不到的後果。

　　Garner 和 Smith（1991）曾爭辯：「所有教授有關倫理教育的人，不是經由

人為的設計，要不然就是一副理所當然的態度。倫理觀點隱藏在無數的日常行為與決定當中。」（p. 11）它顯示唯一的問題——我們如何有意識及有效的教授倫理學。有關倫理議題的一項重要研究（Knaub & Meredith, 1991），從家庭科學、家庭治療與 NCFR 的教育組和促進組中選取了 357 個家庭科學人員，為倫理方針與明確的倫理行為教育兩者提供需求的實證。作者的報告指出：

1. 76%的受訪者陳述他們經歷了工作上一系列的倫理困境。
2. 在那些說他們面對一系列倫理困境的全部樣本，只有 47%的受訪者認為他們的預備教育足以幫助他們解決這些困境。
3. 家庭治療師的樣本（需要倫理學課程作業）中，71%說他們的倫理教育幫助他們解決困境。
4. 非臨床家庭計畫教授與研究生均指出，他們覺得尚未準備好應付倫理的問題。
5. 當詢問他們是否相信家庭生活教育人員應該需要倫理規範，96%回答需要。
6. 尚未學習倫理學的家庭專業人員相信，在該領域的課程作業應該對此會有幫助。

這些資料提出兩個建議，一是在倫理原則與方針上施予較佳教育的基本需求；二是部分家庭生活專業人員強烈希望能有倫理方針以資遵行。美國全國家庭關係委員會現在已經採納一系列倫理原則與方針，它是隸屬協會的家庭專業人員以及未來家庭科學人員的責任，在倫理推理與行動上進行教育並彼此鼓勵。這並不是一個小小的挑戰，就像 Knaub 和 Meredith（1991）所述：

　　勝任教學需求可能引發專業上的困難。就像所揭示的研究一樣，專業人員感覺應付倫理困境顯得準備不足；然而，專業人員一定要設計並教授實務的倫理學給那些即將成為家庭科學人員的人。如此一來，對於教育的匱乏（或是感覺匱乏）該如何改正？（p. 19）

　　以下是對於倫理教育的建議，並以回顧相關文獻為基礎。在倫理教育上
呈現可能發生的多元方案與情境，並將重點放在概念與原則上，而非在特定
的教學策略。

倫理教育：目標與原則

　　倫理教育文獻包括哲學、理論與各種領域（亦即諮商、教育、研究）的
應用。專業的倫理學強烈依賴已設計好的特定專業情境，而且極為複雜與富
價值判斷（Craig, 1991; Kitchener, 1986; Knaub & Meredith, 1991; Leigh et al.,
1986）。因此，要求學生閱讀有關一般性倫理或其他專業情境的一篇文章或
書本是不夠的，舉例來說，期待他們在倫理原則上受到良好的教育，他們應
該知道家庭專業人員可能面臨的困境。倫理學的討論若僅是廣泛的、膚淺的
或是狀況外的，學生將無法充分準備應付工作上複雜、充滿價值判斷、多變
與變化的專業競技場（Craig, 1991; Knaub & Meredith, 1991）。此外，一般性的
討論較無法引發對倫理行為的強烈承諾（Arcus, 1980）。

　　Garner 和 Smith（1991）提到：「倫理教育具有跨學科性質，每一個人均
能關注，而且它並不專屬任何一個領域。」（p. 10）好消息是，1970 與 1980
年代，大家對專業倫理的興趣激增，在研究所諮商方案產生無數的倫理規範
與體制化的倫理學課程。這表示研究所在家庭治療方案上媲美像是法律、醫
藥、商業與照護，具有強大的倫理教育課程。遺憾的消息是，所有的這些並
無法產生一個全面、連貫的學術主體，可以清楚指引非臨床的家庭科學學生
教授家庭領域的專業性倫理學。

　　因此，儘管在 20 世紀末的三十年，包含各種家庭領域領導者（特別是家
庭生活教育人員）一再呼籲多一些關注在倫理學上（如 Brock, 1993;
Czaplewski & Jorgensen, 1993; Leigh et al., 1986）；而且，事實上要成為一名合
格家庭生活教育人員（CFLE），要求十門學科領域的知識，但倫理只是其中
的一門，特別是家庭專業人員無法獲得完善倫理教育的文獻。事實上，Marga-

ret Arcus 似乎是持續探討有關家庭議題的倫理教育，寥寥可數的家庭領域方面的學者（Arcus, 1980, 1984, 1999; Arcus & Daniels, 1993）。在 Arcus（1999）的文章中曾有這樣的爭辯：

> 家庭科學文獻對倫理教育相對缺乏注意，這是個重要的疏漏，因為很多負責家庭科學方案課程發展與執行的人，在倫理與倫理教育可能只有一些準備或是根本毫無準備。（p. 50）

家庭科學倫理教育缺乏更有力的文獻，家庭科學學者與教育人員在準備成為家庭專業人員時可能不相信倫理是重要的，認為它不如專題內容、學術性方法與教學方法來得重要。如果這樣的假設是真的，在家庭領域的整合上將隱含著麻煩，而且目前和未來的專業人員也無法感受到他們的相關責任。它意味著那些訓練他人為家庭工作人員的人，不再強烈相信一個連貫性、徹底、精心研究與哲學性的定義取向來教授倫理。因此，我們相信在家庭科學上倫理教育的學術發展是此領域、我們的學生，與那些我們服務的家庭專業人員福祉的關鍵。

接下來，我們將由此文獻角度來描述倫理教育，和從學術角度一樣，提供家庭專業人員具倫理教育含意的文獻，和其他助人的專業人員簡單討論一些最實用的想法。鼓勵教授此領域的教育人員去請教這些想法與其他倫理方針的來源。

具學科基礎的教育取向。Krager（1985）建議倫理行為發展有以下五個相關原則：

1. **尊重自主權**，幫助他人做決定。
2. **不傷害**，避免傷害他人，或是置他人於危機中的行動。
3. **利他**，有助於個人與社會的福利與成長的方式。
4. **公平與正義的支持**，對待他人時，公平與平等的服務所有人，忽視無關的因素。

　5. **保持真誠**，信守承諾、誠實與維持認可。

　Brock（1993）總結幫助專業人員時典型出現的倫理原則，包括：(1)具備實務能力；(2)不剝削；(3)尊重他人；(4)保守祕密；(5)不傷害（p.126）。Arcus（1999）在《生命全程家庭生活教育架構》（NCFR, 1997）納入倫理概念，包括：

> 尊重人，相互關係的權利與責任，對行為負責，倫理價值觀是價值觀的一種，也是人類社會行為的指引，個人的自主性與社會責任，倫理選擇的複雜性與困難度，社會與科技改變的倫理含意，以及發展一套個人規範。（p. 53）

　雖然還有一些額外的原則必須加以闡述，但是能考慮一系列倫理原則的課程，肯定比一個毫無架構可言的課程更有效。美國全國家庭關係委員會併入原則本位的哲學，以其倫理原則為根本而設立「家庭科學人員倫理守則與方針」，諸如上述那些家庭專業人員在特殊情境工作中所採納依循的倫理原則。

　倫理行為不僅只是包含學習一組規則，相反的，它意味著擁有一個以原則為基礎的思考與行動方式，而且也敏感於情境並珍視個人福祉與成長。一個有助益的教學策略可以為學生制定根本的個人倫理原則，可以用來幫助他們未來在專業責任上的推理與道德倫理選擇。

　Kitchener（1986）概述四個對教育家庭專業人員有著重要含意的倫理教育目標，包括：

　1. **刺激倫理的敏感性**：包括幫助學生將自己視為專業人員，增加他們覺察可能面對複雜與多元的倫理議題。Kitchener 建議：「這樣的任務無法退化成一個單一課程；相反的，它要求整個科系承諾確認並提升呈現在其課程與實務的道德議題。」（p. 308）這樣的強烈爭論要為家庭科學的學生設立整合取向的倫理教育以呼應他們的努力，每一個在其

教學過程中都有其利害關係。然而，很多在此領域的方案均有一個極佳的課程教授倫理；如果他們想要在這個重要領域上認真影響學生，他們也應該「跨越課程」教授專業倫理學（Craig, 1991）。

2. **改善倫理推理**：根據 Kitchener 所言，改善學生的倫理推理包括增強他們超越「道德直覺」的感受能力，並幫助他們獲得批判性的思考工具，以便有能力分析並評價倫理難題。這是假定要了解能應用在倫理學議題的理論，諸如幫助專業人員進行倫理論證（Drane, 1982），與考量倫理後的決定（Kitchener, 1984, 1985, 1986）。

3. **發展道德責任**：Kitchener 指出發展學生的道德責任包括幫助學生在稱之為倫理困境的相關特定案例上，做出倫理決定與評價；也包括幫助學生更加認識「專業人員的責任，牽涉到經考量倫理後的決定」（p. 309）。

4. **因應倫理的模稜兩可**：為因應倫理的模稜兩可，學生發展中的態度與技能，包含「介紹學生發生在倫理選擇中模稜兩可的真實情境」（p. 309），以及包括倫理行為可能是痛苦的、困難的與挫折的事實。

其他的教學議題

課程中覆蓋倫理學的程度

表1為現有研究生家庭方案的專業倫理學教育程度模式。在家庭領域所面臨的專業性，給予複雜的法律、道德與倫理的議題一個數字，一個倫理學教育的理想取向，可能涵蓋跨越課程組合的系統性倫理學，包括一個必修的課程，詳盡地、系統性地涵蓋倫理學（表1中的數字10）。無論如何，不同的方案有其各自的使命與資源，儘管上述所建議的是個理想，事實上大部分的方案可能不認為該取向是可行的。限制大部分家庭研究的科系運作，就像不斷擴大的知識基礎，倫理學教育經常以一個更廣泛的課程單元加以教授（常常

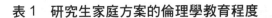

表 1　研究生家庭方案的倫理學教育程度

0	沒有任何關於倫理學討論的情境。
1	一堂或多堂課程，隨機討論倫理學。
2	一堂或多堂選修的課程，粗淺但定期的討論倫理學。
3	一個選修的課程單元，整體性的討論倫理學。
4	超過一堂選修的課程單元，整體性的討論倫理學。
5	一個選修的課堂，但是門完整的倫理學課程。
6	所有學生都需要參與非學術性的倫理學研討會或是演講系列。
7	在一個必修課程的一個單元，整體性、一致性的討論倫理學。
8	必修的、學術性的、全學分的論理課程。
9	整合倫理學所必修跨越的課程，但沒有一個整體性的課程。
10	整合倫理學的跨越課程，包括一個必修的、整體性的課程。

有一個頂點核心、朝向專業的教學方法課程），而不是整堂課都在教授倫理學的整體性課程（Haemmerlie & Matthews, 1988; Quoss, 1993）。不管情況如何，教師可以使用表 1 的架構來評量他們目前倫理學所涵蓋的程度，思考其他存在的選擇，以及考慮最佳的方式來增進倫理教育的品質。事實上，倫理學的覆蓋範圍經常是限制在其他課程所建議幾個星期的創造性教學情境需要上，可以在關鍵性議題超越膚淺的討論。

▌用一個倫理規範進行批判性思考

Craig（1991）警告：「最大的危險可能發生在無條件接受任何規範、標準，或是一組實務上。」（p. 6）因此，要學生們知道「家庭科學人員倫理守則與方針」，我們也一定要教授他們如何以一組相關的原則與方針，加上批判性的思維進行倫理推理。這並不是一件簡單的任務，因為「整合個人與認可標準的行為，在社會與專業上需要有意義的反思與自我檢視」（Craig, p. 3）。

▌個案研究取向在教學權力的倫理困境

大部分倫理學教育人員都同意最有效、能勝任的與愉快的一般取向是利用精心挑選的倫理困境（個案研究），可以引導動態的討論倫理原則與方針。個案研究取向的好處是它能夠表現情感，就像認知困境一樣（Arcus, 1999）。Lee 等人（1994）也為這樣的教學舉一個引人注目的案例：

個案研究的發展圍繞著倫理議題，例如提供學生機會討論他們可能選擇的行動，預測可能的結果、評估可能的結果，以及建立一般倫理原則以應用於其他的情境。透過分析議題，諸如本科系的學生應該要如專家般更有能力做出合乎倫理的決定。（p. 29）

▌重要讀物

為了那些沒有修習課程或是倫理學單元的家庭專業人員，本章參考文獻所列的清單是一個好的開始，它提供倫理學教育的資訊。最重要的文章是 Arcus（1999）所寫的，文章中提供了諸如倫理學教育工作學者 Callahan（1980）、Nash（1996）與 Thiroux（1986）在家庭科學課程上極佳的應用。另外還有一篇優秀的文章是由 Quoss（1993）所寫的。這兩篇文章都是很重要的閱讀篇目，給所有想要有效教授倫理學給家庭科學本科學生的人參考。我們也強烈推薦其他文章（像是 Brock, 1993; Doherty, 1995; Doherty et al., 1986; Knaub & Meredith, 1991; Leigh et al., 1986）。舉例來說，Doherty 在相關婚姻與家庭治療的架構，區分父母親與家庭工作人員的介入層次。這個重要的貢獻應該要放在家庭專業人員的任何課程或是倫理學單元的教學大綱，因為他清楚闡明一個專業訓練與能力的工作需求。此外，還提供了有助益與具體的例子。

🌱 結語

　　NCFR自成立以來，並沒有一套正式的倫理規範。而在1988年，當董事會通過由NCFR家庭科學組修訂的「家庭科學人員倫理守則與方針」，情況就有所改觀。儘管它不具法律效力，但這些方針意圖具敏感性與教育性，而且可以讓組織的所有成員遵循使用，運用在他們自己的實務與訓練學生為預備未來工作的家庭及其成員上。

　　施予預備成為未來專業人員者倫理學教育，教導他們對待學生或個案合乎倫理，與該職業相關的人也同樣適用。除了任何強調包括法律責任的相關職業議題，學生需要學習「道德原則，包含專業性的倫理規範」（Haemmerlie & Matthews, 1988）。換句話說，倫理學教育不應該只是提供我們的學生有較好的職業訓練，也應該幫助他們感覺是新興專業的一部分，致力於強化家庭。

　　使用美國全國家庭關係委員會的原則與方針，家庭科學組正著手下一步一系列創新的倫理困境與個案研究以便使用在倫理學教育上。Lee 等人（1994）推薦專業協會調查實務的專業人員，在會訊上刊載他們所經歷的倫理兩難類型。為了開始這個歷程，我們歡迎NCFR成員或是其他專業人員與本文的第一作者聯絡，共同獻身參與其中。

參考文獻

Adams, R. A., Keim, R., & Dollahite, D. (1995). Ethical principles and guidelines for family scientists. *NCFR Report, 40*(4), 18-19.

Adams, R. A., Keim, R., & Dollahite, D. (1997). Ethical principles and guidelines for family scientists. *NCFR Report, 42*(3), insert, 1-4.

Allen, K. R., & Crosbie-Burnett, M. (1992). Innovative ways and controversial issues in teaching about families: A special collection on family pedagogy. *Family Relations, 41,* 9-11.

Arcus, M. E. (1980). Home economics and ethics. *Canadian Home Economics Journal, 30,* 178-182.

Arcus, M. E. (1984). Ethical inquiry and home economics education. In P. J. Thompson (Ed.), *Home economics teacher education: Knowledge, technology, and family change* (pp. 237-264). Bloomington, IL: Bennett and McKnight.

Arcus, M. E. (1999). Ethics education in family science: Strengthening programs in higher education. *Family Science Review, 12,* 49-64.

Arcus, M. E., & Daniels, L. B. (1993). Values and family life education. In M. E. Arcus, J. D. Schvaneveldt & J. J. Moss (Eds.), *Handbook of family life education: Vol. 1. Foundations of family life education* (pp. 76-105). Newbury Park, CA: Sage.

Bernard, J. (1964). Developmental tasks of the NCFR 1963-1988. *Journal of Marriage and the Family, 26,* 29-38.

Brock, G. W. (1993). Ethical guidelines for the practice of family life education. *Family Relations, 42,* 124-127.

Burr, W. R., & Leigh, G. K. (1983). Famology: A new discipline. *Journal of Marriage and the Family, 45,* 467-480.

Callahan, D., (1980). Goals in the teaching of ethics. In D. Callahan & S. Bok (Eds.), *Ethics teaching in higher education* (pp. 61-74). New York: Plenum Press.

Craig, K. E. (1991). Ethics: The heart of home economics. *Home Economics FORUM, 6,* 3-6.

Czaplewski, M. J., & Jorgensen, S. R. (1993). The professionalization of family life education. In M. E. Arcus, J. D. Schvaneveldt & J. J. Most (Eds.), *Handbook of family life education: Vol. 1. Foundations of family life education* (pp. 51-75). Newbury Park, CA: Sage.

Doherty, W. J. (1995). Boundaries between parent and family education and family therapy: The levels of family involvement model. *Family Relations, 44,* 353-358.

Doherty, W. J., Lester, M. E., & Leigh, G. K. (1986). Marriage encounter weekends: Couples who win and couples who lose. *Journal of Marital and Family Therapy, 12,* 49-61.

Dane, J. F. (1982). Ethics and psychotherapy. A philosophical perspective. In M. Rosenbaum (Ed.), *Ethics and values in psychotherapy* (pp. 15-50). New York: Free Press.

Garner, S. G., & Smith, D. J. (1991). Ethics: Clarity for home economics professionals. *Home Economics FORUM, 6,* 10-13.

Haemmerlie, F. M., & Matthews, J. R. (1988). Preparing undergraduates for paraprofessional positions: What, where, when, and how are ethical issues taught? *Teaching of Psychology, 15,* 192-194.

Keith-Spiegel, P., & Koocher, G. P. (1985). *Ethics in psychology: Professional standards and cases.* New York: Random House.

Kerckhoff, R. K. (1964). Family life education in America. In H. T. Christensen (Ed.), *Handbook of marriage and the family* (pp. 881-911). Chicago: Rand McNally.

Kitchener, K. S. (1984). Intuition, critical evaluation and ethical principles: The foundation for ethical decisions in counseling psychology. *Counseling Psychologist, 12*(3), 43-55.

Kitchener, K. S. (1985). Ethical principles and ethical decisions in student affairs. In H. J. Canon & R. D. Brown (Eds.), *Applied ethics: Tools for practitioners* (pp. 17-29). San Francisco: Jossey-Bass.

Kitchener, K. S. (1986). Teaching applied ethics in counselor education: An integration of psychological process and philosophical analyses. *Journal of Counseling and Development, 64,* 306-310.

Knaub, P. K., & Meredith, W. (1991). Ethical dilemmas experienced by family scientists: Implications for ethics education. *Home Economics FORUM, 6,* 14-19.

Krager, L. (1985). A new model for defining ethical behavior. In H. J. Canon & R. D. Brown (Eds.), *Applied ethics in student services: New directions for student services, No. 30* (pp. 32-34). San Francisco: Jossey-Bass.

Lee, C. L., Weber, M. J., & Knaub, P. K. (1994). Ethical dilemmas of human science professionals: Developing case studies for ethics education. *Journal of Family and Consumer Sciences, 86*(4), 23-29.

Leigh, G. K., Lowen, I. R., & Lester, M. E. (1986). Caveat emptor: Values and ethics in family life education and enrichment. *Family Relations, 35,* 573-580.

Nash, R. J. (1996). *"Real-world" ethics: Frameworks for educators and human service professionals.* New York: Teachers College Press.

National Council on Family Relations. (1997). *Family life education life span framework teaching resources.* Minneapolis, MN: Author.

Quoss, B. (1993). Ethical training in undergraduate family science programs. *Family Science Review, 6,* 105-113.

Swartzlander, S., Pace, D., & Stamler, V. L. (1993, February 17). The ethics of requiring students to write about their personal lives. *The Chronicle of Higher Education,* p. B1-B2.

Thiroux, J. P. (1986). *Ethics: Theory and practice* (3rd ed.). New York: Macmillan.

Walters, J., & Jewson, R. (1988). *The National Council on Family Relations: A fifty-year history, 1938-1987.* St. Paul, MN: National Council on Family Relations.

附錄

美國全國家庭關係委員會
家庭科學人員倫理守則與方針

「家庭科學人員倫理守則與方針」是美國全國家庭關係委員會（NCFR）家庭科學組所草擬，於 1998 年春天經 NCFR 董事會議通過而採納。該方法提供一般性原則搭配說明含意的方針，因為方針意指具教育性與敏感性而非具執法效力的法律規範。

方針很自然的演變為新的議題與情況。其中也提供例子，因為不同的歷史年代關注焦點也不同。因此，例子可幫助定義特定的議題，使得家庭科學人員可以對此議題更加的敏感。當原則與方針的修訂或條件看似較為適宜時，家庭科學人員應該要讓NCFR家庭科學組人員知道其關注或是想法。儘管家庭科學組是個專業協會的媒介，能協助澄清與宣傳其倫理原則與方針，但是這樣的文件卻是為所有家庭科學人員個人對自己本身所量身訂做的，包括大學生、社會服務的專業人員、教育人員、治療師與行政管理員。

目的：這些倫理原則與方針將朝以下方向發展

● 振奮並鼓勵家庭科學人員表現合乎倫理的行為。

● 在經常處理複雜的倫理議題上提供指引。

● 在家庭科學人員可能忽略的領域提供倫理方針。

● 藉由增加專業知覺的層次，增加家庭科學人員的專業形象與地位。

如在以下第一部分所述，家庭科學人員應用該原則在所有的專業情境上；其餘的部分，則是家庭科學人員在相關特定專業場所遵循的原則。

原則一：家庭科學人員一般性原則

本節定義一般性倫理原則，適用家庭科學人員在所有的專業環境。

家庭科學人員尊重所有個體，並不會有不符合倫理的分別，在家庭科學人員的角色裡並不會發展不適當親密的人際關係，敏感於複雜多元的角色關

係，對學生或個案的任何訊息加以保密，而且不會發生任何性騷擾的事件。

方針

1.01 家庭科學人員尊重他人，敏感於所有人的尊嚴，而且避免各種形式的剝削。

1.02 家庭科學人員不會不合乎倫理的歧視其基本性別、性選擇、年齡、婚姻狀況、種族、宗教、國籍、族裔、殘障人士或是社經地位。我們承認社會上的分別，並以合宜正向目的為其明智的做法。舉例來說，我們可能讓一個視障學生坐在教室前面的第一排。

1.03 當試圖影響學生或個案的行為或態度時，家庭科學人員不應該使用任何不當的影響方法，諸如脅迫或操控。

1.04 家庭科學人員從其家庭科學人員身分劃分親密的人際關係。因此，他們並不會和學生、個案或研究對象發展不適宜的人際關係。

1.05 家庭科學人員敏感於複雜的雙向或是多元的角色狀態，而且使那些角色都合乎倫理。舉例來說，家庭科學人員的兒子或女兒可能也報名參加其教授的課程；而有些可能有專業的同事在一些附有個人評估形式的工作坊裡，這些都是可預期的情形。

1.06 不論是從事教授、服務、公開演說、寫作或是諮詢活動，家庭科學人員均以其專業身分做到保密。舉例來說，如果家庭科學人員和其他人分享學生的相關資訊時，當中所牽涉到的機密信息就應該受到保護。例如可以藉由改變標記的訊息、創造複合式的案例，或是總結性的資訊。

1.07 如果家庭科學人員所得知的資訊屬於強制彙報（例如兒童虐待或是可能遭受極大的傷害），這樣的資訊就要向有關當局報告。個人盡可能的應該被預先告知，家庭科學人員需要報告這些資訊。

1.08 不管所接觸的人是誰，在專業或是個人的情境下，家庭科學人員都要避免發生性騷擾的情形。性騷擾包括不受歡迎的親密與性的挑逗、

要求，或是其他與性有關的行為，用以當作提供利益的理由、服務的條款、就業的條件，或不合理的干擾個人學習或工作表現，或是製造恐嚇、敵對，學習或工作環境中的侵犯等等。這些還包括不恰當的擁抱、碰觸或是語言，都被視為是騷擾。

1.09 同時屬於其他專業組織的家庭科學人員，應該要遵守更多的規定或是專業角色的方針。舉例來說，專業的家庭治療師應該遵照美國婚姻與家庭治療協會的倫理方針，以及醫生應該要遵循美國醫生協會的倫理方針。

原則二：家庭科學人員要尊重學生與個案

家庭科學人員要尊重多元的家庭形式。當討論到個人的家庭議題時，他們要尊重學生的敏感性。家庭科學人員不要利用所服務的對象與人的關係層次，而且要尊重其隱私的議題。

方針

2.01 當家庭科學人員教授婚姻與家庭課程時，要告知學生：有時候，學生在這樣性質的課堂中會有個人或是家庭經歷的痛苦回憶。他們應該要告知學生可獲得的合適諮商資源。

2.02 家庭科學人員承認各種家庭形式的優勢與弱勢，不要以虧損的角度討論各種家庭形式。

2.03 提供例子時，家庭科學人員使用不同文化與形式的家庭例子。

2.04 在課程或是課堂中討論主題時，包括具爭議性的議題，家庭科學人員創造並鼓勵一種開放、尊重與體貼的氛圍，承認並尊重多元的價值觀、信念與態度。

2.05 家庭科學人員並不堅持學生一定要同意或是採納一個特定的觀點。為了公平的對待學生，老師應該適當的透露個人價值與偏見並為其本身加以標記。

2.06 進行教學時，家庭科學人員要區分是知識還是從諮商或個人經驗所獲得的覺察，以及知識是從已發表的理論或是研究所獲得的。

2.07 同時是諮商員的家庭科學人員，在教學過程中，不要追求或是允許和學生發展諮商關係。如果學生要求諮商服務，他們應該直接到一個提供合適的諮商服務處所。

2.08 非諮商人員的家庭科學人員，在與學生的互動過程，不要想要跨入治療的角色。家庭科學人員應該要推薦合適的諮商服務處所。

2.09 家庭科學人員對於任何情境、任何等級形式的恩惠交換都要避免，或是能加以覺察。

2.10 家庭科學人員要求（或允許）學生在課程或課堂上分享個人或家庭經驗，在課堂上經常提醒學生所接收到的任何資訊都要保守信息，不要和教室外面的任何人分享或是討論。無論如何，事實上都無法擔保祕密信息是否外洩。

2.11 當教授學分課程時，家庭科學人員不要指派任務要求學生透露可能是個人或家庭痛苦的經歷或是資訊，應該要提供一個可選擇性的任務給那些並不想參與的人。一個例外的情況為，如果是專業訓練方案課程的一部分，便會要求進行這樣的教育活動。

2.12 當家庭科學人員要求（或需要）學生獲得家庭成員或是其他人可能的敏感或是痛苦的資訊（像是完成家系圖），小心的指示與警告學生關於可能的傷害，並允許他們自己酌情所要用的相關資訊。

2.13 家庭科學人員並不脅迫他們的學生參與研究的主題。如果學生註冊參加課程，但並不希望參與或是協助研究計畫，他們應該提供可替代的相等價值任務，而且保證不參與的決定並不影響他們的分數。

2.14 在所給予的任務中，要求學生討論他們的價值觀，家庭科學人員發展分級的標準，但並不包括評鑑學生的價值觀。

2.15 當家庭科學人員交回試卷或繳交成績時，也要對學生的成績保密。

舉例來說，在獲得任何積分等級排序時，應該不要公布成績，也不要還回試卷。

2.16 家庭科學人員以合適的基礎教材教授學生，而不是單獨以教師個人或是專業的需求或興趣，諸如研究議程。

原則三：家庭科學人員遵守高專業標準

　　家庭科學人員負有堅持高專業標準的責任。鼓勵和其他家庭科學人員協同合作，蒐集並與之分享特殊的資訊。在他們的領域努力維持最新的素材。在執業的地方或是他處均展現其富有倫理的專業。

方針

3.01 支持家庭科學人員與其他家庭科學人員的協同合作，而且在廣大相關專業上即時分享最新的想法、理論、研究發現與創新的方案發展。

3.02 在可能的情況下，家庭科學人員以下列的方式促進專業：成員對社會有所貢獻，在各種家庭環境中給予家庭增能，以及個體的成長與發展。

3.03 當他人正式分享資訊時，家庭科學人員給予適當的認可或讚譽。

3.04 從同事那裡獲得或是知悉的個人資訊，都要慎重對待。只有考量同事的福祉，才和其他人分享個人資訊，可能涉及相關的紀律處分則除外。一旦專業性或是個人行為遭受質疑，在可行的情況下，首先關注的應該是和所牽涉的同事討論可能支持的專業活動。家庭科學人員的評斷一旦有任何缺乏效用或是不實的決議時，這些行為都應該要適當的提出。

3.05 家庭科學人員要有充分的準備承擔他們的專業責任。如果專業性的認可標準需要經歷要求、督導，或是額外的教育證明或證照，家庭科學人員都要尋求該當的憑據。

3.06 家庭科學人員為雇主達到專業性目的時，便是他們義務展現倫理的時機。

原則四：家庭科學人員進行的研究合乎倫理

　　家庭科學人員對社會與專業的貢獻是透過研究並評估活動。當進行研究或評估時，家庭科學人員承認他們最終的責任還是參與者。家庭科學人員應該要誠實的報告他們的研究發現。

方針

4.01 家庭科學人員進行研究的所有過程，應尊重參與其中的人員，並且保證那些協助研究過程的人也一樣會受到尊重。

4.02 家庭科學人員告知參與研究人員其研究目的，包括任何可能存在的潛在危險、保密的程度、可以在任何時間從研究中撤離的權利、資料被使用的方式，以及如果在參與過程中發生危險時，推薦可能獲得的資源。

4.03 家庭科學人員避免為研究參與者「進行治療」（除非治療是研究設計的一部分）。研究人員應該推薦合適的資源給那些需要的人。

4.04 家庭科學人員給予其他人的信賴感是依據其對學術貢獻的比例。

4.05 家庭科學人員並不會為了達到支持其看法的目的而操縱研究資料。

4.06 家庭科學人員使用研究經費，在研究計畫中明確的描述其目的。

原則五：家庭科學人員在和雇用組織或機構互動過程中均合乎倫理

　　家庭科學人員尊重雇主現在和過去的內部政策與規章。家庭科學人員尋求促進雇主所設立最高規格的政策與實務。

方針

5.01 家庭科學人員與那些正在受訓的人知道有關組織內部活動、計畫與知識，如果被外人知道這些資訊，可能阻礙或是傷害組織，這些資訊均應受到保密，除非這些活動不合乎倫理或是會傷害他人。

5.02 家庭科學人員遵守各自雇用組織的政策與規章。一旦所深信的政策

與規章違反專業標準或是導致雇員非專業行為，便要試圖糾正這樣的情況。如果這樣的企圖失敗了，對於相關的政策或規章，就要向適當的政府或調查機構提出報告。

5.03 家庭科學人員和其他社區組織合作，提供服務給雙方的個案。無論如何，家庭科學人員並不和其他機構分享個案資訊，除非該個案已經簽寫授權書，或是受到政治或法律所要求。

5.04 家庭科學人員察覺其他可能有利於其學生或個案的資源，可做適當的轉介。

原則六：家庭科學人員參與改善社會

家庭科學人員為個人與家庭辯護，並參與政策及法律的發展，而且要能尊重與賦權給個人與家庭。

方針

6.01 家庭科學人員關心社會上一般個人與家庭的福祉。無論是專業人員或是一般公民，他們在地方、縣市與國家層級進行家庭的倡議。

6.02 家庭科學人員受到鼓勵參與法律及政策的發展，尊重並賦權給所有個體與家庭，並修改不適當的政策和法律。

原則七：家庭科學人員審視專業論述時合乎倫理

當審視專業論述時，家庭科學人員避免權益的衝突，仔細而且整體的閱讀材料，並且公平的予以評價。

方針

7.01 家庭科學人員不審視利益衝突的論述，諸如當作品出自友人之手，或者讓他們對作者有義務感的例子。

7.02 家庭科學人員小心閱讀他們整篇文章，審查並提供明確的評價理由。

原則八：家庭科學人員了解並遵守倫理原則，同時協助他人這麼做

　　家庭科學人員了解並遵守倫理原則，鼓勵並協助其他家庭科學人員知道並加以應用，並且教授家庭科學系學生相關的倫理原則。

方針

8.01　家庭科學人員了解並遵守倫理原則。

8.02　家庭科學人員協助其他家庭科學人員知道並應用相關的倫理原則，鼓勵了解並遵循這些原則，也依他們的意願討論原則。

8.03　家庭科學人員教授家庭科學系學生在其專業角色上了解並遵循相關的倫理原則。

8.04　家庭科學人員和其他家庭科學人員一起參與相關倫理困境的諮詢。給予其他家庭科學人員一份記錄難題的書面報告、解決之道，與對解決之道的評價，家庭科學人員要覺察是否合乎倫理並認真的解決，一旦有人被指責該行為不合乎倫理時，這份報告便可以用來當成範例。

8.05　家庭科學人員堅持專業，進一步界定並闡述倫理議題。與美國全國家庭關係委員會的家庭科學組主席溝通額外的倫理原則與方針（超出此處所提及的）。

關於作者

Rebecca A. Adams，博士，合格家庭生活教育人員，印第安那州曼希市鮑爾州立大學（Ball State University）家庭與消費者科學學系副教授。E-mail: badams@bsu.edu。

David C. Dollahite，博士，合格家庭生活教育人員，猶他州普羅沃市楊百翰大學家庭生活學院教授。E-mail: Dave_dollahite@byu.edu。

Kathleen R. Gilbert，博士，合格家庭生活教育人員，印第安那大學（Indiana University）布魯明頓校區應用健康科學學系副教授。E-mail: gilbertk@indiana.edu。

Robert E. Keim，博士，合格家庭生活教育人員，伊利諾州迪卡爾布小鎮的北伊利諾大學（Northern Illinois University）家庭、消費者與照護科學學院榮譽教授。E-mail:KeimBob@aol.com。

【本文原刊登於 *Family Relations*, 2001, *50*, 41-48，經授權同意轉載。】

Chapter 26

親職、家庭教育與家族治療的界限：家庭參與模式的層次

William J. Doherty 著・林淑玲 譯

或許，沒有任何議題比區分教育與治療二者的差別，更折磨親職與家庭教育專業了。為了界定親職與家庭教育的特殊型態，理論學者辛苦努力，但是並沒有成功地區分它和治療的概念差異。在實務工作者部分，參與親職與家庭教育活動的個人，則是持續在對於感受及經驗上可以做多深度的提問，而不會跨越到家族治療的領域，這二者之間來回的拉扯。

近一個世紀以來，這個議題的進展實在有限。目睹親職教育在美國整合之後十年，Lindeman 和 Thurston（1935，引自 Brim, 1965）寫道：「親職教育人員現在在尋找新的界線，這端以內是教育，而這條線也是心理治療的開端。」（p. 13）Brim（1965）看到三十年後的進步仍然不多。他自己對教育和治療之間的區別的看法是：教育著重在學習者人格的意識（以及接近意識）面向，而治療則著重在人格的無意識層面。雖然這種區分法，在 Brim 於 1950年代中期出版他自己的第一本書的時候可能是有道理的，那是一個心理分析治療為主、而家族治療還沒有被注意的時代，但這在一個很多心理治療模式謹慎地避免去處理無意識的歷程的時代，是無法繼續存在的。

最後的那三十年，並沒有出現對這個問題更好的解決之道。在 Arcus、

Schvaneveldt 和 Moss（1993）的權威著作——《家庭生活教育手冊》（*Handbook of Family Life Education*）中有提到，但是並沒有試著去解決「教育取向和治療」（p. 22）之間持續的緊張。然而，這幾位作者提出兩個重要的問題，將在本章當中尋求答案。「這兩種取向有沒有一個合理的**概念上的**區別，或者這兩種取向只是反映出某種連續線上的不同端點？這個議題的澄清對於家庭生活教育本質的影響為何？」（p. 23）本章主張採取一種連續線的取向來與家庭一起工作，而不是二元的取向，並且主張這種澄清對於親職與家庭教育有重要的含意。

如果家庭生活的教育被視為是例行的學校學科，像是地理或數學，那麼區分教育和治療會比較容易：前者只處理認知的知識，而後者則處理個人的與經驗性的議題。問題在於當代對於親職與家庭教育的定義，普遍包含一種個人的和經驗的成分：學習者的感受、動機、態度和價值，主要集中在歷程（Arcus et al., 1993; Darling, 1987）。這項個人要素區分了親職教育團體和兒童發展領域的標準大學課程。

然後，這有一個難題：為了達成這個目的，親職與家庭教育必須要比其他形式的教育更深入個人隱私，但是程度太深或者太強烈會有傷害到參與者的風險，或至少會把他們嚇跑。參與者必須要能夠說他們的故事，表達他們的感受與價值，並鼓勵他們去嘗試採取新的行為。但是，如果他們詳細講述他們最受傷的記憶、公開他們最痛和尚未解決的感受，或採取較多的危機行為，這種經驗會造成傷害。

為什麼會造成傷害？首先，如果方案的內容被定位在教育性，而不是臨床的，參與者報名時不會期望有高頻率的互動以及傷痛的個人揭露。如果這種經驗發生了，參與者在情緒上可能會不知所措，並覺得不安全，即使揭露是完全自願的也一樣。第二，如果教育人員已經接受過標準的親職與家庭教育訓練，他或她並沒有能力去處理這類的深度個人議題，當互動變得不可收拾的時候，可能因此而感覺到焦慮、沒有能力，或者該負法律責任。第三，互動如果發生在一個團體場域中，這種經驗可能會干擾到其他的參與者，並

迫使他們退出團體。

　　例如，每位有經驗的親職教育人員，都曾面對某位母親在親職教育團體中，突然揭露她自己小時候曾受到虐待的記憶並且變得很情緒化。這位親職教育人員知道親職教育的界限在這時候被延展了。預防這類意外的最簡單方法是──停留在認知的層面，並且不要鼓勵參與者表達感受和個人的故事，但是這種方法好像並不是一個適當的解決之道。

　　所以要面對的挑戰在於如何讓親職與家庭教育同時兼具深度與限制。要克服這個挑戰，教育和治療的二元區分法是沒有幫助的，因為這種清楚區分，暗示了認知—情緒的分割，好像教育只處理認知，而治療只處理情緒。這兩種說法都不對，因為認知和情緒這二者同時和治療及教育糾結在一起。這種二分法，無法處理介於只提供訊息，和密集的為有最嚴重問題的家庭工作的中間區塊。本章主張只有一種連續的取向來看教育和治療的區分，才有可能掌握必要的細微差異。這種取向顯示在對家庭工作的時候，治療和親職與家庭教育，如何居於不同強度的層次。它也同時讓我們可以概念化不同的親職與家庭教育層次。

　　為親職與家庭教育人員改寫的家庭參與層次（Levels of Family Involvement, LFI）模式，基本上是用在對父母及其他家庭成員的直接工作。**親職與家庭教育**這個詞，涉及到設計活動，不論是一對一或者團體，以提升父母、伴侶，或其他家庭成員的親職或共親職角色的能力。這些活動包括對話式的方案、父母支持和教育性團體、為未成年父母和其他高風險父母規劃的更深度的團體，以及為難以透過中心接觸到的家庭提供的家庭訪視方案。雖然這個模式可以用在兒童、青少年、大學生，以及伴侶和婚姻充實活動的課堂裡，但是這些場域並不在現在要討論的範圍之內。

家庭參與模式層次的背景

　　這個模式原先是發展用來訓練家庭醫師對有疾病及障礙的家庭工作（Doherty & Baird, 1986, 1987）。這些專業人員面臨了一個和親職與家庭教育人員相似的兩難困境：他們不可避免的要面對處於情緒壓力中的家庭成員，但是卻欠缺任務、訓練，和安排好的後勤支援以參與深度的家族治療。LFI 模式提供了一個中等深度或強度去概念化醫生對家庭的工作，不只是提供訊息，也不是像治療那種深度的介入。這個模式曾被廣泛的用在家庭醫學訓練，也曾被用於一系列研究，以評估學院家庭醫師和實習家庭醫師的家庭中心技巧（family-centered skill）的程度（Marvel, 1993; Marvel & Morphew, 1993; Marvel, Schilling, Doherty, & Baird, 1994）。這個模式也曾經被用在學校心理師的工作上（Doherty & Peskay, 1992）。

1993 年，用在醫師的 LFI 模式被用於親職與家庭教育，並在焦點團體和明尼蘇達的親職與家庭教育人員的一系列工作坊中修訂、發展出模式方案，以及訓練錄影帶。本章提供用於親職與家庭教育人員的 LFI 模式第一版的書面說明（LFI 模式的訓練錄影帶可以向 Cavanaugh Early Childhood Family Education Center 購買）。

🌱 親職與家庭教育人員家庭參與的層次

LFI 模式的五個層次，是從對家庭最少量的參與到家族治療，依階層安排的，比較高的層次會超越並把低一層的納入（參見本章附錄）。第一和第五層次不屬於親職與家庭教育的任務範圍；把這兩個層次納進來，是為了呈現它們和其他領域的界線。這個模式會討論到與父母的工作團體以及一對一的工作。

▌層次一：對家庭最少量的強調

層次一描述的方案或活動，只有在父母或其他家庭成員因為實際上或法律理由才被納入。在層次一當中，教育人員為家庭服務的時候，並不需要發展任何專業技巧。由專業人員創設的教育性和方案式的政策，並不是針對父

母和家庭成員的需求，而是期望父母和家庭成員要支持並與專業人員合作。為家有難養兒童所辦理的家庭會談，是以學校中心（school-focused）的態度來舉行，而不是夥伴關係，父母的投入程度相當低。幸運的是，各界越來越覺得層次一的方案並不適合作為對家庭工作的方式，而且也違背特殊兒童教育需求案例有關的聯邦法案。

層次二：訊息與建議

層次二包含與家庭成員的合作性教育活動，涉及的內容包括對兒童發展、親職，和家庭生活的知識。在層次二，親職與家庭教育人員要有清楚傳達訊息、引導提問、參與團體學習歷程，並提供中肯與實用建議的良好技巧。適當的層次二活動案例，是以提供家庭成員訊息和合作的方式執行親職與家庭教育，包括演講方案，以及只辦理一次的對話式工作坊。層次二的主要優勢是親職與家庭教育人員可以接觸到比較多的家庭成員，提供一些重要的訊息給處於低風險環境中的家庭。層次二的主要限制在於，因為它避開了情感和經驗性的層面，而且不包括與父母個人的討論，對大多數的對象來說，會缺少足夠的深度去刺激他們產生有意義的改變。

層次三：情感和支持

層次三包含層次二的活動、知識與技巧，再加上引導父母和家庭成員表達感受和經驗，以及把這些個人揭露當作是教育歷程的一部分。親職與家庭教育人員參與層次三的時候，可以同理地傾聽，和緩地探查個人的感受和故事，創造一個開放及支持的團體氣氛，致力於合作式的問題解決，以及為父母或家庭成員的特殊情境提出合適的建議。以非侵入的態度，結合認知與情感層面，層次三是大多數進行中的親職與家庭教育活動中介入深度最佳的層次。

層次三在親職與家庭教育的互動方面，通常是用以處理家庭生活中規範性的壓力，而不是創傷性的個人記憶或經驗。描述個人小時候偶爾被打屁股

的感受是前者所談的例子；細數個人被性虐待的歷史則是後者的例子。因此，層次三的能力技巧之一，是保護某位父母或家庭成員不要做太多自我揭露，尤其是在團體的情境中。在整個層次三裡，親職與家庭教育人員必須要有良好的覺察力，並且對於他或她自己的情緒反應感到自在，讓自己可以繼續和父母產生連結，而不會在當他們表達痛苦感受的時候，想要去拯救他們或者逃開。在層次三最常見的錯誤是：(1)太快就因為個人覺得不舒服而返回到認知的層次；(2)太快切斷某位父母的談話，把議題拉回到團體當中；(3)在父母還有機會去說故事及表達感受的時候，就給了不成熟的建議；(4)對父母的壓力來源做了太深的探問，在協助的努力上因此變成過於侵入。不過，如果能做到層次三在深度和限制上的平衡，就是對親職與家庭教育的品質保證。

層次三的主要限制是某些父母的需求和問題太過於嚴重，無法有結構地以教育性／支持性的取向來進行。在團體場域中，這些父母可能會讓其他的父母覺得受不了，或者他們的問題可能遠遠超出親職的議題。在這種情況下，親職與家庭教育人員可能要單獨與這位父母見面討論，將他轉介給治療師，或者可能把這位父母轉介去參與介入深度比較高的層次四親職教育方案。

▌層次四：短期焦點介入

層次四包含層次二和層次三，並且超越前兩個層次，另外包括了評估和計畫性的活動，以幫助父母改變惱人的親職問題、更廣的家庭互動型態，或者更大的系統問題。層次四基本上適合用在對有特殊需求家庭的服務，也就是處於高風險狀態的這類家庭。這些家庭可能包括：有家庭和同儕問題的未成年父母、家人有接受心理健康或者兒童保護系統服務、父母面對慢性病或身心障礙子女的壓力等。適合以層次四介入的問題，通常會超越一對一的父母子女議題，是父或母以及一起共同面對孩子的共同教養的父或母、其他家庭成員，或專業人員之間的互動。例如可能和已離婚有衝突的前任配偶共親

職；一位介入干預的祖父母可能和他的配偶結盟，或者抗拒兒童保護服務個案管理師的介入。

在層次四，父母與家庭教育人員已經學過在較廣的脈絡中評估家庭問題的技巧，並且發展出基本介入策略以進行改善。他們也會針對自己來工作，檢視自己在家庭系統和社區系統的感受和關係，以避免落入與服務的父母一起去對抗他們與生活中的某些人或團體的三角關係。

在 LFI 模式中，層次四被視為是親職與家庭教育人員選擇性的能力層次，所要求的訓練，會超過一般非治療性研究所和其他的訓練場域所提供的課程。這代表比較高層次的親職與家庭教育是由少數的專業人員執行，他們選擇為特殊族群的父母工作，尋求家庭評量和基礎家庭介入的特殊訓練。此外，層次四要求和父母（或團體中的父母），訂定清楚的合約以從事更為密集的工作，而不是標準的層次三訊息與支持的活動。

經驗告訴我們，層次四最常犯的錯誤是：(1)進入這種深度卻不了解它，然後就卡住或者不知所措；(2)未經父母同意，就開始進行這類的問題解決討論；(3)花在層次三的時間不夠，就進入評估與介入；(4)當已經沒有助益的時候，仍然停留在層次四。就最後一點來說，對有困擾的家庭互動進行層次四的介入應該要有時間限制，也就是說，一段討論和一段追蹤。如果這種程度的介入沒有幫助，而問題又夠嚴重，教育人員應該要把家庭轉介給治療師，並返回到層次三的參與。如果家庭不接受治療轉介，親職與家庭教育人員應該要停留在層次三，而不要提供沒有效用的問題解決協助。

和其他一般的親職與家庭教育比起來，層次四是較為密集的參與，所以界定它的限制也是很重要的。層次四只處理親職的議題，而不涉及婚姻功能、心理失調，或者成人的人格問題。因此，共親職是適合處理的議題，而婚姻議題則不適合。兒童的憤怒管理是適合的，但是對某個人的岳母或者老闆的憤怒管理就不適合。對於自己作為父母或共同教養子女的家長的自我挫敗想法，在層次四的工作是適合的，但是對於自己身體意象的自我挫敗想法就不算了。層次四要保持聚焦在親職與家庭教育方案的目標。

　　在 LFI 模式中，層次三是親職與家庭教育人員最典型的參與層次，因此對於為什麼層次四也是適當的質疑是合理的。這對於親職與家庭教育來說會不會太密集？本章認為，親職與家庭教育人員越來越常被要求去對有特殊需求和多元壓力的家庭工作，領域的界限已經拓展超越資訊與支持服務。以未成年母親為例，全部都是層次三的內容對她們的幫助並不夠，因為這些成員需要更為積極的問題解決取向來處理其複雜的關係，包括自己是個十幾歲的未成年人、共同教養的父母、學生，以及通常也是福利的使用者。其他的例子是為接受監禁父親辦理的團體方案，他們需要的是親職教育人員提供比標準的層次三團體更為深入的參與。任何情況下，在層次四工作的親職與家庭教育人員，可能會以專業合作關係的方式參與家族治療師和其他專業人員的工作，他們通常是對同一個家庭工作。因此層次四是合作的，是和家庭及其他專業的合作。

　　在團體場域中，層次四和層次三的差異在於每個階段安排給個別父母的時間量不同。例如，在一次 90 分鐘的團體會談當中，親職教育人員和團體可能為某位特定的父母工作 20 到 30 分鐘，以幫助這位父母了解問題，並探索解決的步驟。這樣密集的聚焦在一位父母身上，通常不是層次三的團體會做的，事實上，也可能和許多親職教育團體時間共享的規範不一致。但是，這種聚焦在特定父母的強度在層次四是必要的。經驗告訴我們團體歷程沒有困難，只要所有的父母都同意參與一個問題解決的團體，每次團體見面的時候，在課程中分享。相反的，基本的層次三團體，可能可以掌握和某位正面臨嚴重親職問題的父母臨時的層次四討論；在這種情形中，親職教育人員應該取得父母和團體的允許，在團體時間裡把一個段落時間聚焦在這位父母的處境。

　　對於層次四最常見的誤解是：因為它是最深度的親職與家庭教育層次，那麼它必定是最優先被採用的參與層次。這個想法只是假設而不是事實，就像外科手術通常被認為是侵入性處遇的最愛。根據 LFI 模式在明尼蘇達州的實施經驗，層次四在親職與家庭教育領域比較是例外而不是規則。這種取向要

做更為謹慎的方案規劃決策、工作人員準備、接受參與的父母與家庭成員，以及與社區中的治療師及其他專業人員親密合作的關係。就像其他層次一樣，層次四的介入可以在團體中實施或者是一對一的互動。層次四主要的危險，是發生在當教育人員被扭曲未覺察和未準備好做家庭介入而被家庭嚴重的問題打擊，以及幫助家庭的資訊和支持性活動有限而感到挫折。

▌層次五：家族治療

層次五超出親職與家庭教育的範疇。家族治療通常包含一延伸的家庭階段，透過促使家庭互動型態有意義的改變，用以處理嚴重的心理和家庭問題。鑑於層次四侷限於親職相關議題，層次五可能超越親職議題，移到伴侶關係議題、原生家庭問題，以及個別家庭成員的心理失調等議題。層次五的特定技巧是處理強烈的個人壓力或人際衝突，以及家庭成員對改變的矛盾或抗拒心態。當家庭成員看到一位治療師，他們知道他們正接受心理健康處遇，而不是在參與教育性方案，雖然教育仍有可能會發生。

層次一以外的每一個層次，都有一套技巧被用在相關的外部服務和服務的提供者。在層次二，親職與家庭教育人員熟知治療服務的社區資源，並且以書面的形式提供這些資訊給參與者。在層次三，親職與家庭教育人員要加上探索家庭是否需要轉介的能力，並且依照父母和家庭的特定情況量身訂做轉介的能力。在層次四，親職與家庭教育人員知道家族治療師和其他的家庭專業人員及其服務，並且能夠透過教育家庭和專業人員對彼此該有何期望，來協調這項轉介。

🌱 LFI 模式在親職與家庭教育的應用

LFI 模式的應用方式很多。首先，它可以用來描繪一個特定團體的深度或頻率的特徵，或者在與父母或其他家庭成員一對一的互動。團體基本上屬於層次二或層次三？教育人員有幾分鐘時間移到層次四了嗎？實際的層次符應

親職與家庭教育人員對親職教育活動的目標，或者實際的互動未達到期望的層次嗎？

其次，LFI 模式可以用來為親職與家庭教育方案所提供服務和範圍建立目標。某個方案可以把提供的活動界定為層次三的父母團體，加上少部分層次二的公開演說。其他的方案可能決定在標準的層次三活動之外，再提供特定的層次四服務；例如，可以創造和清楚的界定層次四的父母團體，是一個在層次三團體中尚有需求沒有獲得解決的父母問題解決團體。

第三，模式可用以描述親職與家庭教育人員，在面對不同類型家庭工作時的能力。這個人在每個層次要求具備的知識、個人發展和技巧水準如何？例如，有些具有傳統教育背景的親職與家庭教育人員，對於層次二和層次三覺得比較自在；而那些先前受過諮商訓練的人，就已經具備了許多層次四的技巧。

第四，模式可用以為方案和個別親職與家庭教育人員，界定其訓練和專業發展目標。例如，方案工作人員可能想要加強每位教育人員層次三的技巧，而對一、兩位對高風險家庭工作特別有興趣的人提供層次四的訓練。這個模式有個假設：層次一以後的每個層次所包含的技巧，可以在一生的專業歷程中發展與磨練。更重要的是，協助親職與家庭教育人員在對家庭工作時擁有更熟練的層次三的技巧，因為這項工作是親職與家庭教育的核心。下一節我們將探討訓練歷程和內容。

對訓練的啟示

大部分有關人類發展和家人關係、家庭生活教育，以及兒童發展的訓練方案，提供了良好的層次二知識、個人發展和技巧基礎。但是，顯然大多數這類的訓練方案，並沒有充分的關注層次三所需要的知識、個人發展、情感技巧和團體歷程技巧。許多學生可能完成了團體歷程中的一項課程，但是在與父母及其他家庭成員在引起激烈情緒反應議題上的溝通，並沒有接受督導

的經驗。結果是大多數親職與家庭教育人員在第一次進入層次二的準備度良好，但是在層次三則準備不足。

該如何進行親職與家庭教育人員層次三的訓練呢？層次三的知識在家庭系統、家庭壓力及團體歷程的課程都已經發展得很好。層次三的個人發展已經有所成長和維繫得很好（不論是研究所或在職訓練方案），透過支持團體和雙向回饋階段，親職與家庭教育的學生，以及實務工作者，可以進行他們對父母、其他家庭成員，和團體成員的情緒回應。層次三的技巧需要系統的練習和督導，包括角色扮演技巧、團體協同催化、同儕觀察、教師觀察，以及錄影觀察個人的工作。如果某個人想要發展出良好的層次三技巧，只能就行為表現進行仔細觀察、示範和回饋，除此之外沒有替代方案；如果某人要處理層次三的個人感受議題，教育人員不可避免的就只有信任支持團體（trusting support group）這個方式，沒有替代策略。僵化的內容取向訓練方案，不能適當的讓專業人員對家庭有情感地工作。

層次四的能力要求，包括對家庭系統的進階課程，以及家庭評估和家庭介入的基礎課程。個人發展面向包括：梳理個人自己的家庭議題，以及個人和其他專業人員與社區系統的關係。層次四的個人發展及技巧，可以透過和層次四親職與家庭教育人員的見習，以及層次五的家族治療師的諮詢而得到最好的學習。當方案中沒有層次四的親職與家庭教育人員，那麼家族治療師就需要去做前置的見習訓練。家族治療師參與訓練和後續的諮詢，對於層次四工作的安全和防護，以及支持親職與家庭教育人員是必要的。更重要的，家族治療師完全熟悉親職與家庭教育的任務與範疇，並願意向親職與家庭教育人員學習他們場域中的親職議題，這是很關鍵的。

🌿 對研究和評鑑的啟示

LFI 模式，曾經用於對醫師的研究，也可以用於研究親職與家庭教育。Marvel 等人（1994）修訂了一套編碼系統，以評估家庭醫師與病患及家庭在

家庭實務辦公場所互動時的參與程度。透過錄影帶，兩位編碼者對於在階段中參與程度的評估一致性高達 73%。這項編碼系統，也可以用於錄音帶，或可用於現場觀察，目前已經能用在親職與家庭教育，以評估下列議題：(1)親職團體的方案目標和實際達成程度之間的適合度；(2)員工訓練方案的效能；(3)評鑑學生的能力；(4)參與者參與程度和結果、滿意度之間相關。

　　親職與家庭教育有個特殊的研究概念，是在處理層次三的工作中如何適當平衡資訊與情感交流的問題。現在並不清楚層次三親職團體是不是有最佳的比重，例如，資訊與情感交流各占50%，或者資訊占80%而剩下的20%是情感交流，或者倒過來。或許所謂的最佳平衡是要看團體來決定。LFI 模式可以用來研究許多的親職與家庭教育的典範（其技巧被廣為尊重的人），以取決他們在對團體和個人工作時之間的平衡。這類的研究，雖然對每一位親職與家庭教育人員或者每一項內容，並不是都有規定，但是可以提供某些標竿，讓我們了解在層次三當中，在不同的場域和面對多元的父母團體，最好的親職與家庭教育應該是什麼樣貌。

　　對這些層次自我能力的自陳報告，似乎無法令人信服。不同專業團體在 LFI 模式的研究和經驗指出，許多專業人員相信他們正在進行的是比他們實際上被觀察到的還要更高層次的實作。但是，自我評量可以在當參與者被問到他們最喜歡學習的內容領域，以及最想要提升的技巧時，有效的建立訓練目標的夥伴關係。

結語

　　本章提出一種方法去處理親職與家庭教育領域令人煩惱的議題：教育和治療之間的分別。這個方法要打破長久的僵局，描繪在親職與家庭教育內的密集層次，然後去區分密度最高的教育和治療。層次四的短期焦點介入和層次五的家族治療之間，不可避免會有些重疊，尤其是在治療變得更簡短、更聚焦在問題，而親職與家庭教育變得更為昂貴時。要避免專業人員在層面上

的地盤之爭，就要確認層次四的親職與家庭教育人員受過良好的訓練，以及建立親職與家庭教育人員和家族治療師之間連結合作的方法。家庭醫師和婦產科醫師已經連結了數十年；家庭醫師處理正常的懷孕及生產，邊緣的個案則向婦產科醫師諮詢，並將高風險的個案轉介給婦產科醫師。

要區辨親職與家庭教育和治療的努力，需要先分別親職與家庭教育的類型。事實上，不能區辨親職與家庭教育在密度上的不同類型，可能會阻礙與治療間清楚分野的發展。本章已經把層次三訂為進行親職與家庭教育活動的理想層次，因為這個層次結合了資訊與情感；層次二基本上適合進行一次性的訊息呈現，而層次四則是特殊類型的工作，是針對一部分有特殊需求的家庭。要提升所有的親職與家庭教育人員的知識、個人發展和技巧，必須加強他們在層次三的練習。

期待未來能把 LFI 模式應用到親職與家庭教育的班級教學。在這些場域中，層次四的強度顯得太高，但是層次三則非常適合提供有關兒童和青少年親職與家庭教育的建議（Arcus, 1987）。也需要研究這個模式是否適合應用於多元族群家庭，有些專業人員可能會比較偏好其他層次的方案。這個模式最受爭議的部分，是它把層次四納入親職與家庭教育的範圍當中。但是，如果這個領域是要用來協助家庭適應不斷升高的需求，那麼，培育第一線工作者以與家庭深入工作，讓這些家庭可以從層次四提供的獨特綜合性資訊、支持和非強制的問題解決方式得到好處，將會是需要面對的挑戰。這個領域的發展，不可避免的會讓親職和家庭教育人員與其他服務家庭的社區專業人員有更密切的合作關係，藉此提升親職與家庭教育的能見度，在家庭服務範疇中，對家族治療師和其他家庭服務專業人員來說，也是一種有價值的資源。不論層次四定位的最終共識如何，在親職與家庭教育實務工作範疇中，更清楚的定義是一個等待已久且迫切需要的發展。

參考文獻

Arcus, M. (1987). A framework for life span family life education. *Family Relations, 36,* 5-10.

Arcus, M. E., Schvaneveldt, J. D., & Moss, J. J. (1993). The nature of family life education. In M. E. Arcus, J. D. Schvaneveldt & J. J. Moss (Eds.), *Handbook of family life education: Foundations of family life education, Vol. I* (pp. 1-25). Newbury Park, CA: Sage.

Brim, O. G. (1965). *Education for child rearing.* New York: Free Press.

Christenson, S. L., & Conoley, J. C. (Eds.). (1992). *Home-school collaboration.* Silver Spring, MD: The National Association of School Psychologists.

Darling, C. A. (1987). Family life education. In M. A. Sussman & S. K. Steinmetz (Eds.), *Handbook of marriage and the family* (pp. 815-833). New York: Plenum.

Doherty, W. J., & Baird, M. A. (1986). Developmental levels of family-centered medical care. *Family Medicine, 18,* 153-156.

Doherty, W. J., & Baird, M. A. (Eds.). (1987). *Family-centered medical care: A clinical casebook.* New York: Guilford.

Doherty, W. J., & Peskay, V. E. (1992). Family systems and the school. In S. L. Christenson & J. C. Conoley (Eds.), *Home-school collaboration* (pp. 1-18). Silver Spring, MD: The National Association of School Psychologists.

Marvel, M. K. (1993). Involvement with psychosocial concerns of patients: Observations of practicing family physicians on a university faculty. *Archives of Family Medicine, 2,* 629-633.

Marvel, M. K., & Morphew, P. K. (1993). Levels of family involvement by resident and attending physicians. *Family Medicine, 25,* 26-30.

Marvel, M. K., Schilling, R., Doherty, W. J., & Baird, M. A. (1994). Levels of physician involvement with patients and their families: A model for teaching and research. *The Journal of Family Practice, 39,* 535-544.

附錄

親職與家庭教育人員家庭參與的層次

層次一：對家庭最少量的強調

　　與家庭的互動是以機構為中心，而非以家庭為中心。家庭並不是聚焦的重要領域，但是父母因為實務和法律上的理由而被視為目標對象。

層次二：訊息與建議

　　知識基礎：和家庭、親職及兒童發展有關的內容訊息。

　　個人發展：以合作的方式開放以吸引父母。

　　技巧：

1. 清楚且有趣地溝通訊息。

2. 引導提出問題。

3. 參與一群父母的學習歷程。

4. 做出中肯的和實用的建議。

5. 提供社區資源的資訊。

層次三：情感和支持

　　知識基礎：個人與家庭對於壓力的反應，以及團體歷程的情緒面向。

　　個人發展：覺察個人自己在為人父母及團體歷程中的感受。

　　技巧：

1. 引導表達感受和關切。

2. 同理傾聽。

3. 正常化感受和回應。

4. 創造出開放與支持的氣氛。

5. 保護某位在團體中過度揭露自我的父母。

6. 以合作式問題解決討論來吸引父母。

7. 依據父母和家庭的特別需求、關注，以及感受給予量身打造的建議。

8. 辨識個人和家庭的失功能。

9. 為個人及家庭量身打造轉介的特定情境。

層次四：短期焦點介入

知識基礎：家庭系統理論。

個人發展：覺察個人自己在系統中的參與，包括個人自己的家庭。

技巧：

1. 問一系列的問題以引出詳細的父母問題的家庭動力圖像。

2. 就涉入問題的家庭系統動力發展出一個假設。

3. 和父母進行短期工作以改變家庭互動型態，超越一對一的父母／子女關係。

4. 知道何時該結束介入活動，以及轉介父母，或讓父母回到層次三提供支持。

5. 透過教育家庭成員及治療師該對彼此有些什麼樣的期望，來安排轉介。

6. 和治療師及社區系統一起工作以協助父母和家庭。

層次五：家族治療

這個層次超出父母與家庭教育的範圍及任務。下列的描述只是用來提供顯示層次五家族治療和層次四父母與家庭教育之間的界限。

知識基礎：家庭系統和型態有壓力的家庭藉以與專業人員及其他社區系統的互動。

個人發展：掌握自己和家庭中緊張情緒的能力，並維繫自己在面對來自家庭成員或其他專業人員的強大壓力的平衡。

技巧舉例：

1. 和有相當困難的家庭或家庭成員進行晤談。

2. 有效地歸納和檢驗對家庭困境及互動模式的假設。

3. 逐步升高家庭內的衝突以打破家庭的僵局。

4. 當家庭處於危機時，密集地與家庭一起工作。

5. 有結構地處理家庭對於改變的強大抗拒。

6. 和其他的專業人員及對這個家庭工作的其他系統協調出合作式的關係，即使這些團體與其他團體有衝突。

關於作者

William J. Doherty，博士，合格家庭生活教育人員，明尼蘇達大學家庭社會科學系教授，暨市民專業中心（Citizen Professional Center）主任。E-mail: bdoherty@umn.edu。

【本文原刊登於 *Family Relations*, 1995, *44*, 353-358，經授權同意轉載。】

Chapter 27

家庭生活教育人員證照測驗內容大綱

潘維琴 譯

本大綱說明合格家庭生活教育人員（CFLE）專業證照測驗所涵蓋的內容，這份資料的內容，是以韋伯州立大學的師資群為美國全國家庭關係委員會（NCFR）研發的「家庭生活教育人員大學暨學院課程指引與專業能力」報告為基礎。史洛德測量科技（Schroeder Measurement Technologies, SMT）與NCFR的主題專家會議將這些概念整合為一份調查問卷，以現任合格家庭生活教育人員為對象，請他們針對可勝任實務工作的各項知識的重要性、技巧或能力進行評分。用來建立內容大綱的調查結果是由 47%的現任合格家庭生活教育人員所填答，也是 CFLE 測驗的基礎。

▌一、社會環境中的家庭與個人

（一）區辨地方、國家及全球社會系統的特徵、差異及影響。

（二）以當代及歷史觀點區辨影響個人及家庭的因素（如：媒體、行銷、科技、經濟、社會運動、自然災害、戰爭）。

（三）區辨影響工作及家庭生活兩者關係的因素。

（四）區辨影響約會、求愛、伴侶／婚姻抉擇與關係、家庭組成及家庭

生活的社會與文化作用。

　　（五）識別個人、家庭及不同的社會系統（如：健康、法律、教育、宗教／靈性）間的交互作用。

　　（六）評估當代家庭對人口變項（如：階級、血統、種族、世代、性別）的衝擊。

■二、家庭的內在動力

　　（一）辨識並定義下列二者健康與不健康的屬性特質：
　　　　1. 家庭關係。
　　　　2. 家庭發展。
　　（二）使用不同的理論觀點分析家庭的功能。
　　（三）從系統觀點評估家庭動力。
　　（四）評估回應常態及非常態壓力之家庭動力。
　　（五）評估回應危機的家庭動力。
　　（六）促進並強化溝通歷程、衝突管理，及問題解決技巧。
　　（七）培養、辨別並加強有助於家庭功能有效運作的策略。

■三、橫跨生命全程的人類成長與發展

　　（一）區辨生命全程的發展階段、變遷、任務及挑戰。
　　（二）了解下列議題的交互影響：
　　　　1. 個人發展對家庭的影響。
　　　　2. 家庭發展對個人的影響。
　　（三）了解個人健康、幸福對家庭的影響。
　　（四）支持個人及家庭進行有效的發展性轉換。
　　（五）以人類成長及發展的理論為基礎，對個人與家庭進行適宜的實務工作。

四、人類性事

（一）辨識人類性事的生理層面：

　　1. 性功能。

　　2. 生殖健康。

　　3. 家庭計畫。

　　4. 性病（STIs）。

（二）了解人類性事的心理社會層面：

　　1. 健康及合乎倫理的性關係之特徵。

　　2. 性親密之人際間動力。

　　3. 危險因子（如：物質濫用、社會壓力、媒體）。

（三）以尊重價值的態度面對人類性事。

五、人際關係

（一）知道人格與溝通型態的影響。

（二）知道人際關係的發展階段。

（三）運用不同理論觀點分析人際關係。

（四）發展、執行改善並加深人際關係的策略。

（五）發展、執行有效溝通、問題解決及衝突管理的策略。

（六）在人際關係的發展階段脈絡中，溝通其各個面向。

六、家庭資源管理

（一）區辦家庭可獲取的個人、家庭、專業及社區資源。

（二）了解個人／家庭／社區選擇與資源間的相互關係。

（三）運用價值澄清策略以做決策。

（四）運用目標設定策略並評估結果。

（五）運用決策策略。

（六）運用組織及時間管理策略。

（七）運用基本財務管理工具及原則。

（八）告知個人與家庭其消費者權利、責任，及行動／倡導的選擇權。

（九）運用壓力管理策略。

七、親職教育與指引

（一）從系統觀點促進健全親職。

（二）從兒童與父母發展觀點促進健全親職。

（三）應用適合兒童年齡／發展階段的策略，促進有效的發展性成果。

（四）區辨不同親職型態與相關的心理、社會及行為結果。

（五）促進不同親職模式、行為準則及策略。

（六）評價不同親職策略之效用及適用性。

（七）了解不同的親職角色（如：父親／母親、祖父母、其他照顧者），以及他們對個人及家庭的影響和貢獻。

（八）了解不同家庭結構內的親職議題（如：單親、混合、同性）。

（九）了解社會趨勢對親職的影響（如：科技、物質濫用、媒體）。

（十）了解文化差異及分歧的影響。

（十一）區辨為不同環境的兒童提出主張（如：學校、司法系統、健康照護）之適用策略。

（十二）了解親職及其相關議題與挑戰的不同路徑（如：輔助生殖、收養、生育、重組）。

八、家庭法律與公共政策

（一）區辨調節和影響專業處遇及服務的現行法律、公共政策與倡議。

（二）區辨影響家庭的現行法律、公共政策與倡議。

（三）告知家庭、社區及政策制定者有關在地方、州、國家層次影響家庭之公共政策、倡議與立法。

▍九、專業倫理與實踐

（一）對個案、同事及更廣大的社區表現專業態度、價值、行為與責任，以反映出專業倫理標準與實踐。

（二）能評估、辨別與應用不同的取向於倫理議題及兩難困境。

（三）區辨並運用合適的策略以處理價值衝突。

（四）尊重不同的文化價值及倫理標準。

▍十、家庭生活教育方法論

（一）能使用現有的各種教育策略。

（二）在學習者的環境中，使用技巧來促進其資訊應用。

（三）創造尊重個人弱點、需求及學習型態的學習環境。

（四）表現出對多元性，以及社區需求、關切之事，及利益的敏感度。

（五）發展具有文化素養的教材與學習經驗。

（六）為實證導向資訊找出合適的資料來源。

（七）發展教育經驗：

　1. 需求評估。

　2. 目標與目的。

　3. 內容發展。

　4. 執行。

　5. 評鑑／成果測量。

（八）推動並行銷教育方案。

（九）以成人教育原則來執行以家庭及父母親為對象的工作。

（十）建立並維持合宜的個人及專業界限。

關於作者

美國全國家庭關係委員會：家庭生活教育主題專家委員會——

Ada Alden，博士，合格家庭生活教育人員；**Deborah Cashen**，合格家庭生活教育人員；**Jean Illsley Clarke**，文學碩士，合格家庭生活教育人員；**Carol Darling**，博士，合格家庭生活教育人員；**Bryce Dickey**，理學碩士，合格家庭生活教育人員；**Michael Fleming**，博士，合格家庭生活教育人員；**Benita Jasper**，文學碩士，合格家庭生活教育人員；**Kristy Jones**，理學碩士，合格家庭生活教育人員；**Richard Glotzer**，博士，合格家庭生活教育人員；**Mary Kay Stranik**，理學碩士；**Kathleen Tesi**，理學碩士，合格家庭生活教育人員；**Dawn Cassidy**，教育碩士，合格家庭生活教育人員。

國家圖書館出版品預行編目（CIP）資料

家庭生活教育：理論與實務的整合／David Bredehoft,
　Michael Walcheski 主編；林淑玲，張燕滿，潘維琴譯.
　-- 初版. -- 新北市：心理, 2016.09
　　　面；公分. --（教育基礎系列；41220）
　譯自：Family life education: integrating theory and
　practice
　ISBN 978-986-191-705-4（平裝）

1. 家庭教育　2. 生活教育

528.2　　　　　　　　　　　　　　　　105016311

教育基礎系列 41220

家庭生活教育：理論與實務的整合

主　　編：David Bredehoft、Michael Walcheski
譯　　者：林淑玲、張燕滿、潘維琴
執行編輯：林汝穎
總 編 輯：林敬堯
發 行 人：洪有義
出 版 者：心理出版社股份有限公司
地　　址：231 新北市新店區光明街 288 號 7 樓
電　　話：(02)29150566
傳　　真：(02)29152928
郵撥帳號：19293172　心理出版社股份有限公司
網　　址：http://www.psy.com.tw
電子信箱：psychoco@ms15.hinet.net
駐美代表：Lisa Wu（lisawu99@optonline.net）
排 版 者：辰皓國際出版製作有限公司
印 刷 者：辰皓國際出版製作有限公司
初版一刷：2016 年 9 月
I S B N：978-986-191-705-4
定　　價：新台幣 520 元